U0358574

全集精绘

山海经

王红旗 编译　孙晓琴 绘

下册

清华大学出版社

北京

本书封面贴有清华大学出版社防伪标签，无标签者不得销售。

版权所有，侵权必究。举报：010-62782989，beiqinquan@tup.tsinghua.edu.cn。

图书在版编目(CIP)数据

山海经全集精绘 / 王红旗编译，孙晓琴绘. —北京：清华大学出版社，2019（2025.2重印）
ISBN 978-7-302-46040-4

Ⅰ. ①山… Ⅱ. ①王… ②孙… Ⅲ. ①历史地理—中国—古代②《山海经》—图解 Ⅳ. ①K928.631-64

中国版本图书馆 CIP 数据核字(2017)第 005044 号

责任编辑：张立红
装帧设计：梁 洁
责任校对：赵伟玉
责任印制：杨 艳

出版发行：清华大学出版社
　　　　　网　　　址：https://www.tup.com.cn，https://www.wqxuetang.com
　　　　　地　　　址：北京清华大学学研大厦 A 座　　　　邮　　编：100084
　　　　　社 总 机：010-83470000　　　　　　　　　　邮　　购：010-62786544
　　　　　投稿与读者服务：010-62776969，c-service@tup.tsinghua.edu.cn
　　　　　质 量 反 馈：010-62772015，zhiliang@tup.tsinghua.edu.cn
印 装 者：小森印刷（北京）有限公司
经　　销：全国新华书店
开　　本：170mm×240mm　　　**印　　张：**38.25　　　**字　　数：**670 千字
版　　次：2019 年 6 月第 1 版　　**印　　次：**2025 年 2 月第 9 次印刷
定　　价：268.00 元（上、下册）

产品编号：062798-04

目录

跰蹋、双双—苍梧之野（舜与叔均葬所）—黑水玄蛇—巫山黄鸟—三身国—季禺国、羽民国、卵民国—不姜山—盈民国—不死国—去痓山—不廷胡余—因因乎—季厘国—载民国—融天山—羿杀凿齿—蜮民国—宋山枫木—祖状尸—焦侥国—歾涂山—禹攻云雨山—颛顼国—鼬姓国—白水山—张弘国—骧头国—岳山（帝尧、帝喾、帝舜葬所）—天台高山—羲和浴日—盖犹山—小人菌人—南类山

347

第十一篇
大荒南经

373

第十二篇
大荒西经

不周负子山—淑士国—女娲之肠—石夷—狂鸟—白氏国—长胫国—西周国—柜格松—先民国—北狄国—太子长琴—皇鸟、鸾鸟、凤鸟—有虫状如菟—丰沮玉门山—灵山十巫—沃国、沃民、沃野—三青鸟—轩辕台—龙山—女丑尸—女子国—桃山—丈夫国—弇州山—轩辕国—西海神弇兹—日月山（颛顼令重黎绝地通天）—天虞—常羲浴月—青鸟、黄鷔—孟翼攻颛顼池—鏖鏊钜山—屏蓬—黄姬尸—比翼鸟—天犬—昆仑西王母—常阳山—女祭、女薎—寿麻国—夏耕尸—吴回—盖山国—一臂民—大荒山（三面一臂人）—夏后开—互人国—鱼妇—鸀鸟—偏句、常羊山

附禺山（帝颛顼与九嫔葬所）—胡不与国—肃慎氏国—大人国—鲧攻程州山—先民山槃木—叔歜国—北齐国—先槛大逢山、禹所积石山—始州国—大泽—毛民国—儋耳国—北极天柜山、九凤、疆良—夸父追日—无肠国—共工臣相繇—岳山—不句山—系昆山—黄帝女魃—深目民国—赤水女子献—融父山—齐州山—一目人—继无民—中编国—赖丘国—犬戎国—苗民—洒野山—牛黎国—章尾山烛龙

417

第十三篇
大荒北经

455

第十四篇
海内南经

瓯居海中—三天子鄣山—桂林八树—伯虑国—枭阳国—兕—苍梧山（帝舜与帝丹朱葬所）—氾林—狌狌—犀牛—夏后启之臣孟涂—窫窳—建木—氐人国—巴蛇食象—旄马—匈奴国、开题国、列人国

朝鲜、天毒—壑市—氾叶—鸟山—朝云国、司彘国（韩流生帝颛顼）—不死山—肇山柏高—都广之野（后稷葬所）—若木—禹中国—列襄国—灵山螈蛇—盐长国鸟氏—九丘建木—窫窳—猩猩—巴国—流黄辛氏国—朱卷国—赣巨人—黑人—嬴民—苗民神延维—鸾鸟、凤鸟—菌狗、翠鸟、孔鸟—三天子都山—苍梧丘（舜葬所）—蛇山翳鸟—相顾尸—伯夷父—幽都山、大幽山—钉灵国—伯陵生鼓、延、殳—鲧—番禺、奚仲、吉光—般—帝俊赐羿彤弓素矰—晏龙—帝俊八子—巧倕—叔均—炎帝子孙—鲧窃息壤

海外四經全圖

《海外四经全图》系《山海经艺术地理复原图》组画之十四，该图将《海外南经》《海外西经》《海外北经》《海外东经》记述的共计80处古代人文活动场景一一绘出。从图中可以直观地看到，《海外南经》诸景自西南向东排列，其首端的结匈国与《海外西经》的灭蒙鸟相邻；《海外西经》诸景自西南向北排列，其末端的长股国与《海外北经》的无启国相邻；《海外北经》诸景自西北向东排列，其末端的北海位于东北隅；《海外东经》诸景自东南向北排列，其末端的劳民国亦位于东北隅。

上述地理方位衔接关系表明，《海外四经》的撰写者有着某种程度的人文地理知识。但是，令人困惑的是，撰写者既没有提及自己的身份和所处的地理位置，也没有提及中心区与海外诸景的距离，以及海外诸景彼此之间的距离，甚至没有提及著名的地理方位参照标志点，例如华山、嵩山、泰山等。在这种情况下，由于我们不清楚《海外四经》的地理中心在哪里，以及中心区的范围大小，因此也就难以搞清海外诸景的地理方位。大体而言，《海外四经》诸景可能在秦岭以南、阴山以北、六盘山以西、泰山以东。

《海外四经》的撰写时间（或者资料来源的时间）也是一个难解之谜。幸运的是，《海外四经》记述了一位具有历史时间标志的人物，他就是夏启。据此，我们可以推知其撰写时间在夏启之后。与此同时，由于《海外四经》没有记述夏启之后的夏王，也没有记述商朝及其以后的人物和事件，因此其撰写时间应当在商朝之前。也就是说，《海外四经》的撰稿人（包括绘图者）可能是生活在与夏启同时期或稍后一段时间的学者，他以当时夏朝所管辖区域为中心，依次记述周边国家或族群的情况，其关注的不是那些国家的人口、物产，而是那里人们的服饰特点和特殊习俗，具有旅游者猎奇或博闻者搜异的性质。

人类赖以生存的大地，位于宇宙三维空间里，大地四周是浩瀚的海洋，太阳和月亮照耀着大地，北斗星指明着方向，春夏秋冬四季循环往复，木星运行影响着地球旱涝气候的周期变化。万物由神灵所生，它们的形态各异，寿命有长有短，这其中的规律只有那些拥有高度生命智力的人才能够理解和掌握。

六合指前后左右上下六个方位，亦即三维空间。四海，古人相信大地被东南西北四个方向的大海包围着，四海之内即陆地所及范围。四时即春夏秋冬四季。大岁即木星，木星约十二年绕太阳一周，古人就用二十地支分别命名每一年，之后有十二生肖和六十甲子。

毕沅、袁珂均指出，此段文字原本应接在《五藏山经》篇尾"禹曰天下名山"段末，并认为这种文字错位发生在刘秀校定《山海经》时。

> 地之所载，六合之间，四海之内，照之以日月，经之以星辰，纪之以四时，要之以太岁，神灵所生，其物异形，或夭或寿，唯圣人能通其道。

（我们的）考察路线是从海外的西南角到东南角。

陬，角落，山角；正月又称陬；地名，《史记·孔子世家》："孔子生鲁昌平乡陬邑。"海外南经记述的是从西南方到东南方的情况。

> 海外自西南陬（zōu）至东南陬者。

学者习惯将《山海经》18篇分为《山经》与《海经》两大部分，《山经》5篇即《五藏山经》，《海经》13篇包括《海外四经》《大荒四经》《海内四经》《海内经》（海外、海内、大荒均是天下的意思）。从内容上看，《山经》以自然地理为主、人文地理为辅，所述地点均有明确的方位和距离以及相关的物产。对比之下，《海经》则以人文地理为主、自然地理为辅，着重记述生活在各地的民族或部落、国家里人们的独特风土人情，他们的主要发明和贡献，以及他们的历史世系和文化传承关系。

结匈国在灭蒙鸟的西南方，当地人的胸骨向外凸。

南山在结匈国的东南方，从南山来的人，称呼虫为蛇，称呼蛇为鱼。也有一种说法认为南山在结匈国的东南方。

> 结匈国在其西南，其为人结匈。
> 南山在其东南。自此山来，虫为蛇，蛇号为鱼。一曰南山在结匈东南。

结匈国位于《海外西经》灭蒙鸟的西南方，当地人的特点是结匈。结匈可能指一种独特的胸部（包括背部）服饰或装饰，例如胸前佩戴着结状吉祥物（中国结或即源于此风俗），或者背后有类似日本和服的装饰结构。南山位于结匈国的东南方，当地人称虫为蛇，称蛇为鱼，这种称谓的变化可能与某种巫术活动有关，有点类似颛顼化为鱼妇时巫师念的口诀。南山或谓即终南山。

比翼鸟在灭蒙鸟的东面，这种鸟有青色和红色的羽毛，两只鸟的翅膀相互连在一起飞。也有一种说法认为比翼鸟在南山的东面。

羽民国在比翼鸟的东南方，那里的人头很长，身上长着或披着羽毛。也有一种说法认为羽民国在比翼鸟的东南方，那里的人脸颊很长。

比翼鸟的雏形是西次三经崇吾山的"见则天下大水"的蛮蛮鸟，此后比翼鸟被看作吉祥鸟和爱情鸟。《周书·王会篇》称"巴人以比翼鸟"，或许比翼鸟栖息在巴人居住区，或者巴人有装扮成比翼鸟的巫术活动。羽民国的人有两个特点：一是穿羽毛衣，或者用羽毛装扮自己；二是以头长为美，并且可能实施了头部变形装饰术。事实上，距今18000年前的周口店山顶洞人、10000

比翼鸟在其东，其为鸟青、赤，两鸟比翼。一曰在南山东。

羽民国在其东南，其为人长头，身生羽。一曰在比翼鸟东南，其为人长颊。

结匈国

比翼鸟

南山

羽民国

年前的满洲里扎赉诺尔人、6400 年前的大汶口人的头骨上，均发现明显的、普遍的人工变形，其中大汶口人的头骨变形百分比甚至高达 80% 以上。

有 16 个神人居住在羽民国的东面，他们的脸颊很小，肩膀是红色的，分成两组，每组 8 人，彼此的胳膊连在一起，在这里为天帝守护夜间的平安。

神人二八，明代学者杨慎注谓："南中夷方或有之，夜行逢之，土人谓之夜游神，亦不怪也。"司夜，通常解释为夜间巡查以维护社会治安，类似后日的更夫，神人二八即二人一组或八人一组的巡逻队。此外，司夜亦指天文观测，不过天文观测好像用不着这么多人"连臂"进行。或许这更像是一种在夜间为帝君举行的巫术舞蹈或娱乐歌舞，这种舞蹈的队列特点是十六人分为两组，每组八人，人与人之间手臂相连，它也可以变换成两人一组共分为八组的队列，而这恐怕就是八佾舞的雏形。

此处之帝袁珂认为指黄帝，并总结道"帝，天帝，《山海经》中凡言帝，均指天帝，而天帝非一：除中次七经'姑媱之山，帝女死焉，其名曰女尸'之'帝'指炎帝、中次十二经'洞庭之山，帝之二女居之'之'帝'指尧之外，其余疑均指黄帝"。这个结论可能有待商榷之处，因为它意味着《山海经》诸篇文字形成之时，各时期各地的人们都已经公认黄帝为天帝，而这种可能性并不大。

毕方鸟在 16 个神人的东面、青水的西面，这种鸟有着人的面孔，用一只脚站立。也有一种说法认为毕方鸟是在二八神的东面。

毕方鸟已见于西次三经章莪山，并见于《海内西经》"青水出西南隅，以东，又北，又西南，过毕方鸟东"。一般来说，毕方鸟是火灾的报警标志。《韩非子·十过》却称："昔者黄帝合鬼神于西泰山之上，驾象车而六蛟龙，毕方并辖，蚩尤居前，

有神人二八，连臂，为帝司夜于此野。在羽民东。其为人小颊赤肩。尽十六人。

毕方鸟在其东，青水西，其为鸟人面一脚。一曰在二八神东。

神人二八

毕方鸟

讙头国

风伯进扫，雨师洒道，虎狼在前，鬼神在后，腾蛇伏地，凤凰覆上，大合鬼神，作为清角。"在这里毕方实际上是一个部落或官职的名称，其职责是协助驾驭黄帝的象车或龙车；所谓黄帝大合鬼神，与禹召集天下诸侯聚会的性质类似，都属于民族整合与融合的过程。

讙头国在其南，其为人人面有翼，鸟喙，方捕鱼。一曰在毕方东。或曰讙朱国。

讙头国在毕方鸟的南面，那里的人有着人的面孔、鸟的翅膀，还有鸟的喙，正在捕鱼。另一种说法是在毕方鸟的东面。或者叫讙朱国。

讙，通喧，喧哗；又通欢；地名，春秋鲁地，即今日山东肥城市南，《春秋·桓公三年》："齐侯送姜氏于讙。"讙头国又名讙朱国，其名称应与该族人的头部特殊装饰有关。所谓"其为人人面"的陈述存在着重复，既然是人，当然是人面；因此"人面"可能是"朱面"之误，也就是说当地人有将头部或全身涂红的习俗。所谓"有翼，鸟喙"当是一种与捕鱼有关的装饰、装束或用具；一种可能是当地人在模拟鱼鹰捕鱼的样子，另一种可能是当地人乘坐有帆的船，手持鱼枪扎鱼。所谓"方捕鱼"，表明此处文字撰写者是在看图说话，事实上这正是《海经》的特点，即《海经》原本有图，而且图画的内容相当清晰，可能还写有人物的名称。

学者普遍认为讙头国即尧臣讙兜或尧子丹朱的后裔，郭璞注："讙兜，尧臣，有罪，自投南海而死。帝怜之，使其子居南海而祠之。画亦似仙人也。"袁珂认为讙头国即丹朱国,讙兜亦即丹朱,由于丹朱不肖,尧以天下让诸舜。三苗之君同情丹朱,丹朱叛尧,尧击败三苗和丹朱,流放三苗和丹朱到南方。不过,在今天的民间传说中,既有谴责丹朱的故事,也有赞美丹朱的故事。

厌火国在讙头国的南面,那里的人有着动物的身体,黑色的皮肤,从嘴里能够喷出火。也有一种说法认为厌火国在讙朱东。

郭璞注:"言能吐火,画似猕猴而黑色也。"吴任臣云:"《本草集解》曰:'南方有厌火之民,食火之兽。'注云:'国近黑昆仑,人能食火炭,食火兽名祸斗也。'"其实,所谓口中吐火是一种古老的魔术,它的技巧并不复杂,而这种表演则起源于古人使用吹火筒生火的情景。

三株树在厌火国北面,生长在赤水河畔,样子像柏树,叶子都像是珍珠。一种说法是三株树像彗星。

三株树又称三珠树,陶潜《读山海经》有"粲粲三珠树,寄生赤水阴"之句。陶潜又名陶渊明,寻阳柴桑人(今江西九江),曾任彭泽令,因不肯为五斗米折腰而去职归隐田园。陶潜晚于郭璞,他们所看到的山海经图均缺少山川、地形、地貌、距离等地图要素,属于一幅幅插图性质。

郝懿行认为,《庄子·天地篇》"黄帝游乎赤水之北……遗其

厌火国在其国南,兽身黑色,生火出其口中。一曰在讙朱东。

三株树在厌火北,生赤水上,其为树如柏,叶皆为珠。一曰其为树若彗。

厌火国

三株树

赤水

玄珠"的故事，即源于此处三珠树的记载。当年黄帝北渡赤水，登上昆仑丘，归途时不慎遗失玄珠，黄帝先后派善于思考的人、眼力好的人、勤问的人寻找玄珠却都没有找到，后来派一个名叫"象罔"的人，他迷迷糊糊地就把玄珠找到了。袁珂认为这个古老的神话传说故事并非纯粹寓言："意者此生赤水上之三珠树，或为黄帝失玄珠神话之别传，为所失玄珠所生树乎？"

三苗国在赤水东，其为人相随。一曰三毛国。

三苗国在赤水的东面，那里的人喜欢彼此一个跟着一个行走。也有一种说法认为叫三毛国。

郭璞注："昔尧以天下让舜，三苗之君非之，帝杀之，有苗之民，叛入南海，为三苗国。"《淮南子·修务训》："尧立孝慈仁爱，使民如子弟。西教沃民，东至黑齿，北抚幽都，南道交趾。放讙兜于崇山，窜三苗于三危，流共工于幽州，殛鲧于羽山。"高诱注云："三苗盖谓帝鸿氏之裔子浑敦、少昊氏之裔子穷奇、缙云氏之裔子饕餮三族之苗裔。"袁珂认为三苗即有苗，亦即苗民，而"相随"即该族人相随远徙南海之象也。"相随"可能是一种古老的集体活动，今我国西南少数民族有一种游戏，即若干人共同踏在两条木板或竹板上，只有同时迈步才能行走。这种活动在古代应当具有某种积极的巫术价值，例如强化族人的团结意识等。

载国在其东，其为人黄，能操弓射蛇。一曰载国在三毛东。

三苗国

载国在三苗国的东面，那里的人皮肤或衣服是黄色的，能够用弓箭射猎蛇。也有一种说法认为载国在三毛国的东面。

载，《汉书·孔光传》："犬马齿载。"颜师古注："载，老也，读与耋同。"耋，八十曰耋，或谓七十为耋。据此，载国当以民众颐养天年为特征；载国或作盛国，亦有物产丰盛的意思。《大荒南经》记述有载民国，不织不耕，以表演歌舞为生。所谓"其为人黄"，系指当地人的服饰特征，可能是以黄色调为主，或者是佩戴着某种被称之为"黄"的装饰物，也可能是擅长加工制作黄色颜料（包括硫黄）。

此处"射蛇"，也可指"射鱼"，因前文南山有自此山来"蛇号为鱼"的说法。有趣的是，居住在我国海南岛的黎族，至今仍

载国　　　贯匈国　　　交胫

有射鱼的习俗，小伙子赤脚站在清清的溪水或河水中，一旦看准鱼游过来，就用弓箭射，通常都能箭无虚发。

　　贯匈国在载国的东面，那里的人胸部有窍。也有一种说法认为贯匈国是在载国的东面。

　　贯匈国又称穿匈国。《艺文类聚》卷96引《括地图》记有大禹治水时，召集各地诸侯开会，因防风氏姗姗来迟，于是"禹诛防风氏。夏后德盛，二龙隆（降）之。禹使范氏御之以行，经南方，防风神见禹，怒射之。有迅雷，二龙升去。神惧，以刃自贯其心而死。禹哀之，瘗以不死之草，皆生，是名穿匈国。"袁珂注引元周致中纂《异域志》云："穿匈国，在盛海东，匈有窍，尊者去衣，令卑者以竹木贯匈抬之。"

　　穿匈国之名得自防风氏"自贯其心而死"的行为。

　　与此同时，所谓"防风"可能也是指一种特殊的装束，类似护心镜，以保护胸腹部不受外物伤害，同时也有预防风寒的作用；由于这种装束看起来仿佛胸部有窍洞，于是人们便称其为穿匈民。此外，也可能与用滑竿抬人走山路的方式有关。

　　交胫国在贯匈国的东面，那里的人两腿相互交叉。也有一种

贯匈国在其东，其为人匈有窍。一曰在载国东。

交胫国在其东，其为人交胫。一曰在穿匈东。

说法认为交胫国是在穿匈国的东面。

郭璞注:"言脚胫曲戾相交,所谓雕题、交趾者也。或作'颈',其为人交颈而行也。"郝懿行注:"《广韵》引刘欣期《交州记》云:'交趾之人,出南定县,足骨无节,身有毛,卧者更扶始得起。'引此经及郭注,并与今本同。《太平御览》七百九十卷引《外国图》曰:'交胫民长四尺。'《淮南子·地形训》有交股民,高诱注云:'交股民脚相交切。'即此也。"

交胫国的人为什么有"交胫"的特征呢?一种可能是他们习惯盘腿而坐(古代中原流行跪坐式),另一种可能则与病态有关。众所周知,如果某一地区环境中(包括水里、食物里,煤里、柴里)存在有毒有害元素,或者缺少某些必要的微量元素,就有可能导致该地居民患骨骼畸形或软骨病的概率增加;此外,某些疾病例如小儿麻痹症也会造成下肢残疾,从而出现"交胫"的行走特征。

不死民在其东,其为人黑色,寿,不死。一曰在穿匈国东。

不死国在交胫国的东面,那里的人皮肤或衣服是黑色的,长寿,不死。也有一种说法认为不死国在穿匈国的东面。

袁珂指出:古人所谓"不死"实有两种情况。第一种情况即《楚辞·远游》:"仍羽人于丹丘兮,留不死之旧乡。"在这里羽人、不死乃学道登仙的两个阶段,初则不死为地仙,久乃身生羽毛,遐举而为天仙矣。《论衡·无形篇》:"图仙人之形,体生毛,臂变为翼,行于云。"是仙人生羽翼之说明著于汉世者,证以武梁祠石刻画像,其伏羲与女娲交尾图像中所刻飞行云中之小仙人,确均生有翅翼。第二种情况即《山海经》之所谓羽民国、不死民,则殊方之族类,有其异形与异禀而已,非修炼之类也。袁珂此论甚确,问题是此处不死民究竟有什么特殊的禀赋或习俗呢?可以考虑的解释包括:一是当地人不举行葬仪,老者自行离开族人走入山林而不归;二是当地人有将死者人体制成黑色木乃伊的习俗,并相信如此一来其人便获得永生。

岐舌国在其东。一曰在不死民东。

昆仑虚在其东,虚四方。一曰在岐舌东,为虚四方。

岐舌国在不死国的东面。也有一种说法认为是在不死国的东面。

不死民

　　昆仑虚在岐舌国的东面，城是四方形的。也有一种说法认为在岐舌国的东面，昆仑虚是四方形的。

　　岐舌国又作支舌国、反舌国、交舌国。尽管此处经文没有进一步描述该地居民的特征，我们仍然可以推知这里的居民以提供语言翻译服务而著称，他们一会儿说这种语言，一会儿又说那种语言，传来传去外面的人就把他们说成是舌分两叉了。或者，由于当地人的语言卷舌音特别多，外面的人就用"反舌"来形容他们。

　　郭璞注："虚，山下基也。"毕沅注："此东海方丈山也。《尔雅》（释地）云：'三成为昆仑丘。'是'昆仑'者，高山皆得名之。此在东南方，当即方丈山也。"

　　上述郭璞与毕沅的注释均不确，此处昆仑虚即昆仑墟，为四方台形建筑。有必要指出的是，在《山经》里昆仑丘是黄帝族的大本营，当时那里充满生机。但是，到了《海经》里，昆仑已经变成昆仑墟，只剩下当年的遗址了。

羿与凿齿战于寿华
之野，羿射杀之。在昆
仑虚东。羿持弓矢，凿
齿持盾。一曰戈。

羿与凿齿的战争，发生在昆仑虚东面的寿华野，羿持弓矢，凿齿持盾，羿射杀了凿齿。也有一种说法认为凿齿拿的是戈。

羿与凿齿之战，乃先夏时期一系列部落战争之一，根据《淮南子·本经训》的相关记载，上述战争的起因是自然灾害事件（十日并出）严重破坏了人类社会赖以生存的环境，从而导致部落间的迁徙和激烈冲突。郭璞注："凿齿亦人也，齿如凿，长五六尺，因以名云。"其实，所谓凿齿是一种非常古老的人体装饰习俗（出于美容或宗教目的），即人为地将侧门牙或犬牙或中门牙敲凿拔掉，国内外许多民族都有此俗，甚至一直流行到近代；而考古资料表明此俗最早产生并流行于我国大汶口文化区，其中尤以鲁南苏北的大汶口文化最为盛行，当时那里的人不分性别、地位几乎都拔掉两颗侧门牙。今日贵州的革家人，凡12岁以上的男子死后均要敲去两颗牙齿，意思是不要变成凿齿害人；而未婚女子则要戴"白箭射日"帽，以象征羿射九日。寿华又作畴华，高诱注谓："南方泽名。"不过，此处称为野，当指原野。

昆仑虚

岐舌国

寿华野

羿

凿齿

三首国在寿华野的东面，那里的人长着三个头。也有一种说法认为三首国是在凿齿的东面。

袁珂注："经文'一身三首'下，其他各本尚有'一曰在凿齿东'数字，郝懿行《笺疏》本脱去之，应据补。《海内西经》云：'服常树，其上有三头人，伺琅玕树。'即此之类。《淮南子·地形训》有三头民。郭璞《图赞》云：'虽云一气，呼吸异道，观则俱见，食则皆饱；物形自周，造化非巧。'是善能摹状形容者。"

在畸形胎儿中，偶有两个头共用一个身躯的情况，条件好的时候他们也能长大成人。但是，三个头共用一个身躯的畸形胎儿，非常少见，更不用说能存活下来了。因此，这里的三首国，可能是指一种佩戴面具的习俗。每个人可以有多个面具，根据不同情况或场合而轮流佩戴；也可能是佩戴一种三面都有面孔图案的面具（所谓黄帝四面的传说，则可能是一种四面都有面孔图案的面具），或者是一种类似今日变脸的特技。事实上，佩戴面具的习俗曾经遍及世界许多地区，起源于头部化装以及头颅灵魂崇拜，有兴趣的朋友可参阅郭净所著《中国面具文化》一书（上海人民出版社）。

三首国在其东，其为人一身三首。一曰在凿齿东。

三首国

周饶国在其东，其
为人短小，冠带。一曰
焦侥国，在三首东。

周饶国在三首国的东面，那里的人身材短小，头戴帽子，身系腰带。也有一种说法认为焦侥国在三首国的东面。

郭璞注："其人长三尺，穴居，能为机巧，有五谷（食）也。"又注引《诗含神雾》曰："从中州以东四十万里，得焦侥国人，长尺五寸也。"袁珂认为这是有关小人国的传闻，并指出："盖人体大小，自古恒为士庶兴会所寄，扩而张之，想象生焉。"事实上，我国古史野史及文学故事里有关小人国的传闻甚多，其中《神异经·西荒经》记有："西海之外有鹄国焉，男女皆长七寸，为人自然有礼，好经纶拜跪，其人皆寿三百岁。其行如飞，日行千里，百物不敢犯之，惟惧海鹄，遇辄吞之，亦寿三百岁。此人在鹄腹中不死，而鹄一举千里。"

周饶国

长臂国在其东，捕
鱼水中，两手各操一
鱼。一曰在焦侥东，捕
鱼海中。

长臂国在周饶国的东面，正在水中捕鱼，两只手各抓着一条鱼。也有一种说法认为长臂国在焦侥国的东面，那里的人以在大海中捕鱼为生。

郭璞注旧说（《三国志·魏志·东夷传》《博物志》）云："其人手下垂至地。魏黄初中，玄菟太守王顽讨高句丽王宫，穷追之，过沃沮国，其东界临大海，近日之所出，问其耆老，海东复有人否？云：尝在海中得一布褐，身如中人，衣两袖长三丈，即此长臂人衣也。"所谓"魏黄初"指魏文帝黄初年号，即公元220年至226年，正值魏、蜀、吴三国战犹酣之际。

从长臂国的传闻来看，所谓"长臂"可能是穿长袖衣，有点类似今日藏族的服装。但是，这种长袖衣并不适合捕鱼，因此"长臂"也可能指手持某种捕鱼用的长形器具，例如渔叉；或许这种渔叉还绘有与人的手臂相同的文身图案，远看上去就像人的

长臂国

手臂一样。

帝尧的墓葬在狄山的向阳面，帝喾的墓葬在狄山的背阴面。那里有熊、罴、文虎、蜼、豹、离朱、视肉。吁咽、文王都埋葬在这里。另一种说法是在汤山。还有一种说法是那里有熊、罴、文虎、蜼、豹、离朱、鸱久、视肉、璇树。那里的墓地林方圆三百里。

狄山又名汤山，是帝尧和帝喾的陵墓所在地。"爰有"云云，均指陪葬物品以及陵墓前的雕塑。离朱，郭璞注："木名也，见《庄子》。今图作赤鸟。"郝懿行认为古图离朱"赤鸟"可能是南方神鸟谯明之属。袁珂认为此处离朱即日中神鸟三足乌。视肉，郭璞注："聚肉，形如牛肝，有两目也；食之无尽，寻复更生如故。"据此视肉可能是一种生长迅速的真菌。有趣的是，《美洲神话》也记述有一种神牛："不管人们从它的身上切下多少肉，肉总是继续长出来。"吁咽、文王，或谓人名，郭璞甚至相信这个文王即周文王。其实此处"吁咽、文王"乃文字抄写讹误，它们实际上即《海内西经》开明北的"玗琪树"和"文玉树"，均为神树或陪葬用的树形玉器。"范林"则指墓地区域范围里的林木。

狄山，帝尧葬于阳，帝喾葬于阴。爰有熊、罴、文虎、蜼、豹、离朱、视肉。吁咽、文王皆葬其所。一曰汤山。一曰爰有熊、罴、文虎、蜼、豹、离朱、鸱久、视肉、虖交。其范林方三百里。

祝融是南方之神，长着人的面孔、动物的身体，乘着两条龙。《海外南经》所述区域的人们尊崇南方之神祝融，他乘两龙而行。

在古史传说里，祝融既指火神，又指掌管火的官职，还指部落。郭璞注此："火神也。"《吕氏春秋·孟夏篇》称："其帝炎帝，其神祝融。"《淮南子·时则训》云："南方之极，自北户孙之外，贯颛顼之国，南至委火炎风之野，赤帝（炎帝）祝融之所司者万二千里。"《山海经·海内经》称祝融为炎帝后裔，而《大荒东经》又称祝融为颛顼后裔（这种情况可能源于母系后裔和父系后裔的差异）。

祝融的主要事迹，一是鲧治水失败后，受帝命杀鲧于羽郊；二是《史记》司马贞《补三皇本纪》称共工与祝融战，不胜而怒触不周山（《淮南子·天文训》则称共工与颛顼争为帝，怒而触

南方祝融，兽身人面，乘两龙。

帝尧葬　帝喾葬　　　　　南方祝融

狄山

不周山）。或谓鲧即共工，则两事可能指同一件事，实际上反映的是两大部落集团长期争战的故事。

此外，《墨子·非攻下》记有：成汤伐夏时"天命融（祝融）隆（降）火于夏之城间，西北之隅。"《尚书大传》《太公金匮》等书称武王伐纣时，祝融等七天神雪天远来助周灭殷，则祝融乃革命者之吉神。今南岳衡山最高峰名祝融峰，海拔1290米，相传祝融氏葬此，峰上建有祝融殿（又名老圣殿），山顶有"天半祝融"等石刻。

综观《海外南经》所述诸国，涉及的地理地名仅有南山、赤水、寿华野、昆仑虚、狄山等，涉及的地形也仅有捕鱼海中、司夜此野。在这种情况下，我们今天很难确指其地域范围。而且古代有地名随人走的习俗，即人迁徙到新的地方，仍然习惯用故乡的山名、水名来命名新居的山和水，特别是当它们有某种相似之处的时候。与此同时，当人们迁居到新的地方后，也会重新设立祭祀先祖的墓地。由于同一族群的人们可能迁徙到不同的地方，因而使情况变得更为复杂。例如赤水，在《西山经》里属于昆仑丘水系（位于黄河中上游地区）；但是在《海外南经》里，它可能仍然属于昆仑丘水系，例如无定河上游的红柳河；也可能指南方某处水质发红的河流（流经红壤区或流域内有赤铁矿），例如贵州与四川交界处的赤水河（属于长江水系），或流经贵州和广西的红水河（属于珠江水系）。

海外自西南陬至西北陬者。

（我们的）考察路线是从海外的西南角到西北角。

《海外西经》描述的是自西南方到西北方的情况。毕沅注：《淮南子·地形训》云：自
西北至西南方，起修股民、肃慎民，此文正倒。知此经是说图之词，或右行则自西南至西北
起三身国，或左行则自西北至西南起修股民。是汉时犹有《山海经图》，各依所见为说，故
不同也。"朱熹《晦庵集》卷71《记山海经》亦称："予尝读《山海》诸篇，记诸异物飞走之类，
多云'东向'或云'东首'，皆为一定而不易之形，疑本依图画而为之，非实记载此处有此物也。
古人有图画之学，如《九歌》《天问》皆其类。"事实上，《海经》特别是海外诸经和海内诸经，
确实具有图画解说词的性质，但是这并不一定意味着文字撰写晚于图画绘制。

灭蒙鸟在结匈国的北面，这里的鸟羽毛是青色的，尾巴是红色的。

大运山高约三百仞，在灭蒙鸟栖息地的北面。

结匈国是《海外南经》的第一处景观，灭蒙鸟是《海外西经》的第一处景观；与结匈国相邻的下一个景观是南山，与灭蒙鸟相邻的下一个景观是大运山。显然，南山和大运山都是《海外四经》撰写者希望告诉读者的地理标志点。

毕沅、郝懿行都认为此处灭蒙鸟可能即《海内西经》的孟鸟，袁珂赞同此说，并认为灭蒙鸟亦即鸾鸟、凤鸟、五采鸟之属，而且还进一步指出孟鸟乃颛顼或舜之后裔孟戏，其先祖即《诗·玄鸟》所谓"天命玄鸟，降而生商"之玄鸟，亦即燕子的化身。

《太平御览》卷915引《括地图》云："孟亏人首鸟身，其先为虞氏驯百兽，夏后之末世，民始食卵，孟亏去之，凤凰随与止于此。山多竹，长千仞，凤凰食竹实，孟亏食木实。去九疑万八千里。"孟亏即孟戏；虞，掌管山泽的官职，舜曾任此职，

灭蒙鸟在结匈国北，为鸟青，赤尾。

大运山高三百仞，在灭蒙鸟北。

大运山

灭蒙鸟

大乐野

夏后启

三身国

此处虞氏即指舜。据此，灭蒙鸟当指人与鸟和睦相处的地方。

大乐野在大运山的北面，夏朝的第一位国君启在这里举办盛大的歌舞活动，演出《九代》舞剧。夏王启乘坐两条龙的车，车盖有三层，他左手握翳，右手持玉环，佩戴着玉璜。也有一种说法认为叫大遗野。

大乐之野，夏后启于此儛九代；乘两龙，云盖三层。

左手操翳，右手操环，佩玉璜。在大运山北。一曰大遗之野。

儛，郭璞注谓"盘作之令舞"。九代或谓即九招、九韶、九成、九隶，当是一种分为九个章节的祭神歌舞，用今天的话来说即九幕歌剧。翳，用羽毛制成的华盖，象征权力和地位。郭璞引《归藏·郑母经》："夏后启筮：御飞龙登于天，吉。"认为启亦仙人也。郝懿行引《太平御览》82卷引《史记》："昔夏后启筮：乘龙以登于天，占于皋陶，皋陶曰：'吉而必同，与神交通；以身为帝，以王四乡。'"支持郭璞的观点。

历史上，夏后启是夏朝的开国之帝。传说中，启既是禹之子，又是从石头中出生的。这种矛盾表明，启实际上只是禹的后代，或者自认为是禹的后裔，因此他的权力基础并不充分。为此，他举行了盛大的登基仪式，通过巫术歌舞活动，以向世人展示自己的权力得到了上天的认可。

三身国在夏王启所在之地的北面，那里的居民长着一个脑袋、三个身子。

三身国在夏后启北，一首而三身。

《河图括地图》（《玉函山房辑佚书》辑）称："庸成氏实有季子，其性喜淫，昼淫于市，帝怒，放之于西南。季子仪马而产子，身人也而尾蹄马，是为三身之国。"所谓与兽通淫，既与图腾崇拜有关，也是远古许多国家地区都存在过的行为，例如《圣经·旧约》就有禁止人兽通淫的条款。在《大荒南经》里三身是帝俊后裔，而《海内经》称三身之子义均"始为巧倕"，或许"三身"有技艺多的意思。

一臂国在三身国的北面，那里的人只有一只手臂、一只眼睛、一个鼻孔。当地有一种黄色的马，花纹像老虎身上的花纹，只有一只眼睛、一条前腿。

一臂国又称比肩民、半体人，当地的黄马亦为半体，与比翼鸟、比目鱼类似。《尔雅》（释地）："北方有比肩民焉，迭食而迭望。"郭璞注："此即半体之人，各有一目、一鼻孔、一臂、一脚。"《交州记》则称："儋耳国东有一臂国，人皆一臂也。"

一臂国的传闻可能与当地的特殊服饰有关，例如服装只露出一臂（左袒或右袒），经碾转流传而夸张为半体人。近代西洋人来到中国，由于他们喜欢笔挺站立，又不肯向中国皇帝、官员下跪，民间遂传说西洋人没有膝盖骨，躺倒后要有人帮助才能站起来。这个例子说明了传闻与真相之间的关系以及信息是如何讹变的。

奇肱国在一臂国的北面，那里的人长着一条胳膊、三只眼睛，有阴有阳，乘坐毛色有花纹的马。当地有一种鸟，长着两个脑袋、赤黄色的羽毛，围绕在奇肱国人的身旁。

《博物志·外国》："奇肱民善为杸扛，以杀百禽。能为飞车，从风远行。汤时西风至，吹其车至豫州，汤破其车，不以视民。

一臂国在其北，一臂一目一鼻孔。有黄马，虎文，一目而一手。

奇肱之国在其北，其人一臂三目，有阴有阳，乘文马。有鸟焉，两头，赤黄色，在其旁。

黄马

一臂国

奇肱国

十年东风至，乃复作车遣返。其国去玉门关四万里。"栻，原指古代占卜的用具，又称星盘，此处栻扛指性能优良的机械装置。"汤破其车"云云，是说商朝的统治者怕百姓掌握先进的科学技术。

《淮南子·地形训》记海外三十六国有奇股国，袁珂认为此处奇肱国应是奇股国之误，理由是独臂人很难制作复杂的机械，而独脚人则由于"痛感行路之艰，翱翔云天之思斯由启矣"。不过，此处经文并没有直接说奇肱国人机巧。三目，是一种古老的装饰习俗，即在两眉之上的部位，人为绘出或通过手术制作出一个眼睛的图案。所谓有阴有阳，不详何指。文马又称吉量，相传乘之寿千岁。两头鸟，当亦有其特殊的功能。

刑天与帝至此争神，帝断其首，葬之常羊之山，乃以乳为目，以脐为口，操干戚以舞。

　　刑天与黄帝在常羊山争夺统治权，黄帝斩断刑天的头颅，葬在常羊山。刑天以乳头为眼睛，以肚脐为嘴，一手持矛、一手持盾，继续战斗。

　　刑天又作形夭、刑夭、形天。袁珂认为刑天即断首之意、形夭即形体夭残之意，而形天、刑夭则不通。郭璞注："干，盾；戚，斧也；是为无首之民。"袁珂注谓："刑天，炎帝之臣；刑天之神话，乃黄帝与炎帝斗争神话之一部分，状其斗志靡懈，死犹未已也。"在这场旷日持久的战争中，黄帝先后战胜炎帝、蚩尤、夸父、刑天。所谓刑天为炎帝之臣，出自《路史·后纪三》："炎帝乃命刑天作《扶犁》之乐，制《丰年》之咏，以荐厘来，是曰《下谋》。"《路史》为宋代学者罗泌撰著，篇章包括前纪9卷、后纪13卷、余论10卷、发挥6卷，以及国名记7卷；其内容以记述兼论述先夏时期的历史为主，因文字庞杂且多有它书未见之内容，而又难以考证核实，故而学者引用不多。常羊山是古史传说中的名山之一，《春秋纬·元命苞》云："少典妃安登，游于华阳，有神龙首感之于常羊，生神农。"

女祭、女戚在其北，居两水间，戚操鱼鲗，祭操俎。

　　女祭、女戚在常羊山的北面，她们居住在两条河流的中间，女戚举着的祭品是鱼鲗，女祭举着的摆放祭品的器物是俎。

　　这是一幅两个女巫在祭神的场景。鲗，即黄鳝，在这里是祭神的供品。俎，古代祭祀时用以载牲的礼器，有青铜制成的也有

刑天

常羊山

木制漆饰的；亦指切割肉的砧板，木制或青铜铸制，长方形，两端有足。所谓"居两水间"，当指举行巫术活动时对地形环境有着一定的要求，这种环境可能是自然形成的，也可能是人为营造出来的。

女祭

鸑鸟、鶹鸟位于女祭的北面，它们的羽毛是青黄色的，它们所经过的国家就会灭亡。鸑鸟有着人的面孔，居住在山上。也有一种说法认为叫维鸟，青鸟、黄鸟的鸟群。

鸑鸟、鶹鸟即青鸟、黄鸟，鸑鸟又名维鸟，均为不祥之鸟。

鸟，通常指飞禽类动物，有时也指南方朱鸟星宿。但是，在《山海经》里，却常常用"鸟"代指部落、官职或人。这种称谓，可能与图腾崇拜有关，也可能与古人喜欢用鸟羽装饰自己有关。此外，"鸟"直至今日在土语中仍然是骂人的粗话，而这种粗话亦源于远古对鸟的生殖崇拜。

丈夫国在维鸟的北面，那里的人穿着礼服、戴着礼帽、佩带长剑。

郭璞注："殷帝太戊使王孟采药，从西王母至此，绝粮，不能进，食木实，衣木皮，终身无妻，而生二子，从形中出，其父即死，是为丈夫民。"《太平御览》卷361引《玄中记》云："丈夫民。殷帝太戊使王英采药于西王母，至此绝粮，不能进，乃食木实，衣以木皮。终身无妻，产子二人，从背胁间出，其父则死，是为丈夫民。去玉门二万里。"《玄中记》相传亦为郭璞所著。

殷帝（生前称王，死后称帝）太戊，又作大戊、天戊，帝雍己之弟，任用伊陟（伊尹子）、巫咸治理国政，殷复兴。按郭璞所述故事，丈夫民乃出现在殷太戊年间或其后，约公元前15世纪。但是，从此处经文来看，丈夫国的特点并不是无妻生子，而是"衣冠带剑"。在家庭关系中"丈夫"是与"妻"相对而言的，既称为丈夫，当然就有妻室。因此，这里的丈夫，实际上是指身材魁梧、风度翩翩的君子。

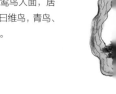

鸑鸟、鶹鸟，其色青黄，所经国亡。在女祭北。鸑鸟人面，居山上。一曰维鸟，青鸟、黄鸟所集。

丈夫国在维鸟北，其为人衣冠带剑。

女丑之尸，生而十日炙杀之。在丈夫北。以右手鄣其面。十日居上，女丑居山之上。

女丑的尸体横卧在丈夫国北面的山头上，十个太阳高高挂在天上，她是活活被十个太阳烤死的，临死前还在用右手遮挡晒在脸上的阳光。

远古曾经发生十日或多日并出的灾变事件，在世界各地许多民族中都有流传。能够造成这种灾变事件的自然现象可能有：日晕假日或幻日，气候异常干旱、阳光毒热，若干颗新星同时爆发，天外星体撞击地球前在大气层中燃烧并爆裂成多块光热体。

经文所描述的女丑与十日画面，属于巫术禳灾活动，发生时间当即郝懿行注："十日并出，炙杀女丑，于是尧乃命羿射杀九日也。"在古代，巫师既有权力，又有责任；当灾祸发生后，如果巫师不能通过巫术活动消除灾祸，便要以身殉职。《论衡·明雩篇》记有："鲁缪公之时，岁旱，缪公问县子：'寡人欲暴巫，奚如？'"所谓"暴巫"就是让巫在大太阳下晒着，什么时候求得下雨什么时候算完事，有时候甚至要将巫放在柴堆上焚之献天。袁珂指出此处女丑乃饰旱魃被暴之相。

巫咸国

女丑尸

巫咸国在女丑的北面，巫咸右手抓着青蛇，左手抓着赤蛇。巫咸居住在登葆山，群巫在这里上下，传达天意给民间。

《水经注·涑水》称涑水流经山西安邑县东的巫咸山北，其山陵上有巫咸祠，此即《海外西经》的登葆山、《大荒西经》的灵山。安邑县位于中条山北麓，相传禹建都于此，由于禹妻涂山氏思恋故乡，禹遂在城南门筑高台供涂山氏远望，郦道元撰写《水经注》时其台尚存（当然不一定是禹时所筑之原台）。在古史传说中，神农、黄帝、尧、殷时均有名叫巫咸的人，表明巫咸实际上亦是部落或官职的名称。所谓"操蛇"，乃巫师的身份装饰特征或举行巫术活动的道具。所谓群巫在登葆山"上下"，袁珂认为此山属于天梯性质，巫者只有通过天梯才能"下宣神旨，上达民情"。

并封在巫咸国的东面，并封的样子像野猪，前后都长着头，身上有黑色的皮毛。

《大荒西经》："有兽，左右有首，名曰屏蓬。"《周书·王会篇》："区阳以鳖封，鳖封者，若彘，前后皆有首。"袁珂赞成闻一多的观点，认为并封亦即屏蓬、鳖封，乃动物牝牡交合之状，传闻中

巫咸国在女丑北，右手操青蛇，左手操赤蛇，在登葆山，群巫所从上下也。

并封在巫咸东，其状如彘，前后皆有首，黑。

的两头蛇、两头鸟亦源于此。不过，动物牝牡交合乃自然界普遍现象，此处用"并封"作为国名或地名当有其特殊之处。我国今日西南少数民族有一种古老的游戏，男女两人各自双手撑地，头向两方，双脚相互盘搭在对方身体上，然后一起爬行或转圈，其象征意义显然与生殖崇拜有关。

女子国在巫咸北，两女子居，水周之。一曰居一门中。

　　女子国在巫咸国的北面，有两个女子居住在周围有河流环绕的地方。也有一种说法认为她们是居住在一道门的中间。

　　郭璞注："有黄池，妇人入浴，出即怀妊矣。若生男子，三岁辄死。周犹绕也。《离骚》曰：水周于堂下也。"《太平御览》395卷引《外国图》云："方丘之上，暑湿生男子，三年而死。有黄水，妇人入浴，出则乳矣。去九疑二万四千里。"

　　根据民族史资料，某些地区的民族曾经有这样的习俗，即男女成年时要分别住到男子集体宿舍和女子集体宿舍里，并接受有关生存技能和生理生殖的教育，亦即郝懿行注谓："居一门中，盖谓女国所居同一聚落也。"《山海经》所述女子国、丈夫国可能即此种习俗的记录。此外，古代亦可能施行过某种极端的走婚制，从而形成过纯女性或纯男性的村落。不过，此处经文"两女子居，

并封

女子国

水周之"，其情景类似女祭、女戚的"居两水间"，因此不能排除她们的身份也是女巫。据此，女子之"子"，则相当于女丑之"丑"、女祭之"祭"，均为巫者之名。

轩辕国在女子国的北面，紧邻穷山，那里的人长着人的面孔、蛇的身躯，经常把尾部放到头上，寿命短的人最少也活 800 岁。

"轩"指车顶前高如仰之貌，"辕"即连接在车轴上牵拉车的直木或曲木。我国商周时期的车多为独辕，汉以后多为双辕。关于车的起源，《人类文明编年纪事·科学和技术分册》（中国对外翻译出版公司）称公元前 3300 年左右："苏美尔用重型四轮车（圆盘车轮）作战车，由四头驴牵拉（后来一度只供国王和祭神用）。"

有趣的是，《西山经》记述有轩辕丘，称其地无草木、多丹粟、多青雄黄，并未言其地居民的形貌。但是，到了《海外西经》《大荒西经》却强调轩辕国人如何长寿；而长寿的原因与他们的奇怪装束及其特殊的动作有关。所谓"蛇身"，即将身躯涂绘出蛇的花纹图案。所谓"尾交首上"，可能是一种巫术动作，即将双脚反向弯曲到头上，类似今日杂技里的柔功，通过模拟车轮旋转来象征生生不息。事实上，在中国先民的观念里，旋涡状的图形或事物往往被认为是生命力旺盛的神秘标志，其中典型的图案即太极图。

轩辕之国在此穷山之际，其不寿者八百岁。在女子国北。人面蛇身，尾交首上。

轩辕国

轩辕丘

穷山

穷山在轩辕国的北面，那里有一座四方形的轩辕丘，四周有蛇环绕，人们不敢朝着轩辕丘的方向射箭，畏惧轩辕丘的神灵。

此处穷山，郭璞认为即长江流域的岷山。《楚辞·天问》记有："阻穷西征，岩何越焉？化为黄熊，巫何活焉？咸播秬黍，莆藋是营。何由并投，而鲧疾修盈？"唐兰认为鲧化为黄熊西行受阻的穷山即《海外西经》此处所说的穷山，其目的则是"求活于诸巫"，诸巫亦即此处穷山之南面的巫咸国。

"其丘方，四蛇相绕"云云，是说轩辕丘是一座四方台，台的四面都装饰有蛇纹浮雕或立有蛇状雕塑，来到此地的人都要对轩辕丘表示敬畏之意，射箭的方向也要避开轩辕丘。也就是说，此处轩辕丘是一座金字塔型建筑物。

有趣的是，轩辕丘这个四方台型金字塔四周有蛇形雕塑，颇似美洲四方台型金字塔上的羽毛蛇造型。在玛雅文化里，武士经常在腰后挂着一种四蛇纹镶嵌圆盘，表明"四蛇相绕"，具有某种震慑敌人的魔力。

诸天野在轩辕丘的北面，那里的鸾鸟在自由自在地唱歌，凤鸟在自由自在地跳舞。有许多凤凰的卵，供人们食用；有甘甜的露水，供人们饮用；人们想做什么就做什么。各种野兽都与人们和睦相处。在四蛇的北面。有一个人两手捧着凤凰的卵正在食用，鸾鸟、凤鸟在前面带路。

诸天之野，或作诸沃之野，其地其民其国亦即《大荒西经》里的沃野、沃民、沃国。这里的居民与百兽和睦相处，鸾鸟、凤鸟自由地歌舞，人们饿了就吃鸟卵，渴了就喝甘露，用不着捕猎和耕作，生活得自由自在。画面的场景，描述的是沃民跟在鸾鸟、凤鸟的后面捡拾鸟卵吃。

人类是一种杂食性动物，其获得食物的方式主要有采集、捕猎、畜牧、栽培、酿造等。不过，通常所说的采集，主要指植物性食物的采集。根据此处的记述，表明古人曾经有过以捡拾鸟卵为主要食物的生存方式。一般来说，树林里的鸟卵数量较少而又不易采集；对比之下，沼泽地或湖泊周边的鸟卵则比较多，而且

诸天野　　　　　　　　　　　神圣　　　　　　　龙鱼

易于捡拾。由于鸟卵是有季节的，因此以鸟卵为主要食物来源的
居民，还需要掌握加工、存储鸟卵的技术。此外，以天然鸟卵为
食，也有一个如何限制采集量的问题，否则鸟类会逐渐减少，鸟
卵资源也会枯竭。在灭蒙鸟的故事里，正是由于当地人食鸟卵过
量，凤凰才追随孟戏远走他乡。

龙鱼居住在诸天野的北面，样子像狸，有一种说法认为像
鰕，可以生活在陆地上。曾经有神人乘坐龙鱼巡行九野。也有一
种说法认为是鳌鱼，在天野的北面，它是鱼也像鲤。

龙鱼或作龙鲤、鳌鱼，"状如狸"或作"状如鲤"。鰕，毕沅
注谓："一作如鰕，言状如鲵鱼有四脚也。《尔雅》（释鱼）云：'鲵

龙鱼陵居在其北，
状如狸。一曰鰕。即有
神圣乘此以行九野。一
曰鳌鱼在天野北，其为
鱼也如鲤。

白民国

乘黄

大者谓之鰕。'"陵居，是说龙鱼能够在陆地上生存，即两栖鱼类。
九野指大地分为九个方位（中央、四正、四隅）或九个区域（九州），
值得注意的是，在《五藏山经》里并无九野的观念和九州的划分。
古人有鲤鱼跳过龙门就成龙的说法，或许与此处龙鱼神圣的故事
有关。或者，龙的原形即体形大的娃娃鱼。

白民之国在龙鱼
北，白身被发。有乘黄，
其状如狐，其背上有角，
乘之寿二千岁。

　　白民国在龙鱼的北面，那里的人是白色的皮肤，披着头发。
有一种名叫乘黄的动物，样子像狐狸，背上有角，人骑在乘黄上
就能够活 2000 岁。

　　白民国的居民，或者属于白色人种，或者喜穿白衣、喜欢将
皮肤涂成白色，或者患有白化病。被发通常指披发，头发自然披

垂，不施加人工编理或束发造型；亦可指假发，《诗·召南·采蘩》：
"被之僮僮。"我国先夏遗址出土的文物里，已有梳、笄、束发器
等多种梳理头发的工具，在出土的彩陶图案上也绘有那个时代人
们的发型，有髻发（将头发盘结头顶用笄束发为髻）、束发（将
头发拢于脑后束成一束）、梳辫子、短发（前额为齐眉短发，两
鬓和脑后为齐耳垂的齐整短发）等。

乘黄，郭璞注："《周书》曰：'白民乘黄，似狐，背上有两角。'
即飞黄也。《淮南子》曰：'天下有道，飞黄伏皁。'"郝懿行引《周
书·王会篇》称"乘黄似骐"，又引《初学记》称飞黄"背上有
肉角"。据此，乘黄实际上就是一种跑得非常快的黄色单峰小骆
驼。《汉书·礼乐志》："訾黄何不徕下？"应劭注："訾黄一名乘黄，
龙翼而马身，黄帝乘之而仙。"看来在上古时期，骑在骆驼上是
一种非常神气的事情。

肃慎国在白民国的北面，那里有一种雄常树，新任首领要在
雄常树下举行就职仪式，祭典就取它的树皮。

此处"先入伐帝"或作"先人代帝""圣人代立"。郭璞注："其
俗无衣服，中国有圣帝代立者，则此木生皮可衣也。"雄常树疑
即桦树，其树皮可制多种用具，亦可编织成衣。"圣人代立"云云，
当指新首领就职时要在被视为神树的一棵雄常树下举行取树皮的
仪式。肃慎又称息慎，系我国北方古老的民族，《竹书纪年》："帝
舜有虞氏二十五年，息慎氏来朝，贡弓矢。"《大戴礼记·五帝德》
称帝舜巡视四方，南至交趾、北户，西至鲜支、渠瘦、氐、羌，
北至山戎、发、息慎，东至长夷、鸟夷。

长股国在肃慎国的北面，那里的人披着头发。也有一种说法
认为是长脚。

郭璞注："国在赤水东也。长臂人身如中人而臂长二丈，以
类推之，则此人脚过三丈矣。黄帝时至。或曰，长脚人常负长臂
人入海中捕鱼也。"同时又注谓："或曰有乔国，今伎家乔人，盖
象此身。"前注为想象臆测之词，后注则属于情理分析。事实上，

肃慎之国在白民
北，有树名曰雄常，先
入伐帝，于此取之。

长股之国在雄常
北，被发。一曰长脚。

肃慎国

长股国

长股国即以踩高跷闻名于世的部落或家族。踩高跷游戏流行于许多国家和地区，我国民间习惯将高跷直接绑在脚上，国外则习惯穿上长裤子将高跷藏在裤子里。高跷的起源，可能与采集树上的果子有关，或与巫术、舞蹈、战争（威慑敌人）有关。

蓐收是西方之神，左耳戴有蛇形耳环，乘着两条龙。

西方蓐收，左耳有蛇，乘两龙。

在古史传说里，蓐收为西方之神、金神、秋天刑杀之神。公元前 513 年的秋天，龙见于绛郊。此一事件，引起魏献子与太史蔡墨的一番学问对话，被记入《左传·昭公二十九年》。蔡墨在这次对话里，解释了社稷五祀："木正曰句芒，火正曰祝融，金正曰蓐收，水正曰玄冥，土正曰后土。"掌管五祀的人是："少皞氏有四叔，曰重，曰该，曰修，曰熙，实能金木及水。使重为句芒，该为蓐收，修及熙为玄冥，世不失职，遂济穷桑，此其三祀也。颛顼氏有子曰黎，为祝融；共工氏有

蓐收

子曰句龙，为后土，此其二祀也。后土为社；稷，田正也。有烈山氏之子曰柱为稷，自夏以上祀之。周弃亦为稷，自商以来祀之。"

《尚书大传》："西方之极，自流沙西至三危之野，帝少昊神蓐收司之。"《国语·晋语》记有虢公梦到天之刑神蓐收的样子是"人面，白毛，虎爪，执钺。"《楚辞·大招》则唱道："魂乎无西！西方流沙，漭洋洋只；豕首纵目，被发鬤只。长爪踞牙，诶笑狂只。魂乎无西，多害伤只。"不过，在《西山经》里，蓐收则是一位天文学家。

第八篇

海外北经

海外自东北陬至西北陬者。

（我们的）考察路线是从海外的东北角到西北角。

　　毕沅、袁珂均指出，此处经文所述方位应是自西北至东北，甚确。《海外北经》描述的是从西北方到东北方的民族分布情况。《吕氏春秋·求人篇》记有："禹东至搏木之地，日出九津、青羌之野，攒树之所，㧑天之山，鸟谷、青丘之乡，黑齿之国。南至交趾、孙朴、续满之国，丹粟、漆树、沸水、漂漂、九阳之山，羽人、裸民之处，不死之乡。西至三危之国，巫山之下饮露吸气之民，积金之山，其（奇）肱、一臂、三面之乡。北至人正之国，夏海之穷，衡山之上，犬戎之国，夸父之野，禹强之所，积水（羽）积石之山。"事实上，旅游考察活动，在禹之前有，在禹之后也有。我国古代的旅游之神，称为祖神或道神。《轩辕本纪》："（黄）帝周游行时，元妃嫘祖死于道，帝祭之以为祖神。"《宋书·礼志》注引崔实《四民月令》："祖，道神也。黄帝之子曰累祖，好远游，死道路，故祀以为道神，以求道路之福。"《风俗通义》："共工之子曰修，好远游，舟车所至，足迹所达，靡不穷览，故祀以为祖神。"据此，《海外四经》的内容，或许得自远游者的陈述。

无脊国在长股国的东面，那里的人没有后裔。

长股国处于《海外西经》最北的方位，此处无脊国在长股国东，表明《海外北经》记述的方位是从西北至东北。无启又作无继、无启，通常解释为其国人无后裔。脊即腓，俗称小腿肚子，或谓指肥肠。郭璞注："脊，肥肠也。其人穴居，食土，无男女，死即埋之，其心不朽，死百廿岁乃复更生。"不过，古代并不存在无性别而又能自我克隆的民族，因此"无脊"当另有涵义，或许与制作木乃伊时清除内脏的习俗有关。

钟山之神，名叫烛阴，位于无脊国的东面。他睁开眼睛是白天，闭上眼睛是黑夜；吹气是冬天，呼气是夏天。不吃，不喝，不呼吸，呼吸就是刮风。烛阴身长千里，人面蛇身，全身都是红色的，居住在钟山脚下。

烛阴在《大荒北经》又称烛九阴或烛龙。《楚辞·天问》："日安不到，烛龙何照？"《楚辞·大招》："魂乎无北！北有寒山，逴龙赩只。"逴龙即烛龙。《淮南子·地形训》："烛龙在雁门北，蔽于委羽之山，不见日；其神人面龙身而无足。"郭璞注引《诗含神雾》："天不足西北，无有阴阳消息，故有龙衔火精以往照天门中也。"《玄中记》："北方有钟山焉，山上有石首如人首，左目为日，右目为月，开左目为昼，闭右目为夜；开口为春夏，闭口为秋冬。"据此，袁珂认为烛龙属于开天辟地之神，与后世盘古的传说类似。"身长千里"云云，或解释为北极地区的极光现象。在《西山经》里，钟山神之子名鼓，状为人面龙身，被黄帝击杀后化为鵕鸟。

一目国在钟山的东面，那里的人脸部正中长着一只眼睛。也有一种说法认为像普通人一样有手有脚。

柔利国在一目国的东面，那里的人长着一只手、一只脚，膝盖能够反向弯曲，脚能够弯曲到头上。另一种说法叫留利国，人的脚是反折着的。

袁珂认为一目国即《大荒北经》的威姓国、《海内北经》的

无脊之国在长股东，为人无脊。

钟山之神，名曰烛阴，视为昼，暝为夜，吹为冬，呼为夏，不饮，不食，不息，息为风，身长千里。在无脊之东。其为物，人面，蛇身，赤色，居钟山下。

一目国在其东，一目中其面而居。一曰有手足。

柔利国在一目东，为人一手一足，反膝，曲足居上。一云留利之国，人足反折。

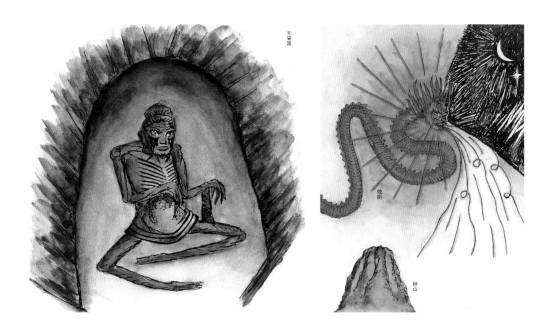
无臂国

烛阴

钟山

鬼国，它们的共同特点都是人面一目，并注谓："《论衡·订鬼篇》引《山海经》（今本无）云：'北方有鬼国，说螭者谓之龙物也。'何所谓'龙物'则语焉不详。"或许，一目乃鬼国人的装饰特点或以管窥物的形象，鬼国可能即《西山经》槐江山北面的槐鬼、东面的有穷鬼。

柔利国是擅长表演杂技柔术的部落，"一手一足"云云，实即柔术表演的典型动作；一只手支撑，双腿双脚并拢，反向弯曲到身后。这种柔术动作当初可能有某种巫术价值，后来逐渐演变成娱乐或谋生方式。

一目国

柔利国

共工台

相
柳

禹

相柳氏是共工的臣子，长着九个头、人的面孔、蛇的身躯，身躯是青色的，分别取食于九座山。相柳所到的地方，都变成了沼泽地。禹杀死了相柳，其流出的血污染了大地，不能种植五谷。禹在这里修整田地，三次修整都失败，只好在这里建造众帝之台。共工台位于昆仑的北面，柔利国的东面。共工台是四方形的，台前有一条蛇，身上的花纹与老虎的花纹相似，头向着南方。人们不敢向北面的共工台射箭，因为畏惧共工台的神灵。

共工是先夏时期的著名部落（本书"部落"一词泛指民族、部族、氏族、国家、地区居民等），徐旭生在《中国古史的传说时代》中指出："对于共工氏的传说颇不一致：有恭维它的，也有诋毁它的。可是不管是恭维与诋毁，它的传说几乎全同水有关。"由于"共工"连读之音即"鲧"，因此也有学者认为共工即鲧。

此处文字记述的是共工部落的主要成员相柳，它是由九个氏族组成的，分别迁徙到九个地方生活；相柳所到的地方，都变成了湿地沼泽。禹消灭相柳，相柳的血（实际指相柳带来的水）污染过的田地，不能够种庄稼。禹多次开挖田地（排除积水）都失

共工之臣曰相柳氏，九首，以食于九山。相柳之所抵，厥为泽溪。禹杀相柳，其血腥，不可以树五谷种。禹厥之，三仞三沮，乃以为众帝之台。在昆仑之北，柔利之东。相柳者，九首人面，蛇身而青。不敢北射，畏共工之台。台在其东。台四方，隅有一蛇，虎色，首冲南方。

败了，不得已在这里建筑了众帝之台，它们位于昆仑之北、柔利之东的地方。其中有一座共工台，形状为四方台，台前面的一角有一座蛇形雕像（即相柳），虎皮色，蛇头威严地向着南方，因此南来的人不敢把箭指向共工台。

显然，这个古老的故事记录着许多珍贵的远古信息。众所周知，远古时期地广人稀，各部落的生存空间很大；如果发生了长期、激烈的部落冲突，或远距离的部落迁徙，那么通常都是因为自然生态环境发生了重大改变。从这个角度来说，所谓"其血腥，不可以树五谷种"，很可能是指土地严重盐碱化。一般来说，土地盐碱化，一是海水淹没陆地，二是在低洼地的农田里的灌溉水量大而又蒸发量大。若为前者，相柳的故事则与先夏时期的海侵事件有关。若为后者，则表明相柳由于采取筑坝抬升河道水位以灌溉低洼地农田的方法，反而使本部落的农田盐碱化，同时也使上游地区的农田盐碱化，并触发部落战争，从而给本部落招致毁灭性灾难。

深目国在其东，为人举一手一目，在共工台东。

深目国在共工台的东面，那里的人举着一只手放在一只眼睛上。在共工台的东面。

《路史·后纪五》注引《尸子》云："四夷之民有贯胸者，深目者，长股者，黄帝之德皆致之。"据此，深目国当是从远方迁徙到黄帝文明区域的部落族群。《尸子》一书系战国时期楚人尸佼所著，20篇，记有少昊、禹、汤、徐偃王的故事，《汉书·艺文志》将其列于杂家。

深目，通常均理解为眼窝凹陷，其实我国古代也将窥管称为深目。《淮南子·泰族训》称："人欲知高下而不能，

深目国

教之用管、准则说（悦）。欲知轻重而无以，予之以权、衡则喜。欲知远近而不能，教之以金目则射快。"冯立升在《中国古代测量学史》（内蒙古出版社，1995年版）中指出，"金目"在汉代又称"深目，所以望远近，射准也"，并推测"金目"可能也是窥管一类的测望工具。因此，经文"为人举一手一目"，实际上是用一手持窥管放在一眼上远望之状，而使用管窥则起源于古代捕猎的需要。

无肠国在深目国的东面，那里的人体形修长却没有肠子。

郭璞注："为人长大，腹内无肠，所食之物直通过。"郝懿行注："《神异经》云：'有人知往，有腹无五藏，直而不旋，食物径过。'疑即斯人也。"人无肠不能活，那么为什么这里的人被传闻说成没有肠子呢？一种解释是因为该国人生活在寒冷地区，因此食量特别大，在外人看来仿佛没有经过胃肠消化一样，这种特点传来传去就夸张成没有肠子了。此外，女娲之肠的故事与生育有关，无肠或也有类似的含义。

聂耳国在无肠国的东面，那里的人使唤两只长有花纹的老虎。那里的人出行时用两手托着两耳，居住在海水上面搭建的住宅里，海水里有各种各样的奇形怪状的物产。有两只老虎在它的东面。

郭璞注："言耳长，行则以手摄持之也。"袁珂注："唐李冗《独异志》云：'《山海经》有大耳国，其人寝，常以一耳为席，一耳为衾。'则传说演变，夸张又甚矣。"其实，所谓聂耳、长耳、大耳，均指耳部的装饰或装束，类似今日北方特别是极地人的防寒耳套。因为在高寒地区耳朵如果没有耳套保护，很容易被冻伤甚至冻掉。据此，经文所述"使两文虎"云云，很像是居住在北极地区的孤岛上或浮冰上的爱斯基摩人，他们戴着大耳套，坐在狗拉的雪橇上，正在带着猎犬去捕猎海狮、海豹。

英国学者李约瑟博士在《中国科学技术史·地学卷》中，对比了中国古代与欧洲古代有关怪人的传闻。欧洲人最早有关怪人

无肠之国在深目东，其为人长而无肠。

聂耳之国在无肠国东，使两文虎，为人两手聂其耳。县居海水中，及水所出入奇物。两虎在其东。

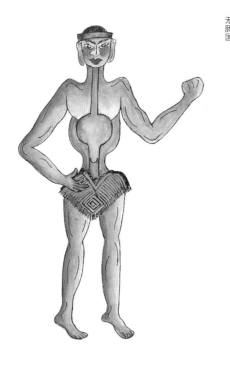

无肠国

聂耳国

记载的文献是公元前 5 世纪希罗多德的作品，公元 3 世纪索利努斯在《记闻集》中收集的怪人资料里，亦有类似刑天的无头人和类似聂耳国的长耳人。

夸父与日逐走，入日。渴欲得饮，饮于河渭，河渭不足，北饮大泽。未至，道渴而死。弃其杖，化为邓林。

夸父追逐太阳，在接近太阳的地方，口渴想喝水，喝尽了渭河的水，又喝尽了黄河的水，仍然口渴。他想到北方的大湖泽喝水，没有走到就渴死在半路上。夸父抛弃的手杖，变成了邓林。

与日逐走或作与日竞走，入日或作日入。大泽，袁珂认为即《大荒北经》《海内西经》所述大泽。邓林、毕沅认为即《中山经》夸父山的桃林。如何解释夸父逐日的内涵？郭璞认为："夸父者，盖神人之名也；其能及日景而倾河渭，岂以走饮哉，寄用于走饮耳。几乎不疾而速，不行而至矣。此以一体为万殊，存亡代谢，寄邓林而遁形，恶得寻其灵化哉！"其实，夸父逐日是远古的一种驱逐"妖日"（包括太阳异常发光、新星爆发、特大流星等）的巫术活动或表演，届时巫师要表演追逐太阳、干渴而死的一系列场景，结束时众人要象征性地展现妖日被驱逐、万木复生的景象。

博父国在聂耳国的东面，那里的人身材高大，右手抓着青蛇，左手抓着黄蛇。邓林在博父国的东面，两棵大的树木就形成了树林。还有一种说法是博父。

禹所积石山在博父国的东面，黄河从积石山穿过。

袁珂指出此处博父国即夸父国，所言甚是。进一步说，上文"夸父与日逐走……"三十七个字原亦应在此处经文"黄蛇"二字之后，这样两段话的意思才完整，而且也符合《海外四经》每段文字开头为国名或地名的叙述惯例。根据《大荒北经》《海内经》等的记述，袁珂认为："则夸父者，炎帝之裔也。以义求之，盖古之大人（夸，大；父，男子美称）也。"从此处经文可知，夸父国人的特点正是身躯魁梧高大。与此同时，夸父左右手操蛇，则明显是巫师的标志。所谓"二树木"，郝懿行注："盖谓邓林二树成林，言其大也。"其实，这是说邓林里有两棵被视为神树的大桃树。

积石有自然形成的，也有人工筑成的，此处为禹治水时在黄河上修筑的积石坝。徐旭生在《读山海经札记》中指出："盖'禹所积石之山'本不知何在，或近在山西、陕西境内，均未可知。因禹传说之扩大而渐移至甘肃西境。"

拘缨国在禹所积石山的东面，那里的人用手托着大脖子的赘肉。另一种说法认为拘缨国叫作利缨国。

寻木有一千里长，在拘缨国的南面，生长在黄河的

博父国在聂耳东，其为人大，右手操青蛇，左手操黄蛇。邓林在其东，二树木。一曰博父。

禹所积石之山在其东，河水所入。

拘缨之国在其东，一手把缨。一曰利缨之国。

寻木长千里，在拘缨南，生河上西北。

西北方。

拘缨或作句婴，高诱认为句婴即九婴；郭璞解释拘缨为手持冠缨，又怀疑缨当为瘿。袁珂认为拘缨实应为拘瘿，瘿即颈部赘肉瘤，俗称大脖子病。有趣的是，古埃及的雕塑和绘画里有胡须装入额下口袋内的特殊装束，或许也可称为"拘缨"吧。

《穆天子传》卷六："天子乃钓于河，以观姑繇之木。"郭璞认为寻木即姑繇树，是一种生长在黄河边的大树。今日北方的樟子松高30米、胡杨高15米，难与寻木比高。

跂踵国在拘缨东，其为人大，两足亦大。一曰大踵。

跂踵国在拘缨国的东面，那里的人身材高大，两只脚也大。因此又被称为大踵国。

跂，多出的脚趾，踮起脚尖；踵，脚后跟。郭璞注："其人行，脚跟不著地。《孝经·钩命诀》曰'焦侥、跂踵，重译欵塞'也。"高诱注《淮南子·地形训》跂踵民为"踵不至地，以五指行也。"但是，《文选》王元长《曲水诗序》注引高诱注文则作"反踵，国名，其人南行，迹北向也。"袁珂评论道："大约跂踵本作支踵，支、反形近易讹，故兼二说。"并指出经文"两足亦大"应作"两足皆支"，《吕氏春秋·当染篇》"夏桀染于岐踵戎"即此处跂踵国。

跂踵又作大踵，"两足亦大"实际上是说当地人穿着大尺寸的鞋。我国先夏时期的出土文物表明当时已经有鞋（包括皮靴），到了夏商周时人们已经普遍穿鞋。一般来说，鞋的起源，一是保护脚在行走或劳动时不受伤、不受寒以及防滑、防陷等，二是化装狩猎（模仿动物的足迹），三是与服饰搭配（美化、

巫术）。据此，生活在北方的跂踵国人，应当是以穿着大毛窝鞋（保暖）、大板鞋（防止脚陷入雪地）或类似今日满族人的高底鞋为显著特征。或者指寒冷地区人的脚趾冻伤之状。

欧丝野在大踵国的东面，一位女子跪在据树下模仿蚕的动作吐着蚕丝。

袁珂指出，欧与呕通，欧丝即吐丝，认为此处寥寥数字即蚕马故事之雏形。《搜神记》卷14记有《太古蚕马记》：古时一少女为见远方的父亲，许愿嫁给能把父亲接回家的马；其父回家了解真相后，将马射杀，晾马皮于院，少女踏在马皮上，马皮忽然卷起少女飞去，数日后人们在一棵大桑树上找到少女，她与马皮已化为蚕，其茧硕大异于普通蚕茧。其实，所谓"女子呕丝"，是古人祭祀蚕神时的一种巫术表演，由女巫（养蚕是女子之职）模拟蚕吐丝的样子，蚕马故事、帝女桑的记述则均与古人选育和改良桑蚕品质的活动有关，而煮元宵吃的习俗或谓亦源于煮蚕茧、祭蚕神。

三棵没有枝杈的桑树，在欧丝野的东面，这三棵挺立的桑树高达百仞，没有枝杈。

范林方圆三百里，在三桑的东面，土洲环绕在下面。

北次二经洹山记有三桑，《大荒北经》亦记有三桑无枝，是一种古老的丧葬标志物。袁珂在此注谓："此无枝之三桑，当即跪据树欧丝女子之所食也。"如其不缪，三桑无枝亦可解释为三桑无叶，因为桑叶已被化为蚕神的女子食尽。进一步说，无枝无叶的桑树，或许亦可称之为"空桑"或"穷桑"。

郝懿行云："范，泛通。《太平御览》57卷引顾恺之《启蒙记》曰：'泛林鼓于浪岭。'注云：'西北海有泛林，或方三百里，或百里，皆生海中浮土上，树根随浪鼓动。'即此也。"据此，范林像是海中绿岛。其实它是指墓地林，属于下文所述的颛顼葬所。

务隅山，帝颛顼埋葬在山的阳面，九个嫔妃埋葬于山的阴面。有人说那里有熊、罴、文虎、离朱、鸱久、视肉。

欧丝之野在大踵东，一女子跪树欧丝。

三桑无枝，在欧丝东，其木长百仞，无枝。
范林方三百里，在三桑东，洲环其下。

务隅之山，帝颛顼葬于阳，九嫔葬于阴。一曰爰有熊、罴、文虎、离朱、鸱久、视肉。

三桑

范林

欧丝野

　　务隅山在《大荒北经》作附禺山，在《海内东经》作鲋鱼山。此外，西次一经亦记有符禺山，但是未言颛顼葬的内容。在古史传说里，颛顼是黄帝之孙、北方之帝，曾与共工交战，其墓地在今日河南省濮阳。《史记·五帝本纪》集解引《皇览》云："颛顼冢，在东郡濮阳顿丘城门外广阳里中。"值得注意的是，1987 年在濮阳西水坡公元前 4665—前 3987 年的仰韶文化遗址墓葬里出土蚌壳塑成的龙虎等图案，其中有北斗图造型，而《国语·周语下》称："星与日辰之位皆在北维，颛顼之所建也。"根据此处经文，帝与嫔妃葬于同一处，可能始自颛顼；

务隅山

帝颛顼葬

九嫔葬

其陪葬物与帝尧、帝喾类似，而这些陪葬物有可能是用贝壳塑造而成的图案。

上文范林应在此处经文下，帝尧葬所亦有范林。

平丘在三桑的东面。那里有遗玉、青鸟、视肉、杨柳、甘柤、甘花，百果生长。有两座山夹的山谷，两个大丘陵占据其中，名叫平丘。

平丘在三桑东，爰有遗玉、青鸟、视肉、杨柳、甘柤、甘华，百果所生，有两山夹上谷，二大丘居中，名曰平丘。

遗玉，吴任臣认为即千年琥珀。青鸟或作青马。柤，同楂，甘柤即甜山楂树类；《尔雅·释木》称柤同楂，郭璞注"似梨而酢涩"。袁珂注谓甘柤"盖是梨木之神异者"。《大荒南经》记有甘柤"枝干皆赤，黄叶，白花，黑实"。此处"杨柳"或有离别之意，或指某种果树而与甘柤、甘华共同构成"百果"。毕沅、郝懿行认为此处平丘即《淮南子·地形训》"昆仑、华邱在其东南"的华邱，袁珂认为华邱乃《海外东经》的嗟丘。其实，从"爰有"云云来看，平丘当亦是一处帝陵或帝陵的附属景观。

北海内有兽，它的样子像马，名叫騊駼。有一种野兽，它的名字叫駮，形状像白马，长着锯齿一样的牙，能吃虎豹。有一种白色的野兽，形状像马，名叫蛩蛩。有一种青色的野兽，样子像虎，名叫罗罗。

北海内有兽，其状如马，名曰騊駼（táo tú）。有兽焉，其名曰駮（bó），状如白马，锯牙，食虎豹。有素兽焉，状如马，名曰蛩蛩。有青兽焉，状如虎，名曰罗罗。

此处北海，可指位于北方的大海或大湖泊，而北海内则指北海之南的广大地区；此外"海"亦可泛指大原野，例如瀚海。騊駼当是一种野马或类似马的动物。駮已见于西次四经中曲山，形貌习性与此处所述大同小异，唯这里称"锯牙"。锯的发明对扩展木材使用范围的价值甚大，事实上我国先夏时期盛行一时的彩陶及彩陶画的忽然衰落、消失，就可能与锯的发明有关，有了锯，就可以制作大而平整的木板，并在木板上作画。蛩蛩，郭璞注谓即邛邛、距虚，袁珂认为两者实为一物。《穆天子传》卷一记有多种动物的行走速度，其中蛩蛩、距虚一走百里，属于速度比较慢的。《吕氏春秋·不广篇》记有前身像鼠、后身似兔的蹶，它常常为蛩蛩、距虚取甘草，一遇危险就跳到蛩蛩、距虚背上一起

平丘

北海

騊駼

蜚蜚

駮

罗罗

逃走。罗罗,吴任臣注:"今云南蛮人呼虎亦为罗罗,见《天中记》。"

北方之神叫禺强,人面鸟身,耳朵戴着两条青蛇,脚踏两青蛇。《大荒北经》亦记有禺强,《大荒东经》则记有黄帝后裔、北海海神禺京。郭璞注:"(禺强)字玄冥,水神也。庄周(《庄子·大宗师》)曰:'禺强立于北极。'一曰禺京。一本云:'北方禺强,黑身手足,乘两龙。'"袁珂认为禺京之为海神,其原形乃海洋中的巨鲸,并引《淮南子·地形训》"禺强,不周风之所生也"谓其同时为风神,而且进一步指出《庄子·逍遥游》所谓鲲鹏之变:"似乎非仅寓言,实有神话之背景存焉。"

或许,其为风神时,称为禺强,状为人面鸟身践两蛇;其为海神时,称为禺京,状如人面鱼身乘两龙(郭璞注"黑身手足"袁珂疑为"鱼身手足"之误)。古代生活在海边的渔民,同时祭祀海神和风神,并将其合而为一,亦在情理之中。据此,在《海外四经》所述时期,已经对北方沿海(或许包括渤海、日本海、鄂霍次克海、白令海)渔民有相当了解。显然,这时人们对远方

北方禺强,人面鸟身,珥两青蛇,践两青蛇。

禺强

的了解范围已经超过了《五藏山经》时期。

　　《海外四经》所述诸国，流传到汉代已经有所变化。《淮南子·地形训》："凡海外三十六国：自西北至西南方，有修股民、天民、肃慎民、白民、沃民、女子民、丈夫民、奇股民、一臂民、三身民；自西南至东南方，结胸民、羽民、谨头国民、裸国民、三苗民、交股民、不死民、穿胸民、反舌民、豕喙民、凿齿民、三头民、修臂民；自东南至东北方，有大人国、君子国、黑齿民、玄股民、毛民、劳民；自东北至西北方，有跂踵民、句婴民、深目民、无肠民、柔利民、一目民、无继民。"《淮南子》一书又名《淮南鸿烈》，乃西汉淮南王刘安与其门客共撰，原有内篇 21、外篇 33，内容极为丰富，惜今仅存内篇。

帝俊下两坛

奢比尸

揺民

竖亥顛魃山

第九篇

海外东经

海外自东南陬至东北陬者。

（我们的）考察路线是从海外的东南角到东北角。

《海外东经》是《海外四经》的最后一经，记述的是从东南方到东北方的情况，它的起始点亦即第一处景点蹉丘，则是《海外四经》第一经《海外南经》的终端景点，方位在东南隅的帝尧葬所。《海外南经》记述有 22 处场景，《海外西经》记述有 22 处场景，《海外北经》记述有 21 处场景，《海外东经》记述有 15 处场景。上述场景多数以国为名，亦有以景观为名和事件为名的情况。

鹾丘，那里有遗石、青马、视肉、杨柳、甘柤、甘花、百果生长，在东海。两座山夹着一座丘陵，上面有树木。一种说法认为山丘叫嗟丘，还有一种说法认为各种果树所在的地方，在尧的埋葬地的东面。

鹾丘或作嗟丘、发丘。杨柳，袁珂注："《淮南子·地形训》作杨桃。"作杨桃是也，方与"百果所生""一曰百果所在"相符。鹾丘位于《海外南经》所述帝尧葬所的东面，平丘也位于《海外北经》所述帝颛顼葬所的东面；帝尧墓地有范林，帝颛顼墓地也有范林；而且鹾丘的景致（包括人造物和地形地貌）与平丘的景致也相当类似。据此，似乎可以推知，先夏时期的帝陵是由墓地、墓林、墓丘三种景观共同构成的：其中墓地埋葬死者及陪葬物，墓林环绕并保护墓地；墓丘则可能是人工堆筑的祭祀台，祭祀时要供奉干鲜果品，因此要在这里种植多种果树，例如桃、梨、红果、枣之类。

郝懿行认为鹾丘与平丘均为《淮南子·地形训》所述的华邱，此说不确。实际上华邱与平丘、鹾丘都不相干，因为它位于昆仑附近，属于黄帝族群的重要场地，或许亦是祭祀台。

鹾（jiē）丘，爰有遗玉、青马、视肉、杨柳、甘柤、甘华，百果所生，在东海。两山夹丘，上有树木。一曰嗟丘，一曰百果所在。在尧葬东。

尧葬

鹾丘

大人国在其北，为
人大，坐而削船。一曰
在蹉丘北。

大人国在蹉丘的北面，那里的人身材高大，坐在地上用工具造船。一种说法认为在蹉丘北面。

大人国的传说在国内外都很多，不过此处大人国的特点一是当地人的身材高大，二是当地人的主要工作是"坐而削船"。郝懿行注谓："削当读若稍，削船谓操舟也。"其实，此处"削船"即造船，而且是大人造大船，也就是说大人国是以能造大船远航而闻名于世的。一般来说，最早的木制船是独木舟和木筏，因木头易腐朽，目前发现比较早的是菲德尔湖沼泽地（位于今日德国的上施瓦本）出土的约公元前 2900 年的独木舟以及铺路用的厚木板。而人类在很早的时候就已经乘船从一个大陆抵达另一个大陆，从一个海岛迁徙到另一个海岛。

奢比之尸在其北，
兽身、人面、大耳，珥
两青蛇。一曰肝榆之尸
在大人北。

奢比尸在大人国的北面，长着野兽的身子、人的面孔、大大的耳朵，耳朵上戴着两青蛇。也有一种说法认为肝榆尸在大人国的北面。

郝懿行注曰："《管子·五行篇》云：'黄帝得奢龙而辩于东方。'又云：'奢龙辩乎东方，故使为土师。'此经奢比在东海外，疑即是也。罗泌《路史》（后纪五）亦以奢龙即奢比；《三才图会》作奢北。又《淮南·地形训》云：'诸比，凉风之所生。'诸比，神名，或即奢比之异文也。"此处大耳在《大荒东经》作犬耳。

除了奢比尸，《海经》里还记述有许多以"尸"为名的人神。尸字在古代的涵义非常多，除了指尸体之外，代表死者或神接受祭祀的活人亦称为尸，《仪礼·士虞礼》："祝迎尸。"此外，尸又指有职务者或主持人，例如成语尸位素餐，以及《诗·召南·采蘋》：

奢比尸

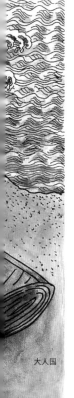

大人国

"谁其尸之？有齐季女。"从此处经文来看，奢比尸可能是代表奢比神（奢比民的先祖）的雕像。不过，从它又名肝榆尸来看，似乎亦有不幸遭遇。

君子国在奢比尸的北面，他们穿衣、戴帽、佩带宝剑，吃野兽，使唤身旁的两只老虎，那里的人喜好谦让、不好争夺。有薰华草，早晨开放晚上干枯。一种说法认为君子国在肝榆尸的北面。

"大虎在旁"或作"文虎在左右"，文虎当指宠物。《艺文类聚》卷21引此经在"衣冠带剑"下有"土方千里"，在"其人好让"下有"故为君子国"。薰或作堇，堇又名蕣，郝懿行注引《吕氏春秋·仲夏纪》"木堇荣"高诱注谓："木堇朝荣莫（暮）落。"并注称："杂家谓之朝生，一名蕣；《诗》（《有女同车》）云：'颜如蕣华'是也。"

君子国人的特点是衣冠齐整、佩剑，讲道德、讲礼让，喜养宠物，用今天的话来说即一派彬彬有礼的绅士风度。《说文》曰："东夷从大，大人也；夷俗仁，仁者寿，有君子、不死之国。"《博物志·外国》称："君子国人，衣冠带剑，使两虎，民衣野丝，好礼让不争。土千里，多薰华之草。民多疾风气，故人不蕃息。"两者一说寿长，一说寿短，如果从"薰华草，朝生夕死"的影射意义来看，不大像是长寿。

虹虹在它的北面，各有两个头。一种说法认为虹虹在君子国的北面。

虹，俗称美人虹。"各有两首"，袁珂认为系指虹霓双出。《毛诗正义》引《郭氏音义》云："虹双出色鲜盛者为雄，雄曰虹；暗者为雌，雌曰霓。"并指出古人以虹隐喻爱情，以虹霓同现为"阴阳交"。战国时楚国诗人宋玉《高唐赋》中，描写巫山神女自称"旦为朝云，暮为行雨"，闻一多认为朝云即朝虹，神女即虹霓之所化。《诗·候人》："荟兮蔚兮，南山朝隮；婉兮娈兮，季女斯饥。"朝隮即朝虹，袁珂认为正是用虹象征少女对爱情的饥渴。

雄虹又称正虹，红光在外圈，蓝紫光在内圈；雌霓又称副虹，

君子国在其北，衣冠带剑，食兽，使二虎在旁，其人好让不争。有薰华草，朝生夕死。一曰在肝榆之尸北。

虹虹（hóng）在其北，各有两首。一曰在君子国北。

君子国

蛪蛪

红光在内圈，蓝紫光在外圈。不过，由于虹在自然界中是一种常见的景观，而且是一种没有常规意义上实体的气象景色，因此本处经文所述的"各有两首"的蛪蛪，似应是当地人供奉的虹霓神，亦即中国式的爱神或婚姻神。对比之下，美洲文化也有双头"彩虹蛇"，《美洲神话》记述南美洲"奇穆王国"称：奇穆王国的首都昌昌约建于公元1000年，在其东北部的一处墓地城堡"龙瓦卡"上面反复出现有魔杖神和双头"彩虹蛇"（可能代表月亮女神塞勒涅）。

朝阳之谷，神曰天吴，是为水伯。在蛪蛪北两水间。其为兽也，八首人面，八足八尾，皆青黄。

朝阳谷的神叫天吴，就是水伯。在蛪蛪北面的两条河流之间。那里的兽，长着八个脑袋、人的面孔、八只爪子、八条尾巴，都是青黄色的。

朝阳谷，当是山谷方向朝着日出的东方。"皆青黄"或作"背青黄"。水伯天吴所在地是蛪蛪北面的"两水间"，这种地貌在《海外四经》里通常是巫师举行巫术活动的特定场所，已见于女祭、女戚等。因此，天吴的形貌"八首"云云，实际上是巫术活动中的一种化装造型，大约是八个人，身穿青黄色衣，身后有青黄色尾饰，他们共同构成了一个整体形状。由于天吴的职责是水伯，因此这种八人造型应当与水有关，有点像是一组水利小分队在巡查河堤，又像是八个人坐在同一条船上奋力向前划，船身上还画有青黄色的图案，或许这正是后世跑旱船、龙舟竞渡的雏形。

青丘国在朝阳谷的北面，那里的狐狸有四只脚、九条尾巴。也有一种说法认为青丘国在朝阳的北面。

郭璞注："其人食五谷，衣丝帛。"王念孙指出郭璞注的内容乃正文。袁珂注："《太平御览》卷790（即《南蛮六》）引此经云：'青丘国其人食五谷，衣丝帛，其狐九尾。'确是正文误作注者。"青丘国即南次一经的青丘山，其民已进入男耕女织的文明社会。

狐本四足，经文仍称"其狐四足"似有误，疑原文当作"白足"。

青丘国在其北，其狐四足九尾。一曰在朝阳北。

朝阳谷

九尾狐

天吴

青丘国

《吴越春秋·越王无余外传》："禹三十未娶，行到涂山，恐时之暮，失其制度，乃辞云：'吾娶也，必有应矣。'乃有九尾白狐，造于禹。禹曰：'白者吾之服也，其九尾者王之证也。'涂山之歌曰：'绥绥白狐，九尾厖厖；我家嘉夷，来宾为王；成家成室，我造彼昌；天人之际，于兹则行。'明矣哉！禹因娶涂山，谓之女娇。"据此，九尾白狐当是涂山族的图腾神或婚姻神，而禹与涂山氏的联姻实际上也是黄河文明与长江文明的联姻。

天帝命令大臣竖亥步行测量，从东极到达西极，五亿十选九千八百步。竖亥右手把算，左手指向青丘国的北面。另一种说法是大禹命令竖亥测量大地。一种说法认为测量结果为五亿十万九千八百步。

郝懿行注引刘昭注《郡国志》云："《山海经》称禹使大章步自东极至于西垂，二亿三万三千三百里七十一步；又使竖亥步南极北尽于北垂，二亿三万三千五百里七十五步。"郭璞注："《诗含神雾》曰：'天地东西二亿三万三千里，南北二亿一千五百里。天地相去一亿五万里。'"上述记载表明，帝禹时代曾进行过大地测绘工作，并计算出地球南北直径和东西直径。主持上述测绘工作的工程师是大章和竖亥，古代有用职务作为人名的习惯，大章即绘大图者，竖亥即竖立标杆测量者。

算，古代的计算器；巫字，它的形状像是两人持绳测

竖亥

帝命竖亥步，自东极至于西极，五亿十选九千八百步。竖亥右手把算，左手指青丘北。一曰禹令竖亥。一曰五亿十万九千八百步。

量，又像两人上下于天。相传禹因腿疾而走路的步伐特殊，被称为禹步，巫者多学禹步。其实，步乃丈量用具，一步长六尺，其形若弓，即将两根直杆一端衔连住，另一端连接一条六尺绳，用者撑开两根直杆即得六尺，然后一杆支地并转身将另一杆移到下一点又得六尺，这种测量步伐才是禹步的本义。

黑齿国在它的北边，那里的人皮肤是黑色的，食稻米吃蛇，有一条红蛇和一条青蛇在他的旁边。也有另一种说法认为，黑齿国在竖亥的北边，人的头是黑色的，食稻米使唤蛇，其中一种蛇是红色的。

黑齿国以居民齿黑为主要特征，"为人黑"当作"为人黑齿"。一曰"为人黑首"亦当作"为人黑齿"，是补正前文"为人黑"缺字的。牙齿变黑，一是食物所致，今日有地方有嚼食槟榔的习俗，久之牙齿则被染黑；二是以齿黑为美而染成，即文身绘身扩展到牙齿上，《文选·吴都赋》刘逵注引《异物志》："西屠以草染齿，染白作黑。"啖，既指自己吃，也指给别人吃，此处当指喂给蛇食物；蛇是古代巫术活动的重要道具，因此需要养蛇。亚洲许多国家都有祭祀家蛇和养蛇护家的习俗。

下面有汤谷，汤谷上有扶桑树，是十个太阳洗浴的地方，在黑齿国的北面。在水中央，有一棵巨大的树木，九个太阳在下面的树枝上，一个太阳在最上面的树枝上。

汤谷又称阳谷，郭璞注："谷中水热也。"扶桑又称扶木，《文选·思玄赋》注引《十洲记》："叶似桑树，长数千丈，大二十围，两两同根生，更相依倚，是以名之扶桑。""十日所浴"云云，表明这里是举行演示太阳运行巫术活动的地方，演示者即《大荒南经》记述的"生十日"的羲和，而汤谷、扶桑则是演示场景和道具。这是因为，古人直观看到火热的太阳升于东海之上，便推测想象太阳升起的地方是一处热水沸腾的山谷，并称之为汤谷。与此同时，由于古人采取甲乙丙丁戊己庚辛壬癸十天干记日，十日为一旬，周而复始，便认为天上共有十个太阳，它们轮流东升西落，

黑齿国在其北，为人黑，食稻啖蛇，一赤一青，在其旁。一曰：在竖亥北，为人黑首，食稻使蛇，其一蛇赤。

下有汤谷。汤谷上有扶桑，十日所浴，在黑齿北。居水中，有大木，九日居下枝，一日居上枝。

黑齿国

汤谷

其模拟场景即"九日居下枝，一日居上枝"。因此"扶桑"当有"不丧""无伤"之义，亦即该树不会被太阳烤伤。

雨师妾在其北，其为人黑，两手各操一蛇，左耳有青蛇，右耳有赤蛇。一日在十日北，为人黑身人面，各操一龟。

雨师妾在汤谷的北面，那里的人皮肤是黑色的，两手各抓着一条蛇，左耳戴有青蛇，右耳戴有红蛇。有人说雨师妾在十日的北面，那里的人是黑色的身体、人的面孔，左右各握着一只龟。

按《海外四经》惯例，此处雨师妾当是国名，这里代表人物的特点是身穿黑衣或将身体涂成黑色，手持蛇或龟，戴蛇状耳环。从形貌来看，其人当是巫者；从名称来看，其职责与求雨有关；从性别来看，当是女性。以古人的思维来说，风雨雷电既可以由相应的自然神管辖，也可以由巫者来操纵。今天的科学技术，呼风唤雨并非完全不可能，例如人工降雨、防雹、驱雾等，而对大气环流的人工导向研究则仍然在探索中。

雨师妾

玄股国在它的北面，那里的人穿鱼皮衣服，食鸥鸟，使
唤两只鸟夹击。也有一种说法认为玄股国在雨师妾的北面。

袁珂注引《淮南子·地形训》高诱注："玄股民，其股黑，
两鸟夹之。见《山海经》。"指出经文"其为人"下脱落"股黑"
两字。衣鱼，郭璞注："以鱼皮为衣。"杨慎认为即鸥鸟。其实，
此处经文所说的鸥，应当指一种能够帮助人捕鱼的水鸟，所谓
"食鸥"意为使鸥取食，亦即"使两鸟夹之"，并非指吃鸥鸟的
肉。玄股民能够以鱼皮制衣，所捕的鱼应当是体型比较大的鱼类
（包括栖息在水里的哺乳动物）。玄股，或者是将胯以下两腿染黑，
或者穿着由鱼皮制成的黑色紧身裤，可能具有保护腿部的作用。

玄股之国在其北。
其为人衣鱼食鸥，使两鸟
夹之。一曰在雨师妾北。

毛民国在雨师妾的北面，这里的人身体长毛。另一种说法是
在玄股国的北面。

《大荒北经》亦记有毛民国，郝懿行认为毛民系禹之后
裔，袁珂认为毛民乃黄帝后裔。郭璞注："今去临海郡东南
二千里，有毛人在大海洲岛上，为人短小，而（面）体尽有毛，
如熊，穴居，无衣服。晋永嘉四年，吴郡司盐都尉戴逢在海

毛民之国在其
北，为人身生毛。一
曰在玄股北。

毛民国

劳民国

边得一船，上有男女四人，状皆如此。言语不通，送诣丞相府，未至，道死，唯有一人在。上赐之妇，生子，出入市井，渐晓人语，自说其所在是毛民也。《大荒北经》云：'毛民食黍'者是矣。"此事发生在公元310年，从其情节来看当非虚构。

事实上，人类原本浑身有浓厚的毛发，后来由于用火取暖，住在居室内，以及文身、绘身、穿衣服（出于保暖、防晒、避虫咬伤害等，以及化装、美容、巫术的需要等多方面的原因），体毛逐渐退化。不过，不同地区人的体毛退化速度有早有晚，体毛退化的程度有轻有重，体毛退化的人如果重新回到野生状态或许会再生出浓厚的体毛，此外返祖现象亦会使人长出浓厚的体毛，毛民国的情况当与上述因素有关。

劳民国在其北，其为人黑。或曰教民。一曰在毛民北，为人面目手足尽黑。

劳民国在毛民国的北面，那里的人皮肤是黑色的。或者叫教民。另一种说法是在毛民国的北面，那里的人长着人的面孔，手足都是黑色的。

郭璞注："食果草实也，有一鸟两头。"郝懿行指出"郭注此语疑本在经内，今亡"，并注谓："今鱼皮岛夷之东北有劳国，疑即此，其人与鱼皮夷面目手足皆黑色也。"劳民国名称的来源，袁珂引《淮南子·地形训》高诱注："劳民，正理躁扰不定。"意思是该地人脾性躁动不安。

由于《海外四经》在记述诸景点时彼此首尾普遍存在着相互衔接关系，因此劳民国位于《海外东经》所述诸景点之末，其方位在东北隅，按惯例也应与《海外北经》的末处景点同样位于东北隅的"北海内有兽"存在相互衔接。但是，两处经文均未提及两者的衔接关系，可能是经文缺失，也可能是所记述景点（劳民国和北海）的实际地理方位确实相距较远。

东方之神句芒，长着鸟的身子、人的面孔，乘两条龙。

《尚书大传》："东方之极，自碣石东至日出榑木之野，帝太暤、神句芒司之。"在中国传统文化里，句芒为东方之神，同时也是春神和木神。春秋战国时期，相传神句芒曾显形，为秦穆公赐寿19年，则句芒又为生命之神。

东方句芒，鸟身人面，乘两龙。

此段文字乃丁望、王龚、刘秀（亦名刘歆，汉代学者刘向之子）等学者受命校定完成《山海经》时所写，时在公元前 6 年。（故不予翻译）此前一年，王莽推荐刘歆继承父业，主持古籍整理校订工作，刘歆将群书分类编成《七略》（辑、六艺、诸子、诗赋、兵书、术数、方伎）上奏朝廷。此后王莽导演禅让戏，自立为皇，刘歆等人密谋劫持王莽归汉，事泄被杀，时在公元 23 年。

建平元年四月丙戌，待诏大常属臣望校治，侍中光禄勋臣龚、侍中奉车都尉光禄大夫臣秀领主省。

句芒

　　《大荒东经图》系《山海经艺术地理复原图》组画之十五，画面内容出自《大荒东经》。《山海经》一书是由《五藏山经》《海外四经》《大荒四经》《海内五经》四部分内容合辑而成。值得注意的是，在地理方位记述的先后次序上，《五藏山经》依次为南、西、北、东、中，《海外四经》依次为南、西、北、东，《海内五经》依次为南、西、北、东、中，即均以南方为首篇；唯独《大荒四经》的方位次序为东、南、西、北，首篇《大荒东经》记述东方的情况。据此，可以推知在《大荒四经》撰写者的心目中，应当有着以东方为尊的观念，其所属的族裔亦可能长期居住在东部地区。

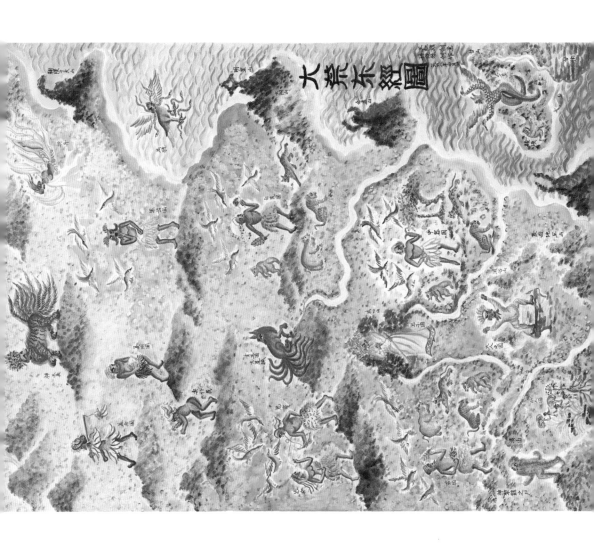

东海以外有一条深海沟壑，有一个岛国叫少昊国。少昊就在这里抚养帝颛顼，颛顼丢弃了他的琴瑟。

大壑，郭璞注：“《诗含神雾》曰：‘东注无底之谷。’谓此壑也。《离骚》曰：‘降望大壑。’”袁珂注：“《列子·汤问篇》云：‘渤海之东，不知其几亿万里，有大壑焉，实惟无底之谷，其下无底，名曰归墟。八纮九野之水，天汉之流，莫不注之，而无增（无）减焉。’即此壑也。”相传归墟上有岱舆、员峤、方壶、瀛洲、蓬莱五座仙岛。

古史传说里，少昊是先夏时期著名的部落，号称五帝之一。《五藏山经》西次三经称其位于西方，此处则称少昊国位于东方沿海地区或海岛上，或许该部落曾举族远距离迁徙，今山东曲阜城东有少昊陵。《拾遗记》卷一记有白帝之子亦即太白之精与皇娥在穷桑之浦坠入爱河，生少昊，因号为穷桑氏，又号为金天氏。据此可知少昊部落尊崇太白金星，金星为天空亮星，日出前现于东方则称启明，日落后现于西方则称长庚。《左传·昭公十七年》称少昊国有以鸟名来命名官职的习俗，可能是不同官职者要采用相应的鸟羽作为标志，后世所谓"拿鸡毛当令箭"或即其遗风。"少昊孺帝颛顼"云云，系当年发生在少昊与颛顼两个部落间的一件大事，从其具有悲情色彩来看，颛顼像是作为人质被迫在少昊部落度过了不愉快的童年。

有一座甘山，甘水从这里发源，然后汇流成甘渊。

大荒东南角有座山，名叫皮母地丘。

东海以外，大荒当中，有座山名叫大言山，是太阳和月亮升起的地方。

《大荒东经》共记述有35处（此数字与如何断句有关）场景，尽管经文没有明确提及诸景之间的方位关系，但是从其记述的内容来看，似乎存在自东南向东北的顺序。此处"有甘山者"段11字，现存版本将其断句在上文"弃其琴瑟"之后，其实甘渊乃扶桑十日所在地，理应作为单独一处场景，而且此段文字原应与《大荒南经》"羲和方浴日于甘渊"放在一起。皮母地丘或作波母地丘，

东海之外大壑，少昊之国。少昊孺帝颛顼于此，弃其琴瑟。

有甘山者，甘水出焉，生甘渊。

大荒东南隅有山，名皮母地丘。

东海之外，大荒之中，有山名曰大言，日月所出。

少昊国

少昊

颛顼

大言山

皮母地丘山

甘渊

甘水

甘山

其地处于东南隅。大言山是一座观测日月东升并举行迎日迎月宗教巫术活动的场所，这样的山在《大荒东经》里共有六座。

有波谷山者，有大人之国。有大人之市，名曰大人之堂。有一大人踆其上，张其两耳。

有小人国，名靖人。

有座波谷山，有个大人国。有个大人做买卖的集市，名叫大人堂。有一大人蹲在那上面，张开他的两臂。

有个小人国，名叫靖人。

波谷山的名称与皮母地丘类似，亦与流波山类似。踆，踢，通逡（退），通蹲。张其两耳或作张其两臂。大人之市、大人之堂，杨慎、郝懿行推测是海市蜃楼现

大人国

小人国

象。不过从其形貌来看，更像是一尊巨型塑像，有些类似复活节岛上的巨石人像，当地人在特定的日子要在塑像前聚集，进行交易或举行巫术宗教活动。靖人又称净人，《列子·汤问》称其身长九寸。其实，此处经文所说大人、小人并未言其身高几何。

有个神，人面兽身，名叫犁䰄尸。

有座㵢山，杨水从这里发源。

䰄，其字义为灵、为龙；从其字形来看，当指求雨之鬼，或拥有降雨神灵之鬼。鬼的本意是指死者之精灵，而鬼字的象形则为人戴大型面具（包括装饰物），地位越高者所戴面具的规格也越大，当一位有权势者死去之后，其所佩戴过的面具同样被后人视为具有神灵。据此，犁䰄尸可能是一尊戴着大面具的兽身先祖塑像，能够求雨的神灵，或者与犁的发明和使用有关。㵢山、杨水，未见于《五藏山经》，由于经文没有提供（或许已经佚失）地理参照标志，其方位今日难以考证。

有芣国，以黍为主食，能够驯化驱使四种野兽：虎、豹、熊、罴。

大荒之中，有座山名叫合虚山，太阳和月亮从合虚山升起。

袁珂注："芣国或当作妫国。妫，水名，舜之居地也。《史记·陈世家》：'舜为庶人，尧妻之二女，居于妫汭，后因为氏。'妫国当即舜之裔也。"妫水出历山，流入黄河，《大荒东经》芣国的方位与历山妫水不符，可能存在过部族迁徙；北京延庆亦有妫水，似乎更接近《大荒东经》芣国的方位。使四鸟虎、豹、熊、罴，袁珂认为源自《尚书·舜典》所记益与朱（豹）、虎、熊、罴争神而胜的神话故事，益即舜，舜即帝俊，亦即殷墟卜辞所称"高祖夋"，其原貌则为燕，乃《诗·玄鸟》"天命玄鸟，降而生商"之玄鸟，因此帝俊后裔均有役使四鸟之能力。袁珂上述解释良多道理，唯谓神话似可商榷。实际上"使四鸟"可能是指役使奴隶，并用动物名来命名奴隶；或者是设立四名官员，并用虎、豹、熊、罴分别命名其官职。合虚山是观测日月东升的第二座山。

有神，人面兽身，名曰犁䰄（líng）之尸。

有㵢（jué）山，杨水出焉。

有芣（wěi）国，黍食，使四鸟：虎、豹、熊、罴。

大荒之中，有山名曰合虚，日月所出。

有中容之国。帝俊
生中容,中容人食兽、
木实,使四鸟:豹、虎、
熊、罴。

有个中容国。帝俊生了中容,中容国的人吃野兽的肉、吃树木上的果实,能驯化驱使四种野兽:豹、虎、熊、罴。

帝俊是《山海经》中出现次数最多的帝,论者或据此认为帝俊乃《山海经》中最显赫之帝。与此同时,由于帝俊的事迹与其他古帝多有相合之处,论者或谓帝俊为帝舜、帝喾、帝颛顼。郭璞注:"俊亦舜字假借音也。"郝懿行注:"《初学记》九卷引《帝王世纪》云:'帝喾生而神异,自言其名曰夋。'疑夋即俊也,古字通用……是帝俊即帝喾矣。但经内帝俊累见,似非专指一人。此云帝俊生中容,据《左传》文十八年云,高阳氏才子八人,内有中容,然则此经帝俊又为颛顼矣。"

俊,行走迟徐貌,亦通蹲;在甲骨文中,俊为鸟头人身或猴身状。帝俊生中容,意为帝俊的后裔有中容,并不一定是说帝俊的子女有中容。对于古人来说,记述历史是一件非常困难的事情,难题之一就是缺少对大尺度时间的把握,以致往往把相隔很远的事情重叠记忆在一起。

有座东口山。有个君子国，那里的人穿戴衣帽且腰间佩带宝剑。

君子国已见《海外东经》。我国古代没有标点符号，现存版本《山海经》的标点符号实际上都是近代人加上去的。由于对同一段文字，加注上不同的标点符号，往往会得到相异的信息解读。在这种情况下，如何正确地加上标点符号，就成为一个需要慎重对待的问题。但是，对于《山海经》来说，由于其上下文往往缺少逻辑关系，因此很难判断什么样的标点符号才是正确的。例如，此处经文"有东口之山"之后如果加逗号，则东口山与后文君子国就属于同一处场景；如果加的是句号，则表明两者可能并没有什么直接的联系。本书基本采用袁珂《山海经校注》的标点符号，只有少数地方作了调整。

有个司幽国。帝俊生了晏龙，晏龙生了司幽。司幽生了思士，思士不娶妻子；司幽还生了思女，而思女不嫁丈夫。以黍为主食，也吃野兽，能驯化驱使四种野兽。

司幽之国或作司幽之民，在《山海经》里"国"与"民"的含义相近或相同，均指生活在或曾经生活在某一地区的居民。司幽之国又作思幽之国，这种同音字互用的现象

有东口之山。有君子之国，其人衣冠带剑。

有司幽之国。帝俊生晏龙，晏龙生司幽。司幽生思士，不妻；思女，不夫。食黍，食兽，是使四鸟。

东口山

君子国

在《山海经》以及其他古籍中是经常发生的。司与思的涵义有着明显的差异，但是在古人思维里两者却有内在的联系，即有思想（劳心）者才有管理权。

《海内经》记有帝俊生晏龙，并称晏龙发明了琴瑟，此处经文则称晏龙的后代有司幽，司幽的后代有思士和思女。关于思士不妻、思女不夫，郭璞注："言其人直思感而气通，无配合而生子，此《庄子》所谓白鹄相视，眸子不运而感风化之类也。"其实，庄子"眸子不运而风化"的观点，是由于不了解动物雌雄结构及其有性繁殖过程而产生的误解（风化即风为媒，许多植物都通过风媒实现有性繁殖）。实际上，幽在此处指婚配，司幽即制定婚配规则，"不妻、不夫"即不组成以夫妻关系为基础的家庭。也就是说，在司幽国里，实施的是母系社会的"母子家庭制"，即母亲与子女始终生活在一起，女儿大了不出嫁，儿子大了不娶妻，与此同时他们可以自由地与外族人过性生活。根据经文所述，司幽国的居民又吃米面又食肉，还有四鸟可供驱使，生活得还是蛮不错的。

有座大阿山。

大荒之中，有座山名叫明星山，是太阳和月亮升起的地方。

此处大阿山，除了名称之外，其他信息均未能流传下来。明星山是观测日月东升的第三座山，以明星为名，或可表示还同时观测与日月同升的亮星，例如启明星。

有大阿之山者。

大荒中有山名曰明星，日月所出。

有个白民国。帝俊生了帝鸿，帝鸿生了白民。白民国的人姓销，以黍为主食，能驯化驱使四种野兽：虎、豹、熊、罴。

有白民之国。帝俊生帝鸿，帝鸿生白民，白民销姓，黍食，使四鸟：虎、豹、熊、罴。

郝懿行注："帝鸿，黄帝也，见贾逵《左传》注；然则此帝俊又为少典矣，见《大戴礼·帝系篇》。《路史·后纪》引此经云：'帝律生帝鸿。'律，黄帝之字也；或罗氏所见本与今异。"《大戴礼记·帝系篇》记有："少典产轩辕，是为黄帝。"袁珂针对郝懿行上述观点注谓："古代神话传说，由于辗转相传，历时既久，错综分歧之处必多，此经帝俊生帝鸿，帝鸿不必即黄帝，纵帝鸿即黄帝矣，帝俊亦不必即少典，要在阙疑可也。"《海外西经》的白民国在西方，此处白民国在东方，两者若非偶然同名，则当有某种血缘关系及

明星山

大阿山

帝俊

帝鸿

白民

其迁徙过程。事实上，在古代举族举家迁徙并非一件非常困难的事情，对于游牧民族来说，赶着牛羊逐水草而行，一个月就可走到 1000 公里外的地方。

今天我们已经习惯将姓氏连称，但是在古代姓是姓、氏为氏，姓与氏有着不同的涵义，而且在不同的历史时期，其涵义又有着差异。古代女子称姓，男子称氏，氏为姓的支系。也就是说，"姓"记录的是母系血缘关系，"氏"记录的是父系血缘关系；由于母系社会早于父系社会，因此可以说先有姓，后有氏。此外，氏也指远古时期的部落或具有世袭性质的官职，前者有燧人氏、有巢氏、伏羲氏、神农氏、轩辕氏等，后者有太史氏、职方氏等，而两者有时候是相互重叠的。一般来说，古代姓的名称通常取自居住地的地名，而地名除了山名、水名亦包括其他人文活动内容。据此，以"销"为姓的白民，其居住地当与"销"有关；销指熔化金属，又通消，亦指刀的一种，《淮南子·修务训》的"羊头之销"，高诱注称即白羊子刀。

有个青丘国，有一种狐狸，长了九条尾巴。

有柔仆民，是土地肥沃的国家。

青丘与九尾狐已见于《南山经》《海外东经》。据此可知，青丘暨九尾狐是一处著名场景。由于《五藏山经》称其在南方，而《海外四经》《大荒四经》却称其在东方，因此这里可能存在着文字错误。《初学记》卷九引《归藏·启筮》云："蚩尤出自羊水，八肱、八趾、疏首，登九淖以伐空桑，黄帝杀之于青丘。"据此可知，青丘不应当位于南方，而只能位于东方。也就是说，青丘山原本应当是属于《东山经》的内容，后来被误窜入到《南山经》里的。由于《南山经》与《东山经》所述诸山的地理方位多有难以考证之处，或许这也表明现存版本《南山经》的内容与《东山经》的内容存在着较多的相互错位。柔仆民，其名类似《海外北经》的柔利国，可能是以身体柔韧性或性格柔顺而著称。嬴，通赢，意为满盈、有余；嬴土，意为物产富饶的地方。袁珂注："嬴土之国犹《大荒西经》'沃之国'也。"

有个黑齿国。帝俊生了黑齿，姓姜，以黍为主食，能驯化驱使四种野兽。

《海外东经》记述黑齿国的文字在青丘国之后，并称黑齿国位于青丘国之北；此处记述黑齿国的文字亦在青丘国之后，说明《大荒东经》诸场景亦存在着自南向北的方位关系。《海外东经》称黑齿国"使蛇"，此处则称"使四鸟"，并增加"帝俊生黑齿"的内容，这种对民族来源的血缘世系的追溯，表明《大荒四

有青丘之国，有狐，九尾。

有柔仆民，是维嬴土之国。

有黑齿之国。帝俊生黑齿，姜姓，黍食，使四鸟。

九尾狐

柔仆民

黑齿

经》的撰写者比《海外四经》的撰写者有了更成熟的历史观念。郭璞注："圣人神化无方，故其后世所降育，多有殊类异状之人；诸言生者，多谓其苗裔，未必是亲所产。"其前半句尚可商榷，后半句则言之甚确。

有个夏州国。

有个盖余国。

此处经文仅有国名，其他信息均无，因此诸家很少有注释。从符号学和信息传输学的角度来说，每一个名称（例如国名、人名）所承载的信息都是极为丰富的，然而这种丰富的信息又是名称本身难以说明的。在这种情况下，对于第一次接触的新名称，如果没有相应的说明信息，则只能通过名称本身去解读其中的部分信息。

夏，一指夏族人，《尚书·舜典》："蛮夷猾夏。"孔颖达疏："夏训大也，中国有文章光华礼仪之大。"二指夏后氏。三指夏天。

有夏州之国。
有盖余之国。

四指乐歌名,《诗·周颂·时迈》:"我求懿德,肆于时夏。"郑玄注:"乐歌大者称夏。"五指房屋,《诗·秦风·权舆》:"夏屋渠渠。"六指彩色,《周礼·天官·染人》:"秋染夏。"贾公彦疏:"秋染夏者,夏谓五色,至秋气凉可以染五色也。"从字形来看,夏可指鼻子大的人;理由是《说文》称"自,鼻也,象鼻形",夏字的主体结构是"自",而夏又有大的意思。州,一指臀部;二指行政区划;三指居民编制,一党五百户,五党为州;四指聚集;五指古国名,姜姓州曾在今日山东安丘东北建都,偃姓州曾在今日湖北洪湖东北建都。据此,夏州国可能是指鼻子或臀部装束特殊者居住的地方,当然这仅仅是众多可能性里的一种。或谓盖余国位于今日辽东半岛的盖州市境内。

有个神人,长着八颗脑袋、人的面孔、老虎的身子、十条尾巴,名叫天吴。

《海外东经》称天吴为水伯,形貌与此处相近,唯"虎身十尾"作"八足八尾"。事实上,在《山海经》十八篇里,同一神人,往往在不同篇里都有记述。由于记述者处于不同时期,而被记述者也可能处于不同时期,因此记述的场景和内容往往存在着

有神人,八首人面,
虎身十尾,名曰天吴。

盖余国

夏州国

天吴

一些差异。

大荒之中，有座山名叫鞠陵于天山，在东极、离瞀，太阳和月亮从那里升起。（有个神）名叫折丹，东方人称他为折，从东方吹来的风叫俊，他就处在东方的极边掌管风起风停。

经文"东极、离瞀"，郭璞认为均为山名。郝懿行认为《淮南子·地形训》"东方曰东极之山"即此处东极山。其实，日月所出之山，乃天文观测和制定历法的特定场所，因此要求其位置具有固定性和标志性；也就是说，一处日月所出之山，不可能同时指三座山。据此，经文"有山名曰鞠陵于天、东极、离瞀"，疑原作"有山名曰鞠陵，处于东极、离瞀"。此段经文的意思是说，鞠陵于天山位于东极、离瞀，是第四座观测日月东升的山，主持观测及其相关巫术活动的人名叫折丹；东方称为折，从东方来的风称为俊；鞠陵于天山处于东方的尽端，俊风就是从那里出入的。根据《尚书·尧典》，东方（亦指春天）称为"析"，因为春天是家禽家畜繁殖的季节，届时人们要区分公畜、母畜、幼畜。据此可知，这里的"折丹""东方曰折"，原本应该是"析丹""东方曰析"。

鞠字的含义很多，养育，幼年，极其，高貌，穷困，告诫，皮球[《十大经·正乱篇》称黄帝"取其（蚩尤）胃以为鞠"]，此处鞠陵当指山高貌。所谓东极，指东方之尽头。离瞀，离指分离、明丽（火、日、电），瞀指昏沉，两个字合用具有象征日月从地下或海中升起的意境。

吴任臣注："（《大戴礼》）《夏小正》云：'正月，时有俊风。'俊风，春月之风也，

折丹

大荒之中，有山名曰鞠陵于天、东极、离瞀，日月所出。名曰折丹，东方曰折，来风曰俊，处东极以出入风。

春令主东方，意或取此。"袁珂指出，《大荒四经》记有四方神与四方风，除此处东方神折丹、东风曰俊之外，还有南方神名因乎，南风曰民；西方神名石夷，西风曰韦；北方神名𥔡，北风曰猣。他并进一步指出殷墟卜辞亦有四方风，而《山海经》四方神与四方风则源自《尚书·尧典》关于羲和等四人分别到东南西北四方观星定时的记载。由于帝俊是殷商民族的先祖，而俊字的象形是燕子，而燕子又是与春天、春风一起出现的候鸟；与此同时，殷商民族居住在华夏大地的东方，又称东风为俊。帝俊之名当蕴含着上述诸多信息。

拉丁美洲印第安人的玛雅文化与中国古代文化有着许多相似或相近的内容。例如，中国人有"山中方一日，世上已千年"的观念，英国学者 D.M. 琼斯、B.L. 莫里努《美洲神话》"图腾柱"节讲述第一根图腾柱出现的故事，主人公是一位名叫瓦基尔什的酋长，他来到山里斋戒四天，得到"天洞柱"图腾柱，回家后，人们告诉酋长他已经离开族人四年了。与此同时，国内外一些学者也试图从《山海经》的记载里寻找到有关的线索，例如有人认为《大荒东经》记述的"大壑""东极"等地理景观，可以与美洲大陆的大峡谷等地貌相对应。因此有学者提出"殷人东渡"的假说，如果这种假说能够成立，则表明中国人不仅在几千年前到达过美洲，而且还有人在撰写《大荒四经》之前又回到了中国，并带回了美洲的地理信息。

东海的岛屿中，有个神，长着人的面孔、鸟的身子，耳朵戴着两条黄蛇，脚踩两条黄蛇，名叫禺𤟦。黄帝生禺𤟦，禺𤟦生禺京。禺京居住在北海，禺𤟦居住在东海，都是海神。

《尔雅·释水》："水中可居者曰洲，小洲曰渚。"禺𤟦或作禺号（号的繁体字號与𤟦字相近），为沿海地区居民供奉的东海之神。禺京即《海外北经》记述的禺强，乃沿海居民供奉的北海之神，其形貌亦为人面鸟身。不过，《海外北经》并未言及禺强的世系来源，而此处却称"黄帝生禺𤟦，禺𤟦生禺京"。"黄帝生禺𤟦"，实际上是在说从黄帝时代开始任命禺𤟦为海神；也就是

东海之渚中，有神，人面鸟身，珥两黄蛇，践两黄蛇，名曰禺𤟦。黄帝生禺𤟦，禺𤟦生禺京。禺京处北海，禺𤟦处东海，是惟海神。

说，某位巫师要想当海神，必须经由黄帝（或者与黄帝同等资格的君王，以及代表先祖权力的象征者）的认可，即神权君授或神权祖先授。

有座招摇山，融水从这里发源。有个国家名叫玄股国，以黍为主食，能驯化驱使四种野兽。

《五藏山经》记述的第一座山亦名招摇山，位于南方，其所出之水名丽䴢水；此处招摇山位于东方，所出之水名融水，两者未审是否同一座山。《海外东经》称玄股国人"使两鸟夹之"，此处则发展成为"使四鸟"。

有个困民国，那里的人姓勾，以黍为主食。有个人叫王亥，两手抓着鸟，正在吃鸟的头。王亥托有易、河伯牧牛。有易杀了王亥，夺取了放牧的牛。河伯怪罪有易，有易潜藏出逃。在野兽出没的地方建立了国家，他们正在吃野兽的肉，这个国家叫摇民。另一种说法是帝舜生了戏，戏生了摇民。

"勾姓而食"袁珂认为原当作"勾姓，黍食"。王亥是殷商国早期的王子，又名王子亥，又名高祖亥；其父祖辈依次有冥、曹圉、昌若、相土（相传发明马车）、昭明、契，其子孙辈依次有上甲微（又名上报甲、报甲）、报乙、报丙、报丁、主壬、主癸、汤（又名成汤、天乙、大乙、唐）。相传王亥发明牛车，从事畜牧，以贝为货币，在各国或各部落间进行贸易，并确立用日干（即甲乙丙丁戊己庚辛壬癸十天干）为殷商国王的名号。此处经文所述王亥的悲剧故

有招摇山，融水出焉。有国曰玄股，黍食，使四鸟。

有困民国，勾姓而食。有人曰王亥，两手操鸟，方食其头。王亥托于有易、河伯仆牛。有易杀王亥，取仆牛。河念有易，有易潜出，为国于兽，方食之，名曰摇民。帝舜生戏，戏生摇民。

禺䝞

禺京

招摇山

玄股民

王亥

事，并见于《竹书纪年》《楚辞》《易经》等古籍，据此可知《山海经》的记述具有相当可靠的史料价值，同时亦可推知《大荒四经》的撰写时间当在王亥（约公元前18世纪）之后。

《竹书纪年》记有："（帝泄）十二年，殷侯子亥宾于有易，有易杀而放之。十六年，殷侯微以河伯之师伐有易，杀其君绵臣。"《楚辞·天问》记述更为详尽，大意是王亥、王恒兄弟到有易（有扈、有狄）牧牛受到热情款待，由于兄弟二人行为淫乱不检点，有易之君一气之下杀了王亥，王亥之子上甲微兴师讨伐有易并灭其国，王亥、王恒虽有过错而其后裔却繁荣昌盛。《易经·旅卦》则称："鸟焚其巢，旅人先笑后号咷。丧牛于易，凶。"

《大荒东经》此处经文似有缺误，其记载的王亥故事先后存在着矛盾。经文先说困民国"有人曰王亥，两手操鸟，方食其头"，后又说"有易潜出，为国于兽，方食之，名曰摇民"，而困民即摇民，其祖不应该又为王亥，又为有易。一个可能是，经文"河念有易，有易潜出"当作"河念王亥，王亥潜出"，即王亥被杀后化为兽，与鲧被杀后化为兽类似，而所谓王亥食鸟则可能有某种巫术象征意义。另一个可能是，经文"有人曰王亥"五字当移至"方食其头"之后、"王亥托于有易"之前，即操鸟而食鸟头者指的是困民国，亦即有易国后裔，他们之所以要恶狠狠地吃鸟头，是因为出于对以鸟为图腾的殷商国的敌忾之意。对比之下，后者的可能性要大一些。

经文"帝舜生戏，戏生摇民"之前，疑当有"一曰"二字。袁珂注："此言摇民除有易所化之一系而外，复有一系是由帝舜之裔戏所生。此乃摇民传说之异闻，故附记于此。其实有易即戏也，易、戏声近，易化摇民即戏生摇民也。"《史记·秦本纪》："秦之先柏翳（伯益），舜赐姓嬴氏，生子二人，一曰大廉，大廉玄孙曰孟戏，鸟身人言。"袁珂认为舜与伯益均一人之化身，而伯

有易

戏生摇民

帝舜生戏

女丑

益之后裔孟戏亦即此处经文所述舜之后裔戏。

《淮南子·齐俗训》："昔有扈氏为义而亡。"高诱注："有扈，夏启之庶兄也，以尧舜举贤，禹独与子，故伐启，启亡之。"《史记·夏本纪》亦称启自立为帝，有扈氏不服，启伐之，大战于甘，遂灭有扈氏。《尚书·甘誓》即启讨伐有扈氏的战前动员令。甘，古地名，位于有扈氏国都的南郊，亦即今日西安鄠邑区，当地有甘峪河，发源于秦岭。据此，有易（即有扈）属于夏部落，而不属于帝舜（即帝俊）后裔。

　　　海内有两人，其中一人名叫女丑。女丑那里有一只大蟹。

　　郝懿行注："两人盖一为摇民，一为女丑。"袁珂认为此处经文有缺脱，不可强为解释。《海外西经》所记女丑位于西方，而此处女丑则位于东方海上。"女丑有大蟹"，当与某种祭祀巫术活动有关。

　　自 20 世纪初，我国在古史研究领域曾兴起一股强劲的疑

海内有两人，名曰女丑。女丑有大蟹。

古思潮，其代表人物是顾颉刚，代表著作是《古史辨》，该学派的工作不无成果，但是也存在着严重的思维逻辑问题：第一，该学派认为凡是古籍中彼此看来矛盾的内容，必有一伪，或者两者皆伪；第二，该学派天真地以为用文字记录历史是在一夜之间就完成的，并由此把后世历史学的进步悉数误解为"层累地造成的历史"；第三，该学派对远古神话传说的信息载体价值缺少认识；四、该学派在证伪上不遗余力，而在求真上则明显缺乏兴趣和动力。这是因为，国弱才疑古、民贫方崇洋，庆幸的是这样的时代正在成为历史。

大荒之中，有座山名叫孽摇頵羝，山上有扶桑树，树柱高三百里，它的叶子像荠菜叶。有一道山谷叫温源谷。汤谷上也有扶桑树，一个太阳刚刚回来，另一个太阳就从这里升起，都由三足乌驮载着运行。

郝懿行注："《吕氏春秋·谕大篇》云：'地大则有常祥、不庭、歧母、群羝、天翟、不周。'高诱注以不周为山名，其余皆兽名，

大荒之中，有山名曰孽摇頵（jūn）羝，上有扶木，柱三百里，其叶如芥。有谷曰温源谷。汤谷上有扶木，一日方至，一日方出，皆载于乌。

扶木

温源谷

孽摇頵羝

非也。寻览文义，盖皆山名耳。其群抵即此经之颛羝，形声相近，古字或通。"

奢
比
尸

颛，头大貌，石齐头貌，状如头形的石头；羝，公羊；所谓"颛羝"即山的形状似公羊头。孳摇，其意不详。《大荒四经》有不少四个字的人名、国名、山名，如果这不是当时人们的语言习俗，则可能是音译的名称。温源谷又称汤谷，此处汤谷扶木即《海外东经》的汤谷扶桑。芥，草本，叶可食，籽可榨芥子油或制芥辣粉。

"一日方至"云云，是说汤谷有十日，十日轮流出没，每当一个太阳从西方回来（经由地下）时，就有另一个太阳从扶桑树上飞起，所有的太阳都由三足乌驮载着运行。《楚辞·天问》："羿焉彃日？乌焉解羽？"《论衡·说日》："日中有三足乌。"《淮南子·精神训》："日中有踆乌。"古人产生日中有乌的观念，一是源自太阳的运动需要有动力，二是因为古人观察到太阳上面有黑子。至于太阳金乌为什么有三足，可能与古人追求奇异的心态有关。此外，古人制作陶鸟时，为了使其能够站立常常要加塑一足，久而久之人们便形成三足乌的传说。

有一个神人，长着人的面孔、犬的耳朵、野兽的身子，耳朵戴着两条青蛇，名叫奢比尸。

王念孙和袁珂认为"犬"为"大"字之误。此处经文记述的奢比尸与汤谷相邻。对比之下，在《海外东经》亦记有奢比尸（又名肝榆尸），其特点为大耳，所在方位为东北隅，与东南方的汤谷并不相邻。据此可知，《大荒东经》记述的汤谷或奢比尸的位置可能发生过错位。

有神，人面、犬耳、兽身，珥两青蛇，名曰奢比尸。

有一群有五彩花纹的鸟，相向盘旋舞蹈。惟有帝俊从天上下来与这种鸟交友。帝俊在下界的两座祭坛，由五采鸟掌管着。

经文"弃沙"，郝懿行注："沙疑与娑同，鸟羽娑娑然也。"袁珂进一步指出"弃沙"即"娑娑，盘旋而舞之貌也。"经文"下

有五采之鸟，相乡弃沙。惟帝俊下友。帝下两坛，采鸟是司。

友",袁珂注:"言惟帝俊下与五采鸟为友也。帝俊之神,本为玄鸟,玄鸟再经神话之夸张,遂为凤凰、鸾鸟之属。"并引《楚辞·天问》"简狄在台,喾何宜？玄鸟致贻,女何嘉（喜）？"认为这就是帝俊"下友"于五采鸟的原因所在。

古代柬埔寨（真腊国）有一种婚俗,要将出嫁的少女先送至一高阁楼上的密室,由一德高望重的男子为她破贞,仪式期间始终伴随着鼓乐歌舞。其实,简狄（帝喾的妃子）与玄鸟的故事,以及帝俊下友的场景,记述的正是殷商民族的一种具有生殖崇拜意义的古老婚俗,玄鸟所致之"贻"实际上是在为简狄破贞,帝俊所下之"友"同样是在为本族少女注入祖先的血脉种子,而此处的"帝俊"则有可能是由巫者或德高权重者装扮的先祖神（初夜权的习俗亦源于此）,相向婆娑起舞的五采鸟是配合帝俊破贞仪式的众巫师,他们所跳之舞可能类似傣族的孔雀舞（原本由男子扮装为孔雀王）,其动作则模拟或象征着男女交合。"两坛",郭璞注:"言山下有舜二坛,五采鸟主之。"

帝俊

不过，一个人不能同时从两个坛上走下来，因此"两坛"可能是指一座两层结构的圣坛。

大荒之中，有一座山名叫猗天苏门山，太阳和月亮从那里升起。有个壎民国。

猗天苏门是《大荒东经》所记第五座观察日月东升的山。袁珂注："《类聚》卷一引此经作猗天山、苏门山，日月所出。"其实，所谓"苏门"疑是一种石门状天文观测仪器，观测者根据日月从石门中升起的方位来判断时节。今河南辉县市有苏门山。壎与埙相近，最早的埙是我国先民 7000 年前发明的一种椭球形多孔吹奏乐器，可用陶、石、骨、象牙制成。

有座綦山。又有座摇山。有座䰩山。又有座门户山。又有座盛山。又有座待山。有种五采鸟。

东荒之中，有座山名叫壑明俊疾山，太阳和月亮从那里升起。有中容国。

綦，苍艾色，又指鞋带，两脚并连不能迈步行走；䰩与甑相近，即釜。此处经文诸山仅有名称，属于古代记忆之文字碎片。《大荒东经》共记述有六座观测日月东升之山，即大言山、合虚山、明星山、鞠陵于天山、猗天苏门山、壑明俊疾山，它们依次自南向北排列（不排除经文有错位之处）。有意思的是，记述者不记山中有何草木鸟兽，只言"日月所出"，似乎表明这六座山是一组天文观测台。众所周知，由于地球自转轴与地球绕日公转平面（黄道）有一个 23°的夹角，因此一年四季里只有在春分和秋分时太阳才从正东升起，春分至秋分期间太阳升起的方位偏北（夏至是最偏北的一天），秋分至春分期间太阳升起的方位偏南（冬至是最偏南的一天）。因此，观测太阳升起在偏南或偏北的不同山头上，就可以知道当时处于什么节令，这是一种非常古老的方法，至今民间仍然在使用。由于壑明俊疾之山名，有太阳光迅速通过之意，据此它可能是观测夏至的地点。本篇前文已记述中容国，两处中容国的文字当移至一处。

大荒之中，有山名曰猗天苏门，日月所生。有壎（xūn）民之国。

猗

壎民国

有綦山。又有摇山。有䰩（zèng）山。又有门户山。又有盛山。又有待山。有五采之鸟。

东荒之中，有山名曰壑明俊疾，日月所出。有中容之国。

东北海外，又有三青马、三雅、甘华。爰有遗玉、三青鸟、三雅、视肉、甘华、甘租，百谷所在。

东北海外，又有三青马、三雅、甘花。还有遗玉、三青鸟、三雅、视肉、甘花、甘租，是百谷生长的地方。

此处经文所述三青马等场景，与《海外北经》颛顼葬所之平丘、《海外东经》尧葬所之鲑丘的场景相似或相近。袁珂认为，此处三青马、三雅、三青鸟均类似《大荒南经》所述"左右有首"的双双兽。

在中华民族古老的记忆里，是炎帝发现了百谷，因此他被尊称为神农；由于炎帝是通过放火烧山的技术途径而发明的农业，因此他又被称之为烈山氏。不过，笔者在《老鼠和烈山氏（炎帝）共同发明了农业》一文中认为，人类在发明农业的过程有老鼠帮的忙。

三青马

众所周知，许多动物都有储存过冬食物的技能，其中尤以老鼠（田鼠）特别喜欢在秋季储存植物草籽（包括野黍、野粟、野菽等野谷类的种子）为过冬食物。与此同时，经过放火烧山（当初是为了捕猎）的地方，绝大多数的植物品种都被烧死了，土地重新变成了处女地，等待着接纳新的种子。而老鼠在洞里储存的草籽，却躲过了人类放的山火，在雨水的滋润下破土而生；还有一些草籽谷物被火烤熟或被老鼠洞里的水汽蒸熟，并散发出迷人的谷香，我们的祖先受到启发学会了种植野谷并熟食谷物。

老鼠洞里储存的野谷不可能是单一品种，而在汉语里许多古老的粮食作物，它们的发音都与"鼠"相同，例如"黍"（黄米）、"粟"（小米）、"菽"（豆类）。其他能够种植的作物"薯""蔬""茶"的发音也与"鼠"相同或相近，加工熟食的方法称之为"煮"，

有女和月母之国。有个人名叫鹓，北方人称作鹓，那边吹来的风叫狁，他就处于东角，以制约日月，使日月不间断地出没，司掌日月升起落下时间的短长。

郝懿行注："女和月母即羲和、常羲之属也。谓之女与母者，《史记·赵世家》索隐引谯周云：'余尝闻之代俗，以东西阴阳所出入，宗其神，谓之王父母。'据谯周斯语，此经'女和月母'之名，盖以此也。"丁山在《中国古代宗教与神话考》指出：《大荒东经》之古本当为"北方曰狁，风曰鹓"，《庄子》书中亦有坚证，其《天地篇》有曰："谆芒将之大壑，适遇苑风于东海之滨。苑风曰：'子将奚之？'曰：'将之大壑。'"苑风，当即《大荒经》所谓"来之风曰鹓"。

袁珂认为"处东极隅"当作"处东北隅"。其实，经文既称"北方曰鹓"，则亦应作"处北极隅"，正如折丹"处东极隅"一样，而此处经文则当原属于《大荒北经》。据此，女和月母国的鹓，当是负责观测北极地区日月运行的天文女巫师。

大荒东北角中，有一座山名叫凶犁土丘山。应龙被派去南端，杀了蚩尤与夸父，因此不能再回到天上。故而北方数年大旱，为了解除干旱人们就化身为应龙的样子祈雨，就得到了大雨。

凶犁土丘或作凶黎之谷、黎山之丘，其名当与蚩尤、夸父在此遇难有关。此处经文所述应龙与蚩尤、夸父之间的战争故事，当与《大荒北经》同类故事移至一处。应龙的形貌为有翼之龙，他是黄帝族的战将兼雨师，由于开了杀戒而受到上天的惩罚，回不到天上，天上没有兴云作雨的神，因此下界经常闹旱灾，这时民众只要模仿应龙的样子，天就会降下大雨。事实上，这是我国有关舞龙求雨习俗的最早文字记载。此后《楚辞·天问》亦云："河海应龙，何尽何历？"王逸注："或曰禹治洪水时，有神龙以尾画（地），导水径所当决者，因而治之。"据此，应

有女和月母之国。有人名曰鹓，北方曰鹓，来之风曰狁（yǎn），是处东极隅以止日月，使无相间出没，司其短长。

大荒东北隅中，有山名曰凶犁土丘。应龙处南极，杀蚩尤与夸父，不得复上。故下数旱，旱而为应龙之状，乃得大雨。

凶犁土丘

应龙杀蚩尤和夸父

流波山

夔

龙实际上是以巫师面目出现的水利工程师，而应龙与蚩尤、夸父的战争，或许与两大部落争夺水资源和生存领地有关。

东海中有流波山，入海七千里。其上有兽，状如牛，苍身而无角，一足，出入水则必风雨，其光如日月，其声如雷，其名曰夔（kuí）。黄帝得之，以其皮为鼓，橛以雷兽之骨，声闻五百里，以威天下。

东海中有座流波山，在进入东海七千里的地方。山上有一种野兽，样子像牛，身体是青黑色的，却没有长犄角，一只脚出入海水时一定有风雨相随，它的光如日月，它的声如雷，名叫夔。黄帝得到它，以它的皮为鼓，用雷兽的骨头敲击它，声音传到五百里之外，用来威震天下。

流波山之名很像是海上大冰山，古代北冰洋的冰山有可能解体并穿过白令海峡，漂移至我国东海或太平洋西部，《列子》五仙山的传说或亦与此现象有关。据此，所谓苍身无角一足之夔牛，有可能是指海狮、海牛之类生活在冰山上的动物，这些动物四足退化而尾部发达，远看即"一足"。至于夔牛"出入水则必风雨，其光如日月"者，则可能与模拟捕捉夔牛的巫术仪式有关。郭璞注："雷兽即雷神也，人面龙身，鼓其腹者。橛犹击也。"

袁珂注："流波山一足夔神话亦黄帝与蚩尤战争神话之一节，《绎史》卷五引《黄帝内传》云：'黄帝伐蚩尤，玄女为帝制夔牛鼓八十面，一震五百里，连震三千八百里。'吴任臣《山海经广注》（《大荒北经》）引《广成子传》云：'蚩尤铜头啖石，飞空走险，以猳牛皮为鼓，九击止之，尤不能飞走，遂杀之。'即其事也。"

玄女又称九天玄女，相传她传授给黄帝兵法，《太平御览》引《黄帝玄女战法》云："黄帝与蚩尤九战九不胜，黄帝归于太山，三日三夜雾冥。有一妇人，人首鸟形，黄帝稽首再拜伏不敢起。妇人曰：'吾玄女也，子欲何为？'黄帝曰：'小子欲万战万胜。'遂得战法焉。"鼓在古代战争中有着重大价值，一是鼓舞士气，二是传递指挥命令。已失传的古兵书《军政》称："言不相闻，故为金鼓；视不相见，故为旌旗。"详情可参阅《谈兵说阵》一书（解放军文艺出版社）。

根据考古发掘，我国古代的鼓主要有蒙皮木鼓、陶鼓、铜鼓等，山西襄汾陶寺出土的4000年前的木鼓，系用树干截断挖制而成,高约1米,鼓腔内有鳄鱼骨片,表明两端所蒙的是鳄鱼皮(已朽),鼓面直径约50厘米,鼓身外表涂有白、黄、黑、宝石蓝等彩色回形纹、宽带纹、云雷纹等几何图样,相当华丽。

黄帝击鼓

《大荒南经图》系《山海经艺术地理复原图》组画之十六，是根据《大荒南经》记述的30处古代人文活动场景而创作绘制的，其方位大体上自西南至东南。毕沅、郝懿行认为《大荒四经》及《海内经》是诠释《海外四经》和《海内四经》的文字，为刘秀校定《山海经》时所述。袁珂则认为这几篇文字的"成书当不在《山经》及海外内各经之后。以未经整理，故文多凌杂无统纪。然乃愈见其古朴，确属刘秀校书时'进在外''逸在外'者，谓为'秀等所述'则诬矣"。

众所周知，现存版本《山海经》十八篇的排序，依次是《五藏山经》《海外四经》《海内四经》《大荒四经》《海内经》，即把《大荒四经》排在《海内四经》之后、《海内经》之前。由于《海内经》被安排在《大荒四经》之后，因此有的学者干脆就将《海内经》称为《大荒海内经》或合称为大荒五篇。但是，古人用海外、大荒、海内命名《山海经》的篇章，是一种非常明确的分类。因此，既没有理由将《海内经》归入"大荒"的范围里，也不应该将《大荒四经》插入"海内"的范围中。

据此，《山海经》十八篇的排列次序，原本应当为《五藏山经》《海外四经》《大荒四经》和《海内五经》，现存《海内经》的性质类似《五藏山经》的《中山经》。事实上，从《山海经》的内容来看，《海外四经》记述有夏代的故事，《大荒四经》记述有商代的故事，《海内五经》记述有周代的故事，按时间先后顺序，也应该是《大荒四经》排在《海外四经》与《海内五经》之间。发生这种排序差错的时间，有可能发生在刘秀校订《山海经》之前，也可能是在郭璞注《山海经》之前。有鉴于此，为了恢复《山海经》的本貌，本书《山海经》十八篇的排序做出了相应的调整，将《大荒四经》排在《海外四经》和《海内五经》之间。

在南海以外，赤水的西面，流沙的东面，有一种野兽，左右都有个头，名叫跊踢。有三青兽相互并存，名叫双双。

此处左右有首的跊踢、相并的双双与《海外西经》所述前后有首的并封类似，均为动物牝牡相合之象。《美洲神话》称，北美洲特林基特人有一种典型的萨满工具，为了把病人的灵魂招回来，他们把磨光的骨头刻成双头动物，中间雕刻第三个脸。萨满把病人的灵魂抓住并放进这个工具里，然后把它吹回病人的身体。

袁珂认为三青兽、三青鸟、三雏疑亦双双之类。关于双双，郭璞注："言体合为一也。《公羊传》所云'双双而俱至者'，盖谓此也。"郝懿行注："郭引宣五年传文也。杨士勋疏引旧说云：'双双之鸟，一身二首，尾有雌雄，随便而偶；常不离散，故以喻焉。'是以双双为鸟名，与郭异也。"据此，双双又与比翼鸟类似。

南海之外，赤水之西，流沙之东，有兽，左右有首，名曰跊（chù）踢。有三青兽相并，名曰双双。

跊踢

流沙

双双

赤水

叔均葬

舜葬

苍梧之野

阿山

氾天山

有阿山者。南海之
中，有氾天之山，赤水
穷焉。赤水之东，有苍
梧之野，舜与叔均之所
葬也。爰有文贝、离俞、
鸱久、鹰、贾、委维、熊、
罴、象、虎、豹、狼、
视肉。

有座阿山。在南海中，有座氾天山，赤水最终流到这里。赤水的东面，有个地方叫苍梧野，是舜与叔均的埋葬地。那里有文贝、离朱、鸱久、鹰、乌鸦、两头蛇委维、熊、罴、象、虎、豹、狼、视肉。

西次三经记有昆仑丘"赤水出焉，而东南流注于氾天之水。"此处"氾天之山，赤水穷焉"的记述显然源自《西山经》。不过，后者的表述似乎缺少地理常识，因为水只能往低处流，或流入其他江河，或流入湖泊大海，而不可能终止于某座山。同样，江河也不可能流经海上再流到山前，因此所谓"南海之中，有氾天之山，赤水穷焉"的说法，也表明"南海"实际上是指"南方"，而"海"乃地域之通称。

《海内南经》《海内经》亦记有舜葬及叔均的故事。郭璞注："叔均，商均也。舜巡狩，死于苍梧而葬之，商均因留，死亦葬焉。基（墓）在今九疑之中。"经文"爰有"者均为随葬物或随葬物的艺术造型（包括塑像，也可能有棺椁漆画或墓室壁画），离俞即离朱，贾为乌鸦；委维又称委蛇、延维，形貌为人面两头蛇。

有荣山，荣水出
焉。黑水之南，有玄蛇，
食麈。

有座荣山，荣水从这里发源。黑水的南岸，有一条大黑蛇正在吃鹿。

荣山、荣水或作荣山、荣水。中次十一经朝歌山发源的潕水流入荣水，其方位在今日伏牛山与大别山一带，今河南省境内同时有舞水和荣水。麈，鹿类，玄蛇食麈与巴蛇食象类似，表明古代我国南方多

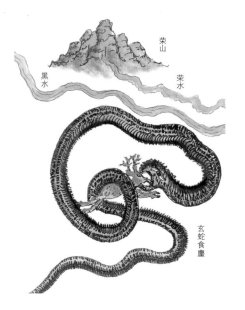

荣山

黑水

荣水

玄蛇食麈

食肉类大蛇。因此，在那个时代，谁能够制服蛇，谁就被视为英雄好汉或具有神力的人，这正是古代巫师要两耳戴蛇、双手操蛇的原因所在。

有座巫山，它的西边有黄鸟。天帝的神仙药就藏在八个斋盒里。黄鸟在巫山上，掌管着这条大黑蛇。

袁珂引《说文》"灵，巫也，以玉事神"，认为《大荒四经》所述云雨山、灵山均即巫山之异名，亦即今日长江三峡之巫山。其实，在古代凡是巫师举办巫术活动之山，均可称为巫山或灵山，由于各地各族都有巫师，因此其地不一定均指一处。黄鸟，袁珂注："古黄、皇通用无别，黄鸟即皇鸟，盖凤凰属之鸟也。《周书·王会篇》云：'方扬以皇鸟。'《尔雅·释鸟》云：'皇，黄鸟。'即此是也。《北次三经》泰头之山有黄鸟，则是别一种鸟，非此。"今查泰头山并无黄鸟，而是与泰头山相邻的轩辕山上有"其状如

有巫山者，西有黄鸟。帝药，八斋。黄鸟于巫山，司此玄蛇。

玄蛇

巫山

黄鸟

不庭山

娥皇

三身国

枭而白首"之黄鸟，当系偶然看错行之误。

"帝药，八斋"，郭璞注："天帝神仙药在此。"斋，指祭祀前或举行典礼仪式前，当事人清心洁身以示庄敬虔诚，据此"八斋"当指巫师在采集、配制帝药时所举行的一整套巫术宗教活动或仪式。黄鸟"司此玄蛇"，袁珂注："或谓黄鸟司察此'食麈'之贪婪玄蛇，防其窃食天帝神药也。"所言甚是，据此可知上文"黑水之南，有玄蛇，食麈"当与此处"有巫山"断句为一节。进一步说，麈或可指麝，麝香为贵重药，当亦属帝药之内。黄鸟守护仙药防蛇盗食的场景，亦即后世《白蛇传》所述白娘子（白蛇）盗仙草时与守药仙童（鹤神、鹿神）交手故事的创作源头。

大荒之中，有不庭之山，荣水穷焉。有人三身，帝俊妻娥皇，生此三身之国，姚姓，黍食，使四鸟。有渊四方，四隅皆达，北属黑水，南属大荒；北旁名曰少和之渊，南旁名曰从渊，舜之所浴也。

大荒之中，有座不庭山，荣水最终流到此山。有一种人长着三个身子，帝俊的妻子娥皇，三身国的人都是她的后代，姓姚，以黍为主食，能驯化驱使四种野兽。有一个四方形的深渊，四面八方都能通达，向北连接黑水，向南连接大荒；北边的渊名叫少和渊，南边的渊名叫从渊，是舜沐浴的地方。

不，通丕，大也。庭，建筑物，院子；直，《诗·小雅·大田》："播厥百谷，既庭且硕。"因此，不庭山既可指大而直立之山，亦可指人造的大型建筑物；如果系后者，那么"荣水穷焉"就可以理解为把荣水引流至不庭这个地方为止。类而推之，凡《大荒四经》所言某水至某山穷焉之"山"，可能均指建筑物或居住地，即"山"乃地名的通称，而非特指自然地形之山。

《海外西经》已记有三身国，位于大乐之野（夏后启在此歌舞娱神）的北面，其特征"一首而三身"，并未言其身世。此处称三身国人乃帝俊与娥皇之后裔，帝俊亦即帝舜，娥皇即帝舜之二妃娥皇、女英之一。

有渊四方或作有渊正方，四隅皆达或作四隅皆通。但是，"渊"者少有四方或正方的形状，而渊本为水亦不必再称其"四隅皆达（通）"。因此，"有渊四方"疑当作"有台四方"，其四个方向均有台阶可登，而此台之名即不庭。在不庭四方台的北面有少和之渊，其水引自黑水；在台的南面有从渊，其水引自大荒。

少和渊　从渊

舜

从渊

　　"舜之所浴"，郭璞注："言舜尝在此澡浴也。"其实，此处舜浴并非寻常之澡浴，而是一种巫术宗教或民俗活动，目的或是祈求新生，或是祈求有子，其仪式动作大约是模拟胎儿在子宫羊水里的生存状态，以及胎儿从出生到老死的生命全部历程，后世的成年沐浴、圣水浴、洗礼、泼水节等风俗均可追溯于此。至于不庭山有南北两个沐浴之所，或许一处是为了祈求生男孩，另一处则是为了祈求生女孩；也可能是一处为新生者沐浴，另一处为老死者沐浴；而三身或指人的胎儿、成年、老死。

又有一座成山，甘水最终流到这里。有个季禺国，那里的人是颛顼的后裔，以黍为主食。有羽民国，那里的人都生产毛羽。有个卵民国，那里的人都生产卵。

成山当指季禺国的一座标志性景观，也有可能是人造建筑物，《大荒东经》所记的甘水被引流至此。季禺国为颛顼后裔，而甘水源头的甘山附近的少昊国则是少昊孺帝颛顼之处。据此可知，甘水是从北向南流的一条河，少昊部落居住在甘水的上游，颛顼部落的季禺国则居住在甘水的下游（其地属《大荒南经》，方位在南）。

按《山海经》惯例，每一个国名、族名、人名都包含着相应的信息，因此季禺国之名亦当有所指。季，指季节，亦指兄弟排序，例如伯、仲、叔、季。禺，兽名，状如猕猴；区域，每里为一禺；通偶，木偶，《史记·封禅书》："木禺龙栾车一驷。"显然，根据季、禺二字的上述含义来看，由它们组成的季禺一词，于理不通。

古籍出现讹字主要有两种情况，一是音同字相替，二是形近字笔误。由于此处季禺国与羽民国、卵民国属于同一场景或相邻场景，据此可以推知，季禺国可能之名，可能是系羽国、委羽国

又有成山，甘水穷焉。有季禺之国，颛顼之子，食黍。有羽民之国，其民皆生毛羽。有卵民之国，其民皆生卵。

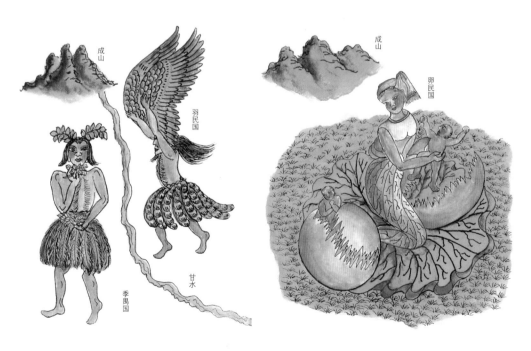

成山

羽民国

成山

卵民国

甘水

季禺国

之误。也就是说，季禺国可能是采集羽毛、加工羽毛并用羽毛装饰自己的国家。依此推知，羽民国"其民皆生毛羽"，或许是说这里的人以加工生产毛羽制品为职业。同理，卵民国"其民皆生卵"，有可能是说当地人以生产鸟卵及其卵制品为职业。我们今天饲养的鸡、鸭、鹅等家禽，可能就是季禺国及其属国驯化而成的。

　　大荒之中，有座不姜山，黑水最终流到这里。又有座贾山，汜水从这里发源。又有座言山。又有座登备山。有座惄惄山。又有座蒲山，澧水从这里发源。又有座隈山，它的西面有丹，它的东面有玉。又往南有座山，漂水从这里发源。有座尾山。有座翠山。

　　《山海经》中有许多以"不"命名的山，例如不周山、不句山、不庭山等。春秋战国时也有不少人的姓名里用"不"字，例如申不害、吕不韦等。"不"字有多意，除了常用的否定、无的意思之外，又通丕（意为大），又是柎（花蒂）的本字；此外，与"不"字形极为相近的"不"，意为树木被砍伐后所留的根株，亦指砧板。此处的不姜山，当意为大姜山，黑水被引流至此。

　　汜有接近的意思，其本字即汔。隈，古国名，古代为狄族的姓，与夒、归可换用。登备山，当即《海外西经》的登葆山。惄的意思是不经心、无动于衷，以其为山名，或有所指。《五藏山经》记有两处澧水，一处发源于东次二经的葛山首，另一处发源于中次十一经的雅山。经文"又南有山"未言其山名，疑当作"又有南山"；西次一经亦记有南山，位于秦岭，或谓即终南山（今西安南，海拔 2604 米）；漂水

大荒之中，有不姜之山，黑水穷焉。又有贾山，汜水出焉。又有言山。又有登备之山。有惄惄（qì）之山。又有蒲山，澧水出焉。又有隈山，其西有丹，其东有玉。又南有山，漂水出焉。有尾山。有翠山。

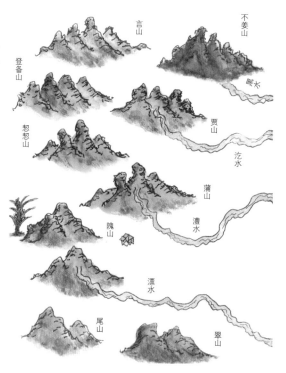

或作溧水，经文未记述其流向何处，当系文字佚失。

有盈民之国，於姓，黍食。又有人方食木叶。

有个盈民国，这里的人姓於，以黄米为主食。又有人正在吃树木的叶子。

"於"字今日几乎已经完全被"于"所取代，其实它的本意是指乌鸦，亦作感叹词"於戏"（即呜呼）。"食木叶"，郝懿行注："《吕氏春秋·本味篇》高诱注云：'赤木玄木，其叶皆可食，食之而仙也。'又《穆天子传》（卷四）云：'有模菫，其叶是食明后。'亦此类。"其实，此处经文"又有人方食木叶"七字，疑当与下文不死国"甘木是食"断句为一节。

有不死之国，阿姓，甘木是食。
大荒之中，有山名曰去痓。南极果，北不成，去痓果。

有个不死国，这里的人姓阿，吃的是甘木的树叶。

大荒之中，有一座山名叫去痓山。南方的果树，在北方不成长，到了痓山却长成了果树。

《海外南经》所记不死民，仅言其人黑色，未言姓氏及所食何物。此处不死民以阿为姓。"阿"字的信息内涵非常丰富，除了作助词、语气词之外，其字形本指大而曲的丘陵，《诗·小雅》："菁菁者莪，在彼中阿。"又引申为曲隅、屋栋，《文选》引班固《西都赋》："珊瑚碧树，周阿而生。"李善注："阿，

盈民国

不死国

去痓山

庭之曲也。"《仪礼·士昏礼》："宾升西阶。当阿，东面致命。"并进而引申为曲从、迎合、偏袒、庇护，例如阿谀奉承。此外，阿在古代又指一种轻细的丝织品，《史记·司马相如列传》："被阿锡。"裴骃注："阿，细缯也；锡，布也。"又通婀，轻柔美貌。据此，不死民以阿为姓，当取自上述诸意之一。

郭璞注："甘木即不死树，食之不老。"其实上文"又有人方食木叶"当移至此处，甘木树叶可能具有某种兴奋作用，服食者会进入飘飘欲仙的状态（这是巫师在举行巫术时所需要的）；或者具有健身功效，食者可长寿；或者具有防腐作用，可使尸体不腐；凡此种种均可形成"不死"的传闻。

痊，风疾；去痊山当是巫师给病人治疗风疾的场所。"南极果"云云，袁珂注："此疑当是巫师诅咒语渗入文中者。"其实这几句"三字经"也有实指，即治疗风疾之果，只有生长在南方才有效，而生长在北方便无效，类似南橘北枳现象，这是一种经由科学观察所得到的认识。

南海的岛屿上，有一个神，长着人的面孔，耳朵戴着两条青蛇，脚踩两条赤蛇，叫不廷胡余。

《大荒东经》记有北海海神禺京和东海海神禺虢，不廷胡余的形貌与禺京、禺虢几乎如出一辙，以此推知不廷胡余当是南海之海神，而其名则可能出自译音。据此，此处经文原当应有"处南海，是为海神"字样。

南海诸中，有神，人面，珥两青蛇，践两赤蛇，曰不廷胡余。

有一个神人名叫因因乎，南方人称他为因乎，从南方吹来的风称作民，他处在大地的南极，主管风起风停。

因因乎为南方之神兼南风之神，系《大荒四经》所记四方神之一。对比之下，东方神折丹、西方神石夷、北方神鹓同时还有观测日月运行的职责，唯此处经文未言南方神因因乎的天文观测活动。事实上，在我国南方，能够看到的具有指示季节作用的星辰相对北方要少许多；实际上，南海来的台风更为猛烈，更有必

有神名曰因因乎，南方曰因乎，夸风曰乎民，处南极以出入风。

要密切关注星辰。参照《大荒东经》记述东方之神折丹的文例，袁珂认为此处经文当作"有神名曰因乎，南方曰因，来风曰民"，而夸风乃来风之讹。

有襄山。又有重阴之山。有人食兽，曰季厘。帝俊生季厘，故曰季厘之国。有缗渊，少昊生倍伐，倍伐降处缗渊。有水四方，名曰俊坛。

　　有座襄山。又有座重阴山。有人吃野兽肉，叫季厘。帝俊生了季厘，故而叫季厘国。有一个缗渊，少昊生了倍伐，倍伐被贬住在缗渊。有一个水池是四方形的，名叫俊坛。

　　《左传·文公十八年》："高辛氏（帝喾）有才子八人：伯奋、仲堪、叔献、季仲，伯虎、仲熊、叔豹、季狸，忠肃共懿，宣慈惠和，天下之民谓之八元。"郝懿行认为此处季厘即八元之一的季狸。袁珂认为帝喾即帝俊，亦即帝舜。厘，意为治理，《尚书·尧典》："允厘百工。"又引申为改正，《后汉书·梁统传》："施行日久，岂一朝所厘？"此外，又通赉，赐予；通嫠，寡妇；度量单位；又通禧，福也；又指胙肉，祭过神的福食。缗，钓鱼用的线绳。

此处先言帝俊生季厘，又转述少昊生倍伐，再又说俊坛，或表明少昊后裔倍伐与帝俊后裔季厘有关，或当断句为两节。"倍伐降处缗渊"，意即迁徙到缗渊。"有水四方"，郭璞注："水状似土坛，因名舜坛也。"其实，"有水四方"乃"有台四方"之讹。实际上，此处缗渊、俊坛，与前文不庭山的"舜之所浴"场景类似。这或许表明，凡帝俊之后裔，都要在自己的居住区里修建祭祀坛，并在这里举行相应的巫术宗教祭祀娱乐活动。

有个载民国。帝舜生了无淫，无淫降生于载民国这个地方，于是就叫巫载民。巫载民姓盼，以谷物为主食。不用从事纺织就有衣服穿；不用种植收割就有食物吃。那里还有能歌善舞的鸟，鸾鸟自由地唱歌，凤鸟自在地跳舞。那里还有各种野兽，成群结队和平共处。这里还是百谷所聚集的地方。

淫字有多意：久雨（三日以上）、浸淫（平地出水）、沉溺、邪恶、惑乱、淫荡；此处无淫之名当取其不要有连日霖雨之义。载，通耋，年老；"巫载"之名与其行为方式不符，疑当作"无载"，意为年轻不老。盼，头大貌，颁赐，亦通盼。此处经文大意是，无淫民为帝舜的后裔，他们迁徙到一个名叫载的地方，遂改称为巫载民。他们不用纺线织布，就有衣服穿；也不用耕田种庄稼，就有谷物可食；而且他们还拥有能够歌舞的鸟，整日与百兽和睦相处，百谷百物都汇聚到他们那里。

论者多谓此处巫载民即《海外南经》的载国，因其地理环境得天独厚，极为富饶，故而能不劳而获。但是，载国"其为人黄，能操弓射蛇"，与巫载民的生活场景相差甚远。其实，巫载民是以歌舞表演来谋生的族群，性格活泼，心态永不老，有点像是吉普赛人的大篷车马戏歌舞团，因此无须织布种地就有穿有吃。其姓"盼"暗示他们戴着大头面具，企盼着观众给赏赐；其名"无淫"，是希望在表演时不要遇上连日阴雨；所谓歌舞之鸟与百兽，既指驯鸟兽表演，也指人装扮成鸟兽进行表演。

有载民之国。帝舜生无淫，降处载，是谓巫载民。巫载民盼姓，食谷；不绩不经，服也；不稼不穑，食也。爰有歌舞之鸟，鸾鸟自歌，凤鸟自舞。爰有百兽，相群爰处。百谷所聚。

大荒之中，有一座山名叫融天，向南流入海水。

有一个人叫凿齿，羿杀了他。

大荒之中，有山名
曰融天，海水南入焉。

有人曰凿齿，羿
杀之。

融，指炊气上升，引申为火、光明；又指融化、融合、融通，永，长。据此，融天山之名，可指海天一色的景观。融天山位于南海之滨，它可能是《大荒南经》记述的最南端的一处场景。"海水南入"可能指中国海峡地貌，下文天台高山亦有同类地貌，两者或可指中国台湾海峡和琼州

羿

凿齿

融天山

蜮人

蜮山

海峡。《海外南经》羿杀凿齿之地在北方昆仑，此处凿齿民当系凿齿族南迁之后裔。

　　有座蜮山，有个蜮民国，这里的人姓桑，以黄米为主食，也食用射死的黄蛇。有个人正在搭弓射箭杀黄蛇，名叫蜮人。
　　《说文》："蜮，短狐也，似鳖，三足，以气射害人。"《汉书·五行志》："蜮在水旁，能射人，射人有处，甚者至死，南方谓之短弧。"颜师古注："即射工也，亦呼水弩。"《博物志·异虫》："江南山溪中，水射工虫，甲类也，长一二寸，口中有弩形，气射人影，随所著处发疮，不治则杀人。"《楚辞·大招》："魂乎无南！蜮伤躬只。"蜮民以桑为姓，既食谷，又食蜮。蜮人方拉弓"射黄蛇"的场景与《海外南经》载国人"能操弓射蛇"相似。

　　有蜮山者，有蜮民之国，桑姓，食黍，射蜮是食。有人方扞（yū）弓射黄蛇，名曰蜮人。

育蛇

祖状尸

有宋山者，有赤蛇，
名曰育蛇。有木生山上，
名曰枫木。枫木，蚩尤
所弃其桎梏，是为枫木。

有人方齿虎尾，名
曰祖状之尸。

有小人，名曰焦侥
之国，几姓，嘉谷是食。

大荒之中，有山名
朽（xiǔ）涂之山，青水
穷焉。

有座宋山，山上有红色的蛇，名叫育蛇。有种树长在山上，名叫枫树。枫树，原来是蚩尤丢弃的木制刑具，这些刑具化成了枫木。

有一个神人正咬着老虎的尾巴，名叫祖状尸。

枫，枫香树，亦指树叶多、枝杈多的树，亦指秋令时节红叶之树。桎梏，古代木制刑具，《周礼·秋官·掌囚》："中罪桎梏。"郑玄注："在手曰梏，在足曰桎。"或许蚩尤所戴桎梏为枫木所制，因而弃之宋山后能长成枫树林。蚩尤为我国先夏时期最著名的部落或人物之一，曾长期与黄帝部落争夺势力范围，后被黄帝收服。至今晋、冀民间仍然流行"蚩尤戏"，游戏者头戴牛角而相抵，或一腿搭在另一腿膝上，单腿蹦跳而相抵。此处经文所述蚩尤事迹位于南方，或系蚩尤后裔南迁者为了纪念蚩尤而种植枫树；宋山上的赤色育蛇，当与纪念蚩尤的巫术活动有关。

祖状尸或作柤状尸。齿，牙齿，古代亦专指象牙，《尚书·禹贡》："齿革羽毛。"孔颖达注："《诗》云：'元龟象齿'，知齿是象牙也。"此处戴着象牙装饰、系着虎尾装饰的祖状尸，其故事已不得而知。值得注意的是，《山海经》描述的"方齿"，也有可能是一种修饰牙齿的习俗。有趣的是，"方齿"习俗在中国早已不见，而其实物证据居然出现在遥远的美洲玛雅文化的一尊"十三蛇神"塑像上，它的牙齿被特意磋磨成方形，在方齿上还切割出沟槽，见原北京出版社 2001 年 6 月出版的《神秘的玛雅》一书。

有个小人组成的国家，名叫焦侥国，这里的人姓几，嘉谷是他们的食物。

大荒之中，有一座山名叫朽涂山，青水最终流到这里。

《海外南经》记有焦侥国，又名周饶国，位于三首国之东，当指身材矮小的农耕民族。《国语·鲁语》："焦侥氏长三尺，短之至也。"《史记·大宛列传》正义引《括地志》："小人国在大秦南，人才三尺，其耕稼之时，惧鹤所食，大秦卫助之，即焦侥国，其人穴居也。"《法苑珠林》卷八引《外国图》："焦侥国人长尺六寸，迎风则偃，背风则伏，眉目具足，但野宿。一曰，焦侥长三尺，其国草木夏死而冬生，去九疑三万里。"草木夏死冬生，符合赤道以南的气候，北半球的夏天即南半球的冬天。郭璞认为青（清）水即昆仑丘之洋水（流入丑涂水）。据此，歹涂山乃一独立景观，不应与下文云雨山断句为一节。

有座云雨山，有树名叫栾树。大禹攻占云雨山，发现红色岩石上生长出这种栾树，黄色的树干，红色的枝条，青色的叶子，诸帝就在树上取药。

此处云雨山，疑当作禹攻云雨之山。"禹攻云雨"，袁珂指出此即大禹在巫山治水故事："（宋玉《高唐赋序》）谓神女瑶姬入楚怀王梦，自云是'巫山之女，旦为朝云，暮为行雨'，因荐枕席。疑此巫山或称'云雨山'也。而唐末杜光庭《墉城集仙录》乃谓禹理水驻巫山下，遇大风振崖，功不能兴，得云华夫人即瑶

有云雨之山，有木名曰栾。禹攻云雨，有赤石焉生栾，黄本，赤枝，青叶，群帝焉取药。

栾

歹涂山

青水

云雨山

云雨山

群帝取药

焦侥国

禹

姬之助，始能'导波决川，以成其功'；此虽后起之说，然知民间古亦有禹巫山治水之神话也。"其实，禹攻云雨山，似乎不单纯是为了治水，同时也是势力的扩张、资源的占有（取药）。

栾，又称栾华、灯笼树，落叶乔木，高10米，夏季开花，黄色，秋季果熟，蒴果囊状中空，三角状卵形，花可制黄色颜料、入药，叶可制青色颜料，种子可榨油，木材可制小器具。

有国曰颛顼，生伯服，食黍。

有一个国家叫颛顼国，颛顼生了伯服（颛顼的后代组成了伯服国），以黄米为主食。

经文"有国曰颛顼"至"昆吾之师所浴也"六十字被断句为一节，甚为不妥；因其记述有多处独立场景，若断句为一节，势必将曲解其原文所含之信息。"有国曰颛顼，生伯服"，袁珂指出："疑经文当作'有国曰伯服，颛顼生伯服'，脱'伯服'二字。"此言甚是。吴任臣引《世本》云："颛顼生偊，偊字伯服。"伯，除指亲属称谓外，亦指古代地方长官、爵位；又指马祖，《诗·小雅·车攻》："既伯既祷。"《毛传》："伯，马祖也。谓天驷房星之神也。"此外，伯又通霸，通陌。服，除指衣服、服侍、顺服、服食等意之外；又指驾驭牛马，《周易·系辞下》："服牛乘马。"并特指驷车居中的两匹马，《诗·郑风·大叔于田》："两服上襄，两骖雁行。"此外，服又通鵩，通匐，通箙（竹箭筒）。据此伯服或指驾驭马并祭祀马祖的族群。

《大荒四经》屡言某国人食黍或黍食，似可表明当时农业处于刚刚兴起至开始推广普及的阶段，许多地方的人都开始吃谷米，但是能够吃上谷米仍然属于新鲜事，否则就没有必要特别记述了（古代文字书写不易，故文字使用极为简洁）。

有个鼬姓国。

有座苕山。又有座宗山。又有座姓山。又有座壑山。又有座陈州山。又有座东州山。

又有座白水山，白水从这里发源，而产生白渊，是昆吾的军队沐浴的地方。

伯服

颛顼

鼬，鼬科类动物，体小而长，耳小而圆，四肢短，尾长不及体半，有黄鼬、白鼬、雪鼬、艾鼬、香鼬、青鼬、臭鼬等。鼬姓国可能是以鼬为图腾的族群。苕，苇花，可作苕帚，又指凌霄草、紫葳草；苕山当以苕草茂盛为名。"又有宗山，又有姓山"，疑当作"又有宗姓山"，因"姓山"词理不通。陈州山、东州山，疑均指地名，而非指自然之山。

昆吾为古代著名诸侯国，今本《竹书纪年》夏仲康六年记有"锡昆吾作伯"。《世本·帝系篇》云："陆终娶于鬼方氏之妹，谓之女嬇，是生六子。孕三年而不育，剖其左胁，获三人焉；剖其右胁，获三人焉。其一曰樊，是为昆吾；其二曰惠连，是为参胡；三曰籛铿，是为彭祖；四曰求言，是为邻人；其五曰安，是为曹姓；其六曰季连，是为芈姓。"并称在春秋战国时期，昆吾后裔居卫（今河南濮阳），参胡后裔居韩，彭祖后裔居彭城，邻人后裔居郑，曹姓后裔居邾，季连后裔居楚。《世本·帝系篇》又称："颛顼娶

有鼬姓之国。

有苕山。又有宗山。又有姓山。又有壑山。又有陈州山。又有东州山。

又有白水山，白水出焉，而生白渊，昆吾之师所浴也。

于滕坟氏，谓之女禄，产老童。老童娶于根水氏，谓之骄福，生重黎及吴回。吴回氏产陆终。"《五藏山经》西次三经记有老童（耆童）、鬼国（槐鬼、有穷鬼），中次二经记有昆吾山。此处白水山、白水、白渊，或在上述区域里。

"昆吾之师所浴"，当亦非寻常澡浴，而是与前文"舜之所浴"类似，为宗教巫术活动。多少令人有些奇怪的是，经文记述的沐浴活动主角不是"昆吾"，而是"昆吾之师"；由于古代"师"可指军官和军队，因此不能排除这种沐浴活动与军事有关的可能。

有个人叫张弘，在海上捕鱼。海中有张弘国，这里的人以鱼为食物，能驯化驱使四种野兽。

有人曰张弘，在海上捕鱼。海中有张弘之国，食鱼，使四鸟。

张弘国，郭璞怀疑是《海外西经》的奇肱国，袁珂认为是《海外南经》"捕鱼水中"的长臂国。其实，除了上述两种可能成立的解释外，还有第三种信息解读方式。由于此处经文并未称张弘国人为独臂或长臂，因此只能从其名称及生存状况来复原其特征和形貌：张弘国人"在海上捕鱼"，而"张"有扩张、展开之意，"弘"为大，"张弘"当与捕鱼活动有关，有可能是指张网捕鱼，也可能是指扬帆出海捕鱼。当然，此处张弘国有可能即《海外南经》的长臂国，只是捕鱼技术又有了新发展。

有一个人，长着鸟的嘴巴，长有翅膀，正在海中捕鱼。大荒之中，有个人名叫骥头。鲧的妻子是士敬，士敬生了炎融，炎融生了骥头。骥头长着人的面孔、鸟的嘴，长有翅膀，吃海中的鱼，以翅膀为拐杖而飞行。也有适宜生长的芑苣，以早熟的谷物为食物。于是有了骥头国。

有人焉，鸟喙，有翼，方捕鱼于海。大荒之中，有人名曰骥头。鲧妻士敬，士敬子曰炎融，生骥头。骥头人面鸟喙，有翼，食海中鱼，杖翼而行。维宜芑苣，穆杨是食。有骥头之国。

《海外南经》记有谨头（朱）国"其为人人面有翼，鸟喙，方捕鱼"，与此处骥头国的名称及其生活方式非常相近，袁珂认为两者实为一国，亦即丹朱国。但是，在古史中，丹朱乃帝尧之子，而此处经文则称骥头为鲧之后裔；对于上述矛盾，袁珂解释为"盖传闻不同而异辞也"。其实，古史传说中的"父子"关系，并不一定仅指血缘上的父子，亦可指部落联盟大酋长（类似春秋战国时的霸主国）与部落酋长（类似诸侯国）之间的关系。

　　《吕氏春秋·行论》："尧以天下让舜。鲧为诸侯，怒于尧，曰：'得天之道者为帝，得地之道者为三公。今我得地之道，而不以我为三公。'以尧为失论。欲得三公，怒甚猛兽，欲以为乱。比兽之角，能以为城；举其尾，能以为旌。召之不来，仿佯于野以患帝。舜于是殛之于羽山，副之以吴刀。"据此可知，鲧与尧为同时代的强势部落，因争夺部落联盟领导权失败而遭到严重打击，其族裔不得不迁徙到远方，其中一支族便是此处记述的驩头国。

张弘

　　丹朱也是帝尧部落联盟的重要成员，他同样反对舜继任部落联盟最高领导职位，失败后亦迁徙到南方，其后裔即《海外南经》记述的讙头国，亦即此处的驩头国。或许，丹朱曾与鲧结盟，而此处经文"炎融"实际上就是丹朱的别名。驩头国人"杖翼而行"，当指驾帆船在海上捕鱼。苣，黑黍，亦指蔬菜莴苣。穆，生

土敬

炎融

驩头

长期短的谷类，《诗·豳风·七月》："黍稷重穋。"《毛传》："后熟曰重，先熟曰穋。"根据《楚辞·天问》的记载，它们都是鲧部落迁徙时带走并传播、改良的谷种。

帝尧、帝喾、帝舜都埋葬在岳山。这里还有文贝、离朱、鸱久、鹰、延维、视肉、熊、罴、虎、豹。还有朱木树，是红色的枝干、青色的花朵，黑色的果实。有座申山。

根据古史记载，帝舜为帝尧的继任者，帝尧为帝喾后裔，《尚书·舜典》称帝尧让帝位于舜，《大戴礼·帝系篇》记有："黄帝产玄嚣，玄嚣产蛴极，蛴极产高辛，是为帝喾；帝喾产放勋，是为帝尧也。"

《吕氏春秋·安死篇》："尧葬谷林。"高诱注："传曰：尧葬成阳，此云谷林，成阳山下有谷林也。"郭璞认为此处岳山即《海外南经》的狄山（又名汤山），尧葬之地在东阿县（今山东省）城次乡等处。毕沅注谓："《墨子》（节葬篇下）云：'尧北教八狄，道死，葬蛩山之阴。'则此云狄山者，狄中之山也。"《皇览·冢墓记》："帝喾冢在东郡濮阳顿丘城南台阴野中。"《海内经》记有舜葬于九疑山。

此处称帝尧、帝喾、帝舜同葬于岳山一地，疑是其后裔设立的祭祀先帝的祠堂或衣冠冢。由于先帝后裔可能迁徙到不同的地方居住，因此类似的祠堂也会在不同地区设立。"爱有"者，即祠堂内陈列的供品（包括实物或塑像、壁画），其中朱木，当有某种巫术象征价值，例如寓意灵魂不死，提供灵魂升天的通道（天梯）。

大荒之中，有一座山名叫天台高山，海水流入山中。
东南海之外，甘水之间，有个羲和国。有个女子名叫羲和，正在甘渊之中给太阳洗澡。羲和，帝俊的妻子，生了十个太阳。
天台高山"海水入焉"，袁珂注谓当作"海水南入焉"，甚是。羲和"生十日""浴日于甘渊"云云，记述的是古代帝俊部落的一项重要的天文巫术活动，主持者为女巫羲和，她要模拟十个太阳

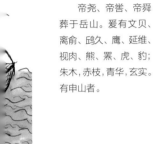

大荒之中，有山名曰天台高山，海水入焉。
东南海之外，甘水之间，有羲和之国。有女子名曰羲和，方日浴于甘渊。羲和者，帝俊之妻，生十日。

申山

岳山

帝舜葬

帝喾葬

帝尧葬

天台高山

羲和

依次从海中东升的场景，每天升起一个太阳，并用甲乙丙丁戊己庚辛壬癸为十个太阳命名；由于西落的太阳要经过黑暗的地下通道才能返回东海，因此她还要为返回的太阳进行清洗，以便使其重新恢复光热。显然，羲和是一位科学家，她制定并颁布历法。

有座盖犹山，山上有甘柤，枝干都是红色的，黄色的叶子，白色的花，黑色的果实。东边又有甘花，枝干都是红色，黄色的叶子。有一种青色的马。有一种红色的马，名叫三骓。有视肉。

根据盖犹山的场景及其物品可知，这里也是一处祭祀先帝的场所，只是经文已经佚失被祭祀对象的名称；其中甘柤、甘华已见于《海外北经》的平丘和《海外东经》的鹾丘，它们与岳山的朱木当有类似的功能，或者还有致人迷幻的作用，以促使祭祀者进入巫术活动所需的心理和生理状态。

有盖犹之山者，其上有甘柤，枝干皆赤，黄叶，白华，黑实。东又有甘华，枝干皆赤，黄叶。有青马。有赤马，名曰三骓。有视肉。

盖犹山

有个小人，名叫菌人。

有座南类山，还有遗玉、青马、三骓、视肉、甘花，百谷生长的地方。

名曰菌人的小人，与前文焦侥国（周饶国）的小人，当亦属古代有关小人国的传闻。不过从其名称来看，似乎特指具有人形的小动物、小植物和菌类，例如人参、人形何首乌、人参果之类。《神异经·西北荒经》："西北荒中有小人，长一分，其君朱衣玄冠，乘辂车马，引为威仪。居人遇其乘车，抓而食之，其味辛，终年不为物所咋，并识万物名字。又杀腹中三虫，三虫死，便可食仙药也。"《抱朴子·仙药篇》："行山中见小人乘车马，长七八寸，捉取服之，即仙也。"《述异记》："大食王国，在西海中。有一方石，石上多树干，赤叶青枝。上总生小儿，长六七寸，见人皆笑，动其手足，头著树枝。使摘一枝，小儿便死。"吴任臣《山海经广注》引《南越志》："银山有女树，天明时皆生婴儿，日出能行，日没死，日出复然。"南类山亦为祭祀先帝的场所，与盖犹山的性质相同，而祭祀者与被祭祀者却已经双双消失在茫茫历史长河之中了。

有小人，名曰菌人。
有南类之山，爰有遗玉、青马、三骓、视肉、甘华，百谷所在。

南类山

菌人

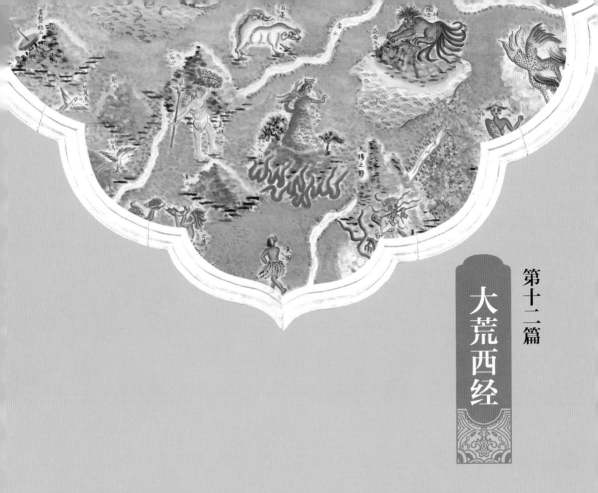

　　《大荒西经图》系《山海经艺术地理复原图》组画之十七，是根据《大荒西经》记述的49处人文活动场景而创作绘制的，其方位大体上自西北至西南。从现存《大荒四经》文字的表述状况可知，其所内涵的古代记忆信息已经出现了许多支离破碎的情况。

　　《大荒四经》在记述特殊的植物和怪异的动物时，着眼点在于这些植物和动物的巫术作用和价值，而很少言其药用功能和预测功能，显然这与《五藏山经》有着明显的不同。这种差异或许可以表明两者所处时代的社会生活，已经有了许多新的变化，表明《大荒四经》的撰写时代与《五藏山经》的撰写时代，存在着一段不算短的社会历史发展过程。例如，《五藏山经》时代的人使用的几乎都是单味药，一种植物或动物只能对一种病有效；而到了《大荒四经》时代，人们可能已经开始使用复杂得多的剂药了，因此也就不需要再记录某种植物的单一药效了。又如，《五藏山经》时代的人使用的是单一要素的前兆预测法（即甲的出现预兆着乙将出现），这种预测方式缺少可操作性、主动性和及时性；而到了《大荒四经》时代，人们已经发明了专用的预测工具和复杂的预测方法（包括用龟甲占卜），而且巫师以及部落首领也产生了垄断预测权的需要，因此也就没有必要再去使用简单的没有神秘感的前兆预测法了。

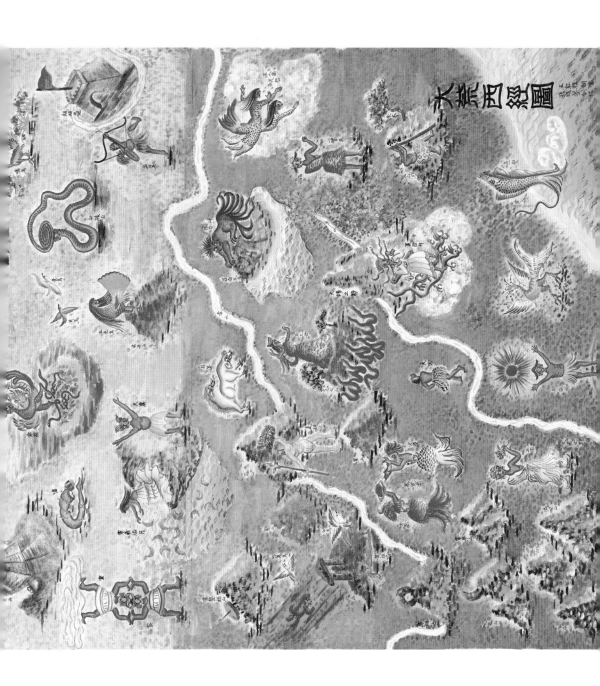

在西北海之外，大荒的边陲，有座山没有合拢有缺口，名叫不周负子山，有两头黄色的野兽把守它。有一条河叫寒暑水，寒暑水的西岸有座湿山，寒暑水的东岸有幕山。有一座禹攻共工国山。

不周负子山当即《五藏山经》西次三经记述的不周山，其方位在今黄河的河套地区。寒暑水的东西有"湿山""幕山"，其中一山当为热山或发源有温泉，另一山则为寒山或有积雪融水。禹攻共工国山，郭璞认为即《海外北经》所记禹杀共工臣相柳之事。"不周负子，有两黄兽守之"，乃守护圣山之巫术宗教活动。值得注意的是"有山而不合"的文字表述，因为这是对有缺口环形山这种特殊地形地貌的具有专业术语性质的准确观察和描述。一般来说，形成环形山地貌的原因主要有三种，其一是由地质构造运动而偶然出现环状地貌，其二是火山口（通常直径比较小），其三是大型或巨型陨石坑。

值得注意的是，美洲印第安人也有对环形山的崇拜习俗，而种种迹象表明美洲印第安人曾受到中华文明的影响。美国学者埃里克·乌姆兰德在《古昔追踪：玛雅文明消失之谜》（江苏科技出版社）一书中称："（位于美国北加利福尼亚州的沙斯塔峰是一座人迹罕至的火山），当地的美洲印第安人对火山口的锥形凹地一直怀有敬畏之情，相信这座山是某一个强大的种族的栖身之处。"

《淮南子·天文训》记有："昔者共工与颛顼争为帝，怒而触不周之山，天柱折，地维绝。天倾西北，故日月星辰移焉；地不满东南，故水潦尘埃归焉。"对上述事变的解释很多，其中一种认为是远古发生的一次相当规模的天外星体撞击地球事件，不周山即这次撞击留下的陨石坑，"日月星辰移焉"表明当时发生了地球自转轴指向的移位，而女娲补天、夸父逐日、后羿射日以及民间流传的众多射日射月故事，均与此事件有关，详情可参阅《神秘的星宿文化与游戏》一书（解放军文艺出版社）。由于不周山是一种非常有特色的地形地貌，因此如果我们今天一旦能够寻找到不周山（或谓其遗迹即黄河前套东北方向的岱海），无疑将对

西北海之外，大荒之隅，有山而不合，名曰不周负子，有两黄兽守之。有水曰寒暑之水。水西有湿山，水东有幕山。有禹攻共工国山。

复原远古中华民族文明史和文化史具有极其重要的意义。

有个国家名叫淑士国，这里的人是颛顼的后裔。

有国名曰淑士，颛
顼之子。

淑，形貌美好、心地善良，通常用于形容年轻女子，此处
则用于称呼颛顼后裔。《山海经》所记国、州等，有可能指城邦。
我国先夏文化遗址中已发现众多城市遗迹，例如位于长江、淮河
之间的巢湖地区的安徽含山凌家滩遗址，即 5500 年前的城市，
城内有发达的手工业。

有十个神人，名叫女娲肠，是女娲的肠子化成的神，他们在
栗广野拦断道路而定居。

有神十人，名曰女
娲之肠，化为神，处栗
广之野，横道而处。

在中华民族的古老记忆里，女娲是我们民族的女始祖，也是
人类文明的老祖母，相传她化生万物，并用黄土造人；又传洪水
灭绝人类后，伏羲、女娲兄妹不得不结婚重新繁衍人类。《说文》
十二云："女娲，古之神圣女，化万物者也。"《楚辞·天问》："女

不周负子山

淑士国

女娲肠

娲有体，孰制匠之？"意思是如果女娲能够创造人类，那么女娲的身体又是谁创造的呢？应当说，屈原提出的问题非常深刻，在春秋战国诸子百家中是对宇宙起源、生命起源进行的深层次思考。

《淮南子·说林训》："黄帝生阴阳，上骈生耳目，桑林生臂手，此女娲所以七十化也。"袁珂认为这是说女娲在化育人类的过程中，有众神分工参与造人工作。其实，所谓女娲造人，实际上是说女娲发现了人类生殖繁衍的秘密，并制定了婚姻法则（伏羲、女娲兄妹婚的传说，其目的正是禁止兄妹近亲婚配）。《路史·后纪二》云："以其（女娲）载媒，是以后世有国，是祀为皋（高）禖之神。"并注引《风俗通》："女娲祷祠神，祈而为女媒，因置昏姻。"媒，古人求子所祭之神。

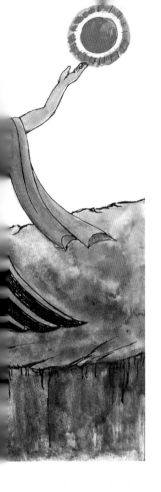

有人名曰石夷，来
风曰韦，处西北隅以司
日月之长短。

女娲肠或作女娲腹，郭璞注："女娲，古神女而帝者，人面蛇身，一日中七十化，其腹化为此神。"其实，"有神十人"云云，当系古代求子巫术仪式，大约是在一条通往求子圣地（被称为栗广之野）的大道路口上，有一种被称为"女娲肠"的神秘装置（可能是女巫装扮成的女娲娘娘，或其他结构物），人们穿过这里，就能够怀孕生子。也就是说，女娲肠实际上象征的是女人的子宫。

古史传说中，女娲又为一代圣帝或一方首领。《淮南子·览冥训》："往古之时，四极废，九州裂，天不兼覆，地不周载，火燗炎而不灭，水浩洋而不息，猛兽食颛民，鸷鸟攫老弱。于是女娲炼五色石以补苍天，断鳌足以立四极，杀黑龙以济冀州，积芦灰以止淫水。"《路史·发挥一》注引《尹子·盘古篇》："女娲补天，射十日。"据此，女娲兼有补天（古人将天想象为壳状，因此天地相通可以理解为天穿）、后羿射日、鲧禹治水之功，而民间则以正月二十日（或二十三日）为天穿节，这一天民众要将煎饼抛上屋顶，意为帮助女娲补天。综观上述场景，颇似一颗小星体撞击地球而引发的连锁灾难事变（火灾、海啸，以及因生存环境破坏而导致的动物与人类生存竞争激烈化）。

有个人名叫石夷（西方叫夷），从北方吹来的风叫韦，处于大地的西北角，掌管太阳和月亮升起落下时间的长短。

袁珂指出经文"有人名曰石夷"句下脱失"西方曰夷"四字，甚是。石夷是一位天文学家，他位于西北方，通过观测日月升起落下的时间长短，来判断季节变化。

《大荒四经》记有四方神与四方风，并称东方曰折，南方曰因(乎)，西方曰夷，北方曰鹓。可以与之对比参照的是《尚书·尧典》的相关记载，即帝尧时代设有天文机构，其总管名曰羲和，其下属有四名天文副官羲仲、羲叔、和仲、和叔，他们分别被派到东南西北四方，负责观测四季之星（鸟、火、虚、昴），以预报节气颁布节令，指导民众的生产与生活，其中亦称东春之民"析"、南夏之民"因"、西秋之民"夷"、北冬之民"隩"。不难看出，《大荒四经》的四方名称与《尧典》的四方名称乃同一体系，折与析字形相近而变，堯当原作燠，意为冬季取暖之貌。根据岁差现象，如果尧典四星为中星观测，其时在四千年前左右；如系偕日没观测，其时则在七八千年前。

同样，美洲文化也有东、南、西、北四个方位的风神（通常又兼任雨神等）。《美洲神话》"粮食山"节称：老巫师纳纳瓦特辛请来代表四个方向的风神和雨神，在闪电神的帮助下劈开粮食山，黑色、蓝色、红色、白色（或黄色）的风把粮食山里的谷物和种子吹向大地，从此人类很快就知道可以利用这些可再生的食物资源。

岁差是一种天文现象，是指地球自转轴环绕垂直黄道面的轴线作缓慢的圆锥运动，周期约为 25800 年（大约每 71.6 年移动 1°），它导致北天极在恒星背景中的周期位移变化，以及地球赤道和黄道的交点（即春分点和秋分点）沿黄道向西移动。用通俗的话来说，不同的历史时期有不同的北极星，在相同的季节里古人所看到的恒星区域与今人所看到的也不同。

> 有一种五采鸟，头上有冠，名叫狂鸟。
> 有一座大泽长山。有一个白氏国。

狂鸟，袁珂认为亦为凤凰之属，类似《海外西经》的灭蒙鸟。大泽，当指北方或西北方的内陆大湖泽，这种湿地乃鸟类栖息的天堂。"大泽之长山"，似可表明此大泽位于一条很长的山脉之侧，其水源则来自高山大脉所转化之雨雪（山脉具有将空气中的水汽转变成降水的功能）。白氏国或作白民国，白民国已见《海外西经》《大荒东经》。

> 在西北海以外，赤水的东岸，有一个长胫国。

此处长胫国即《海外西经》的长股国，以踩高跷著称于世。

> 有个西周国，这里的人姓姬，以谷物为主食。有个人正在耕种，名叫叔均。帝俊生了后稷，稷将各种谷物从天上带到人间。稷的弟弟叫台玺，台玺生了叔均，叔均代替他的父亲及稷在播种各种

有五采之鸟，有冠，名曰狂鸟。
有大泽之长山。有白氏之国。

西北海之外，赤水之东，有长胫之国。

有西周之国，姬姓，食谷。有人方耕，名曰叔均。帝俊生后稷，

稷降以百谷。稷之弟曰台玺，生叔均，叔均是代其父及稷播百谷，始作耕。有赤国妻氏。有双山。

谷物，发明耕种技术。有个赤国妻氏。有座双山。

此处"西周"指一处方国，而非后世所说的夏商周秦之西周、东周朝代，不过此处经文所说西周国即后世西周朝代之前身。《史记·周本纪》正义注谓："因太王所居周原，因号曰周。《地理志》云右扶风美阳县岐山在西北中水乡，周太王所邑。《括地志》云：'故周城一名美阳城，在雍州武功县西北二十五里，即太王城也。'"

我国古史传说中有两个农业神（可能分别属于不同的地区和时代），一为神农氏（又称炎帝神农氏），二为农神后稷。后稷名弃，系帝喾与元妃姜原所生，相传他发明农业，被周民族供奉为农神；后世主管农事的官亦称稷，五谷之神亦称稷。在农作物里，稷可指黍（黍子、糜子）、粟（谷子，去壳后称小米）、高粱。所谓后稷发明农业，当是对上述农作物品种的筛选和改良有着突出的贡献。

徐旭生在20世纪30年代后期撰写《中国古史的传说时代》记有："直到现在，陕西渭水附近地方还供事一种农神，一间小屋里面，塑一个高约四五尺的大脑袋，仅有头，无身躯，俗称它

大泽长山

狂鸟

赤水

长胫国

西北海

西周国

叔均

后稷

为'大头爷'，也叫作'后稷头'，想是一种古代的流传。"陕西武功县东门外有砖砌长方形平台，名后稷教稼台。或许古代教稼台上同时塑有后稷头像，而不塑身躯当寓意农神后稷乃以大地为身躯。

《美洲神话》称，奥尔梅克文明兴盛期大约在公元前1450—前50年，他们修建了大型祭坛土墩和祭祀仪式广场（围场），在这些遗址中还保留有17尊巨大的石头头像，石料多数从远方运来，每个头像都有着独特的表情和头饰，学者认为它们是奥尔梅克统治者的头像。由于后稷头的造型与美洲的巨石头像（直径一二米，重数十吨）非常相近，不知两者是否有文化渊源。

"稷之弟曰台玺，生叔均，叔均是代其父及稷播百谷，始作耕"，疑当作"稷之妻曰台玺，生叔均，叔均是代其父稷播百谷，始作耕"。理由有四：其一，《大荒四经》乃至全部《山海经》里，基本上只记述父子关系和夫妻关系，即使存在多子女的情况，也几乎不

台玺

双山

叔均

弃

赤国妻氏

记述兄弟关系或姐妹关系，因此这里突然称台玺为稷之弟，与理不合。其二，"叔均是代其父及稷播百谷"的记述明显有后人修饰的痕迹，因为经文未言台玺有何播百谷事迹，叔均又何以代之？其三，台玺之名的"台"字，当出自有邰氏，而"邰"（今陕西武功）即后稷所封之地（所谓"封"，包括与当地人联姻），《史记·周本纪》："封弃于邰，号曰后稷，别姓姬氏。"其四，帝喾娶有邰氏之女姜原为妻，帝喾之子后稷亦娶有邰氏之女（台玺）为妻，乃顺理成章之事，因古代两大部落之间经常存在着世代通婚的现象。叔均在农业生产上的贡献是发明或改进了犁耕技术。对比之下，埃及人是在公元前 3300 年开始使用犁耕地的（由两名男子操作）。

《海内经》在记述叔均的故事时提及的"大比赤阴"，郝懿行认为即此处的赤国妻氏，袁珂同意郝懿行的观点并认为她可能就是后稷之母姜原。或者还有另一种可能，即赤国妻氏指台玺，而大比赤阴则指姜原。《史记·周本纪》："周后稷，名弃。其母有邰氏女，曰姜原。姜原为帝喾元妃。姜原出野，见巨人迹，心忻然悦，欲践之。践之而身动，如孕者。居期而生子，以为不祥，弃置之隘巷，马牛过者，皆辟不践。徙置之林中，适会山林多人。迁之，而弃渠中冰上，飞鸟以其翼覆荐之。姜原以为神，遂收长养之。初欲弃之，因名曰弃。"这个故事表明姜原所处的时代，正处于母系社会向父系社会过渡的初期，未婚女子还保留着某种程度的性自由，而男子已经要求妻子只生自己的孩子，因此头胎孩子往往要被迫弃掉，事实上这种弃长子的习俗在许多国家的历史上都曾经出现过。

在西海之外，大荒之中，有一座方山，山上有青色的树，名叫柜格松，是太阳和月亮出入的地方。

"柜格之松"，长期无解。其实，根据"日月所出入"可知，柜格松当与天文观测活动有关，而"方山"很可能是一座四方台形的天文观测站。松木上有柜格，大约是在一笔直竖立的松木上，横向平行插有或绑有若干横木，这些横木彼此相隔一定的尺寸；观测者每天都在距离柜格松的一个固定位置上，观测日月升起的

西海之外，大荒之中，有方山者，上有青树，名曰柜格之松，日月所出入也。

柜格松　先民国　西北海　方山

高度在第几格的横木上，并据此判断一年的季节变化（最高的横木表示夏至，最低的横木表示冬至）。也就是说，柜格松可能是最早的天文仪器之一，亦即后世圭表的前身。事实上，圭字和表字，正是源自柜格松的象形。不过，由于这种观测方法容易灼伤眼睛，以后人们才逐渐改为观测圭表影子的方向和长短，不再需要"柜格"了。《拾遗记》亦记有："帝子（少昊）与皇娥泛于海上，以桂枝为表，结薰草为旌，刻玉为鸠，置于表端，言鸠知四时之候，故《春秋传》曰司至是也，今之相风此之遗象也。"

　　在西北海之外，赤水的西岸，有个先民国，这里的人以谷物为主食，能驯化驱使四种野兽。

　　《淮南子·地形训》记有海外三十六国，其中有天民国而无先民国，郝懿行认为此处先民国当作天民国。其实，《淮南子》

西北海之外，赤水之西，有先民之国，食谷，使四鸟。

海外三十六国出自《海外四经》,用其来校订《大荒四经》诸场景,未必都能成立。

有北狄之国。黄帝之孙曰始均,始均生北狄。

有个北狄国。黄帝的孙子叫始均,始均生了北狄。

狄,古族名,因居北方,亦称北狄;狄与翟(长尾雉类)通,北狄又称北翟。狄,古代指下层官吏,《尚书·顾命》:"狄设黼扆缀衣。"孔传:"狄,下士。"又指往来迅疾貌。狄提,负责翻译西方语言的人,《礼记·王制》记有四方翻译官:"东方曰寄,南方曰象,西方曰狄鞮,北方曰译。"始均,始为开始,均有调和之意,亦通钧、韵。

有芒山。有桂山。有榣山,其上有人,号曰太子长琴。颛顼生老童,老童生祝融,祝融生太子长琴,是处榣山,始作乐风。

有座芒山。有座桂山。有座榣山,山上有个人,自称太子长琴。颛顼生了老童,老童生了祝融,祝融生了太子长琴,太子长琴住在榣山上,开始创作乐曲。

《山海经》记述某人时,多用"名曰",此处则用"号曰",而"号"有自称之意。太子长琴的"太子"二字,似乎并非指有权继承王位的长子,而是与"不周负子"类似,可能另有所指。"榣山",疑当作"谣山",意为唱歌谣的地方。"谣"在古代指不用乐器伴奏的歌唱,类似今日的清唱;《诗·魏风·园有桃》:"我歌且谣。"

《毛传》："曲合乐曰歌，徒歌曰谣。"据此，太子长琴"始作乐风"，表明他是首先使用乐器伴奏的说唱者。事实上，在文字发明前或普及使用前，许多民族的历史（包括科学文化常识）都是由专职的说唱者来记忆（包括补充新的信息）并传的。即使到了今天，我国内蒙古、新疆、西藏等地，人们仍然喜欢这种有乐器伴奏的说唱表演艺术，并从中获得知识和乐趣。因此，我们有理由说，太子长琴是一位通过有伴奏传唱方式进行历史和文化知识传播的教育学家。

有趣的是，太子长琴的歌唱艺术是有着深厚传统的。《五藏山经》西次三经记有"神耆童居之，其音常如钟磬"。耆童即老童，亦即太子长琴的祖辈，属于黄帝部落。《大戴礼·帝系篇》："颛顼娶于滕氏，滕氏奔之子谓之女禄氏，产老童。"老童之名有青春永驻之意，后世亦以老为姓，高亨先生在《老子正诂》一书中认为，老聃、老莱子、老彭（彭祖）可能均是以老为姓。

祝融，郭璞注："即重、黎也，高辛氏火正，号曰祝融也。"火正，负责观测大火星（今名心宿二）之职；大火星为夏季夜空最显著恒星之一，非指五大行星之火星。在古史传说里，祝融是著名部落之一，但其族属和居地却飘忽不定。此处称其为黄帝族裔生太子长琴，而《海内经》则称其为炎帝族裔生共工，《海外南经》又称其为南方之神。或许，祝融的父系为黄帝族裔，母系为炎帝族裔。

老童

五采鸟有三种，一种叫皇鸟，一种叫鸾鸟，一种叫凤鸟。

袁珂注："经内五采鸟凡数见，均凤凰、鸾鸟之属也。"《大荒东经》有两处记述五采鸟，一处仅有名而无内容，另一处即著名的"帝俊下友"故事。此处《大荒西经》记述五采鸟亦只有名称而无故事，疑原当归入《大荒东经》帝俊下两坛与五采鸟歌舞一节内。"五采鸟三名"则表明其为三只鸟所组成，它们与帝俊的关系，颇似三青鸟与西王母的关系（三青鸟实为西王母的后勤服务员）。

有五采鸟三名，一曰皇鸟，一曰鸾鸟，一曰凤鸟。

五采鸟

丰沮玉门山

有虫状如菟

有虫状如菟，胸以后者裸不见，青如猨状。
大荒之中，有山名曰丰沮玉门，日月所入。

有一种野兽外形像兔子，胸部以后的部位裸露而又分不出来，它的皮毛的颜色青得像猿猴，把裸露的部分也遮住了。

大荒之中，有座山名叫丰沮玉门山，是太阳和月亮降落的地方。

菟，郝懿行认为它即《说文》所云："𠃉，兽也，似兔，青色而大（象形，头与兔同，足与鹿同）。"并注谓："菟、兔通。此兽也，谓之虫者，自人及鸟兽之属，通谓之虫，见《大戴礼·易本命篇》。"《大戴礼·易本命篇》记有："故曰：有羽之虫三百六十，而凤皇为之长；有毛之虫三百六十，而麒麟为之长；有甲之虫三百六十，而神龟为之长；有鳞之虫三百六十，而蛟龙为之长；倮之虫三百六十，而圣人为之长。此乾坤之美类，禽兽万物之数也。"此为我国古代的动物分类学，这种分类的着眼点在于动物的外皮结构。

丰沮玉门山乃《大荒西经》所述六座日月所入之山的第一座

山。"玉门"当指一种用于观测日月运行的门状石头结构，属于巨石天文观测仪器，在世界许多地方都曾经出现并流行过，著名的有英国的巨石阵，以及秘鲁众多的巨型石门（其中最大最著名的是蒂亚瓦纳科遗址的太阳门，高约3米、宽约3.9米，系一块整石雕凿而成，表面浮雕造型的内容极为丰富，研究者相信它记录着那个时代的天文历法，因为每年秋分那一天阳光正好从门中射入）。此处观测日月所入的石门被称为"丰沮"，丰有高意，沮有低意，或许亦指石门上有浮雕图案，与秘鲁的太阳门相似。

《大荒东经》记有六座日月所出之山，它们依次是（自东南向东北）大言山、合虚山、明星山、鞠陵于天山、猗天苏门山、壑明俊疾山。与之对应的是，《大荒西经》记述有六座日月所入之山，它们依次是（自西北向西南）丰沮玉门山、龙山、日月山、鏖鏊钜山、常阳山、大荒山。此外，《大荒西经》还记述有一座日月所出入之山，即方山，它们共同构成了蔚为壮观的天文观测台阵。

郑文光先生在《中国天文学源流》一书中认为，《山海经》六座日出之山、六座日落之山，彼此两两成对，说明古人曾以一年内太阳出入于不同的方位来判断季节，并称："大小凉山的彝族，每年一定时候，总有一位经验丰富的老人，到寨子附近一定地方，或则一处山口，或则一块大石头，以一定的姿势，或则直立，或则一脚踏在石头上，观测太阳落山的位置，而定播种季节。据说能精确到误差不超过五天。"

据《美洲神话》记述，美洲印加人（南美洲古代印第安人）在许多地方都有一种被称作"拴日柱"的天文观测石柱，它们可以是自然形成的，也可以是人工竖立的，观察者站在特定

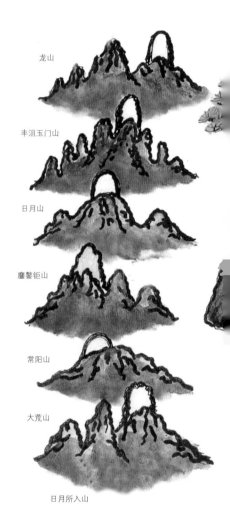

龙山

丰沮玉门山

日月山

鏖鏊钜山

常阳山

大荒山

日月所入山

十二座日月出入山

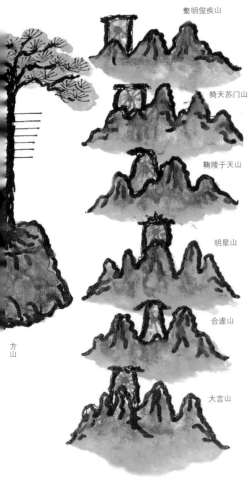

墅明俊疾山

猗天苏门山

鞠陵于天山

明星山

合虚山

大言山

方山

日月所出山

的位置观测天空星辰（包括银河）的运行，就可以确定播种等活动的季节。在夏至、冬至时，还要象征性地用绳子把太阳拴在石柱上，以避免太阳远离地球而不再回来。

众所周知，木星是夜空中最亮的行星之一，它引起了我们祖先的兴趣（美洲玛雅人对金星的浓厚兴趣，可与此相比），并由此发明了木星纪年法。木星又称岁星，木星每十二年绕太阳一周（现代观测值为11.8年），每年木星所在天空（太阳系）的位置都有一个专用的名称，称为岁名。《淮南子·天文训》记有一套发音奇怪的十二岁名，它们是摄提格、单阏、执徐、大荒落、敦牂（意为母羊）、协洽、涒滩、作噩、阉茂、大渊献、困敦、赤奋若。不难看出，这套十二岁名与十二座日月出入山的名称有相似和相近之处，一是它们的发音都相当古怪，不能排除源自音译的可能；二是两者之间有相近的发音，例如大荒山与大荒落，大言山与大渊献，合虚山与执徐，常阳山与敦牂（音脏）等。或许，《淮南子》所述十二岁名即出自《大荒四经》所述的十二座日月出入山。若此说成立，则表明十二座日月出入山，不仅仅是观测日月的运行，也包括对木星等星辰运行的观测，反映出我国古代曾经有过非常复杂的天文观测活动（子丑寅卯辰巳午未申酉戌亥十二地支以及十二生肖均源于木星纪年）。

有座灵山，巫咸、巫即、巫肦、巫彭、巫姑、巫真、巫礼、巫抵、巫谢、巫罗十个巫师，从灵山升到天上或降到世间，各种药物都生长在这里。

有灵山，巫咸、巫即、巫肦、巫彭、巫姑、巫真、巫礼、巫抵、巫谢、巫罗十巫，从此升降，百药爰在。

关于灵山十巫的工作性质，郭璞认为是采药行医，袁珂不同意郭璞的观点："经言'十巫从此升降'，即从此上下于天，宣神旨、达民情之意。灵山盖山中天梯也。诸巫所操之主业，实巫而非医也。郭云'群巫上下此山采之（药）'者，特其余业耳，非可以因有'百药爰在'语遂以医职替巫职也。"

巫者，今天被认为是通过装神弄鬼手段来替人祈祷的人。其实，巫是人类社会文明发展到一定阶段的产物，导致他们出现的原因是多方面的，而他们对社会的作用也是多方面的。大体而言，巫是最早的"白领"之一，也是最早的以脑力劳动为职业的人，他们的行为既有科学的一面（包括采药行医、观测星辰等），也有非科学的一面（例如舞龙求雨、念咒除灾）；既有服务社会民众的一面（传授生活常识、传诵历史、传播文化），也有控制欺压民众的一面（巫与首领相勾结以权谋私，或者巫本身就是社会权力结构的一部分）；既有为民众解疑释惑的一面（人类文明发展到一定阶段，人们的困惑会越来越多，无法解惑甚至成为困扰人们生活的大问题；由于巫属于那个时代思想活跃和知识渊博的人，因此大量问题的答案都是由巫首先提供的），也有愚昧麻醉民众的一面（由于历史的局限性，以及思维的种种误区，巫对许多问题的解释都是错误的；与此同时，巫为了牟取私利，也会采取欺骗民众的手段）。

值得注意的是，在《山海经》十八篇中，《五藏山经》里还没有巫的称呼，《海外四经》里仅提到一个巫咸，而到了《大荒四经》《海内五经》里则出现了群巫。由于经文过于简略，也给我们留下了许多问题：如此众多的巫在一起工作，他们是男是女？年老年少？如何分工？有何组织结构？谁是巫师协会的头？他们的收入各是多少？

从灵山十巫的排序来看，似乎巫咸是首席巫师。从他们的名称来看，巫即做事雷厉风行，巫肦可能负责管理巫术活动中的器

灵山十巫

灵山十巫

具或者负责分配财物，巫彭可能是一位身壮力大者或有长寿仙术者，巫姑当是女性，巫真有变成仙人登天之术，巫礼负责巫术仪式设计，巫抵负责仪式安全，巫谢负责公共关系，巫罗负责召集民众。当然，仅凭十巫每个人姓名里的一个字，我们可能不会对十巫解读得多准确。

西有王母之山、壑山、海山。有沃之国，沃民是处。沃之野，凤鸟之卵是食，甘露是饮。凡其所欲，其味尽存。爰有甘华、甘柤、白柳、视肉、三骓、璇瑰、瑶碧、白木、琅玕、白丹、青丹，多银、铁。鸾凤自歌，凤鸟自舞，爰有百兽，相群是处，是谓沃之野。

西面有王母山、壑山、海山。有个沃国，沃民便居住在这里。生活在沃野的人，凤鸟卵是他们的食物，甘露是他们的饮料。凡是他们所喜欢的，那些美味应有尽有。还有甘花、甘柤、白柳、视肉、三骓、璇瑰、瑶碧、白木、琅玕、白丹、青丹，这里还出产很多银、铁。鸾鸟自由自在地歌唱，凤鸟自由自在地舞蹈，还有各种野兽，群居共生共处，所以叫沃野。

"西有王母之山"，郝懿行认为当作有西王母山，但是此处并

海山

鏨山

王母山

沃国

未言西王母的事迹。鏊山、海山，郭璞认为"皆群大灵之山"。沃国，或作沃民国。沃野，袁珂认为即《海外西经》诸夭野，甚是。不过两者对比之下，此处经文多"爰有……"句二十七字，而在《山海经》中"爰有"云云者经常与帝王陵墓同时出现，疑非沃野应有之场景。白柳，在其他同类场合多作杨柳，而璇瑰、白木、白丹、银、铁等物在其他场合亦不多见。璇瑰或即璇玑，它是古人偏爱的一种具有神秘色彩的玉器。琅玕，玉石状如球者，已见于西次三经槐江山。中国是玉文化的发源地。最早的玉器是玉玦，具有通灵共鸣之神效。玉璧源于象征日环食，后来演变为敬天的礼器。璇玑是有齿的玉璧，源于象征日珥和日冕，后人误解为齿轮或观星器具。

　　白木，郭璞注："树色正白。今南方有文木，亦黑木也。"黑木又称乌木，色如水牛角，材质密致，可沉于水中。此处白木、黑木当有某种实用价值以及巫术象征意义或民族文化心理内涵。例如杨柳有告别之意，而柳枝的婆娑和柳叶的形状又可以被人们赋予女性和生殖的内涵。

　　《山海经》记有许多以"野"为名的地方，野，意为郊外，是相对城市或中心居住区的称呼。例如《海外南经》的寿华野，《海外西经》的大乐野（大遗野）、诸夭（或作清沃、渚沃）野、九野、夭野，《海外北经》的欧丝野，《大荒西经》的大荒、天穆野、沃野，《大荒南经》的苍梧野（《海外南经》称苍梧山、《海内经》称苍梧丘），《大荒北经》的冀州野，以及《海内经》的都广（或作广都）野。其中，《海外西经》的大乐野与《大荒西经》的天穆野，以及《海外西经》的诸夭野（夭野）与《大荒西经》的沃野，彼此的方位和场景相同。《尚书·禹贡》称雍州有猪野，又名都野，位于今甘肃民勤县西南，疑即此处沃野（诸夭野）；沃意为浇灌，沃野可指用肥沃的水浇地。值得注意的是，撰写《五藏山经》的时代尚没有使用"野"的概念（也没有使用"国"的概念），而撰写《海内四经》的人似乎不再在地名中使用"野"的说法。

有三只青色的鸟，长着红红的脑袋、黑黑的眼睛，一只名叫大鹜，一只名叫少鹜，一只名叫青鸟。

有座轩辕台，射猎的人不敢向西射，因为畏惧轩辕台的威严。

三青鸟为古史传说中吉祥鸟之一，《西山经》记述三青鸟居住在三危山，未言其形貌；《大荒东经》记述的三青鸟属于陪葬物；《海内西经》记有三青鸟为西王母取食。唯有此处经文描述出三青鸟的形貌，它们是由三只鸟组成，均为赤首黑目。鹜同鹂，鹜黄，即黄鹂，又名黄莺、仓庚；鹜鹕，即鹈鹕。《西山经》记述轩辕丘"无草木"，《海外西经》称"不敢西射，畏轩辕之丘"。此处经文则称轩辕台，台多为人工营造，丘多指自然地貌，亦指废墟、冢墓。

大荒之中，有一座龙山，是太阳和月亮降落的地方。有三泽水流汇集在一起，名叫三淖，是昆吾饮食的地方。

龙山是观测日月西落的第二座山。"三淖，昆吾之所食也"，郝懿行认为"食"指食其国邑，一般来说这种解释可以接受。不过，

有三青鸟，赤首黑目，一名曰大鹜（lí），一名曰少鹜，一名曰青鸟。

有轩辕之台，射者不敢西向射，畏轩辕之台。

大荒之中，有龙山，日月所入。有三泽水，名曰三淖，昆吾之所食也。

三青鸟

轩辕台

龙山

昆吾

在《山海经》里，食其邑的说法并不多见，甚至可以说仅此一处。其实，靠山吃山、靠水吃水，在《大荒四经》时代是很自然的事情，没有必要再说"食于三淖"之类的话。因此，"食"字可能是"浴"字之讹，三淖是昆吾"所浴"的地方，与《大荒南经》白水、白渊是昆吾之师"所浴"的地方，属于同样的性质。

《吕氏春秋·君守》："昆吾作陶。"高诱注："昆吾，颛顼之后，吴回之孙，陆终之子，己姓也，为夏伯制作陶冶埏埴为器。"古史中，昆吾山为产铜名山，昆吾剑为青铜名剑。《拾遗记》卷十记有："昆吾山，其下多赤金，色如火。昔黄帝伐蚩尤，陈兵于此。地掘深百尺，犹未及泉，惟见火光如星。地中多丹，炼石为铜，铜色青而利。"《列子·汤问》称："周穆王大征西戎，西戎献锟铻之剑，火浣之布。其剑长尺有咫，练钢赤刃，用之切玉如切泥焉。"

有人衣青，以袂蔽面，名曰女丑之尸。

有一个人穿青色的衣服，以衣袂遮蔽脸面，名叫女丑尸。

《海外西经》所记女丑尸，其场景为女丑在山上，痛苦而又无奈地用右手遮挡着自己的脸，十个太阳在万里无云的晴空中发出毒热的光，女丑活活地被炙杀死。对比之下，此处描述的场景已经被大大简化，女丑穿着青色的衣服，用袖子遮住面孔，十日却不见了。一种可能是，《海外西经》撰写者看到的画面是鲜艳丰富的，而《大荒西经》撰写者所看到的画面已经残缺不全而且褪色了。

女丑尸

另一种可能是，不同时代都有名叫女丑的人，她们的职责就是装扮成旱魃并承受阳光之暴晒，以祈求干旱的结束。上述习俗在春秋战国时期仍时有发生，《左传·僖公二十一年》："夏大旱，公（鲁僖公）欲焚巫尪。"杜预注："瘠病之人，其面上向，俗谓天哀其病，恐雨入其鼻，故为之旱。"时在公元前639年，当时鲁国的统治者残忍地把天旱的原因归罪于因脊椎有病而面孔朝天的人（女丑之名或即得于此）。

有个女子国。

《海外西经》记女子国"两女子居，水周之"，此处《大荒西经》仅记有女子国之名，而到了《海内西经》则已不见女子国的记述，或许这表明曾经流行过的"纯女无男"生存模式终于退出了历史舞台。

《山海经》中女、母、姑等女性字样的人名和地名很多，例如女床山、女烝山、女几山、液女水、帝女桑、女娲、帝女、女尸、女丑、女丑尸、女子国、女魃、女和月母国、女虔、女戚、女祭、女薎、女娲之肠、赤水女子献、阿女、阿女缘妇（吴权妻）、思女、帝（尧）二女、舜二女（宵明、烛光）、州山女、鱼妇、雨师妾、黄姬尸、西王母、赤国妻氏、大比赤阴、王母山、皮母地丘、姑摇山、绪姑水、姑儿山、姑儿水、姑灌山、姑射山（射姑山）、列姑射、姑逢山，帝俊妻羲和、常羲、娥皇、舜妻登比氏、鲧妻士敬以及欧丝野的女子、青要山女神武罗等等。

有座桃山。有座虻山。有座桂山。有座于土山。

有个丈夫国。

郝懿行认为此处虻山、桂山即前文太子长琴的芒山、桂山。虻即虻，幼虫生活在沼泽中，肉食性；成虫长1～3厘米，似蝇，雌虫吸食牛血，亦吸人血。此处经文先记女子国、后记丈夫国，而《海外西经》却是先记丈夫国、后记女子国；这是因为《大荒西经》是从西北向西南记述诸场景，而《海外西经》则是从西南向西北记述诸场景，实际上说的都是女子国位于丈夫国之北。此处经文女子国与丈夫国之间有四座山，《海外西经》丈夫国与女子国之间的场景依次为女丑尸、巫咸、并封。

有座弇州山，五采鸟仰天鸣叫，名叫鸣鸟。还有百乐歌儛之风。

有女子之国。

有桃山。有虻山。有桂山。有于土山。有丈夫之国。

有弇州之山，五采之鸟仰天，名曰鸣鸟。爰有百乐歌儛之风。

"弇"字本义指遮蔽，引申为深、狭路、相袭、相合，又指口小而腹大的器具；"州"字的象形为臀；据此，"弇州"之名可能与当地人的服装样式有关。郝懿行注："鸣鸟盖凤属也。《周书·君奭》云：'我则鸣鸟不闻。'《国语》（《周语》）云：'周之兴也，鸑鷟鸣于岐山。'"鸑鷟，凤的别称。不过，此处仰天之鸣鸟，当与百乐歌儛活动有关，不能排除由人装扮的可能，其形貌类似盛装的独唱演员。百乐，当包括魔术、杂技、马戏等各种艺术表演形式。

现存版本《山海经》的文字数量，据郝懿行统计，《五藏山经》

21265 字,《海外四经》与《海内四经》共 4228 字,《大荒四经》与《海内经》共 5332 字,合计 30825 字。估计《山海经》所使用的字的种类数,当在数千种以上,这表明撰写《山海经》的时代,文字已经相当成熟,文意表达已经相当准确。

有轩辕国,这里的人把居住在江河大山的南边当作吉利的事,不够长寿的人也能活到八百岁。

有轩辕之国,江山之南栖为吉,不寿者乃八百岁。

江山,郭璞认为即《海外西经》轩辕国所在之穷山,亦即今岷山。郝懿行注:"《大荒西经》说轩辕之国江山之南,此云岷山,以大江出岷山故也。"值得注意的是,《海外西经》所记轩辕国为:"在此穷山之际,其不寿者八百岁。在女子国北。人面蛇身,尾交首上。"到了《大荒西经》里"人面蛇身,尾交首上"变成"江山之南栖为吉",具体的人物动作被一句巫者的祝福词取代,似乎暗示着轩辕部落已经向南方迁徙。"江山之南栖为吉",属于自然环境生存学或风水学;由于我国水汽多从南方来,迎南风山前地区多雨,植被好,物产丰饶,被视为生存之吉地。邹豹君先生在《小地貌学原理》一书(商务印书馆,1985 年)中指出,大山脉背风坡出现恶地,大山脉迎风坡无恶地。

在西海的岛屿上,有一个神,人面鸟身,耳朵戴着两条青蛇,脚踩两条红色的蛇,名叫弇兹。

西海陼中,有神,人面鸟身,珥两青蛇,践两赤蛇,名曰弇兹。

郝懿行注:"此神形状,全似北方神禺强,唯彼作践两青蛇为异,见《海外北经》。"袁珂注:"此神与北方神禺强、东方神禺䝞(《大荒东经》)似同属海神而兼风神。"上述注解良有理也,可知此处经文当原有"是为海神"四字,弇兹即西海之海神。其实,弇兹神的形状与《大荒南经》所记"南海渚中,有神,人面,珥两青蛇,践两赤蛇,曰不廷胡余"亦全相似(经文"人面"之后原亦应有"鸟身"二字),加上南海海神不廷胡余,至此则四海海神全矣。

《穆天子传》卷三称西王母所居之山为弇山。《西山经》西次四经记有崦嵫山,崦嵫发音与弇兹相同,相传是太阳西落之地,《楚

江山

轩辕国

夆兹

西海

辞·离骚》:"吾令羲和弭节兮,望崦嵫而勿迫。路漫漫其修远兮,
吾将上下而求索。"王逸注:"崦嵫,日所入山也;下有蒙水,水
中有虞渊。"

大荒之中,有山名曰日月山,天枢也。吴
姬天门,日月所入。有
神,人面无臂,两足反
属于头上,名曰嘘。颛
顼生老童,老童生重及
黎,帝令重献上天,令
黎邛下地,下地是生噎,
处于西极,以行日月星
辰之行次。

　　大荒之中,有一座山名叫日月山,是天的枢纽。这座山的主
峰叫吴姬天门山,是日月降落的地方。有一个神,长着人的面孔
而没有手臂,两只脚反转着连在头上,名叫嘘。颛顼生了老童,
老童生了重及黎,帝命令重托着天空用力往上举,又命令黎撑着
地使劲往下按,于是天地分开。黎来到地下生了噎,噎处于大地
的最两端,管理着日月星辰的运行次序。

　　日月山是《大荒西经》记述的第三座观测日月西落的场地,
它与其他日月出入山有所不同,因为这里是天枢所在。枢,原指
门户的转轴,天枢即地球自转轴及其所指向的太空北极点;由于
地球自转,宇宙所有的星辰看起来都在围绕着看不见的天枢和看

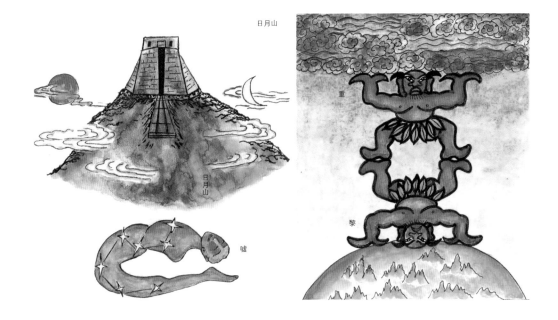

日月山

日月山

嘘

重

黎

得见的北极星在旋转，其中最明显的是北斗星的旋转。北斗七星
（古为九星）的第一颗星（位于勺端）名天枢，第二颗星名天璇，
天枢与天璇的延伸线正好指向北极星。

　　嘘即噎，《海内经》又作噎鸣，其职务用今天的话来说即日
月山天文台的台长；"两足反属于头上"，当是一种天文巫术动作，
意在模拟日月群星的旋转。事实上，嘘与重、黎与老童与颛顼乃
天文世家，他们的出生和名称多有旋转之意。重有回旋之意，黎
通耆，耆即老，老有曲意，《左传·僖公二十八年》："师直为壮，
曲为老。"老童又名卷章，《史记·楚世家》："卷章生重黎。"颛
顼的出生得北斗星之助，《拾遗记》卷一："其夜昌意（颛顼父）
仰视天，北辰下，化为老叟。"轩辕本身就有旋转之意，而黄帝
乃北斗星之精所生，《史记正义》："母曰附宝，之祁野，见大电
绕北斗枢星，感而怀孕，二十四月而生黄帝于寿丘。"古人根据
斗柄指向判断四季，《鹖冠子》："斗柄指东，天下皆春；斗柄指南，
天下皆夏；斗柄指西，天下皆秋；斗柄指北，天下皆冬。"《史记·天
官书》："斗为帝车。"山东嘉祥汉武梁祠石刻有黄帝端坐在北

斗七星车上的画像。此外，北斗星属大熊星座，而黄帝又名有熊氏。

"重献上天""黎邛下地"，在古史中又称颛顼绝地天通。《国语·楚语下》记有："昭王问于观射父曰：'《周书》所谓重、黎实使天地不通者，何也？若无然，民将能登天乎？'对曰：'非此之谓也。古者民神不杂。及少昊之衰也，九黎乱德，民神杂糅，不可方物。颛顼受之，乃命南正重司天以属神，命火正黎司地以属民，使复旧常，无相侵渎，是谓绝地天通。'"

关于绝地天通的内涵，通常都解释为重新划分社会等级。但是，此处《大荒西经》记述的完全是天文学意义上的行为，与社会地位无关。我国少数民族至今流传的近百个民间故事里，都有记述远古天地大冲撞导致天地不分、日月长期消失，于是有英雄射日射月并重新找回藏起来的日月，天地才得以恢复正常，此即重黎将天地重新分开之本义。

有个人反长着双臂，名叫天虞。

有人反臂，名曰天虞。

郭璞注："即尸虞也。"郝懿行注："尸虞未见所出，据郭注当有成文，疑在经内，今逸。"虞字的象形是戴虎头帽大声喊叫的猎人，目的是将猎物驱赶到陷阱或罗网中。古代掌管山林事务的官称为虞，亦称为虞人、吴。虞在古代又指葬礼与祭仪同时进行，《释名·释丧制》："既葬，还祭于殡宫曰虞，谓虞（娱）乐安神，使还此也。"虞与娱通，此外还有臆度、候望、贻误、欺骗之意。

天虞

舜又称虞舜，曾负责管理山林资源，工作内容大约包括预防山林失火、禁止在鸟兽繁殖期捕猎、调解猎人之间的利益冲突等事宜。舜所在的部落又称有虞氏，居住在蒲阪（今山西省永济市的蒲州镇），其部落名当与捕猎、管理山林、娱神巫术活动有关。我国鄂伦春猎人在捕获熊等大型猎物后，有一种古老的习俗，即要为死熊祈祷，以解脱自己冒犯熊的罪过；或许"反臂"的天虞、尸虞亦上述习俗的实施者。

有个女子正在给月亮洗澡。帝俊的妻子常羲，生了十二个月亮，这才开始给它们洗澡。

袁珂注："《世本·帝系篇》（张澍稡辑补注本）云：'帝喾下妃诹訾氏之女，曰常仪，是生帝挚。'羲、仪声近，常羲即常仪也，帝俊亦即帝喾也。《吕氏春秋·勿躬篇》云：'尚仪作占月。'毕沅注云：'尚仪即常仪，古读仪为何，后世遂有嫦娥之鄙言。''鄙言'与否姑无论矣，然其说诚不可磨也。是'生月十二'之月神常羲神话，乃又逐渐演变而为奔月之嫦娥神话；常羲本为天帝帝俊之妻，又一变而为其属神羿之妻，神话传说之演变无定，多如是也。"

所谓"生月十有二"，是说常羲发明了一年十二个月的历法。所谓"方浴月"，是一种天文历法演示巫术，与羲和浴日类似，即在象征月亮升起的海面上，模拟十二个月亮依次升起的场景。至于嫦娥奔月，实际上是一种巫术禳灾行为，与补天、射日（月）、逐日、绝地天通类似，其原貌尚保留在瑶族雅拉和尼娥射月的故事中。

有座玄丹山。有种五色鸟，长着人的面孔且有头发。这里还有青鸢、黄鳌，这种青色的鸟、黄色的鸟，它们聚集的地方会出现凶兆，那里的国家就会灭亡。

袁珂认为此处经文青鸟、黄鸟是解释青鸢、黄鹜的，它们也就是"人面有发"的五色鸟，亦即《海外西经》所记述的："鸳鸟、䳜鸟，其色青黄，所经国亡。在女祭北。鸳鸟人面，居山上。一曰维鸟，青鸟、黄鸟所集。"在《山海经》里，五采鸟多为吉祥鸟，而此处五色鸟为凶兆鸟。这符合古代巫术思维的特点，

有女子方浴月。帝俊妻常羲，生月十有二，此始浴之。

有玄丹之山。有五色之鸟，人面有发。爰有青鸢、黄鹜，青鸟、黄鸟，其所集者其国亡。

即吉神与凶神总是成对存在的。郭璞认为这些凶鸟为应祸之鸟，即通常所说的枭、鸺鹠之类。其实，这里"人面有发"的五色鸟实际上是由巫师装扮成的，"其所集者其国亡"，当是一种战争前的巫咒活动。

有个水池名叫孟翼攻颛顼池。

有池名孟翼之攻颛顼之池。

郭璞注："孟翼，人姓名。"袁珂注："孟翼之攻颛顼之池者，盖犹此经上文禹攻共工国山，皆因事以名地也。孟翼或亦共工之类，其攻颛顼者，亦黄炎斗争之余绪也。"以事件命名地名，在《山海经》中首见于《五藏山经》西次三经之首的崇吾山"西望帝之搏兽之丘"。从帝之搏兽之丘和禹攻共工国山来看，似乎只有正面人物实施的事件才可用于地名。

孟字有首、勤勉、大之意，孟月即四季的第一个月；翼为鸟翼，亦指二十八宿之翼宿；据此，孟翼之名意为大鸟，其发音则与孟

颛顼

颛顼

鏖鏊钜

屏蓬

孟翼

戏相近。在古史中，孟戏的形貌为"鸟身人言"，《史记·秦本纪》
称帝颛顼之苗裔女修，吞食玄鸟陨卵而生大业，大业娶少典之子
女华而生大费；大费是为伯益，佐舜调驯百兽、佐禹治水，舜赐
姓嬴氏；大费生子二人，一曰大廉，大廉玄孙曰孟戏，鸟身人言。

池，通常指池塘，亦指护城河（城池）；攻，通常指战争、攻击，
亦指制造、加工。因此，所谓"孟翼之攻颛顼之池"，既可解释为
孟翼攻打颛顼部落的城池，也可解释为孟翼为颛顼部落开挖池塘。
两相比较，前者的可能性更大一些。

大荒之中，有座山名叫鏖鏊钜，是太阳和月亮升起降落的
地方。

有一种野兽，左右都有头，名叫屏蓬。

鏖鏊钜是《大荒西经》记述的观测日月西落的第四座山，它
的名称三个字里都有"金"。鏖，温器，引申为煮软、煮烂食物，

大荒之中，有山，
名曰鏖鏊钜（áo áo
jù），日月所入者。

有兽，左右有首，
名曰屏蓬。

通熬，亦指喧扰、战斗激烈；鏊，烙饼专用铁器，三足，上面平圆，中心稍凸，俗称鏊子；钜，刚性铁，钩子，通巨。山取这样名称，或者因为该山头形状平圆微凸，或者是对金属器具相当着迷。此处屏蓬，郭璞认为："即并封也，语有轻重耳。"并封已见《海外西经》，其形貌为前后有首，当是观看角度不同而产生的差异。

有巫山者。有壑山者。有金门之山，有人名曰黄姬之尸。

有比翼之鸟。有白鸟，青翼、黄尾、玄喙。

有赤犬，名曰天犬，其所下者有兵。

有座巫山。有座壑山。有座金门山，有人名叫黄姬尸。

有比翼鸟。有一种白鸟，长着青色的翅膀、黄色的尾羽、黑色的鸟喙。

有一条红色的狗，名叫天犬，它到了哪里，哪里就会发生战争。

巫山、壑山，前文已见。金门山上可能有"金门"状的结构物，类似日月山的吴姬天门，该金门装置当与黄姬尸及其活动有关，姬或作姬。比翼鸟，前文已多次出现。白鸟却有青色翅膀、黄色尾羽、黑色鸟喙，与名不符。

此处赤犬，郝懿行认为是指动物犬，郭璞认为是指天狗星：

《周书》云："天狗所止地尽倾，余光烛天为流星，长数十丈，其疾如风，其声如雷，其光如电。"吴楚七国反时，吠过梁国者也。"据此，天狗星实为一颗非常明亮的陨星或彗星。汉景帝年间（公元前154年），吴楚等七个分封王国以"清君侧"杀晁错为名举兵叛乱；是年景帝杀晁错，七王亦兵败或被杀或自杀。古代朝、晁通用，《史记·晁错传·索隐》称："晁氏出南阳，今西鄂晁氏之后也。"即晁错为南阳西鄂人（或谓颍川禹县人，秦代置颍川郡，包括今河南省的中部和南部），当地晁姓多为王子朝之后（公元前516年王子朝携周室典籍奔楚，定居南阳西鄂，其后以晁为姓）。

在西海的南面，流沙的岸边，赤水的后面，黑水的前面，有座大山名叫昆仑丘。有一个神人，长着人的面孔、老虎的身子，有花纹，有尾巴，都是白色的，住在这座山上。山的下面有弱水

西海之南，流沙之滨，赤水之后，黑水之前，有大山，名曰昆仑

之丘。有神，人面虎身，有文有尾，皆白，处之。其下有弱水之渊环之，其外有炎火之山，投物辄然。有人，戴胜，虎齿，有豹尾，穴处，名曰西王母。此山万物尽有。

之渊环绕它，它的外面有炎火山，投物进去就会燃烧。有个人戴着首饰，长着老虎的牙齿，有一条豹子的尾巴，居住于洞穴中，名叫西王母。此山万物应有尽有。

在《五藏山经》里，昆仑丘是黄帝的"下都"，西王母则居住在西方的玉山。此处人面虎身之神，疑为塑像或岩画图像，袁珂认为他就是西次三经昆仑丘"人面虎爪、虎身九尾"的神陆吾。所谓弱水，郭璞注："其水不胜鸿毛。"意思是弱水的比重非常低，连鸿毛都会沉入水中，但是在自然界里并不存在这种水。根据弱水环绕昆仑丘来看，它应当是一条护城河，或许其中填充的不是水，而是石油或粗炼的柴油。所谓炎火山，或者是处于活跃状态的火山，或者是煤炭自燃；我国西北地区没有活火山，而是有多处煤炭长期自燃现象。此处西王母的形貌与西次三经大体相同，表明西王母之族仍然保持着古老的面貌和装束，没有新的发展变化。

寒荒国

大荒之中，有山名曰常阳之山，日月所入。

有寒荒之国，有二人女祭、女薎（miè）。

大荒之中，有座山名叫常阳山，是太阳和月亮降落的地方。

有个寒荒国，这里有两个人，分别叫女祭、女薎。

常阳山是第五座观测日月西落的场地，或谓常阳山即《海外西经》刑天所葬之常羊山。此处女祭、女薎或谓即《海外西经》之女祭、女戚，但是寒荒国的场景却与女祭、女戚居住的环境大相径庭。薎同蠛，《尔雅·释虫》："蠓，蠛蠓。"郭璞注："小虫似蚋，喜乱飞。"蚋，似蝇，体稍小，幼虫生活在山溪急流中，杂食；成年雌虫，刺吸牛、羊血液，可传播疾病；亦吸人血，被叮咬后奇痒。或许女薎的工作与对付毒虫有关。

有寿麻之国。南岳娶州山女，名曰女虔。女虔生季格，季格生寿麻。寿麻正立无景，疾呼无响。爰有大暑，不可以往。

女薎

有个寿麻国。南岳娶了州山的女子为妻，名叫女虔。女虔生了季格，季格生了寿麻。寿麻端端正正地站在太阳底下没有影子，大声疾呼没有回响。那里还有酷暑，不可以前往。

寿麻或作寿靡、收靡，为我国南方的一个古老部落。《吕氏春秋·任数篇》记有："南（或作西）服寿麻，北怀儋耳。"吴任臣注："《冠篇》：'黄帝鸿初为南岳之官，故名南岳。'女虔《学海》

寿麻国

季格

女虔

南岳

作女庝。又《路史》（后纪六）曰：'帝鸿生白民及嘻，嘻生季格，
季格生帝魁。'注云：'嘻其南岳也。'未审孰是。"据此，嘻亦
可指女虔，而寿麻当又名帝魁。袁珂认为南岳可能属于黄帝系
人物，而寿麻"正立无景"云云，则颇似黄帝女魃神话之转化。

　　事实上，经文"寿麻正立无景"云云，是我国古籍关于赤道
地区（南北回归线之间）自然环境的最早记述。所谓寿麻正立在
阳光下而没有身影，即正午阳光垂直照射现象；所谓大声喊叫而
没有回声，则与炎热环境对空气传播声音的影响有关；所谓"爰
有大暑，不可以往"，则是对赤道地区炎热气候的直接描述。

寿麻

众所周知，对于北半球来说，夏至这一天，在北纬 23° 的北回归线上及其以南的地区，都会出现阳光垂直照射现象，纬度越靠近赤道，一年里出现阳光垂直照射现象的天数也就越多。也就是说，如果古代地球自转轴方向与如今没有明显的区别，那么寿麻国当位于北回归线以南的地区，即个旧、南宁、广州、汕头、嘉义一线以南，袁珂先生认为其在今日南亚的斯里兰卡国境内。

有必要思考的是，《淮南子·地形训》亦记有："建木在都广，日中无景，呼而无响，盖天地之中也。"都广又称广都，即今日四川成都附近，北纬31°，不可能出现阳光垂直照射现象，除非发生过"天倾西北，日月星辰移焉"的天地大变动。

有趣的是，寿麻正立无影的现象，后世又传为异人之异禀。《列仙传》记述一个名叫玄俗的异人，能治百病，他行走在阳光下就没有身影。《拾遗记》称周昭王二十四年，东瓯献延娟、延娱二女："此二女辩口丽辞，巧善歌笑，步尘土无迹，行日中无影。"又称："滇海之北，有勃鞮之国，人皆衣羽毛，无翼而飞，日中无影。"

有个人没有头，手持戈和盾站立着，名叫夏耕尸。历史上成汤在章山讨伐夏桀，打败了他，先斩杀了夏桀的将领耕。耕倔强地站立起来，他失去了头，为了逃避罪责，就逃到巫山去了。

经文"耕既立，无首，走厥咎"，或作"耕既无首，立，走厥咎"。"走厥咎"，郭璞注："逃避罪也。"其实，走有前往、趋附、归向之意；厥可通之，《尚书·无逸》："自时厥后。"亦

有人无首，操戈盾立，名曰夏耕之尸。故成汤伐夏桀于章山，克之，斩耕厥前。耕既立，无首，走厥咎，乃降于巫山。

通橶、撅；咎，除有灾祸、加罪、憎恨之意外，亦通皋，《离骚》："汤禹严而求合兮，挚咎繇而能调。"咎繇即皋陶，皋意为沼泽或近水的高地。据此，所谓夏耕"走厥咎"云云，意思是说夏耕遇难后，其魂或化身（实际上即其族人和后裔）穿过沼泽地，迁徙到巫山地区，类似鲧遇难后其化身辗转奔波迁徙到西方。

商汤讨伐夏桀是中国历史上的一件大事，《墨子·非攻下》记有："逮至乎夏王桀，天有酷命，五谷焦死，鬼呼国，日月不时，寒暑杂至，鹤鸣十夕余。天乃命汤于镳宫，用受夏之大命。汤焉敢奉率其众，是以乡有夏之境。帝乃使阴暴毁有夏之城。少少，有神来告曰：'夏德大乱，往攻之，予必使汝大堪之。予既受命于天，天命融（祝融）降火于夏城之间，西北之隅。'汤奉桀众，以克有夏，属诸侯于薄。"上述记载表明，夏桀时期自然气候发生了灾难性变化，由于我国古代的农业基本上是靠天吃饭，因此持续时间长的、变化强烈的气候灾难，往往是促成社会动乱以及朝代更迭的重要因素。

根据此处经文所述，夏耕当是夏桀的主要军事统帅之一，他的兵败被杀，最终导致夏王朝的灭亡。所谓"有人无首，操戈盾立，名曰夏耕之尸"，当是夏耕后裔为其塑造的雕像，以彰显其宁死不屈、化为鬼神仍然继续战斗的精神，与著名的无首刑天类似。值得注意的是，古代欧洲也有无头怪人的传闻，在他们的无首怪人画像里，也是将两乳画成双目。此外，在日本的民间舞蹈中，有一种无头装束的舞蹈，或许亦源于古代巫术仪式中巫师的扮相。

有人名曰吴回，奇左，是无右臂。

有盖山之国。有树，赤皮支干，青叶，名曰朱木。

有一臂民。

有个人名叫吴回，只有左臂，没有右臂。

有个盖山国。有一种树，红色的树皮、树枝、树干，青色的叶子，名叫朱木。

有一只长了一条臂膀的一臂民。

此处经文前后三处提及"一臂"，疑"有一臂民"四字原当在"有人名曰吴回"之前，因后文颛顼之子已名为"三面人"。《海外西经》记有一臂国人"一臂一目一鼻孔"，但是并未言其身世，

亦未说明是没有左臂还是缺少右臂。在古史传说里，吴回与重黎同为颛顼后裔，都属于颛顼部落联盟中以天文巫术为职业的氏族或家族。《史记·楚世家》曰："帝喾诛重黎而以其弟吴回为重黎，后复居火正，为祝融。"所谓"诛重黎"云云，意为担任重黎职务的天文巫师因有罪过（例如预报日食不准）而被杀，由其家族的人继续重黎的工作，重新担任火正祝融之官职。至于吴回"奇左，是无右臂"，与前文所述日月山的天文巫师噓（又名嘘，重黎之后裔）"人面无臂，两足反属于头上"一样，当同为进行天文巫术活动时的特殊装束，有点类似今日我国藏族一臂在袖外的服装样式。

　　盖，指用白茅草编成的覆盖物，编茅覆屋亦称盖屋；据此，盖山国的民居可能多为茅草盖顶的房屋，或者其地山形似有屋盖。朱木已见《大荒南经》帝尧、帝喾、帝舜所葬之岳山，唯"青叶"作"青华"。

大
荒
山

大荒之中，有山名曰大荒之山，日月所入。有人焉三面，是颛顼之子，三面一臂，三面之人不死，是谓大荒之野。

西南海之外，赤水之南，流沙之西，有人珥两青蛇，乘两龙，名曰夏后开。开上三嫔于天，得《九辩》与《九歌》以下。此天穆之野，高二千仞，开焉得始歌《九招》。

大荒之中，有座山名叫大荒山，是太阳和月亮降落的地方。有一种人长着三副面孔，是颛顼的后裔，他们有三副面孔、一只手臂，这种长着三副面孔的人长寿不死，这里就是所谓的大荒野。

大荒山乃《大荒西经》记述的第六座观测日月西落的场所，这里也是三面人居住的地方。三面人是颛顼的后裔，他们有三副面孔，只有一只胳臂，而且长生不老。其实，所谓"三面"当系头上戴着有三副面孔的面具，所谓"不死"，可能与三副面孔的象征意义有关，例如其一象征前世，其二象征今生，其三象征来世（这种观念当在佛教产生之前已有）。古史传说中的"黄帝四面"，当亦指戴着四个方向的面具。

在西南海以外，赤水的南面，流沙的西面，有人耳朵戴着两条青蛇，乘着两条龙，名叫夏后开。夏后开向天帝献上三嫔妃，得到上天的《九辩》与《九歌》而带到人间。这就是所谓的天穆野，高达二千仞，夏后开在这里开始演奏《九招》。

夏后开即夏后启，公元前157年刘启继位，是为汉景帝，此后汉代学者避讳而用开字代替启字。不过，在《海外西经》里却径直称夏后启"乘两龙，云盖三层，左手操翳，右手操环，佩玉璜"在大乐之野（又名大遗之野）歌舞《九代》。郭璞引《竹书》曰："颛顼产伯鲧，是维若阳，居天穆之阳。"则天穆之野乃鲧、禹、启的圣地。

经文"开上三嫔于天"，郭璞注："嫔，妇也，言献美女于天帝。"郝懿行注：《天问》云：'启棘宾商，《九辩》《九

天穆野

夏后开

歌》.'是宾、嫔古字通,棘与亟通。盖谓启三度宾于天帝,而得
九奏之乐也。故《归藏·郑母经》云:'夏后启筮,御飞龙登于天,
吉。'正谓此事。《周书·王子晋篇》云:'吾后三年,上宾于帝所。'
亦其证也。郭注大误。"《天问》"启棘宾商"或谓当作"启棘宾帝"。
亟,意为迫切、屡次。

其实,郭璞与郝懿行的观点并不矛盾,所谓夏后启"乘两龙"
"上三嫔于天"云云,实际上乃盛大的巫术活动,通过这种与天
沟通的巫术仪式,启可以向世人宣称自己之所以登上帝位,是因
为已经得到天帝的认可,其证明就是从天帝那里获得演奏《九招》
(或作《九韶》)的技能和权力。在上述巫术活动中,不排除有献
给天帝美女的情节。

有个互人国。炎帝的后裔,名叫灵恝,灵恝生了互人,这里
的人能腾云驾雾来往于天地之间。

互人国或谓即氏人国,《海内南经》称其"人面鱼身无足"。

有互人之国。炎帝
之孙,名曰灵恝(jiá),
灵恝生互人,是能上下
于天。

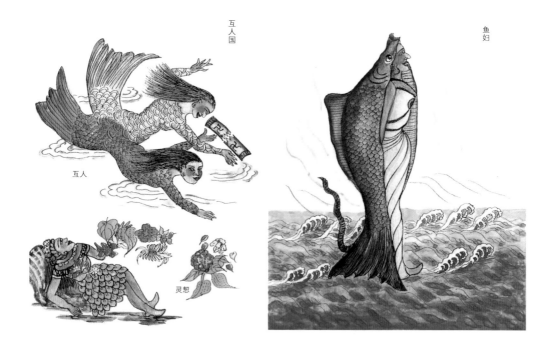

互人国

互人

灵恝

鱼妇

恝字意为漫不经心、无动于衷、无愁貌，与灵不符，疑当作契；灵契，即与神达成的契约，亦即上下于天的通行证。从互人的名称来看，有点像是连体儿，又像是一个人扮演两个人的舞蹈（例如猪八戒背媳妇），或者是灵魂附体；从这个角度来说，互人国更像是《海内南经》的列人国，列人即两个人并列在一起。

有鱼偏枯，名曰鱼妇，颛顼死即复苏。风道北来，天乃大水泉，蛇乃化为鱼，是为鱼妇。颛顼死即复苏。

有鱼即将枯死，名叫鱼妇，颛顼死了又立即重新苏醒过来。风从北方吹来，天于是涌出如泉大水，蛇于是化为鱼，这就是鱼妇。颛顼死了又立即重新苏醒过来。

郭璞注："言其人能变化也。"其实，此处经文所谓颛顼化作鱼妇"死即复苏"云云，乃远古的沐浴新生巫术活动，亦即《大荒四经》多处记述的"舜之所浴""昆吾之师所浴""颛顼所浴"等圣人、帝王沐浴故事的具体内容。其仪式大约是由当事人（在这里即颛顼）先装扮成蛇的样子，来到水边，在巫师"风道北来，天乃大水泉，蛇乃化为鱼"的咒语魔力下，先前装扮成蛇的人又改装扮成鱼的样子，并要表演出鱼脱离水的垂死挣扎、奄奄一息状，然后由众巫师将其抛入水中，当他再次从水中走上岸时，已经是一个新生的并且有天命在身的人了。或谓鱼妇即蜀先王鱼凫。

《五藏山经》西次三经槐江山记有"西望大泽，后稷所潜也"，当是远古沐浴巫术的最早文字记录之一，此后《淮南子·地形训》则称："后稷垅在建木西，其人死复苏，其半鱼在其间。"有趣的是，据说"耶稣"在拉丁文里是鱼的意思，而基督教的洗礼习俗亦有旧人已去、新人复生之意。在地中海周边古文明（包括两河流域及其出海口波斯湾）的传说里，古代曾有一个像鱼一样的神，他从波斯湾上岸，与美索不达美亚的原始居民谈话，教他们建筑城市、种麦子、数学和天文学，并编纂法律条文，被称为奥纳斯。

有一种青鸟，身子是黄色的，爪子是红色的，长有六个头，名叫鸀鸟。

有座大巫山。有座金山。在西南方，大荒的一个角落，有偏句山、常羊山。

鸀即鷢，一指山鸟，郭璞注《尔雅·释鸟》："似乌而小，赤嘴，穴乳，出西方。"郝懿行认为它就是蓟州人所说的赐喜儿鸟；又指水鸟，似鸭而大，长颈赤目，紫绀色。袁珂认为它可能是《海内西经》的树鸟。大巫山等山位于西南隅，亦即本篇终止处。

有青鸟，身黄，赤足，六首，名曰鸀鸟。

有大巫山。有金之山。西南，大荒之中隅，有偏句、常羊之山。

按：夏后开即启，避汉景帝讳云。

大巫山

金山

鸀鸟

偏句山

常羊山

《大荒北经图》系《山海经艺术地理复原图》组画之十八，是根据《大
荒北经》记述的 32 处自然与人文活动场景创作绘制的，诸场景的方位大体上是从东北隅向
西北隅。对比之下，《大荒东经》方位自东南至东北，《大荒南经》自西南至东南，《大荒西经》
自西北至西南。也就是说，《大荒四经》篇与篇之间的大方位，采取的是东南西北顺时针方
向排列；而在每一篇内部的诸场景之间，则采取了逆时针方向排列。

　　《山海经》诸篇里，《海外四经》以人文地理信息为主，很少有自然地理信息；《五藏山
经》则以自然地理信息为主，兼述人文地理信息。《大荒四经》记述的自然地理内容不如《五
藏山经》丰富和准确，但是人文地理信息却比《五藏山经》丰富许多。《大荒四经》记述的
人文地理信息与《海外四经》同样丰富，但比《海外四经》多出许多自然地理内容。因此，
可以说《大荒四经》是一部人文地理与自然地理并重的著作，遗憾的是其所记述的自然地
理信息多已残缺破碎，今日难以复原确指。

　　根据《大荒四经》记述的内容，可推知其作者与时代。由于《大荒四经》突出记述帝
俊的事迹，而帝俊又是殷商民族崇拜的先祖或先祖神，这表明《大荒四经》的作者为殷商族
人；由于人文和自然地理信息属于国家最重要的治国信息和军事信息之一，因此《大荒四经》
的作者应当是官方相应机构的官员和学者。由于《大荒四经》记述有殷王子亥的事迹，以
及商汤伐夏桀并斩杀夏耕的历史事件，这表明其著作时间在商汤伐夏桀之后；同理，由于《大
荒四经》没有记述殷商朝代中后期的事情，也没有记述周王朝及其以后的事情，据此可以
推知其撰写时间当在殷商朝代的早期，当然其引用的历史资料则可以追溯到殷商立国之前。

大荒北经图

在东北海以外，大荒之中，河水之间，有座附禺山，帝颛顼与九嫔埋葬在这里。这里还有鸱久、文贝、离朱、鸢鸟、皇鸟、大物件、小物件。有青鸟、琅鸟、玄鸟、黄鸟、虎、豹、熊、罴、黄蛇、视肉、璇瑰、瑶碧，都出自卫于山。丘方圆三百里，丘的南面有帝俊竹林，大竹可以做舟。竹南有赤泽水，名叫封渊。有三棵不生长枝条的桑树。丘西有沈渊，是颛顼沐浴的地方。

附禺山又名务隅山、鲋鱼山、鲋禺山，此处附禺山位于黄河下游的东北方向，史传颛顼陵墓则在今日黄河下游的河南省濮阳境内，该地先夏古墓曾出土大型蚌壳摆塑龙虎图案。《海外北经》记有帝颛顼与九嫔所葬的务隅山及其平丘，方位在东北。《海内东经》则称"汉水出鲋鱼之山，帝颛顼葬于阳，九嫔葬于阴，四蛇卫之"，其地望在汉水发源地（秦岭南麓）。由于《海内东经》窜入大段《水经》文字，而记述"汉水"又未依惯例言其流向，疑"鲋鱼之山"十九字乃《山海经》文字窜入《水经》复又窜回《山海经》者。"四蛇卫之"当指镇守陵墓的神兽造型。所谓"璇瑰、瑶碧"应该是陪葬的玉制礼器，"璇"即"璇"。

郝懿行指出卫于山当作卫丘山或卫丘，此言甚是，此处卫丘实即《海外北经》的平丘，系祭祀帝颛顼与九嫔的祭台及其配套设施。附禺山"爰有"诸物，均为帝颛顼与九嫔陵墓的随葬品，其中皇鸟或作凤鸟，大物、小物泛指各种随葬品。"皆出卫于山（卫丘）"的青鸟、琅鸟等物，均为祭祀帝颛顼的供品，或者是祭祀场所的雕塑、壁画，也可能是象征性的冥器，类似今日为死者烧的纸人、纸马、纸轿车。

从随葬品和祭品来看，帝颛顼与九嫔的陵墓具有相当规模，应当留下遗迹。在先夏时期的三皇五帝以及尧、舜、禹、丹朱诸帝中，相传帝喾有四妃，而所谓的四妃实际上有可能是指长期与帝喾部落通婚的四个部落。因此，《山海经》帝颛顼与九嫔葬于附禺山的记载，是我国有关帝王嫔妃的最早文献之一。这里涉及两个问题：其一，三宫六院七十二嫔妃的帝王配偶大军，不是一下子就形成的，而是有着一段发展演变的过程，颛顼拥有九嫔当

东北海之外，大荒之中，河水之间，附禺之山，帝颛顼与九嫔葬焉。爰有鸱久、文贝、离俞、鸢鸟、皇鸟、大物、小物。有青鸟、琅鸟、玄鸟、黄鸟、虎、豹、熊、罴、黄蛇、视肉、璇瑰、瑶碧，皆出卫于山。丘方员三百里，丘南帝俊竹林在焉，大可为舟。竹南有赤泽水，名曰封渊。有三桑无枝。丘西有沈渊，颛顼所浴。

附禺山

九嫔葬

卫于山

是其中一个重要的阶段；其二，从帝颛顼葬于阳、九嫔葬于阴来看，九嫔属于陪葬性质，她们可能是帝颛顼的人殉，也可能是死后陆续埋葬到帝颛顼陵墓内，比较而言，九嫔是人殉的可能性更大一些，因此颛顼有可能是我国最早采用人殉的帝王（九为大数，九嫔可指九个嫔妃，也可指许多个嫔妃）。

经文"（卫）丘方员三百里，丘南帝俊竹林在焉，大可为舟。竹南有赤泽水，名曰封渊。有三桑无枝。丘西有沈渊，颛顼所浴"，可能有误。因为这里记述的是帝颛顼部落活动的圣地，不应又提及帝俊竹林。此外，帝颛顼葬所的地理纬度偏北，不大可能生长有"大可为舟"的竹林。

也就是说，此处经文当作"丘方员三百里，丘南有赤泽水，名曰封渊。有三桑无枝。丘西有沈渊，颛顼所浴"，而"帝俊竹林在焉，大可为舟"十字当另有所在，疑其原应在《大荒南经》舜之所浴的不廷山"北旁名曰少和之渊"文字之后。对比舜与颛项所浴之场景，颛顼所浴有封渊、沈渊，舜所浴则有少和渊、从渊；颛顼所浴之渊与卫丘相邻，舜所浴之渊亦与"有渊（应为台）四方"相邻；因此，颛顼所浴之地有三桑无枝，那么舜所浴之地亦应有帝俊（即舜）竹林才是。

这里有必要提出的问题是，此处所述附禺山及其周边的广大地域，是颛顼部落的墓葬地和进行沐浴巫术的场所，其地理方位在东北隅。但是，《大荒西经》记述的颛顼化为鱼妇的沐浴巫术活动场所却位于西南隅。由于在古史传说里，颛顼几乎总是活动在北方地区，因此《大荒西经》颛顼化作鱼妇的内容，疑应当移在此处"颛顼所浴"之后，其意方可连贯起来。

有个胡不与国，这里的人姓烈，以黍为主食。

郝懿行注："烈姓盖炎帝神农之裔，《左传·昭公二十九年》称烈山氏，（《礼记》）《祭法》称厉山氏，郑康成注云：'厉山，神农所起。一曰有烈山。'"显然，郝懿行是根据"烈姓，黍食"来解释胡不与国，但是并没有解释其国名的来历。烈山即放火烧山（原野），开辟草莽荒原为耕田，属于农业不发达时期的刀耕火种阶段。

大荒之中，有座山名叫不咸山。有个肃慎氏国。有一种蜚蛭，长着四只羽翼。有一种蛇，长着野兽的脑袋和蛇的身子，名叫琴虫。

李殿福、孙玉良在《渤海国》一书中认为《山海经》所记不咸山："据考证就是今日吉林省东南部的长白山，这是具体指出肃慎族居住在白山黑水之间的最早的记载。"《中国名山事典》亦称吉林长白山："古名不咸山，又称白头山。"长白山海拔 2691 米，系火山喷发而成，在 16—18 世纪还曾有三次喷发，目前为休眠火山。不咸山之名，咸意为皆、都、普遍，不咸与不周意思相近。此外，不亦通丕，意为大，《孟子·滕文公下》引《尚书·君牙》作："丕显哉，文王谟！丕承哉，武王烈！"咸则为《易经》六十四卦之一，卦象艮下兑上，即山上有泽，与长白山上有天池的地貌景观相符。

肃慎为我国古代东北地区的著名部落，帝舜时曾贡弓矢，其

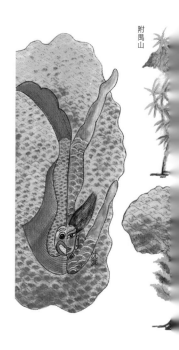

附禺山

有胡不与之国，烈姓，黍食。

大荒之中，有山，名曰不咸。有肃慎氏之国。有蜚蛭，四翼。有虫，兽首蛇身，名曰琴虫。

不咸山

封渊

胡不与国

肃慎氏国

后裔又称挹娄、勿吉、袜鞨、栗末。《海外西经》记有肃慎国在白民北，当地有雄常树。郭璞注："今肃慎国去辽东三千余里，穴居，无衣，衣猪皮，冬以膏涂体，厚数分，用却风寒。其人皆工射，弓长四尺，劲强。"唐朝册封其族建渤海国，地域囊括今日本海，后被契丹所灭。

蜚蛭或作飞蛭。蜚，小飞虫，蝽类，体椭圆，有恶臭，食稻花；蜚蠊即蟑螂。东次四经太山："有兽焉，其状如牛而白首，一目而蛇尾，其名曰蜚，行水则竭，行草则死，见则天下大疫。"蛭，环节动物，体长而扁平，前后有吸盘，寄生，常见的有蚂蟥、水蛭、鱼蛭、山蛭。琴虫，当系能发出声响的蛇类，例如响尾蛇。中次二经鲜山、中次十一经帝囷山均有鸣蛇。

有人名曰大人，有大人之国，厘姓，黍食。有大青蛇，黄头，食麈。

有个人名叫大人，有个大人国，这里的人姓厘，以黍为主食。有一种大青蛇，黄色的脑袋，能吞食鹿。

蜚蛭

大人国

琴虫

大青蛇

　　郝懿行注：“《晋语》司空季子说黄帝之子十二姓中有僖姓，僖、厘古字通用，厘即僖也。《史记·孔子世家》云：'汪罔氏之君，守封禺之山，为厘姓。'索隐云：'厘音僖。'是也。”《国语·鲁语下》记有："吴伐越，堕会稽，获骨焉，节专车。"为此，吴国派人向孔子请教，孔子仔细观看后云："丘闻之，昔禹致群神于会稽之山，防风氏后至，禹杀而戮之，其骨节专车，此为大矣。"并介绍防风氏的来历："汪芒氏之君也，守封隅之山者也，为漆姓；在虞、夏、商为汪芒氏，于周为长狄，今为大人。"袁珂注："汪芒氏即汪罔氏，漆姓即厘姓也。则大人者，防风之后，亦黄帝之裔也。"

　　《述异记》："今吴越间防风庙，土木作其形，龙首牛耳，连眉一目。昔禹会涂山，执玉帛者万国。防风氏后至，禹诛之，其长三丈，其骨头专车。今南中民有姓防风氏，即其后也，皆长大。越俗，祭防风神，奏防风古乐，截竹长三丈，吹之如嗥，三人披发而舞。"《古今图书集成·职方典》云："防风氏庙，在（武康）县东南封、禺二山之间，祀夏时防风氏之神。"武康即今浙江省德清县武康镇，相传防风氏后裔即穿匈国。不过，此处所述厘姓大人国位于北方，而封禺山又与附禺山音相近，或许防风氏曾从北方迁徙到南方。此处大青蛇为北方的大蛇；经文黄头或作头方，食麈或作食鹿。

有榆山。有鲧攻程州之山。

有座榆山。有座鲧攻程州山。

郝懿行注："程州，盖亦国名，如禹攻共工国山之类。"程字意为度量、计量，兼指长度单位，十发为程，十程为分，十分为寸，即百分之一寸的长度为一程；亦指法式、规章、效法、呈现、进度、路程；又指竹根虫，或指豹。据此，程州之名可能是指制造度量衡器具的地方。《尚书·舜典》称舜"协时月正日，同律度量衡"，比秦始皇统一度量衡要早数千年。鲧攻程州，可能是要争夺控制度量衡的权力，结果兵败被帝舜"殛于羽山"。

大荒之中，有山名曰衡天。有先民之山。有槃木千里。

大荒之中，有座山名叫衡天。有座先民山。有槃木的根茎枝脉扩展达千里。

衡，原指绑在牛角上以防触人的横木，引申指车上横木、秤杆、栏杆、平衡，亦指眉毛以上的部位，并指古代天文仪器上用于观测星辰定位的衡管，《尚书·舜典》："在璇玑玉衡，以齐七政。"七政即日月和金木水火土五大行星。据此衡天山可能是一处天文观测的场地，先民、槃木或许亦与天文观测活动有关。《大荒北经》多记述有颛顼及其后裔事迹，而颛顼部落有观测天文的传统。袁珂注："《大荒西经》云：'西北海之外，赤水之西，有先民之国。'非此。此山地望当在东北。"郝懿行认为先民国即《淮南子·地形训》海外三十六国之天民国。

"槃木千里"当为一种特殊景观。《论衡·订鬼篇》引《山海经》（今本无）云："沧海之中，有度朔之山，上有大桃木，其屈蟠三千里，其枝间东北曰鬼门，万鬼所出入也。上有二神人，一曰神荼，一曰郁垒，主阅领万鬼。恶害之鬼，执以苇索，而以食虎。于是黄帝乃作礼，以时驱之，立大桃人，门户画神荼、郁垒与虎，悬苇索，以御凶魅。"袁珂认为度朔山屈蟠三千里的大桃木即"槃木千里"之属。

有个叔歜国，颛顼的后代住在那里，以黍为主食，能够驯化驱使四种野兽：虎、豹、熊、罴。有黑虫如熊状，名叫猎猎。

叔，除指亲属称谓外，亦指收拾；歜，盛怒、气盛；据此，

有叔歜国，颛顼之子，黍食，使四鸟：虎、豹、熊、罴。有黑虫如熊状，名曰猎猎。

衡天山　先民山

槃木

叔歜国

猎猎

叔歜有心平气和之意。猎猎的形貌像是大黑熊，其名"猎猎"可能取自该兽的叫声。

有北齐之国，姜姓，使虎、豹、熊、罴。

有个北齐国，这里的人姓姜，能够驯化驱使虎、豹、熊、罴。

北齐国

郝懿行注："《说文》云：'姜，神农居姜水以为姓。'《史记·齐太公世家》云：'姓姜氏。'案《大荒西经》有西周之国，姬姓，此有北齐之国，姜姓，皆周秦人语也。"

齐国为公元前11世纪周分封的诸侯国，位于今山东省北部，开国之君是吕尚，建都营丘（后称临淄，今淄博市东北）。此处北齐国，当早于周分封的齐国。北字除指方向外，亦指乖违、相背，《尚书·舜典》："分北三苗。"孔颖达疏："善留恶去，使分背也。"据此，北齐国的名称，含有不追求整齐划一的意思，亦可理解为无拘无束、自由自在。

大荒之中，有山名曰先槛大逢之山，河济所入，海北注焉。其西有山，名曰禹所积石。

大荒之中，有座山名叫先槛大逢山，黄河和济水流入的地方，海水从北面注入这里。它的西面有座山，名叫禹所积石山。

先槛或作光槛。槛字意为关野兽的笼子，引申指囚禁罪犯的牢房，亦指窗栏、井栏和门槛。先槛大逢山"河济所入，海北注焉"，如果没有缺文或讹字，可能是指黄河、济水入海之前的某处山，也可能是指渤海海峡的庙岛群岛或朝鲜海峡的对马岛。济水发源于河南省济源（王屋山南麓），曾为独流入海的大河（济南市即

得名于此），《尔雅·释水》：“江、河、淮、济为四渎，发源注海者。”
但在《五藏山经》里并没有济水的名称（中次十一经支离山的济
水实为湝水）。《海外北经》记述的禹所积石山，其方位在黄河中游，
与此处“河济所入”之西的积石山地望不一致。

　　有座阳山。有座顺山，顺水从这里发源。有个始州国。有
座丹山。
　　有一个大泽方圆千里，是群鸟更换羽毛的地方。
　　顺水流向后文所述的融父山，始州国、阳山、丹山或在其畔。
丹山，郭璞注：“此山纯出丹朱也。《竹书》曰：‘和甲西征，得
一丹山。’今所在亦有丹山，丹出土穴中。”郭璞注：“《穆天子传》
（卷四）曰：‘北至广原之野，飞鸟所解其羽，乃于此猎鸟兽，绝群，
载羽百车。’《竹书》亦曰：‘穆王北征，行流沙千里，积羽千里。’
皆谓此泽也。”《北山经》《海外北经》《海内北经》均记有大泽，
方位在今蒙古草原、西伯利亚一带，其中当包括贝加尔湖，它们

有阳山者。有顺
山者，顺水出焉。有
始州之国。有丹山。
　　有大泽方千里，群
鸟所解。

是候鸟换羽时栖息的地方。

有个毛民国，这里的人姓依，以黍为主食，能够驯化驱使四种野兽。禹生了均国，均国生了役采，役采生了修鞈，修鞈杀了绰人。帝追念绰人，暗中帮助绰人的后代建立国家，就是这个毛民国。

郭璞注："其人面体皆生毛。"其注出自《海外东经》所记毛民国："为人身生毛。"其实，此处毛民居住在北方，而不是东方；因此，《大荒北经》的毛民既可能是以"体生毛"为特征，也可能是以加工制作皮毛产品为特征，比较之下后者的可能性更大。

《国语·晋语四》："黄帝之子二十五人，其同姓者二人而已，唯青阳与夷鼓皆为己姓。青阳，方雷氏之甥也。夷鼓，彤鱼氏之甥也。其同生而异姓者，四母之子别为十二姓。凡黄帝之子，二十五宗，其得姓者十四人，为十二姓：姬、酉、祁、己、滕、箴、任、荀、僖、姞、儇、依是也。唯青阳与苍林氏同于黄帝，故皆为姬姓，同德之难也如是。"据此，依姓之毛民国，属于黄帝后裔。袁珂注："然禹亦黄帝族，则毛民者，虽非其直接裔属，亦其同族子孙也。故禹之曾孙修鞈杀绰人，禹乃'念之'而'潜为'此毛民国，以此也。"也就是说，袁珂认为毛民乃绰人之后裔。

经文"禹生均国，均国生役采，役采生修鞈，修鞈杀绰人。帝念之，潜为之国，是此毛民"，是有关禹之后裔的重要文献。在古史传说里，禹之子为启，而启则出生于石头中（相传为禹妻涂山氏所化）。但是，《山海经》里却没有记述禹和启的血缘关系，也没有记述禹之葬所或帝禹之台等基本内容。因此，如果不是现存《山海经》版本遗失相关内容的话，或可表明所谓禹为启父的传闻乃系后起之说。事实上，《山海经》仅称夏后启"三嫔于天"，根本就不提与禹有什么瓜葛，在启的眼里，其权力的基础是得到上天的认可，而不是来自禹的恩泽。

至于古人为什么会产生启父为禹的说法，一是受到"禅让论"的束缚，需要用"禹传位于启"来结束禅让制；二是我国有明确帝王世系的朝代始自夏后启（其名称含义类似秦始皇），在此之

有毛民之国，依姓，食黍，使四鸟。禹生均国，均国生役采，役采生修鞈，修鞈杀绰人。帝念之，潜为之国，是此毛民。

前则为时间不确定的三皇五帝时期，而夏后启与帝禹时代相对来说在时间上最接近，为了使历史能够连贯起来，最简单有效的方法就是把禹启说成是父子关系。

有鉴于此，为了恢复历史的本来面目，为了重建中国上古文明史，有必要认真对待《山海经》关于禹、启的记载。这是因为，如果禹启非父子关系，那么在帝禹时代与夏后启之间，就有可能存在着上百年甚至更长时间的历史演变过程，而这段过程我们今天并不清楚，它很可能是打开先夏史秘密大门的一把非常重要的钥匙。

均字有平均、调和之意，亦指造瓦器的转论、调节乐器的用具、量酒的计量单位；据此禹之后裔均国，可能与施行井田制有关，或者与制陶、做乐器等活动有关。役采或作役来，役，除指成役、战役、服役、仆役外，亦指行列，《诗·大雅·生民》："禾役穟穟"，意即禾苗排列成行多美好。据此，役采可能是发明禾苗成行播种

的人,这样不仅有利于通风,而且方便采收(大镰割禾,小镰割穗)。鞈,革制的胸甲,可以御矢,亦指坚貌、鼓鞈声,修鞈当即以制革为职业的部落或方国。绰人,其名可能与纺织或服装样式有关,修鞈与绰人的冲突,可能与毛皮服装向麻丝服装的转变有关。

"帝念之"之帝,通常都理解为是禹,其所念之人则理解为是被杀的绰人。其实,此帝当指天帝,而所念之人亦可指修鞈,意思是说修鞈犯了杀人罪过,其后裔迁徙到北方另立毛民国,继续以制作毛皮用品为业。

有个儋耳国,这里的人姓任,是东海海神禺号的后裔,以谷物为主食。北海的岛渚中,有个神,人面鸟身,耳朵上戴着两条青蛇,脚下踩着两条红蛇,名叫禺强。

有儋耳之国,任姓,禺号子,食谷。北海之渚中,有神,人面鸟身,珥两青蛇,践两赤蛇,名曰禺强。

儋即担,以肩承物;此处儋耳国即《海外北经》的聂耳国,以耳大著称。郭璞注:"其人耳大下儋,垂在肩上;朱崖、儋耳,镂画其耳,亦以放之也。"禺号即禺虢,为东海居民供奉之海神,已见《大荒东经》;禺强为北海居民供奉之海神,已见《海外北经》和《大荒东经》。古史传说里,禺强又为天帝之大神。

《列子·汤问》:"渤海之东,不知几亿万里,有大壑焉,实惟无底之谷,其下无底,名曰归墟。八纮九野之水,天汉之流,莫不注之,而无增无减焉。其中有五山焉,一曰岱舆,二曰员峤,三曰方壶,四曰瀛洲,五曰蓬莱。其山高下周旋三万里,其顶平处九千里。山之中间相去七万里,以为邻居焉。其上台观皆金玉,其上禽兽皆纯缟。珠玕之树皆丛生,华实皆有滋味,食之皆不老不死。所居之人皆仙圣之种,一日一夕飞相往来者,不可数焉。而五山之根无所连著,常随潮波上下往还,不得暂峙焉。仙圣毒之,诉之于帝。帝恐流于西极,失群仙圣之居,乃命禺强,使巨鳌十五举首而戴之;迭为三番,六万岁一交焉,五山始峙而不动。而龙伯之国有大人焉,举足不盈数步而暨五山之所,一钓而连六鳌,合负而趣归其国,灼其骨以数焉。于是岱舆、员峤二山流于北极,沉于大海,仙圣之播迁者巨亿计。帝凭怒,侵减龙伯之国使阨,侵小龙伯之民使短。至伏羲神农时,其国人犹数十丈。"

儋耳国

禺强

岱舆、员峤二仙山沉没的传闻，类似西方人所说的大西洲、太平洲的消失，而人类居住地被海水淹没的灾难很可能多次发生过。此外，我国古代关于海上仙山的传说，也可能与北极冰山穿过白令海峡漂至东海并长时间存在的现象有关，大冰山上会有海豹、海狮、海牛以及北极熊等动物栖息，这些动物又会吸引人类到冰山上捕猎和栖息。由于冰山消融后留不下痕迹，因此有关的故事也就难以被后人理解了。

大荒之中，有座山名叫北极天柜，海水从北面注入这里。有一个神，长着九个脑袋、人的面孔、鸟的身子，名叫九凤。又有一个神，嘴里衔着蛇、手中握着蛇，他的形貌是虎头人身，长着四只蹄子和长长的臂肘，名叫彊良。

《大荒四经》记述有多处"海水注焉"的现象，它们可能指的都是海峡地貌。北极天柜山"海水北注焉"，从地望来看，疑

大荒之中，有山名曰北极天柜，海水北注焉。有神，九首人面鸟身，名曰九凤。又有神衔蛇操蛇，其状虎首人身，四蹄长肘，名曰彊良。

九凤　　　　疆良

北极天柜山

即白令海峡；所谓"海水北注"，即太平洋（白令海）的海水向北穿越白令海峡流入北冰洋（楚科奇海）。这种两大洋之间的海水流动是经常发生的，而且往往伴随着气候的变化和鱼类的迁徙。在一万多年前的冰川时期，海平面比今日低100米左右，白令海峡出露为地，成为连通亚洲和美洲的陆桥，生活在亚洲东北部的人类（包括我国先民）很容易从这里迁徙到美洲生活。此后，全球气候发生变化，在七八千年前气温回升到一万年来的最高点，大量冰川消融，海平面上升，海岸线向陆地扩张，导致大陆架地区洪水泛滥；与此同时，也有大量北极冰山解体，并漂流至太平洋上，成为一种独特的景观。

　　九首人面鸟身之神九凤，可能是九个以凤鸟（包括其他候鸟）为图腾的部落所共同信奉的保护神或先祖神。疆良操蛇，袁珂注："《列子·汤问篇》说愚公事云：'操蛇之神闻之，告之于帝。'操蛇之神或本此。"顺便指出，愚公移山故事的本义也是填海治水。

《山海经》记述有许多珥蛇、践蛇、操蛇、衔蛇之神，其中既有真蛇，亦有蛇状耳环、蛇状文身或其他象征蛇的替代物。蛇属于冷血动物，多栖息在中原和南方地区，北方地区比较少见，高纬度寒冷地区则极为少见。因此，居住在北极天柜山的疆良，不大可能口衔真蛇、手操真蛇，而从其形貌来看，更像是一个头戴虎皮帽的人在操纵狗拉或鹿拉的雪橇，这些操纵绳就像是蛇（绳子在古代具有神秘的力量）。同理，禹虢、禺强践两青蛇、赤蛇，也可能是站在雪橇上的形貌，在古人眼里这已经是相当神奇的事情了。

大荒之中，有座山名叫成都载天山。有个人耳朵戴着两条黄蛇，手拿着两条黄蛇，名叫夸父。后土生了信，信生了夸父。夸父不衡量自己的体力，想要追赶太阳的影子，一直追到禺谷。他十分渴，想喝黄河水解渴却不够喝，打算去大泽，还没到，就死在这里了。应龙已经杀了蚩尤，又杀夸父，就到南方去居住了，所以南方多雨。

成，可指重、层，九成之台即九层台；又指面积，方圆十里为一成。都，上古行政区划名：(1) 夏制，《广雅·释地》："八家为邻，三邻为朋，三朋为里，五里为邑，十邑为都，十都为师，州有十二师焉。"(2) 周制，《周礼·地官·小司徒》："九夫为井，四井为邑，四邑为丘，四丘为甸，四甸为县，四县为都。"据此，成都载天山像是建筑在高山上的城堡，或者城内有高大的祭天台。

夸父，其名字意为高大伟岸之男子。后土，古史传说里著名的部落或人神，《礼记·月令》："中央土，其日戊己，其帝黄帝，其神后土。"《左传·昭公二十九年》："社稷五祀，是尊是奉。木正曰句芒，火正曰祝融，金正曰蓐收，水正曰玄冥，土正曰后土……共工氏有子曰句龙，为后土。"《楚辞·招魂》："魂兮归来！君无下此幽都些。"王逸注："幽都，地下后土所治也。"《列子·汤问》记有夸娥氏二子奉天帝之命移走太行、王屋二山，或谓亦为夸父族。

大荒之中，有山名曰成都载天。有人珥两黄蛇，把两黄蛇，名曰夸父。后土生信，信生夸父。夸父不量力，欲追日景，逮之于禺谷。将饮河而不足也，将走大泽，未至，死于此。应龙已杀蚩尤，又杀夸父，乃去南方处之，故南方多雨。

成都载天山

后土

信

夸父

《海内经》记有："共工生后土，后土生噎鸣，噎鸣生岁十有二。"
表明后土具有天文巫师身份。此处"后土生信，信生夸父"，表明
信（有守时之意）和夸父亦有天文巫师身份，或者信即噎鸣。对
比《海外北经》所记："夸父与日逐走，入日。渴欲得饮，饮于河渭，
河渭不足，北饮大泽。未至，道渴而死。"不难看出，此处《大
荒北经》的记述，已经将"逐日"变成追太阳的影子，把"入日"
改成抵达太阳西落的禺谷，并给了一个评价"不量力"。显然，《大
荒四经》的作者已经不能理解夸父逐日故事的本意（为了驱逐天
空多出的妖日，而举行的巫术禳灾活动），同时也说明《大荒四经》
的撰写时代要迟于《海外四经》的撰写时代。

经文"应龙已杀蚩尤，又杀夸父，乃去南方处之，故南方多雨"，
袁珂注："应龙杀蚩尤与夸父事已见《大荒东经》。夸父，炎帝之裔，
与蚩尤并肩作战以抗黄帝者也，以不幸兵败而为应龙所杀。"对
比《大荒东经》所记："大荒东北隅中，有山名曰凶犁土丘。应
龙处南极，杀蚩尤与夸父，不得复上。故下数旱，旱而为应龙之状，

成都载天山

应龙

夸父

蚩尤

乃得大雨。"可以发现，同一事件的地点，在古人的记述中有两
个名称，即凶犁土丘和成都载天，前者之名具有悲剧色彩，或许
是指夸父兵败城毁之状，而后者之名则指战争前的夸父城雄伟之
状，述者所谓夸父"不量力"似亦有惋惜之意。

　　《山海经》记有多处古代城池和大型建筑物，惜尚无人深入
确考其遗址遗迹。据任式楠先生《中国史前城址考察》一文，我
国已发现 6000 年前至 4000 年前的古城遗址 50 余座，其中华北
平原及黄河中游地区 6 座，山东半岛 18 座，黄河河套地区 18 座，
成都平原及四川盆地 6 座，江汉地区 6 座，此外太湖及其周边地
区亦有大规模的古代都邑建筑遗址。根据夸父北饮大泽，其城地
望当在今日河套（古为湖泽）地区，而应龙与夸父的冲突，或许
与水资源的争夺有关。事实上，在中国古史传说里，黄帝与炎帝
的冲突，黄帝与蚩尤的冲突，禹与共工之臣相柳的冲突，以及应

龙与蚩尤、夸父的冲突，都与生存环境条件（对农业社会来说，水资源是第一位的条件）的变化密切相关。

又有个无肠国，这里的人姓任，无继人的后裔，以鱼为主食。

又有无肠之国，是任姓，无继子，食鱼。

无肠国已见于《海外北经》，属于黄帝后裔十二姓之一（许多古代民族都喜欢数字十二，例如耶稣有十二门徒），为无继之子。此处无继，即后文所说的继无，亦即《海外北经》的无脊国。由于女娲之肠可指子宫，因此"无肠"或可指女性的性器官异常（包括特殊的装饰），所以记述者才会对她们能够有后代感到奇怪。

共工的一个臣子名叫相繇，他长着九个脑袋、蛇的身子，自身盘成环状，从九座山获取食物，它所呕吐的地方变成大沼泽，气味不是辛辣就是苦涩，百兽不能在那里生存。禹防堵了洪水，杀死了相繇，它的血液又腥又臭，使谷物不能生长，那个地方水涝成灾，不可以居住。禹将它填塞，三次填土三次塌陷，于是把它挖成了池塘，众帝就用挖出的土在这里建造了祭祀台，其方位就在昆仑的北边。

共工之臣名曰相繇，九首蛇身，自环，食于九土，其所欤所尼，即为源泽，不辛乃苦，百兽莫能处。禹湮洪水，杀相繇，其血腥臭，不可生谷，其地多水，不可居也。禹湮之，三仞三沮，乃以为池，群帝因是以为台，在昆仑之北。

自环或作蟠旋，九土或作九山；欤即呕吐，尼意为止，仞意为满，沮意为败坏；池，除指池塘、城池外，亦通陀，意为山冈。

相繇又称相柳，此处《大荒北经》所述禹杀相繇事件，与《海外北经》的记载基本相同，唯有关共工台的描述被移至后两节文字之后。相繇所到之地"即为源泽，不辛乃苦，百兽莫能处"、相繇之血"腥臭，不可生谷"云云，均为土地严重盐碱化现象。其原因或是海水倒灌，或是河道被阻塞，水位抬升，淹没上游两岸农田，并造成土地盐碱化（多因排水不畅所致）。我国20世纪50年代修建三门峡水库后，上游黄河水位抬升，导致渭水的水位亦随之抬升，西安附近的农田亦受盐碱化之累。或许，相繇是一个只顾自己筑坝引水灌溉而不管上游农田盐碱化的族群（所谓九首，当指九个氏族），其行为引起上游居民严重不满，双方由此

而爆发战争。

　　禹战胜相繇后，为了排除农田积水，几番努力都没有取得
成效，不得已只好将土堆积成山冈。于是，群帝（或其后裔）纷
纷在这些土冈上建造起祭祀台（不排除也有观星台或其他功能的
台），其方位就在昆仑之北。由于《五藏山经》记述的昆仑丘位
于今日黄河河套以南，因此上述众帝之台（《海内北经》记其名
为帝尧台、帝喾台、帝丹朱台、帝舜台，其实还应有共工台、轩
辕台）很可能在黄河北侧的河套地区，这里也正是先夏时期古城
遗址最集中的地区之一。对比古埃及的金字塔，以及美洲玛雅人
的金字塔，帝禹时代的众帝之台当亦有一定的规模；遗憾的是，
可能是由于建筑材料等原因，我国古代的金字塔式建筑物，没有
能够留存下来。

有岳之山，寻竹
生焉。

大荒之中，有山名
不句，海水入焉。

有系昆之山者，有
共工之台，射者不敢
北乡。

有座岳山，寻竹就长在这里。

大荒之中，有座山名叫不句山，海水注入这里。

有座系昆山，山上有共工台，射箭的人不敢面向北方射箭。

郭璞认为寻竹为大竹，袁珂认为寻竹为长竹。由于竹类不耐寒，而岳山的方位在北方，不太可能生长高大的竹类。因此，经文"寻竹生焉"疑原作"寻木生焉"，亦即《海外北经》所述"寻木长千里，在拘缨南，生河上西北"。

不句山"海水入焉"，袁珂认为应作"海水北入焉"。海水入山的景观有五处，即《大荒南经》的融天山、天台高山，《大荒北经》的先槛大逢山、北极天柜山、不句山。郝懿行认为："盖海水所泻处，必有归墟、尾闾为之孔穴，地脉潜通，故曰入也。"袁珂认为："海水入山，盖古人臆想，近神话矣。"其实，解释为海峡地貌或海峡之中的岛山，可能更接近事实。句，通勾，意为弯曲；不句山，意为不弯曲的海峡，其地望或指今东北亚的鞑靼海峡、宗谷海峡。

《庄子·秋水》："天下之水，莫大于海，万川归之，不知何时止而不盈；尾闾泄之，不知何时已而不虚。"成玄英疏引《山海经》(今本无)："羿射九日，落为沃焦。"吴任臣《山海经广注》辑《山海经佚文》："沃焦在碧海之东，有石阔四万里，居百川之下，故又名尾闾。"其实沃焦乃巨型陨石入海者，与归墟、尾闾的结构并不相同。

现存版本《山海经》将此处经文"有系昆之山者，有共工之台，射者不敢北乡"与下文"有人衣青衣，名曰黄帝女魃"云云断句为一节，于意不妥。共工台的内容本应与上文"共工之臣名曰相繇"以及禹杀相繇、众帝建台的内容为一节，它们叙述的是一段完整的故事；而下文黄帝女魃、应龙杀蚩尤则是另外的一段独立完整的故事。因此，如果把共工台的文字与黄帝女魃的文字连成一段，容易使人误解为共工与黄帝女魃曾处在同一时间、同一地点。但是，在《山海经》与其他古籍里，并没有这样的记载，我们今天不应当由于错用标点符号和断句，而使远古信息再一次发生歧变。事实上，《海外北经》记述禹杀相柳、众帝建台、共工台即为连句在一起。

在《山海经》里，只有轩辕台和共工台拥有射者不敢指向的威严。

有个人穿着青色的衣服，名叫黄帝女魃。蚩尤起兵讨伐黄帝，黄帝就命令应龙在冀州野攻击蚩尤。应龙储存了很多水，蚩尤请来风伯、雨师作法，暴发一场大风雨。黄帝就降下一位名叫魃的天女，女魃将雨水止住，于是杀死了蚩尤。女魃不能重回天上，她所居住的地方也不能下雨。叔均将此事告知天帝，天帝后来就把女魃安置在赤水的北面。叔均就成为田地的先祖。女魃也时常流亡到此，所有想驱逐她的人，就命令说："请女魃神向北去吧！"随后人们就先清除水道，疏通淤塞的沟渠。

《山海经》很少直接记述什么人穿什么样的衣服，除了君子国、丈夫国"衣冠带剑"之外，突出强调的就是此处女魃"衣青衣"。

有人衣青衣，名曰黄帝女魃。蚩尤作兵伐黄帝，黄帝乃令应龙攻之冀州之野。应龙畜水，蚩尤请风伯雨师，纵大风雨。黄帝乃下天女曰魃，雨止，遂杀蚩尤。魃不得复上，所居不雨。叔均言之帝，后置之赤水之北。叔均乃为田祖。魃时亡之，所欲逐之者，令曰："神北行！"先除水道，决通沟渎。

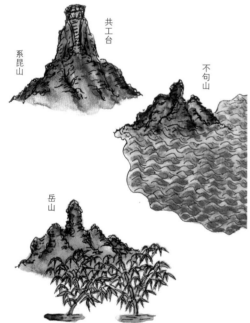

系昆山 / 共工台 / 不句山 / 岳山

魃

显然，女魃穿青衣应当有着特殊的巫术文化涵义，或许意在通过象征万里无云的蓝天，以达成其"晴空无雨"的功能。不过，后世却将女魃衣青衣的威严形貌变成了不受人欢迎的秃头模样，郝懿行注："《玉篇》引《文字指归》曰：'女妭，秃无发，所居之处，天不雨也，同魃。'"

《路史·后纪四》："蚩尤姜姓，炎帝之裔也。"并注引《世本》："蚩尤作五兵，戈、矛、戟、酋矛、夷矛。"《太平御览》卷78引《龙鱼河图》："蚩尤兄弟八十一人，并兽身人语，铜头铁额，食沙石子。"《述异记》称蚩尤"食铁石""人身牛蹄，四目六手""耳鬓如剑戟，头有角。"《皇览·冢墓记》："蚩尤冢，在东平寿张县阚乡城中，高七丈，民常十月祀之。有赤气出如匹绛帛，民名为蚩尤旗。肩脾冢，在山阳巨野县重聚，大小与阚冢等。传言黄帝与蚩尤战于涿鹿之野，黄帝杀之，身体异处，故别葬之。"据此，蚩尤是一个庞大的部落联盟体的统帅，他首先使用戈、矛、戟等青铜兵器和头盔。蚩尤旗，《史记·天官书》："蚩尤之旗，类彗而后曲，象旗，见者王者征伐四方。"其实，蚩尤旗除指彗星外，亦可指北极光。民间相传蚩尤"阚姓"，"阚"意为"望""虎怒貌"。

黄帝部落与蚩尤部落的战争，可能持续了很长一段时期，其战场大体在太行山一线，北起涿鹿，南越黄河。"黄帝令应龙攻之（蚩尤）冀州之野"，表明冀州原属蚩尤族的领地。《禹贡》九州之首为冀州，其范围约包括今日山西省中南部、河北省大部以及河南省的北部。春秋时尚有古国名冀，在今山西省河津市。《淮南子·地形训》："少室、太室在冀州。"冀的字形可能指一种特殊的服饰装束或某种地形地貌（古代地名之字，往往就是一幅地图），其下半部的字形"異"相当于"黄"字里的"田"字符被移到了上面，两者极为相近，或许"冀"字的本义是与"黄"相背，意为居住在这里的部落与黄帝部落不同。据此可以推知确实是黄帝部落的人发明了"冀"字，这也符合黄帝之臣苍颉造字的传说。

经文"应龙畜水，蚩尤请风伯雨师，纵大风雨。黄帝乃下天女曰魃，雨止，遂杀蚩尤。魃不得复上，所居不雨"云云，在记述中国古代的一场水利气象战的同时，也在客观上记录了先夏时期的自然气候变迁。第一阶段为"应龙畜水",即上游的人筑坝截留水资源,不给下游的人用(不排除抬高水位后再突然放水,以冲毁下游农田、城池)。第二阶段为"蚩尤请风伯雨师,纵大风雨",即天降大雨,冲毁水利设施,淹没农田。第三阶段为"黄帝乃下天女曰魃,雨止,遂杀蚩尤",即气候由潮湿多雨转变为干旱少雨,黄帝趁势出兵,一举击败蚩尤。事实上,在历史上某种气候变化对甲地区有利而对乙地区有害的情况经常发生,严重时可导致民族、国家力量的此消彼长。第四阶段为"魃不得复上,所居不雨",即气候变得更加干旱,严重影响到农业生产和人民的生活。第五阶段为"叔均言之帝,后置之赤水之北",女魃被安排到赤水之北居住,即赤水以北为干旱区,其他地区的气候和降雨量恢复正常。"魃时亡之,所欲逐之者,令曰:'神北行!'先除水道,决通沟渎",意思是当旱灾发生时,要进行驱逐旱魃的巫术,并提前疏通排水渠道。

《五藏山经》记有许多能够呼风唤雨的神人,风伯当系蚩尤族的巫师或以风为图腾的部落,亦即羿射日除害之大风(凤)。后世又传风伯名姨,风神又名风姨或封十八姨。雨师或即《海外东经》的雨师妾。叔均为后稷之裔,"叔均言之帝",当指天帝或先祖之帝,因为这已经是黄帝后裔的行为了。

有人正在吃鱼,名叫深目民国,这里的人姓盼,以鱼类为主食。

有一座钟山。有一个女子穿着青色的衣服,名叫赤水女子献。

深目国已见于《海外北经》,郭璞注:"亦胡类,但眼绝深,黄帝时姓也。"袁珂注谓"黄帝时姓"或作"黄帝时至"。据此,先夏时期曾有西方人迁徙到中国。钟山疑应与后文章尾山互换。吴承志认为"赤水女子献"即置之赤水之北的女魃。

大荒之中,有座山名叫融父山,顺水流入这里。有个人名叫犬戎。黄帝生了苗龙,苗龙生了融吾,融吾生了弄明,弄明生了白犬。白犬雌雄同体,生下了犬戎族人,以肉为主食。有一种红色的野兽,它长着马的样子却没有头,名叫戎宣王尸。

有人方食鱼,名曰深目民之国,盼姓,食鱼。

有钟山者。有女子衣青衣,名曰赤水女子献。

大荒之中,有山名曰融父山,顺水入焉。有人名曰犬戎。黄帝生

苗龙，苗龙生融吾，融吾生弄明，弄明生白犬；白犬有牝牡，是为犬戎，肉食。有赤兽，马状无首，名曰戎宣王尸。

本经下文"有犬戎国。有神，人面兽身，名曰犬戎"当与此处经文为一节文字。犬戎国在《海内北经》里又名犬封国，其场景为"有一女子，方跪进杯食"。苗龙、融吾、弄明的形貌及其事迹不详。苗有因由之意（苗裔），又指夏季田猎，苗龙或即龙的传人。融意为火、光明，弄为戏耍、扮装，融吾与弄明意相近。弄明或作下明、并明。郝懿行注谓："（《汉书·匈奴传》）又云'黄帝生苗，苗生龙，龙生融，融生吾，吾生并明，并明生白，白生犬，犬有二壮，是为犬戎。'所引一人，俱为两人，所未详闻。"

袁珂认为此处犬戎神话盖盘瓠神话之异闻，并进一步指出："此一神话，或又与《海内经》所记'黄帝生骆明，骆明生白马，白马是为鲧'有关，或亦同一神话之分化也。此经'马状无首，名曰戎宣王尸'之'犬戎之神'，其遭刑戮以后之鲧乎？不可知已。"其实，戎宣王尸乃盘瓠所杀之房王，房王即戎王，而房即天驷星、马祖。

《搜神记》称，高辛氏为帝时，房王作乱，众将不敌，高辛帝有五色犬名盘瓠，潜入敌营，咬房王首级而还，高辛帝妻以三公主，后生三男三女，男初生尚有犬尾，遂为犬戎国。《广异记》称，高辛时有人家生一犬，状如小牛，主人怪而弃于道下，七日不死，主人复收之，以盘盛之献高辛帝，遂名之盘瓠，后立战功，帝妻以公主，生有七男。瑶族盘护王故事称，龙狗盘瓠杀番王有功，高辛妻以三公主，俗称狗王。畲族民间故事称，高辛生于凤凰山，随风而长，成年后悬松枝火把为日，编柳条球为月，钉宝石补天裂而成星，后又创生植物、动物、人类，教人穿衣、牧羊、耕田；一日高辛耳痒，三年后爬出一条金虫，置金盘上化为龙狗，此后事迹与盘瓠相类。

赤水女子献

有座山名叫齐州山、君山、鬶山、鲜野山、鱼山。

有个人长了一只眼，眼睛长在面部中间。另一种说法是姓威，少昊的后裔，以黍为主食。

齐可通斋；鬶为蒸煮类烹器，状如大釜或上大下小的鼎，《诗·桧风·匪风》："谁能亨（烹）鱼？溉之釜鬶。"上述诸山场景似是君子在举行斋祭，烹制着鲜美的猎物和鱼。

《山海经》里有"州"字的地名如下：《五藏山经》中次十经复州山，《大荒东经》夏州国，《大荒南经》陈州山、东州山，《大荒西经》弇州山、州山，《大荒北经》鲧攻程州山、始州国、冀州野、齐州山，《海内北经》河州，《海内东经》都州（又名郁州）、长州，《海内经》九州。据此可知，以州为地名，实际上起自《大荒四经》时代（或许始州国是最早以州为地名的地方），而在《海内经》之前并没有九州的概念。

在我国古代典籍里，九州之说首见于《尚书·禹贡》，内容为"禹别九州，随山浚川，任土作贡。禹敷土，随山刊木，奠高山大川"。九州依次为冀州、兖州、青州、徐州、扬州、荆州、豫州、梁州、雍州，其地理范围大体与《五藏山经》相同；其中，冀州的方位区域与《北山经》接近，青州、徐州与《东山经》接近，扬州与《南

有山名曰齐州之山、君山、鬶山、鲜野山、鱼山。

有人一目，当面中生。一曰是威姓，少昊之子，食黍。

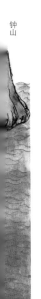

山经》接近，荆州、豫州、梁州与《中山经》接近，雍州（包括
梁州一部分）与《西山经》接近。此外，《禹贡》的方位顺序为北、
东、南、中、西，与《五藏山经》南、西、北、东、中亦不同。《禹
贡》记述有九条山脉，《五藏山经》则记述有二十六条山脉。

威姓一目人，郝懿行认为即《海外北经》的一目国，袁
珂注谓：《海内北经》有鬼国，亦即此；威、鬼音近。"从
形貌来看，此地的少昊后裔类似"连眉一目"的防风像，亦
即戴着"一目"形状面具进行巫术活动的人。古代巫术活动
中（例如萨满跳神、傩戏），巫师往往要装扮成神、鬼或其
他象征物，为此就需要改变其本来的面目，常用的方法是绘
面和戴面具。

值得注意的是，在彝族讲述万事万物起源的创世史诗《查
姆》中，将古人类分为"拉爹"（独眼睛人）、"拉拖"（直眼睛人）
和"拉文"（横眼睛人）三个时代（参阅庹修明先生的《傩戏·傩

文化》)。或许，"有人一目，当面中生"，描述的正是巫师表演人类发展历程的一个场景。

　　有一种人称作继无民，继无民姓任，是无骨民的后裔，以气、鱼类为主食。

　　在西北海外，流沙的东面，有个国家名叫中辐国，是颛顼的后裔，以黍为主食。

　　继无或作无继，即上文无继国，其父辈名曰无骨。郭璞注："言有无骨人也。《尸子》曰：'徐偃王有筋无骨。'"袁珂注："无骨，即下文牛黎之国，亦即《海外北经》柔利国也。"郝懿行注："食气、鱼者，此人食气兼食鱼也。《大戴礼·易本命篇》云：'食气者神明而寿。'"食气，即调节呼吸或直接从空气中获取生命所需元素。此外，气又指构成宇宙万物的基本结构，也是人与万物沟通的载体，《淮南子·泰族训》："黄帝曰：'芒芒昧昧，因天之威，与元同气。'故同气者帝，同义者王，同力者霸，无一焉者亡。"辐

有继无民，继无民任姓，无骨子，食气、鱼。

西北海外，流沙之东，有国曰中辐(biǎn)，颛顼之子，食黍。

鹅山
鲜野山
君山
鱼山
齐州山
一目民

中辐国
继无民

或作轮，中字有不偏不倚之意，"中辐"意为校正车轮使其正圆。

有个国家名叫赖丘国。

有个犬戎国，有一个神，长着人的面孔、野兽的身子，名叫犬戎。

有国名曰赖丘。
有犬戎国。有神，
人面兽身，名曰犬戎。

赖，依赖，利也，通懒。丘，丘陵，小山、土堆，坟墓，废墟，聚居地；通巨，大也，长也；古代田地区划，《周礼·地官·小司徒》："四邑为丘。"郑玄注："方四里。"据此，赖丘国人可能是依赖别人施舍的人，或者在废墟里讨生活的人，也可能是最早的盗墓者。

此处犬戎国即上文白犬后裔犬戎，又称狗国。《淮南子·地形训》："烛龙在雁门北，蔽于委羽之山，不见日，其神人面龙身而无足。后稷垅在建木西，其人死复苏，其半鱼在其间。流黄、沃民在其北方三百里，狗国在其东。雷泽有神，龙身人头，鼓其腹而熙。"据此，犬戎国约在今日我国北方的阴山

犬戎国

赖丘国

山脉一带。

西北海外，黑水的北面，有个人有羽翼，名叫苗民。颛顼生了骧头，骧头生了苗民，苗民姓厘，以肉类为主食。有座山名叫章山。

郭璞认为此处苗民即《海外南经》的三苗国。袁珂注："骧头国亦见《海外南经》，即丹朱国也。此云'骧头生苗民'者，盖丹朱与苗民神话之异传，明此两族关系密切也。"并认为苗民厘姓亦黄帝之裔也。苗民"食肉"，疑当作"食鱼"，因《海外南经》称其"方捕鱼"。

《世本·帝系篇》："尧娶散宜氏之子，谓之女皇，女皇生

西北海外，黑水之北，有人有翼，名曰苗民。颛顼生骧头，骧头生苗民，苗民厘姓，食肉。有山名曰章山。

骧头

颛顼

丹朱。"该部落生活在秦岭以南的丹水一带,与三苗(又称有苗、南蛮)关系密切。后来,因丹朱和三苗反对帝尧传位于舜,被流放到南方,其后裔即驩头民。但是,此处经文却称"颛顼生驩头",而且驩头居住在"西北海外,黑水之北",或可表明该部落曾经从北方远距离迁徙到丹水地区,后又再次迁徙到更偏远的南方。《竹书纪年》称:"后稷放帝朱于丹水。"《太平御览》卷63引《尚书逸篇》云:"尧子不肖,舜使居丹渊为诸侯,故号曰丹朱。"《汉学堂丛书》辑《六韬》云:"尧与有苗战于丹水之浦。"这是因为丹水乃南北交通要道,历来均为兵家必争之地。

胜者王侯败者贼,丹朱、三苗也被丑化了。《神异经·西荒经》:"西方荒中有人,面目手足皆人形,而胳下有翼,不能飞;

章山

苗民

黑水

为人饕餮，淫逸无理，名曰苗民。"丹朱城相传在今河南省内乡县西南百三十里的丹水畔，民间故事称丹朱来到丹水后，改邪归正，为当地人做了许多好事，后在与发洪水的恶龙斗争中不幸遇难，民众将其葬在山冈，墓如罗圈椅子，坐北朝南。又说丹朱墓名单珠固堆，在今河南范县濮城黄河北岸的一个地势高的村子里。丹朱本名叫麻，因瞎了一目，故名单珠，单珠欲害其父尧夺取帝位，就建了一个宫殿，想骗帝尧进去，帝尧识破其阴谋，让单珠先进去，然后立即关上大门，命人运土将宫殿埋住，这里就成了单珠墓。

大荒之中，有衡石山、九阴山、洞野山，山上有红色的树木，青色的叶子，红色的花朵，名叫若木。

有个牛黎国。有一种人骨骼松软像没有骨头，是儋耳国的

大荒之中，有衡石山、九阴山、洞野之山，上有赤树，青叶，赤华，名曰若木。

有牛黎之国。有人无骨，儋耳之子。

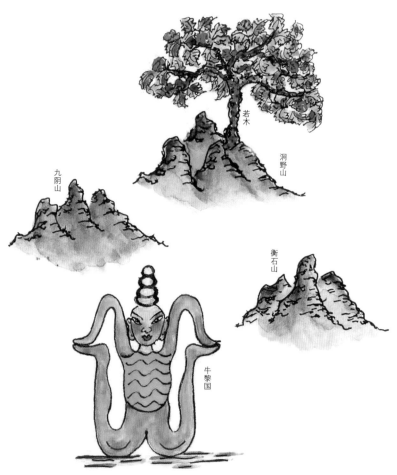

若木

洞野山

九阴山

衡石山

牛黎国

后裔。

洄野山或作灰野山，洄意为远。若有顺从、选择之意，又为海神之名，《庄子·秋水篇》记有河伯至北海与海神若的对话。此处若木，郝懿行认为指西方日入之所的神树，《离骚》："折若木以拂日。"王逸注："若木在昆仑西极，其华照下地。"《淮南子·地形训》："若木在建木西，末有十日，其华照下地。"郝懿行并指出，《文选·月赋》注引此经若木下有"日之所入处"五字，《水经·若水注》引此经有"生昆仑山西附西极"八字，郭璞注此经有"其华光赤下照地"等字，疑是经文误入注文。牛黎国即《海外北经》的柔利国，"无骨"即柔术表演。儋耳即《海外北经》的聂耳，此经称牛黎国人为儋耳之子，或可表明"儋耳"亦有杂技表演的性质。

西北海之外，赤水之北，有章尾山。有神，人面蛇身而赤，直目正乘，其瞑乃晦，其视乃明，不食不寝不息，风雨是谒。是烛九阴，是谓烛龙。

在西北海以外，赤水的北面，有座章尾山。有一个神，人面蛇身而全身是红色的，它的双眼竖立长在面部正上方，他闭上双眼就是黑暗的黑夜，他睁开双眼就是光明的白昼，他不吃饭、不睡觉、不休息，以喝风吸雨为营养。他就像烛光一样照耀阴暗的地方，他的名字叫作烛龙。

《大荒北经》多处提及西北方的赤水，它在当时应是著名地理景观和标志，可能因发源或流经富含赤铁矿的地区而成赤色。

烛龙即《海外北经》钟山之神烛阴，其形貌或源自北极光，以风雨为食，具有开天辟地之神力。郭璞认为直目即纵目，袁珂认为正乘指烛龙"目合缝处直也"。"是烛九阴"，郭璞注："照九阴之幽阴（隐）也。"其实，此处"九阴"或可指上文的九阴山。《淮南子·地形训》："烛龙在雁门北，蔽于委羽之山，不见日。"高诱注："委羽，北方山名。"近年我国发现多处 8000 年前至 5000 年前的蚌石摆塑龙、虎等艺术图案，其中辽宁省阜新蒙古族自治县查海聚落遗址中心处有一长约 20 米、宽约 2 米由红褐色石块摆、堆塑成的巨龙图案，昂首张口，身呈腾飞之势，距今 8000 年。烛龙或即此也。

海内四經全圖

烛龙

章尾山

赤水

第十四篇

海内南经

《海内四经全图》系《山海经艺术地理复原图》组画之十九。

　　为了科学艺术地再现那个时代的人文景观，因此在绘制《海内四经全图》的时候，我们根据历代学者的研究考证成果，对诸场景的方位做了若干调整。关于竹简错乱原因，徐旭生在《读山海经札记》指出：“平常典籍，每节较长，各节相属，有意义可寻，故再系时讹误可较少。《山海经》则每节颇短，每简可书一节。散乱后即无从寻得其互相联属之意义，故错简特多。不惟每卷中前后讹误，且可此卷挽入彼卷。”

　　《海内四经》出现许多周朝以降的地名，例如闽、瓯、燕、朝鲜、倭等，可知其撰写时间当在武王伐纣、周朝立国之后。兕犀类动物在《五藏山经》里多有记述，而在《海内四经》里则已变成罕见之物，据此可知其撰写时间距离《五藏山经》时代当有一段漫长的过程。《穆天子传》卷一记有周穆王祭祀黄河后：『乃至于昆仑之丘。以观春山之宝。赐语晦，天子受命，南向再拜。己末，天子大朝于黄之山，乃披图视典，用观天子之宝器。』或许，周穆王所披之图、所视之典就有《海内四经》。

（我们的）考察路线是从海内东南角向西的地方。

《海内南经》自东南向西南记述有 16 处场景。

海内东南陬以西者。

瓯这块高地居于海中。闽也在海中，它的西北有山。另一种说法是闽中山在海中。

三天子鄣山在闽西海北。另一种说法是在海中。

桂林八树在番隅的东面。

郭璞注："今临海永宁县，即东瓯，在岐海中也，音呕。"杨慎云："郭注岐海，海之岐流也，犹云稗海。"袁珂注："瓯即东瓯，即今浙江省旧温州府地。又有西瓯，即今广西壮族自治区贵县地。"郝懿行引《逸周书·王会篇》："欧人蝉蛇。"蝉，知了，又指薄如蝉翼的丝绸。瓯字意为盆盂类瓦器，亦指狭小的高地。闽字形意为家中有蛇，其地即今浙江、福建两省南部。吴任臣注："何乔远《闽书》曰：'按谓之海中者，今闽中地有穿井辟地，多得螺蚌壳、败槎，知洪荒之世，其山尽在海中，后人乃先后填筑之也。'"三天子鄣山又名三天子都、三王山，郭璞称其"今在新安歙县东"。我国南方以桂树为地名者，有广西桂林、桂平和湖南桂阳。郭璞注："八树而成林，信其大也。"番隅或作贲隅。

瓯居海中。闽在海中，其西北有山。一曰闽中山在海中。

三天子鄣山在闽西海北。一曰在海中。

桂林八树在番隅东。

伯虑国、离耳国、雕题国、北朐国，都在郁水的南面。郁水出自湘陵，注入南海。另一说法认为叫相虑国。

伯虑又名相虑，毕沅认为相虑当作柏虑，郝懿行注："《伊尹·四方令》云：'正东伊虑。'疑即此。"伯虑国之名当有所指，如果不是音译之字，或者没有讹字，那么伯可指父辈、兄长或地方长官，虑有思考、谋划、忧虑之意，其名或许指当地诸事都要由官长一手安排。

郭璞注："镂离其耳，分令下垂以为饰，即儋耳也。在朱崖海渚中。不食五谷，但啖蚌及藷蓣也。"郝懿行认为此处离耳为南儋耳，亦即《伊尹·四方令》所说"正西离耳"，《大荒北经》任姓禺号子儋耳则为北儋耳。据此，"离耳"之名出自当地人耳垂长的装饰特点，其方法是对耳垂施行手术（镂即刻镂）或佩戴

伯虑国、离耳国、雕题国、北朐国皆在郁水南。郁水出湘陵南海。一曰相虑。

比较重的耳饰，与北方的儋耳未必是一族。古人除服装（包括鞋帽）外，经常还要对人体各部位进行装饰，主要涉及头（包括发饰、耳饰、鼻饰、牙饰、文面、绘面）、颈、胸、腰、臂、腕（手足）、指甲等部位，《山海经》的国名、人名多有根据装饰特点而命名者。

郁水或作郁林，南海或作南山，当以郁水、南海为宜；疑经文原作"郁水出湘陵，入南海"，所谓"湘陵"当指湘江一带山陵，"南海"可指南方之海或湖泊。

相传《山海经》原本有图，可惜久已失传，现存山海经插图为明末清初人所绘。事实上为《山海经》绘图是一项非常不易的工作：根据《山经》绘图的难点在于山川方位的考证以及视角比例的变换；根据《海经》绘图的难点在于原文过于简单，往往仅有一个国名、族名、人名，例如伯虑国、北朐国，而当时的服饰又缺少相应的资料可借鉴，因此难免要用想象来充实其形貌。

题字本义指头颅，雕题即在额部、面部刺刻图案，属于文身装饰的重要形式。文身的方法是先用尖状物（石、骨、竹、木制）在皮肤上刺出所需图案的浅痕，再涂抹颜料（植物汁、锅烟、矿物粉等），皮肤自然结疤后图案便可长期保留下

来。我国傣族、黎族、独龙族、布朗族、高山族、基诺族、珞巴族都有文身习俗，有的民族男女均文身，有的民族仅女性或仅男性文身，施行时间多在及笄之年或成丁之年，亦有自幼就开始文身的。今日我国南方少数民族的老者面部仍然保留着年轻时的雕题图案，例如蝴蝶图，位置在两眼以下、嘴以上的面颊。文身是由绘身发展而成的，安徽蚌埠淮河畔曾出土一件模拟男童造型的陶塑文面人头像，表明先夏时期就已有文身。

北朐国，郭璞注："未详。"郝懿行注："疑即北户也。《尔雅疏》引此经作北煦，户、煦声之转。《尔雅·释地》四荒有北户，郭

北朐国

注云北户在南。"北,北方,亦指败走,亦通背。朐,屈曲的干肉,车轭两边叉马颈的曲木。煦,温暖。户,单扇的门或窗,亦指酒量。据此,"北朐"可能指一种驾驭牲口的方式,"北户"可指向北开门窗的房子,"北煦"有避暑之意,与"北户"的用意相同,符合南方炎热地区的需要。

事实上,《山海经》国名、人名的用字均有所指,这有助于我们今天通过"望文解义"的方法复原或部分复原其所承载的古代文明信息。《道德经》:"道可道,非常道。名可名,非常名。无名天地之始,有名万物之母。"老子的话,揭示出命名行为对人类文明发展的重要作用,"无名"即处于自然状态,"有名"则进入智慧领域(在信息学里,"名"是一种信息集成结构,它的出现有助于大脑里的信息实现归类和积累)。动物的智力之所以不能继续提高,是因为它们没有命名事物的能力;而人类文明则始于给万事万物起名,人类自述的文明史亦起始于人有名的那一天。从这一天起,一个人做的事情与他的名称同时被记忆下来,这就是历史:什么人做过(包括看到、听到、想到)什么事。从这个角度来说,《山海经》的文明价值正在于它保留下来大量的古人(包括国、族)名称,这些名称所承载的文明信息是出土的瓦片所不能替代的。

枭阳国在北朐之西,其为人人面长唇,黑身有毛,反踵,见人笑亦笑;左手操管。

枭阳国在北朐国的西面,那里的人长着人的面孔、长长的嘴唇,黑色的身子长有毛,脚跟在前而脚尖在后,看见别人笑他也跟着笑,左手拿着一根管子。

枭阳或作枭羊,郭璞认为其即狒狒,亦即《海内经》的赣巨人,并注谓:"今交州南康郡深山中皆有此物也。长丈许,脚跟反向,健走,被发,好笑;雌者能作汁,洒中人即病;土俗呼为山都。南康今有赣水,以有此人,因以名水。"袁珂先生旁征博引指出,狒狒类动物在古代北方又称吐喽、山膜,亦即《北山经》狱法山的山犟,或谓即一足夔,后世又传为山精、山魅等,《神异经·西荒经》云:"西方深山中有人焉,身长尺余,袒身捕虾蟹,性不畏人。见人止宿,暮依其火以炙虾蟹。伺人不在而盗人盐,以食虾蟹,

名曰山臊，其音自叫。人尝以竹著火中，爆烞而出，臊皆惊惮，犯之令人寒热。此虽人形而变化，然亦鬼魅之类，今所在山中皆有之。"不过，经文"左手操管"乃人类行为，而称枭阳为国者，或可表明其尚处于半开化阶段，有点类似我们今天所说的野人或仍然处在原始社会阶段的民族。

　　兕在舜埋葬地的东面，湘水的南面，它的样子像牛，身子是青黑色的，长着一只角。

　　苍梧山，帝舜埋葬于这座山的阳面，帝丹朱埋葬于这座山的阴面。

　　兕，皮厚，可制甲，《五藏山经》多处均有记载，并不以为稀奇。此处专门记述兕在舜葬东、湘水南，并描述其形貌，当表明在《海内四经》时期这种动物已经很稀少了。《大荒南经》称苍梧之野"舜与叔均所葬"，并记有大量随葬品；《海内经》称苍梧之丘有九疑

兕在舜葬东，湘水南，其状如牛，苍黑，一角。

苍梧之山，帝舜葬于阳，帝丹朱葬于阴。

犀牛

氾林方三百里，在狌狌东。

狌狌知人名，其为兽如豕而人面，在舜葬西。

狌狌西北有犀牛，其状如牛而黑。

山，乃"舜之所葬"，但未言随葬品。此处称帝舜与帝丹朱同葬一山，凡此种种差异或系不同时代的人祭祀不同的先祖之故。《山海经》中屡屡称帝丹朱，却未见称帝禹，或可表明帝丹朱曾经历一个显赫的时代。郭璞称丹阳有丹朱冢。

氾林方圆三百里，在狌狌栖息地的东面。

狌狌能听出人的声音，这种野兽的形貌像猪却长着人的面孔，生活在舜埋葬地的西面。

狌狌的西北面有犀牛，它的样子像牛而身子是黑色的。

氾林在狌狌东，而狌狌又在舜葬西，可知氾林位于舜葬附近，属于墓葬林地。《南山经》南次一经之首招摇山有狌狌"其状如禺而白耳，伏行人走"，未言其"知人名"。《水经注校·叶榆水》（卷37）云："（封溪）县有猩猩兽，形若黄狗，又状狟狟。人面，头颜端正，善与人言，音声丽妙，如妇人好女。对语交言，闻之无不酸楚。其肉甘美，可以断谷，穷年不厌。"《后汉书·西南夷传》云："哀牢出猩猩。"李贤注引《南中志》称，山中猩猩百数为群，喜食酒、穿草鞋，当地人以此为饵，诱捕猩猩，猩猩见到后，便知设饵者姓名，但耐不住诱惑终被人捕。根据"猩猩知人名"的描述，表明这不是普通的猩猩，而是类似野人。

越来越多的事实表明，用"直立行走""使用工具""使用语音符号"的传统标准已经不能准确地区分猿类与人类。在这种情况下，有必要使用一种更具操作性的评判标准区分人与猿，这个标准就是能否使用火。事实上，根据生物智力进化论，"使用火"的行为标志着生命智力的一次巨大的具有里程碑性质的飞跃，也是大脑思维智力信息系统对基因层次生命智力信息系统的首次具有突破性意义的超越。鉴于此，仅仅能够"直立行走""使用工具""使用语音符号"的猿类，应该称之为直立猿；当有一部分直立猿勇敢地举起火把的时候，这些直立猿就进化成为直立人；而那些没有能够使用火的直立猿，曾经长期与直立人并存于世，并且被人类称之为"野人"，亦即《山海经》记述的"山膏善詈""枭阳国""赣巨人""猩猩知人名"。

夏后启的大臣叫孟涂，他的神职是司掌巴族的事物，人们都在孟涂那里请求诉讼，衣服上有血迹的人就被抓捕，是生者的请求。孟涂的房子位于大山上，这座山在丹山的西面。丹山在丹阳的南面，丹阳是巴的属地。

《水经注校·江水》（卷34）引《山海经》云："夏后启之臣（曰）血涂，是司神于巴，巴人讼于血涂之所，其衣有血者，执之是请（谓）。生居山上，在丹山西。"王国维所校《水经注》的断句与现存版本《山海经》有所不同。此处经文"丹山在丹阳南"十一字，原为郭璞注。《路史·后纪十三》称丹山即巫山，并引《巫山县志》云："孟涂祠在县南巫山下。"巴，地名，位于今四川省北部大巴山以及东部长江三峡一带，居住在这里的古人称为巴人，是我国古老的民族之一。孟涂当系夏后启任命的巴地大法官，所谓"血涂"即以血迹所在判断是非；"司神于巴"，表明这种断案方法采用了某种巫术形式，属于"神判"性质，相传尧臣皋陶就使用一角神羊来断案。

窫窳长着龙一样的头，住在弱水中，居住在能听出人的声音的狌狌的西面，它的头像龙的头，能吃人。

有一种树林，它的样子像牛，剥下它的树皮，样子像缨子、像黄蛇。它的叶子如星罗棋布，它的果实像栾树的果实，它的树干像蓝木，它名叫建木，生长在窫窳西面的弱水上。

《五藏山经》北次一经少咸山记有异兽："其状如牛而赤身，人面马足，名曰窫窳，其音如婴儿，是食人。"《海内西经》称窫窳"蛇身人面"，被危与贰负杀死后，有六巫用不死药救之。郭璞认为此处窫窳，即"为贰负臣所杀，复化而成此物也"。在古史传说里，窫窳又称猰貐，为古代著名部落或食人猛兽。《山海经》多处提及弱水，大多位于西北地区，但此处弱水位于西南地区。

建木如牛，郭璞注："《河图玉版》说，芝草树生，或如车马，或如龙蛇之状,亦此类也。"其实，牛字本有大意,植物种之特大者，其名前可加牛字形容。"引之有皮"者，即剥下的建木树皮有丝絮状如冠缨或黄蛇。"其叶如罗"，或谓绫罗，或谓网罗，或亦可

夏后启之臣曰孟涂，是司神于巴，人请讼于孟涂之所，其衣有血者乃执之，是请生。居山上；在丹山西。丹山在丹阳南，丹阳居属也。

窫窳龙首，居弱水中，在狌狌知人名之西，其状如龙首，食人。

有木，其状如牛，引之有皮，若缨、黄蛇。其叶如罗，其实如栾，其木若蓲，其名曰建木。在窫窳西弱水上。

指其树的树叶呈星罗棋布状。栾木已见《大荒南经》云雨山"群帝焉取药"。郝懿行认为蓝即刺榆,《尔雅·释草》称蓝即葵的别名,指初生的荻,似苇而小。《海内经》记有九丘建木,袁珂认为建木即"天梯"。

氏人国在建木西,
其为人人面而鱼身,
无足。

氏人国在建木的西面,那里的人长着人的面孔却是鱼的身子,没有脚。

郭璞注:"尽胸以上人,胸以下鱼也。"袁珂认为此处氏人即《大荒西经》的互人,亦即《海内北经》的陵鱼之类。世界上许多民族都流传有美人鱼的故事或人鱼的传闻,其原因一是水中确实有形貌接近人的动物,二是古代巫术活动中有人装扮成鱼的习俗,例如颛顼又称鱼妇。

巴蛇食象,三岁而
出其骨,君子服之,无
心腹之疾。其为蛇青黄
赤黑。一曰黑蛇青首,
在犀牛西。

巴蛇吃象,三年才吐出象的骨头,君子食服它,就不会患心腹部的疾病。那些蛇的皮有青、黄、红、黑各色交杂。也有一种说法是巴蛇的身子是黑色的,头是青色的,生活在犀牛栖息地的西面。

郭璞注:"今南方蟒蛇吞鹿,鹿已烂,自绞于树腹中,骨皆穿鳞甲间出,此其类也。《楚辞·天问》曰:'一蛇吞象,厥大何如?'

说者云长千寻。"《淮南子·本经训》称羿射日除害有"断修蛇于洞庭"，袁珂注引《江源记》"羿屠巴蛇于洞庭，其骨若陵。曰巴陵也"，《岳阳风土记》"今巴蛇冢在州院厅侧，巍然而高，草木丛翳。兼有巴蛇庙，在岳阳门内""象骨山。《山海经》云：'巴蛇吞象。'暴其骨于此。山旁湖谓之象骨港。"指出上述传闻均出自《淮南子》所记。或许，古人关于修蛇、巴蛇、长蛇的种种传闻，亦出自对恐龙化石的推测。古代这种巨型化石要比今日更多出露，当能引起当时人们的震惊和对古人的联想。

我国古代中原地区曾有野象生息，并被古人驯化。已故画家徐悲鸿先生在创作《愚公移山》时，画面上就有大象帮助人们运山石。袁珂认为古史传说中舜与其弟象的矛盾和斗争，即人类驯服野象的过程。在其所著《中国神话大词典》舜耕历山节称："近代坊间所刻《二十四孝图说》所绘图像，其使用牲畜，乃长鼻大耳之巨象。知《楚辞·天问》所谓'舜服厥弟'者，实舜服野象。舜以耕田，当即舜服野象之结果。《二十四孝图说》所绘，犹存古神话舜象斗争之痕迹。"

氐人国　　　　　　　　　　　　　　　　　　巴蛇食象

旄马，其状如马，
四节有毛。在巴蛇西北，
高山南。

旄马，它的样子像马，四条腿节长有毛。它们生活在巴蛇栖息地的西北，高山的南面。

旄马当属于野马。我国古代野马多出自秦岭西段、蒙古草原，以及青海、新疆地区。此处所谓"在巴蛇西北，高山南"，大约指秦岭西段，祁连山以南地区。

匈奴、开题之国、
列人之国并在西北。

匈奴、开题国、列人国都在西北地区。

匈奴为我国古代北方著名的草原民族，活动范围遍及欧亚北部地区，不同时期又称为鬼方、混夷、戎、狄、胡等。郝懿行注："(《周书·王会篇》)《伊尹·四方令》云：'正北匈奴。'《史记·匈奴传》索隐引应劭《风俗通》云：'殷时曰獯粥，改曰匈奴。'又晋灼云：'尧时曰荤粥，周曰猃狁，秦曰匈奴。'案以上三名并一声之转。"其实，从此经使用"匈奴"名称可知，其文写作时间当在殷之后、秦之前。

高山

旄马

巴蛇

匈奴

开题或作蒙此。毕沅认为开题疑指笄头山（又名鸡头山、崆峒山）。《史记·五帝本纪》记有黄帝"西至崆峒，登鸡头"，相传黄帝问道于广成子，即在此。不过，从"开题"之名来看，或可指开颅手术，人类很早就施行过这类手术。列的字形指用刀将物分开排列，战国学者有列御寇，其名表明"列"可能指一种栅栏式防御工事，列人或源于此。列人国前身或即《大荒西经》的互人国。

吴承志在《山海经地理今释》卷六指出此处经文："当与下篇首条并在《海内北经》'有人曰大行伯'之上。匈奴、开题之国、列人之国并在西北，叙西北陬之国，犹《海内东经》云'钜燕在东北陬'也。不言陬，文有详省。贰负之臣在开题西北，开题即蒙此。大行伯下贰负之尸与贰负之臣亦连络为次。今大行伯上有'蛇巫之山''西王母'二条，乃下篇'后稷之葬'下叙昆仑隅外山形神状之文，误脱于彼。"

第十五篇

海内西经

（我们的）考察路线是从海内西南角向北的地方。

　　《海内西经》自西南向西北记述有 22 处人文活动场景，其中既有历史传闻中的文明场景，也有记述者当时所见到或听到的人文活动景观。《海内四经全图》所绘西方内容即依据《海内西经》的记载。由于《海内西经》记述的部分内容（雁门山等）实际上属于《海内北经》，部分内容（后稷葬）又属于《海内南经》。因此，作为艺术地理绘画作品的《海内四经全图》，对所绘相关内容的位置进行了相应调整。不过，为了保持现存版本《山海经》所记诸场景的相互关系，本书所绘水彩画插图，没有进行相关内容的位置变化，而只是用文字说明。

　　《海内南经》记述诸场景的方位是自东南至西南，《海内西经》记述诸场景的方位是自西南至西北，《海内北经》记述诸场景的方位是自西北至东北，《海内东经》记述诸场景的方位是自东北至东南，据此可知海内四经的方位叙述既合理又清晰。

　　这里的问题是，海内四经的记述者在什么位置？如果他在上述区域之中，那么他是哪一部分的人？他所采用的地理中心又在什么地方？如果他不在上述区域之内，那么他究竟是谁，居住在哪里，又是如何生活的呢？

贰负的臣子叫危，危与贰负一起杀死了窫窳。帝就抓捕了贰负把他囚禁在疏属山，给他的右脚戴上刑具，反绑上他的两手和头发，把他捆绑系在山上的树木上。这个地方在开题国的西北。

《海内北经》记述大行伯东有贰负尸，并称贰负神"人面蛇身"。吴承志认为此处经文与《海内南经》末段经文"匈奴、开题、列人"节当并在《海内北经》"大行伯"之上，所言甚是。此处危与贰负的故事，袁珂认为即《海内经》的相顾之尸，而经文所说之帝即黄帝。"反缚两手与发"或作"反缚两手"，无"与发"二字。疏，疏导；属，连接、集合、佩系、隶属；疏属山当是流放囚禁罪徒或奴隶的集散地。系，带子，《韩非子·外储说左下》："文王伐崇，至凤黄（凰）墟，袜系解，因自结。"贰负之名，有叛逆者之意；危指足，以此为名似指一足遭受刖刑之人。据此，贰负及其臣属危杀窫窳，可能是贰负领导的一次民族起义或奴隶暴动事件。

唐代学者李冗的《独异志》记有："汉宣帝时有人于疏属山

贰负之臣曰危，危与贰负杀窫窳。帝乃桎之疏属之山，桎其右足，反缚两手与发，系之山上木。在开题西北。

危与贰负杀窫窳

石盖下得二人，俱被桎梏，将至长安，乃变为石。宣帝集群臣问之，无一知者。刘向对曰："此是黄帝时窫窳国贰负之臣，犯罪大逆，黄帝不忍诛，流之疏属之山，若有明君，当得出外。'帝不信，谓其妖言，收向系狱。其子歆自出应募，以救其父。其父曰：'欲七岁女子乳之，即复变。'帝使女子乳，于是复能为人，便能言语应对，如刘向之言。帝大悦，拜向大中大夫，歆为宗正卿。诏曰：'何以知之？'歆曰：'出《山海经》。'"上述故事出自刘秀（歆）《上山海经表》，尽管多加渲染，但核心内容未变，即汉宣帝时（公元前1世纪中期）上郡（今陕西省绥德县，管辖范围包括陕西北部与河套南部）疏属山出土有古尸，其形貌可以用《山海经》的记载进行解释。对此袁珂先生感慨道："于以见民间传说之恒合古传，为可贵矣。"

大泽方百里，群鸟所生及所解。在雁门北。

雁门山，雁出其间。在高柳北。

高柳在代北。

后稷之葬，山水环之。在氐国西。

大泽方圆百里，群鸟在那里生存产卵及脱换羽毛。大泽在雁门的北面。

雁门山，雁在那里飞出飞入。雁门山在高柳的北面。

高柳在代北。

后稷的埋葬地，山水环绕着它。在氐国的西面。

《山海经》记有多处位于北方地区名叫"大泽"（《北山经》称泰泽）的大湖泊。袁珂认为有千里大泽与百里大泽之分："至于此处大泽，实《海内北经》所记'舜妻登比氏，生宵明、烛光，处河大泽，二女之灵，能照此所方百里'之百里大泽，位在北方，或即今河套附近之地。又此节文字（连同以下二节），亦应在《海内北经》'宵明烛光'节之前，始与方位地望大致相符。"

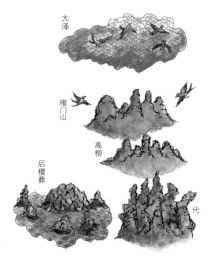

雁门山是大雁迁徙的通道，今山西省恒山山脉有雁门关，其北即大同盆地。郝懿行注："《淮南·地形训》云：'烛龙在雁门北，蔽于委羽之山。'疑委羽山即雁门山之连麓，委羽亦即解羽之义。"高柳山，毕沅注："在今山西代州北三十五里。"代，地名，今山西省阳高县至河北省蔚县一带，属桑干河流域，汉代设有高柳县。

《海内经》称后稷葬所在都广之野（今成都双流区附近）。《西山经》西次三经槐江山记有"西望大泽，后稷所潜"，或谓亦为后稷葬所，其实是后稷举行沐浴巫术活动之地，亦即《淮南子·地形训》所记："后稷垅在建木西，其人死即复苏，其半鱼在其间。"此处氏国袁珂认为即《海内南经》建木西的氏人国。

流黄酆氏国，中间方圆三百里，有道路通往四面八方，中部有一座山，在后稷埋葬地的西面。

流黄酆氏即《海内经》流黄辛氏，亦即《淮南子·地形训》所记"流黄、沃民在其（后稷垅）北，方三百里，狗国在其东"，其地望与南次二经柜山"西临流黄"甚远。

流沙发源于钟山，向西流动又向南流经昆仑虚，继续向西南流入大海，有黑水山。

流沙可指流动的沙丘，亦可指名叫流沙的河或地方。《五藏

流黄酆氏之国，中方三百里，有涂四方，中有山，在后稷葬西。

流沙出钟山，西行又南行昆仑之虚，西南入海，黑水之山。

山经》西次三经泰器山所出观水向西注入之流沙位于今日内蒙古西部的沙漠地区，钟山位于阴山山脉，昆仑丘位于河套以南的鄂尔多斯高原。所谓流沙"西行又南行"云云，当指沙漠分布范围。今阴山山脉（狼山）西有沙漠，南有乌兰布和沙漠（呈南北分布，位于鄂尔多斯高原西侧），乌兰布和沙漠南端与腾格里沙漠相接，而腾格里沙漠则呈东西向分布，其西南即祁连山北麓的黑水，上述地貌与此处经文所述基本相符。

　　流沙及其所入之海，郭璞注："今西海居延泽。《尚书》所谓'流沙'者，形如月生五日也。"居延泽又名居延海，状如半月，位于今日甘肃酒泉以北，南有巴丹吉林沙漠，北抵蒙古境内；祁连山山脉北麓的冰雪消融汇流成黑水（又名张掖河）向北流入居延泽，由于气候变化，祁连山水量或多或少，居延泽的面积亦时大时小，黑河上游经常消失在沙漠中，因此人们相信其上游即古史传说中的弱水。

　　东胡在大泽的东面。

东胡在大泽东。

　　郝懿行注："国名也。《伊尹·四方令》云：'正北东胡。'详《后汉书·乌桓鲜卑传》。《广韵》引《前燕录》云：'昔高辛氏游于海滨，留少子厌越以居北夷，邑于紫蒙之野，号曰东胡。'云云。

其后为慕容氏。"此处大泽当指前文所说雁门北的大泽。以"大泽"为地理方位标志点，表明这是一处著名的湖泽，或者面积最大（例如贝加尔湖），或者景观特殊（例如群鸟解羽）。

夷人在东胡的东面。

吴承志《山海经地理今释》卷六注引《武陵山人杂著》："《海内西经》'东胡'下四节当在《海内北经》'舜妻登比氏'节后。'东胡在大泽东'即蒙上'宵明、烛光处河大泽'之文也。《海内北经》'盖国'下九节当在《海内东经》'钜燕在东北陬'之后，'盖国在钜燕南'即蒙上'钜燕'之文，而朝鲜、蓬莱并在东海，亦灼然可信也。《海内东经》'国在流沙'下三节当在《海内西经》'流沙出钟山'节之后，上言流沙故接叙中外诸国；下言昆仑墟、

夷人在东胡东。

东胡

夷人

大泽

昆仑山，故继以'海内昆仑之墟在西北'。脉络连贯，更无可疑。不知何时三简互误，遂致文理断续，地望乖违。今移而正之，竟似天衣无缝。"并称："详审经文，顾说自近。"顾即武陵山人，名顾观光。

"夷"为古代中原地区人对东方各族的简称，亦称东夷、九夷，后世又泛指四方各族乃至外国人。夷字有多意，平坦、陈设、侪辈、削平、锄类农具、蹲踞（傲慢）、通怡（喜悦）、通彝（常道）、通痍（创伤），亦指无形象，《老子》："视之不见名曰夷。"从字形来看，夷为"大人携弓"貌；弓既可指弓箭，亦可指丈量土地的专用工具和长度计量单位，一弓为六尺，三百六十弓为一里，夷人之名或得于此。

貊（mò）国在汉水东北。地近于燕，灭之。

孟鸟在貊国东北，其鸟文赤、黄、青，东乡。

貊国在汉水的东北面。地理位置靠近燕国，被燕国灭掉了。

孟鸟在貊国的东北面，那里的鸟长有红、黄、青三种颜色的羽毛，向着东面。

郭璞注："今扶余国即濊貊故地，在长城北，去玄菟千里，出名马、赤玉、貂皮，大珠如酸枣也。"濊貊即秽貊，古代属于北貉之一，汉代又称其为东夷，其地在今辽宁省凤城市至朝鲜国江原道一带。显然，此处汉水非长江流域的汉水，而是指北方的一条大河。《海内东经》（《水经》误入者）"汉水出鲋鱼之山，帝颛顼葬于阳，九嫔葬于阴，四蛇卫之"，当即指此处北方的汉水，扶余国之名或即出自鲋鱼山。孟鸟，郝懿行认为即《海外西经》的灭蒙鸟。

海内昆仑之虚，在西北，帝之下都。昆仑之虚，方八百里，高万仞。上有木禾，长五寻，大五围。面有九井，以玉为槛。面有九门，门有开明兽守之。百神之所在，在八隅之岩，赤水之际，非仁羿莫能上冈之岩。

海内西经的昆仑虚，屹立在西北方，是天帝在下界的都城。昆仑虚，方圆八百里，高一万仞。山上有像树一样的稻谷，高达五寻，树干粗壮需要五个人伸长胳膊才能围树干一圈。昆仑虚的每一面都有九口井，每口井都有用玉石制成的石槛。昆仑山的每一面都有九道门，每道门都有开明兽把守。这里是众神聚集的地方，在有八个角的岩石之上，赤水的岸边，不是像羿这样有仁义的人是不可能登上那巨高的山冈的。

孟鸟

貊国

汉水

燕

　　"面有"或作"上有","九门"或作"五门"。虚，大丘，亦指古民族所在地；古代九夫为井，四井为邑，四邑为丘，丘谓之虚（《说文》）；洞孔；通墟，土丘，废墟，集市。木禾，郭璞误以为即《穆天子传》黑水之阿的野麦，其实它应当属于建木之类的神树，一寻的长度为八尺。开明兽即西次三经昆仑丘的神陆吾。百神即西次三经峚山所述黄帝用玉膏祭祀、招待的天地鬼神。仁羿，袁珂认为即夷羿，亦即向西王母请不死药的羿，而此时西王母已经居住在昆仑虚。

　　《五藏山经》西次三经记有昆仑丘为帝之下都，但是没有记述黄帝都城的建筑规模和形式。对比之下，此处则称"帝之下都"建筑在高高的昆仑丘上，那里有玉栏杆的井和九座城门，开明兽站立在城门东。《汉唐地理书钞》辑《河图括地象》云："昆仑之城，

昆仑虚

西有五城十二楼，河水出焉，四维多玉。"《水经注·河水》引《十洲记》亦云："昆仑山有三角，其一角正东，名曰昆仑宫。其处有积金，为天镛城，面方千里，城上安金台五所，玉楼十二。"《神异经·中荒经》曰："昆仑之山，有铜柱焉。其高入天，所谓天柱也；围三千里，周圆如削。"此天柱当即木禾之夸张。《古小说钩沉》辑《玄中记》曰："昆仑西北有山，周回三万里，巨蛇绕之，得三周。蛇为长九万里。蛇居此山，饮食沧海。"其山可能即桌子山，而巨蛇或即烛龙之想象。

关于黄帝都城的描述，以《淮南子·地形训》最详尽。大意是，禹治服洪水后，对昆仑虚进行大规模发掘，其中有增城九重，计有四百四十门，打开北门，不周风就能吹进城；城内有倾宫、旋室、县圃、凉风、樊桐、疏圃、丹水等景观，凉风山在昆仑丘之上，县圃在凉风山之上，再向上就能成为天神，与天帝一同居住在天上。

《穆天子传》卷二记有："吉日辛酉，天子升于昆仑之丘，以观黄帝之宫，而封丰隆之葬，以昭后世。"周穆王祭祀昆仑丘后，又派人守护黄帝之宫，登春（春）山并"铭迹于县圃之上"。据此可知，当时尚有黄帝都城遗址，惜今日似已荡然无存矣，或许陕西省神木市的石峁古城遗址即当年的黄帝部落的重要城池之一。

赤水从昆仑虚的东南角发源，又向它的东北方流去（西南流注南海，厌火国的东面）。

赤水出东南隅，以行其东北（西南流注南海厌火东）。

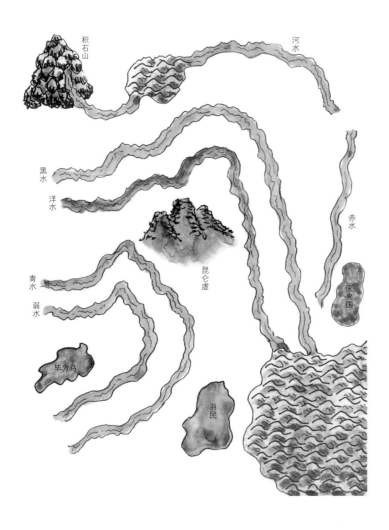

积石山

河水

黑水

洋水

赤水

青水

弱水

昆仑虚

厌火国

毕方鸟

羽民

河水出东北隅，以
行其北，西南又入渤海，
又出海外，即西而北，
入禹所导积石山。

黄河水从昆仑虚的东北角发源，又流到它的北面，再折向西
南方流入渤海，又流出海外，先向西而后又向北流，流入禹所疏
导过的积石山。

洋水、黑水出西北
隅，以东，东行，又东北，
南入海，羽民南。

洋水、黑水从昆仑虚的西北角发源，然后折向东方，向东
流去，再折向东北方，又折向南方流入大海，羽民国的南面。

弱水、青水出西南
隅，以东，又北，又西南，
过毕方鸟东。

弱水、青水从昆仑虚的西南角发源，然后折向东方，又折向
北方，又折向西南方，流经毕方鸟栖息地的东面。

赤水一节文字的括弧内九字，乃经文脱落者，为方便阅读，
归入正文里。《五藏山经》西次三经昆仑丘记述的水系为"河水
出焉，而南流东注于无达。赤水出焉，而东南流注于氾天之水。
洋水出焉，而西南流注于丑涂之水。黑水出焉，而西流于大杅"。
有河水、赤水、洋水、黑水，无弱水、青水（或许青水即黑水）。

对比之下，此处《海内西经》的记述当出自《西次三经》，
但自相矛盾之处甚多。其一，洋水、黑水为两条河，不应并述。
其二，诸水流向忽南忽北，与理不合，当有错简。错简的原因之
一是误将洋水、黑水的流向并述，也就是说其中有几个方向词应
只属于黑水或只属于洋水，却被混在一起，或者放入其他水系里。
其三，弱水、青水当是后来形成的昆仑水系，或可表明自然环境
发生了变化，或者是人们对昆仑方位的认识发生了变化。其四，
弱水、青水既然各有其名，当是两条不同的水系（不排除彼此是
上下游关系），亦不应并述其流向。此外，《海内西经》的记述增
加了新的地理标志点，即《海外南经》的厌火国，《西山经》和《海
外北经》的积石山，《海外南经》的羽民国，《西山经》和《海
外南经》的毕方鸟。

"积石山"不是指积石为山，而是积石为水坝（这种坝通常不
太高，但能透水；因此既可调节水位，又不易垮坝），其地之山因有
积石坝而得名积石山。我国古代建有许多积石坝，至今仍然发挥作
用的是都江堰积石坝。今黄河刘家峡水库上游数公里仍存有半截积
石坝，系大小如篮球的碎石堆积而成，当地地名即为积石山。

昆仑虚的南面有深渊，深三百仞。

开明兽身子的大小像老虎却有九个头，都长着人的面孔，面向东方而站立在昆仑上。

昆仑南渊，郭璞注："灵渊。"郝懿行注："即《海内北经》云'从极之渊，深三百仞'者也。"根据该渊位于昆仑虚之南可知，《海内北经》从极之渊的文字宜并入至此处。开明兽位于昆仑虚之东，其方位与昆仑南渊有别，此处经文宜断句为两节。

九首人面虎身的开明兽，当是一座巨型塑像，立于黄帝都城的东门前，昂首向着东方。其形象在《大荒西经》为"昆仑之丘，有神，人面虎身，有文有尾，皆白处之"，在《西山经》为"帝之下都，神陆吾司之。其神状虎身而九尾，人面而虎爪。是神也，司天之九部及帝之囿时。"郭璞注："天兽也。《铭》曰：'开明为兽，禀资乾精，瞪视昆仑，威震百灵。'"其实，开明原应作启明，

昆仑南渊深三百仞。

开明兽身大类虎而九首，皆人面，东向立昆仑上。

开明兽

凤凰

鸾鸟

正如夏后开即夏后启，因避汉景帝刘启讳而改。从其名称和东向立可知，开明兽的职责是观测启明星，迎接太阳的东升，与神陆吾"司天之九部及帝之囿时"相符，而九首或九尾则象征着九重天。从其形貌来看，昆仑虚前的虎身人面兽，与古埃及金字塔前的狮身人面像，有着异曲同工之妙。

开明兽的西面有凤皇、鸾鸟，都缠绕着蛇、脚上踩着蛇，胸部有像红蛇般的纹理图案。

开明西有凤皇、鸾鸟，皆戴蛇践蛇，膺有赤蛇。

袁珂注："《西次三经》云：'（昆仑之丘）有鸟焉，其名曰鹑鸟，是司帝之百服。'"郝懿行注："鹑鸟，凤也；《海内西经》云：'昆仑开明西北皆有凤皇，此是也。'《埤雅》（卷八）引师旷《禽经》云：'赤凤谓之鹑。'即此。"凤鸟、鸾鸟"皆戴蛇践蛇，膺有赤蛇"，表面看是鸟类与蛇类动物的生存竞争（自然界有一些鸟以蛇为食物），进一步说可能反映的是鸟图腾部落与蛇图腾部落的冲突。但是，从鹑鸟"司帝之百服"来看，她们实际上是帝都的工作人员或神职人员，其形貌为身披凤凰羽和鸾羽衣，佩戴蛇状耳饰、胸饰和足饰，既漂亮又威严。

开明兽的北面有视肉、珠树、文玉树、玗琪树、不死树。凤皇、鸾鸟都佩戴着盾状饰物。又有离朱、木禾、柏树、甘水、圣木曼兑，另一种说法认为圣木曼兑又叫挺木牙交。

开明北有视肉、珠树、文玉树、玗琪（yǔ qí）树、不死树。凤皇、鸾鸟皆戴胾（fá）。又有离朱、木禾、柏树、甘水、圣木曼兑，一曰挺木牙交。

根据《山海经》的惯例，凡是有视肉、不死树等物的地方，通常都是先祖陵墓的所在地，或者是后人祭祀先祖的场所。从开明北的场景可知，这里是黄帝部落祭祀先祖的场所。珠树，袁珂认为即《海外南经》的三株树。文玉，郭璞注："五采玉树。"玗琪，或谓即珊瑚树；其实，它们均为象征不死的神树或随葬玉器，已见于《海外南经》狄山帝尧、帝喾葬所。胾，盾也，戴胾即佩戴盾状饰物，当是祭祀先祖时的特定装饰。"甘水"疑当作"甘木"，因前后叙述的都是具有巫术象征意义的神树。圣木曼兑又名挺木牙交，或谓即璇树；不过，从其名称来看，其形状类似圭表或柜格松，当有着某种天文巫术象征作用，

开明北

六巫与窫窳

可能具有沟通人与天的神力。

　　开明兽的东面有巫彭、巫抵、巫阳、巫履、巫凡、巫相，他们围在窫窳的尸体旁边，都手持不死药来清除窫窳的死气以使其重生。窫窳长着蛇的身子、人的面孔，被贰负的臣子所杀。

　　《大荒西经》灵山十巫为巫咸、巫即、巫盼、巫彭、巫姑、巫真、巫礼、巫抵、巫谢、巫罗。与此处六巫对照，相同的有巫彭、巫抵，郝懿行认为巫履即巫礼，巫凡即巫盼，巫相即巫谢。六巫之行为，郭璞认为乃神医用不死药清除窫窳身上的"死气"以使其重生，并概括为："窫窳无罪，见害贰负，帝命群巫，操药夹守；遂沦弱渊，变为龙首。"其实，"皆操不死药以距之"，既指正常的手术，也包括对尸体的防腐处理，古人相信如果某人的尸体不腐，那么他的灵魂亦可不死。

　　上述巫医活动的方位选择在东方，当有所考虑。一是东方是

开明东有巫彭、巫抵、巫阳、巫履、巫凡、巫相，夹窫窳之尸，皆操不死之药以距之。窫窳者，蛇身人面，贰负臣所杀也。

服常树，其上有三头人，伺琅玕树。

太阳升起的方向，可以象征着新生。二是这里可能是距离前线战场最近的地方，因此有利于及时对伤员进行救治，以及对阵亡者的尸体进行防腐处理，并对其灵魂进行安抚。古史传说中，黄帝部落的敌人多居住在东方，因此战场通常也都在黄帝部落大本营的东面。

服常树，它的上面有一个长着三颗头的人，日夜守护着这棵琅玕神树。

郝懿行认为三头人与《海外南经》三首国属同类，并引《艺文类聚》（卷90）及《太平御览》（卷915）引《庄子》曰："老子见孔子从弟子五人，问曰：'前为谁？'曰：'子路为勇。'其次子贡为智，曾子为孝，颜回为仁，子张为武。老子叹曰：'吾闻南方有鸟，其名为凤，所居积石千里。天为生食，其树名琼枝，高百仞，以璆琳琅玕为实。天又为生离珠，一人三头，递卧递起，以伺琅玕。凤鸟之文，戴圣婴仁，右智左贤。'"袁珂注："离珠，即离朱，黄帝时明目者，此一人三头之离珠又为日中三足神禽离朱演变而成者。"

郭璞注："服常木，未详。"《淮南子·地形训》记有"沙棠、琅玕在昆仑东"，吴任臣认为此处"服常疑是沙棠"。其实，服为服侍、服役；常为旗帜，《周礼·春官·司常》："王建太常，诸侯建旃。"郑玄注："王画日月，象天明也。"据此，服常树实际上是一杆大旗，三头人即警卫队，他们负责看护琅玕等重要景点。"三头"乃三种面具，以表示其工作状态，例如执勤、巡逻、休息等。

开明兽的南面有种树鸟，伸出六个头；那里还有蛟、蝮、蛇、蜼、豹、鸟秩树，在水池周围环绕着，池边还有诵鸟、鹈、视肉。

开明南有树鸟，六首；蛟、蝮、蛇、蜼、豹、鸟秩树，于表池树木，诵鸟、鹈（sǔn）、视肉。

树鸟六首，其形貌即图腾柱，同时又是路标，每一种"鸟"代表一个图腾，每个图腾鸟所指的方向即该图腾部落或氏族的栖息地，此外它还有指示时间的作用。表池树木即在华池中树表，亦即华表，为聚众议事的场所。诵鸟即传达首领旨意的官员，其身份由其所持鸟羽为代表，"拿着鸡毛当令箭"或亦源于此。

　　根据开明兽东西南北的场景可知，这里是帝都的巫术、宗教、祭祀、议事等活动的中心区。开明西为服务员和神职人员居住地，开明北为祭祀先祖的场所，开明东为施行起死回生手术或巫术的场所，开明南则是聚会议事的场所。

树鸟

海内西北陬以东者。

（我们的）考察路线是从海内西北角向东的地方。

《海内北经》自西北向东北记述有 31 处人文活动场景，《海内四经全图》所绘北方内容即依据《海内北经》的记载。由于《海内北经》记述的部分内容（盖国等）实际上属于《海内东经》，因此《海内四经全图》所绘相关内容的位置亦进行了调整。

有一座蛇巫山，山上有一个人手持木棒面向东方站立着。另一种说法认为蛇巫山叫龟山。

郭璞注："杼或作棓。"棓即棒，亦指农具连枷。袁珂注："此节及下节当移在《海内西经》'开明南有树鸟'节之次，《海内南经》'匈奴'节与《海内西经》'贰负之臣曰危'节当移于此，说已见前。昆仑山为羿向西王母请不死药之地，而有关羿之神话中，又有逢蒙杀羿，及羿死于桃棓等神话。《孟子·离娄下篇》云：'逢蒙学射于羿，尽羿之道，思天下惟羿愈己，于是杀羿。'《淮南子·诠言训》云：'羿死于桃棓。'许慎注：'棓，大杖，以桃木为之，以击杀羿，由是以来鬼畏桃也。'则'此操杼（棓）而东向立'于昆仑附近蛇巫山上之人，其伺羿而欲杀之之逢蒙乎？不可知矣。"

"鬼（泛指灾异制造者）畏桃"的观念在我国由来已久，一是夸父逐日所持之杖即桃木棒，二是捉鬼的神荼、郁垒所居住的度朔山上有大桃树。蛇巫山又名龟山，疑原名当作蛇龟山。我国古代四方神兽，东方青龙、南方朱雀、西方白虎、北方玄武即蛇龟一体之像（实际上是一种脖子长的乌龟，由于乌龟头与蛇头形

蛇巫之山，上有人操杼而东向立。一日龟山。

有人操杼

蛇巫山

西王母

大行伯

三青鸟

状相似，故传为蛇龟一体）。蛇巫山上"东向立"者，当有操龟使蛇之功力，疑即北方玄武之神像。今辽宁有医巫闾山，其名类似蛇巫山。

西王母凭靠桌几梳妆而戴上装饰物，旁边是她的权杖，西王母南面有三青鸟，三青鸟正在为西王母取食物。在昆仑虚的北面。

西王母梯几而戴胜杖，其南有三青鸟，为西王母取食。在昆仑虚北。

《山海经》三处记有西王母，《西山经》称西王母居住在昆仑丘之西的玉山，其形貌为"豹尾虎齿而善啸，蓬发戴胜"；《大荒西经》称西王母与昆仑丘相邻，原相为"戴胜，虎齿，豹尾，穴处"。对比之下，此处《海内北经》（实应属于《海内西经》）描述的西王母，居住在昆仑虚的北面，几分悠闲几分威严地坐在桌几前，雍容华贵，刚刚梳完妆，旁边放着她的权杖，其住所的南面有若干穿羽毛衣的"服务员"，忙着为她准备美味佳肴。据此可知，西王母的生活方式也在与时俱进。此处经文"戴胜杖"，有的版本无"杖"字。三青鸟又作三足鸟或三足乌，《史记》司马相如《大人赋》云："亦幸有三足乌为之（西王母）使。"

有个人叫大行伯，手持兵戈。它的东面有个犬封国。贰负尸在大行伯的东面。

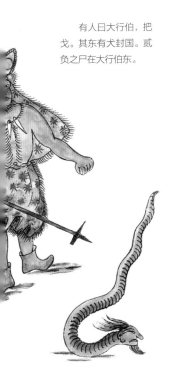

有人曰大行伯，把戈。其东有犬封国。贰负之尸在大行伯东。

袁珂注："今本《风俗通义》卷八引《礼传》云：'共工之子曰脩，好远游，舟车所至，足迹所达，靡不穷焉，故祀以为祖神。'此把戈而位居西北之大行伯，其共工好远游之子脩乎？"其实，此处大行伯与前文蛇巫山上"东向立"者倒有几分相似。大行伯的东面有犬封国，而贰负之尸亦在大行伯的东面，据此可知犬封国与贰负族不是比邻而居，就是共居一地。这也就意味着，两者可能存在血缘关系。犬戎国的先祖名盘瓠，其发音亦与贰负有相近之处。郭璞注："昔盘瓠杀戎王，高辛氏以美女妻之，不可以训，乃浮之会稽东海中，得三百里地封之，生男为狗，女为美人，是为狗封之国。"袁珂引《魏略》云："高辛氏有老妇，居王室，得耳疾，挑之，得物大如茧。妇人盛瓠中，覆之以槃，俄顷化为犬，其文五色，因名槃瓠。"

犬封国也叫犬戎国，那里的人像狗的模样。有一个女子，正跪着奉进酒食。有一种长着斑纹的马，身体是白色的而长有红色的鬣毛，眼睛像黄金一样闪闪发光，名叫吉量，骑上它可以长寿千岁。

袁珂注："封、戎音近，故犬封国得称犬戎国。又'犬封国'者，盖以犬立功受封而得国，即郭注所谓'狗封国'也。《伊尹·四方令》云：'正西昆仑狗国。'《淮南子·地形训》云：'狗国在其（建木）东。'则狗国之传说实起源于西北然后始渐于东南也。"

杅或作杯，"有一女子，方跪进杅食"，郭璞注："与酒食也。"其实，"杅"字意为不舒坦、不快乐，此画面当非寻常进食场景，而可能与金虫变盘瓠、盘瓠立功后高辛王欲毁约不妻以公主的故事有关。《大荒北经》记有黄帝后裔犬戎国，并称其"人面兽身"，袁珂认为这可能就是"最初传说之盘瓠"，而盘瓠又演变为盘古开天地。文马或即斑马或斑驴，原产于非洲。《绎史》卷十九引《六韬》云："商王拘周伯昌于羑里，太公与散宜生以金千镒求天下珍物以免君之罪。于是得犬戎氏文马，驳身朱鬣，目若黄金，名鸡斯之乘，以献商王。"

鬼国在贰负尸的北面，那里的人是人的面孔却只有一只眼睛。还有一种说法是贰负神在它的东面，形貌是人面蛇身。

袁珂注："即一目国，已见《海外北经》。《大荒北经》亦云：'有人一目，当面中生。一曰是威姓，少昊之子，食黍。'即此国也。《伊尹·四方令》云：'正西鬼亲。'《魏志·东夷传》云：'女王国北有鬼国。'则传说中此国之所在非一也。"《西山经》西次三经亦记有"槐鬼离仑""有穷鬼"，此处鬼国或其后裔。

"一曰贰负神在其东，为物人面蛇身"，可以有两种断句及其相应的解释。一即此处的断句，则"人面蛇身"是对贰负的描述。二是断句为"一曰贰负神在其东。为物人面蛇身"，则"人面蛇身"是对鬼国的描述；原文当作"一曰为物人面蛇身"，即对"为物人面而一目"的补充。按《山海经》惯例当以后者为是。

犬封国曰犬戎国，状如犬。有一女子，方跪进杅食。有文马，缟身朱鬣，目若黄金，名曰吉量，乘之寿千岁。

鬼国在贰负之尸北，为物人面而一目。一曰贰负神在其东，为物人面蛇身。

犬封国

鬼国

蜪犬

贰负尸

蜪犬如犬，青，食
人从首始。

蜪犬的模样像狗，全身是青色的，吃人时从头部开始。

郭璞注："蜪音陶。或作蚼，音钩。"此处"如犬，青"，或
作"如犬而青"。蜪犬"食人从首始"，看起来像是野狗野狼袭击
人类。其实，它们更可能是由人豢养的猎犬或战争犬。由此观之，
盘瓠咬戎王首级而还的故事，实际上正是"食人从首始"；而盘
瓠变成人并娶公主为妻的情节，实际上说的是豢养战争犬的人（可
能是奴隶），其社会地位因立战功而得到提高。

穷奇状如虎，有翼，
食人从首始，所食被发。
在蜪犬北。一曰从足。

穷奇的样子像虎，长有羽翼，吃人时从头部开始，被吃的
人头发披散。在蜪犬的北面。另一种说法认为是从脚开始吃起。

《西山经》西次四经邽山有食人怪兽穷奇"其状如牛，猬毛"。
《神异经·西北荒经》云："西北有兽焉，状似虎，有翼能飞，便
勌食人。知人言语。闻人斗，辄食直者；闻人忠信，辄食其鼻；
闻人恶逆不善，辄杀兽往馈之；名曰穷奇。亦食诸禽兽也。"亦
有版本称："穷奇似牛而狸尾，尾长曳地，其声似狗，狗头人形，
钩爪锯牙。"郭璞《图赞》："穷奇之兽，厥形甚丑；驰逐妖邪，
莫不奔走；是以一名，号曰神狗。"《左传·文公十八年》曰："少

皞氏有不才子，天下之民谓之穷奇。"

《淮南子·地形训》曰："穷奇，广莫风之所生也。"古之八风，
依次称之为条风、明庶风、清明风、景风、凉风、阊阖风、不周
风、广莫风。在《后汉书·礼仪志》记载的汉代大傩逐疫仪式里，
方相氏要率领十二兽（由人装扮）驱逐各种恶鬼，其中"穷奇、
腾根共食蛊"。《周礼·夏官》称："方相氏掌蒙熊皮，黄金四目，
玄衣朱裳，执戈扬盾，帅百隶而时难（傩），以索室驱疫。"相传
黄帝元妃嫘祖死于道，次妃嫫母貌陋，监护于道，是为方相氏；
即后世开路神、险道（先导）神，亦用于送丧。综上所述，穷奇
状或如牛，或似虎、狗；其身份或为食人怪兽，或为德行恶劣之人，
或为驱疫之神狗。此处穷奇，可能与蜼犬属于同类。

　　帝尧台、帝喾台、帝丹朱台、帝舜台，各有两个台，台是四
方形的，在昆仑的东北方。

　　郭璞注："此盖天子巡狩所经过，夷狄慕圣人恩德，辄共为
筑立台观，以标显其遗迹也。"袁珂批评郭璞的观点"乃其以正

帝尧台、帝喾台、
帝丹朱台、帝舜台，各
二台，台四方，在昆仑
东北。

穷奇

群帝台

统历史眼光释神话之臆说，实无足取"。并指出此处诸帝之台即《海外北经》《大荒北经》所记昆仑之北的众帝之台，乃禹杀相柳所筑台"以压妖邪者也"。"各二台"，疑当作"各二重"，即众帝之台均为两层的四方台，与美洲金字塔的形状基本相同（古埃及早期的金字塔亦为四方台形）。由于《山海经》另记有众帝葬所，因此众帝之台的作用当如袁珂所说"以压妖邪"，此外亦可能有天文观测或其他祭祀活动的用途。

值得注意的是，此处叙述帝丹朱台时赫然将其与帝尧、帝喾、帝舜之台并列，而且还排在了帝舜之前。由于《山海经》长期藏于深宫密室，因而其文字大体逃过春秋战国人士删改之劫，尚保留着古史原貌。据此，或可表明帝丹朱亦为先夏时期的一段历史过程（《山海经》中称帝者，或可指一个朝代，而不是单指一个人）。

遗憾的是：昆仑东北月光寒，大陆来往几多战？此地空传众帝台，地老天荒俱无颜；埃及尚存金字塔，先王陵墓伟其观；何处寻访众帝台？帝台不见愧愁眠。

大蜂其状如螽。朱蛾其状如蛾。

大蜂的样子像螽斯。朱蛾的样子像蚍蜉。

蟜，其为人虎文，胫有䏿。在穷奇东。一曰，状如人。昆仑虚北所有。

蟜，长着人的身子却有着老虎一样的斑纹，小腿肚子突出。在穷奇的东面。另一种说法是蟜的样子像人。在昆仑虚的北面才有。

螽（螽斯），绿色或褐色昆虫，触角细长，以翅膀摩擦发声，害虫，但繁殖力强，古人用其比喻子孙众多。郭璞注："蛾，蚍蜉也。《楚辞》云：'玄蜂如壶，赤蛾如象。'谓此也。"蟜，毒虫。"为人虎文"，即皮肤或衣服上装饰有虎纹图案。䏿即腓，小腿肚子。此地之人名蟜，可能与豢养并驱使大蜂、朱蛾有关，或即《中山经》中次六经平逢山饲养蜜蜂的神骄虫。

阘（tà）非，人面而兽身，青色。

阘非，长着人的面孔、野兽的身子，身子是青色的。

郝懿行注："《伊尹·四方令》云：'正西阘耳。'疑即此。非、耳形相近。"阘，原指小户，引申为卑下；亦指鼓声。阘耳，或可指耳朵小的人，或可指听力差的人。此处阘非，疑指被割去耳朵

蚳

的人，与据比尸同为受酷刑之状。

据比尸，他的样子就像脖颈被折断了，头发披散着，没了一
只手。

郭璞注："一云掾比。"郝懿行注："掾比一本作掾北。"袁珂
注："《淮南子·地形训》云：'诸比，凉风之所生也。'高诱注：
'诸比，天神也。'疑即据比、掾比（北）。诸、据、掾一声之转。"

据比之尸，其为人
折颈被发，无一手。

或谓即《海外东经》《大荒东经》的奢比之尸。据，凭依，根据；通倨，倨傲。据的繁体字据右半部字形虏，《尔雅·释兽》："虏，迅头。"郝懿行注："《说文》引司马相如说：'据，封豨之属。'《玉篇》：'封豨，豕属也。'迅头者，豕性躁疾，易警扰，好奋迅其头。"据此，据意为捕猎野猪的人。掾，古代属官的通称。

据比尸"折颈被发，无一手"，乃遭受酷刑之惨状。从其状况来看，疑被穷奇所食者；前文称穷奇"食人从首起，所食被发"，亦即"折颈被发"。"被发"，"被"意为及、至，意思是食人头，几乎要吃及头发。

《山海经》记述"尸"者，计有《西山经》南山的尸鸠鸟，《东山经》的尸胡山，《中山经》的尸山、尸水，姑媱山的帝之女尸，《海外西经》《大荒西经》的女丑尸，《海外东经》《大荒东经》的奢比尸（肝榆尸），《大荒南经》的祖状尸，《大荒西经》的黄姬尸、夏耕尸，《大荒北经》的戎宣王尸，《海内北经》的贰负尸、据比尸、王子夜尸，《海内经》北海之内的相顾尸。其中夏耕尸、戎宣王尸、据比尸、王子夜尸，均为无头尸，其原因除犯罪、战败而遭受刑戮之外，亦可能涉及古代猎人头习俗。

阘非

据比尸

环狗，它的样子是野兽的脑袋、人的身体。另一种说法认为是刺猬的样子而又像狗，身子是黄色的。

袁珂注："观其形状，盖亦犬戎、狗封之类。"所言甚是。进一步说，从其名称和形貌来看，环狗当是人戴着狗头帽装扮成狗的模样，并绕圈跑，模拟狗追逐自己的尾巴。这种活动当有着某种巫术意义，或许即"尾交首上"，象征着生命轮转、生生不息。据此，盘瓠之"盘"，原意可能并非指盘子，而是指盘旋；瓠即葫芦，在我国先民观念中，葫芦（包括瓜类）状如子宫，是生命力的象征，在洪水泛滥灭绝人类时又是幸存者的逃生"方舟"。

环狗的发音又与盘瓠、盘古相近，或者盘瓠、盘古的名称即来源于环狗。在我国古史传说里，盘古是开天辟地者。《艺文类聚》卷一引《三五历纪》："天地混沌如鸡子，盘古在其中。万八千岁，天地开辟，阳清为天，阴浊为地。盘古在其中，一日九变，神于天，圣于地。天日高一丈，地日厚一丈，盘古日长一丈。如此万八千岁，天数极高，地数极深，盘古极长。后乃有三皇。"《绎史》卷一引《五运历年纪》："首生盘古，垂死化身。气成风云，声成雷霆，左眼为日，右眼为月，四肢五体为四极五岳，血液为江河，筋脉为地理，肌肉为田土，发髭为星辰，皮毛为草木，齿骨为金石，精髓为珠玉，汗流为雨泽，身之诸虫，因风所感化为黎甿。"

在民间故事里，盘古也有兄妹，其故事与伏羲、女娲兄妹类似。相传王屋山东边有一座山，这里有一座盘古寺（在河南省济源市辖区），当地人相信此地就是盘古出生的地方。桐柏山地区也有一座盘古山（又名九龙山、大复山），当地流传着盘古爷、盘古奶的故事，诸如用无花果树叶做衣服，降龙治洪水，造字，盘古兄妹婚，盘古生八子等。

袜，他的样子是人的身子、黑色的脑袋且眼睛竖立着。

郭璞注："袜即魅也。"郝懿行注："《楚辞·大招》云：'豕首纵目，被发鬤只。'疑即此。"其实，此处之"袜"，当指戴着黑头纵目面具的人。

环狗，其为人兽首人身。一曰猬状如狗，黄色。

袜，其为物人身黑首从目。

戎，其为人人首
三角。

戎，他的形态是人的头，头上长着三只角。

《周书·史记篇》云："昔有林氏召离戎之君而朝之；
至而不礼，留而弗视，离戎逃而去之，林氏诛之，天下叛
林氏。"孔晁注："林氏，诸侯。天下见其遇戎不以礼，遂
叛林氏，林氏孤危也。"又云："林氏与上衡氏争权，林氏
再战而胜，上衡氏伪义弗克，俱身死国亡。"郝懿行与袁珂
均认为《周书》所载即此处之戎与下文林氏的故事。

人首三角或作人身三角，当系戎族的特色装束和装饰。戎字
除指兵器、军旅、征战外，亦通崇、从、汝；戎又为古族名，泛
指西北各族，殷、周时有鬼戎、西戎。此外，戎亦为古国名，在
今山东曹县东南，春秋时灭于卫国；又为古地名，其地或谓在今
泰国南部马来半岛东岸的尖喷。

林氏国有珍兽，大
若虎，五采毕具，尾长
于身，名曰驺吾，乘之
日行千里。

林氏国有一种珍奇的野兽，大得像老虎，遍身是五彩的花纹，
尾巴比身体长，名叫驺吾，骑上它可以日行千里。

郝懿行注："《毛诗·传》云：'驺虞白虎黑文，不食生物。'

环狗

袜

与此异。"郭璞注："《六韬》云：'纣囚文王，闳夭之徒诣林氏国求得此兽献之，纣大悦，乃释之。'《周书》曰：'夹（央）林酋耳，酋耳若虎，尾参于身，食虎豹。'《大传》谓之侄（怪）兽。吾宜作虞也。"

《淮南子·道应训》："散宜生乃以千金求天下之珍怪，得驺虞、鸡斯之乘、玄玉百工、大贝百朋、玄豹黄罴、青犴白虎、文皮千合，以献于纣。"袁珂指出"首列驺虞，其贵可知矣"，并认为："驺吾（虞）神话，亦文王脱羑里神话之一细节也。"《周书·史记篇》记有林氏国先后战胜戎氏、上衡氏，称霸一方。其实，林氏国之强悍，乃得益于其国有日行千里的宝马驺吾，也就是说林氏国可能是首先使用骑兵征战的国家；而商纣王之所以看重驺吾，亦在于它的军事价值。

戎

昆仑虚南面的地方，有一片方圆三百里的氾林。

从极渊有三百仞深，惟有冰夷永远守护在那里。冰夷长着人的面孔，乘着两条龙。另一种说法是从极渊叫作忠极渊。

阳汙山，黄河之水从那里发源；凌门山，黄河之水从那里发源。

毕沅注："《淮南子·地形训》有樊桐，云在昆仑阊阖之中。《广雅》云：'昆仑虚有板桐。'《水经注》云：'昆仑之山，下曰樊桐，一名板桐。'案氾、樊、板声相近，林、桐字相似，当即一也。"据此，昆仑虚南面有梧桐林，正是凤凰栖息的好地方。

从极之渊又名忠极之渊，亦即《海内西经》所说"昆仑南渊深三百仞"，其地或即今黄河壶口瀑布；因为只有壶口瀑布才能充分显示黄河之神威，而壶口瀑布正处于陕、晋、豫黄土高原中心，其北即鄂尔多斯高原、黄河河套（《山海经》记载的昆仑丘所在地）。冰夷又作冯夷、无夷，亦即河伯。在古史传说里，河伯可指居住在黄河两岸的部落，例如在王亥牧牛于有易而遇害的故事里，河伯为与王亥、有易相邻的部落。与此同时，河伯亦指黄河之神，《尸子辑本》卷下云："禹理水，观于河，见白面长人鱼身出，曰：'吾河精也。'授禹河图而还于渊中。"《水经注·洛水》引《竹书纪年》云："洛伯用与河伯冯夷斗。"洛水之神与黄河之神的斗争，既反

昆仑虚南所，有氾林方三百里。

从极之渊深三百仞，维冰夷恒都焉。冰夷人面，乘两龙。一曰忠极之渊。

阳汙之山，河出其中；凌门之山，河出其中。

映洛水入黄河、两水争河道的场面，也反映黄河两岸居民与洛水两岸居民存在着争水利、避水害的长期矛盾。

我国殷墟卜辞中，屡有祭祀黄河的内容。《庄子·人间世》云："牛之白额者，与豚之亢鼻者，与人之有痔病者，不可以适河。"适河，即以人（少女）为牺牲祭祀黄河，民间则称为河伯娶妇，这种巫术目的是祈求黄河不泛滥成灾。《楚辞·天问》："帝降夷羿，革孽夏民。胡躲夫河伯，而妻彼雒嫔？"高诱注《淮南子·氾论训》称："河伯溺杀人，羿射其左目。"王逸注谓："河伯化为白龙，游于水旁，羿见射之，眇其左目。"羿射河伯，实亦为巫术活动，即强迫黄河之神就范。

《穆天子传》卷一云："戊寅，天子西征。骛行，至于阳纡之山。河伯无夷之所都居，是惟河宗氏。"阳纡山即阳汙山，河宗氏即负责祭祀黄河的世袭家族，周穆王向黄河祭献的物品有玉璧、牛马豕羊等。凌门山又作陵门山，郝懿行注："或云即龙门，凌、龙亦声相转也。《艺文类聚》八卷引此经正作阳纡、龙门，与《水经注》合。”“河出其中”，可理解为黄河发源于此或在此通过；阳汙山在《穆天子传》里，其方位在河套地区（古人曾长期以此为黄河源），研究者多认为即内蒙古阴山（古称阳山）；凌门山之名当指黄河河道呈门状，符合这种地形地貌的黄河中游河道著名者有龙门和三门峡。

王子夜的尸体，两只手、两条腿、胸、头、牙齿，都被砍断而分散在不同地方。

王子夜之尸，两手、两股、胸、首、齿，皆断异处。

袁珂注：“日本小川琢治《穆天子传地名考》谓‘夜’即‘亥’字形讹，疑是。若果如此，则此节亦王亥故事之片段，即《大荒东经》郭璞注引《古本竹书纪年》所谓‘殷王子亥宾于有易而淫焉，有易之君绵臣杀而放之’、王亥惨遭杀戮以后之景象也。”又注：“江绍原《殷王亥惨死及后君王恒、上甲微复仇之传说》谓齿字与首字形近而衍，亦足供参考。如此，则王亥惨遭杀戮，系尸分为八，合于‘亥有二首六身’（首二、胸二、两手、两股）（《左传·襄公三十年》）之古代民间传说。郭璞《图赞》云：‘子夜之尸，体分成七。’则所见本已衍齿字也。”

《大荒东经》记载王亥故事为：“有困民国，勾姓而食。有人曰王亥，两手操鸟，方食其头。王亥托于有易、河伯仆牛。有易杀王亥，取仆牛。河念有易，有易潜出，为国于兽，方食之，名曰摇民。帝舜生戏，戏生摇民。”对比《大荒东经》与此处的记载，不难看出《大荒东经》的记述回避了王亥遇害后的惨象，而《海内北经》的描述则有一种事不关己的冷酷；这种差异可能反映了记述时代的不同，以及记述者的民族感情不同。

《拾遗记》卷七记有魏明帝曾下令建造昴毕之台，祭祀昴星和毕星，因为他相信这两个星宿管理着他的王朝所在地（河南洛阳）。事实上，在二十八星宿文化里，昴宿、毕宿正是王亥遇害“二首六身”之像，而殷民族的活动中心也是在洛水与黄河交汇一带。在美洲印第安人的民间故事里，昴宿、毕宿、参宿构成了一个单腿人的形象，另一条腿被他的恶毒妻子砍掉了，这有点像是王亥的遭遇。

亥字意为十二地支、十二时辰之一，古代常以亥日集市交易，亦称隔日集市为亥市。古史文献里王亥的亥字，据袁珂考证又作该、核、垓、胲、眩、冰、振、鲧等字。王亥之尸"皆断异处"，郭璞注："此盖形解而神连，貌乖而气合；合不为密，离不为疏。"其实，这是古代一种巫术观念，即分尸而葬，以防止遇害者灵魂复活。

舜的妻子登比氏生了宵明、烛光两个女儿，她们住在黄河河套的大湖泽边，两个女儿的灵光能够照耀这里方圆百里的地方。另一种说法是舜的妻子叫登北氏。

"登比氏生宵明、烛光"，这是我国古籍有关人造光源的最

舜妻登比氏生宵明、烛光，处河大泽，二女之灵能照此所方百里。一曰登北氏。

王子夜尸

河

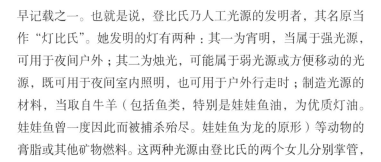

早记载之一。也就是说，登比氏乃人工光源的发明者，其名原当作"灯比氏"。她发明的灯有两种：其一为宵明，当属于强光源，可用于夜间户外；其二为烛光，可能属于弱光源或方便移动的光源，既可用于夜间室内照明，也可用于户外行走时；制造光源的材料，当取自牛羊（包括鱼类，特别是娃娃鱼油，为优质灯油。娃娃鱼曾一度因此而被捕杀殆尽。娃娃鱼为龙的原形）等动物的膏脂或其他矿物燃料。这两种光源由登比氏的两个女儿分别掌管，并以光源的特点给她们起名，这种命名方法是古代经常使用的。

"处河大泽，二女之灵能照此所方百里"，明确指出登比氏二女的工作主要是照明河道和湖泊。据此，宵明、烛光可能包括船用照明灯、航道标志灯、码头照明灯，以及灯塔用灯（登比氏的登字有上升到高处之意）。这也就表明，在帝舜时代，人们的夜间活动已经相当多，而且水上交通相当繁忙，以至于需要夜间照明，来确保航运的安全。与此同时，在河流、湖泽上使用人工光源，也可能与捕鱼有关，因为有些鱼类具有趋光习性，此外还可用于夜间捕鸟、拾鸟卵、收集鸟羽时的照明。

袁珂注："《海内西经》：'大泽方百里，群鸟所生及所解。'即此大泽。该节及以下二节亦应移于此节之前，始与方位大致相符。"实际上"处河大泽"，即今黄河流经的河套一带，前套、后套古均为大泽，两套之间河道密布，黄河之水在这里流势平稳，对发展水上交通极为有利，而河套南北曾是古人栖息的青山绿水、良田沃土和风吹草低见牛羊的天然牧场，并有候鸟换羽的大面积湖泽、湿地。舜妻除帝尧二女娥皇、女英之外，又有登比氏，这表明所谓"妻"者实际上是相互通婚的部落，一个部落可以与若干个其他部落通婚；同时也表明帝舜可以指一个朝代，这个朝代可能有多个名"舜"的首领，而并不特指一个唯一的"舜"。

盖国在钜燕的南面，倭的北面。倭属于燕。

盖国在钜燕南，倭北。倭属燕。

袁珂注："此节及以下九节均应移《海内东经》'钜燕在东北陬'之后。"郝懿行注："（《三国志》）《魏志·东夷传》云：'东沃沮在高句丽盖马大山之东。'《后汉书·东夷传》同。李贤注云：'盖马，县名，属玄菟郡。'今案盖马疑本盖国地。"

郭璞依据《魏志·东夷传》注谓："倭国在带方东大海内，以女为主（王），其俗露纷，衣服无针功，以丹朱涂身，不妒忌，一男子数十妇也。"《汉书·地理志下》："乐浪海中有倭人，分为百余国。"倭国又称倭奴，《后汉书·东夷传》云："中元二年，倭奴国奉贡朝贺，使人自称大夫，倭国之极南界也，光武赐以印绶。"时在公元 57 年，此印至今尚在。纷，束发

为髻，《仪礼·士冠礼》："将冠者，采衣，纙。"倭字意为
迂回遥远貌，《诗·小雅·四牡》："四牡骓骓，周道倭迟。"
又指一种发髻样式，古乐府《陌上桑》："头上倭坠髻，耳中
明月珠。"古称日本为倭或与其发式有关。

朝鲜在列阳的东面，海的北面，山的南面。列阳属于燕。

郭璞注："朝鲜今乐浪县，箕子所封也。列亦水名也，今在
带方，带方有列口县。"郝懿行注："(《汉书》)《地理志》云：'乐
浪郡朝鲜又吞列分黎山，列水所出，西至黏蝉入海。'又云：'含
资带水，西至带方入海。'又带方、列口并属乐浪郡。《晋书·地
理志》列口属带方郡。"

我国东汉后期设带方郡，带水即今朝鲜半岛的汉江。《尸子》
卷下称："箕子胥余，漆体而为厉，被发佯狂，以此免也。"箕子
名胥余，乃商纣王的叔父，为躲避纣王加害而装疯。后来，周武

朝鲜在列阳东，海
北山南。列阳属燕。

王伐纣，以周代殷，相传箕子率众逃往到朝鲜半岛，被当地人奉为国君。或谓《易经·明夷》卦爻辞"箕子之明夷，利贞"云云，即叙述箕子率族人迁徙朝鲜的故事；"明夷"或即朝鲜的古名，时在三千年前。

列姑射在海河州中。
射姑国在海中，属列姑射，西南，山环之。
大蟹在海中。

列姑射在大海的河州中。
射姑国在海中，属于列姑射，射姑国的西南方，山环绕它。
大蟹生活在海中。

郭璞注："山名也，山有神人。河州在海中，河水所经者。《庄子》所谓藐姑射之山也。"《庄子·逍遥游》："藐姑射之山，有神人居焉，肌肤若冰雪，淖约若处子，不食五谷，吸风饮露，乘云气，御飞龙，而游乎四海之外，其神凝，使物不疵疠而年谷熟。"或许，庄子之遐思，乃出自其地名之"姑"字。袁珂认为列姑射即《东山经》的姑射山、北姑射山、南姑射山，此言甚是。可以补充的是，《东山经》记述这几座山时均称"无草木"，当时此地并不适于人类居住。

《大荒东经》曰："女丑有大蟹。"袁珂认为即此处大蟹，并注谓："《周书·王会篇》云：'海阳大蟹。'孔晁注云：'海水之阳，一蟹盈车。'此大蟹见于先秦古籍者也。《玄中记》（《古小说钩沉》辑）云：'天下之大物，北海之蟹，毕一螯能加于山，身故在水中。'《太平御览》卷九四二引《岭南异物志》云：'尝有行海得洲渚，林木甚茂。乃维舟登岸，爨于水旁。半炊而林没于水。遽斩其缆，乃得去。详视之，大蟹也。'则传说演变，愈出而愈奇也。"

陵鱼人面，手足，鱼身。在海中。

陵鱼长着人的面孔，有手有脚，却是鱼的身子。生活在海中。

袁珂认为此即《海外西经》龙鱼。郝懿行注："《初学记》三十卷引此经云：'鲮鱼背腹皆有刺，如三角菱。《北堂书钞》一百三十七卷亦引此经，而云'鲮鲤吞舟'。疑此皆郭注误引作经文，今本并脱去之也。'"《太平广记》引《洽闻记》："海人鱼状如人，眉目口鼻手爪，皆为美丽女子，皮肉白如玉，发如马尾，长五六尺。"《搜神记》："南海之外有鲛人，水居如鱼，不废织绩，

陵鱼

卵细鱼

大鳊

其眼泣，则能出珠。"鲛人或即采珠女。

大鳊（biān）居
海中。
明组邑居海中。

大鳊鱼生活在海水中。

明组邑生活在海中。

郭璞注："鳊即鲂也。"鲂，又称三角鲂、三角鳊，为淡水鱼类，武昌鱼即团头鲂。鲂鱼，俗称火鱼，属于底栖性海鱼，在海底爬行，食甲壳类、软体类动物和小鱼，我国沿海均产。此种并无特点的鱼类，海中比比皆是，似乎不值得记入《山海经》里；因此，所谓大鳊，当另有所指。郝懿行注："明组邑盖海中聚落之名，今未详。"

蓬莱山在海中。
大人之市在海中。

蓬莱山屹立在海中。

大人的集市在海中。

今山东蓬莱市城北丹崖山有蓬莱阁，相传当年徐福受秦始皇之命，在此乘舟入海寻蓬莱、方丈、瀛洲三仙山，后入日本而不归。《史记·封禅书》："蓬莱、方丈、瀛洲，此三神山者，其传在勃海中，去人不远；患且至，则船风引而去。盖尝有至者，诸仙人及不死之药皆在焉，其物禽兽尽白，而黄金银为宫阙。未至，望之如云；及到，三神山反居水下；临之，风辄引去，终莫能至云。"《拾遗记》卷十称，蓬莱山又名防丘、云来，高二万里，广七万里，有细石如金玉，仙者服之；其东有郁夷国，窗牖皆向北开；其西有含明国，那里的人以鸟羽为衣，其上有冰水、沸水，饮者千岁。古人关于海上仙山的传闻，当与出海远航日益频繁有关，其中既有海市蜃楼，也有真实记录而今日不能理解者。例如蓬莱山、流波山、波谷山，可能都是已经消失的大冰山。

《大荒东经》称东海之外："有波谷山者，有大人之国。有大人之市，名曰大人之堂。有一大人踆其上，张其两耳（臂）。"袁珂认为即此处大人之市，乃现实场景，而不是虚幻的海市蜃楼。或许，大人之市可能是一处海上物产交易集散地。

大人市

蓬莱山

海内东北陬以南者。

（我们的）考察路线是从海内东北角向南的地方。

《海内东经》仅记述有10处场景，其中还有若干场景实际上属于《海内西经》，这是因为原属于《海内东经》的若干内容已经误入《海内北经》。在这种情况下，《海内四经全图》所绘东方内容，取自《海内东经》和《海内北经》有关东方景观的记述。

钜燕在东北端。

在流沙中的国家有埻端国、玺㬇国，在昆仑虚的东南。另一种说法是在海内设置的郡，不称为郡县，是因为处在流沙中。

袁珂注："此（钜燕）下当接《海内北经》'盖国在钜燕南'以下十节文字。"钜，巨的异体字，亦指刚铁、钩子。燕为古国名，原作匽、郾，郾意为停息、储污水的坑池。公元前 11 世纪周分封诸侯国，召公奭为燕国开国君主，建都蓟（今北京西南隅），管辖地域在今河北省北部、辽宁省西部，此后其势力不断扩展，为战国七雄之一。与此同时，南方亦有燕国，开国君主伯倏，相传为黄帝后裔，建都今河南省卫辉市西，后人称其为南燕。

《山海经》其他篇里，均未言及昆仑东南有流沙，此处经文当有讹误。埻端、玺㬇二国当位于西方，其国名似是音译，其义不详。郝懿行注："《海内东经》之篇而说流沙

钜燕在东北陬。

国在流沙中者埻端、玺㬇（huàn），在昆仑虚东南。一曰海内之郡，不为郡县，在流沙中。

昆仑虚

埻端国

玺㬇国

大夏国

竖沙国

内外之国，下又杂厕东南诸州及诸水，疑皆古经之错简。"
袁珂注："郝说是也。此下三节俱当移在《海内西经》'流
沙出钟山'节后。"

在流沙之外的国家有大夏国、竖沙国、居繇国、月支国。

《史记·大宛列传》："大夏在大宛西南二千余里，妫水南。
其俗土著有城屋，与大宛同俗。无大王长，往往城邑置小长。其
兵弱，畏战。善贾市。及大月氏西徙，攻败之，皆臣畜大夏。大
夏民多，可百余万。其都曰蓝市城，有市贩贾诸物。其东南有身
毒国。"大夏即今日阿富汗北部，身毒即印度；大宛居地历代有
伸缩，约在我国新疆至乌兹别克斯坦一带。

郝懿行注："《说文》（十二）云：'古者宿沙初作煮海盐。'
宿沙盖国名，宿、竖声相近，疑即竖沙也。"袁珂注："宿沙，
炎帝臣，其煮海盐当在古齐地，与竖沙东西地望绝不相侔，郝
说非也。"或许，宿沙族迁徙至西方者称为竖沙，因制盐非仅煮
海盐一种方法。宿沙又作夙沙，《艺文类聚》卷十一引《帝王世
纪》云："炎帝神农氏……诸侯夙沙氏叛不用命，箕文谏而
杀之。炎帝退而修德，夙沙之民自攻其君，归炎帝。"《路
史·后纪四》："今安邑东南十里有盐宗庙，吕忱云，宿
沙氏煮盐之神，谓之盐宗，尊之也。"居繇，袁珂注："《三
国志·魏志·乌丸鲜卑东夷传》注引《魏略》作属繇国。"
繇，草盛貌，通徭、摇、遥、陶；亦通由、游；又通籀，
卜兆的占辞。

郭璞注："月支国多好马、美果，有大尾羊如驴尾，即羱羊也。
小月支、天竺国皆附庸云。"月支读音肉支，又名月氏、月氐，
属古代西域诸国之一，原居祁连山至敦煌一带。汉时匈奴攻破
月支国，一部西迁至大宛西，臣服大夏，号称大月支，此后势
力渐盛，影响达克什米尔、恒河流域。汉时未迁徙者，号称小
月支，居地在今甘肃张掖至青海西宁一带。

居繇国

西胡白玉山在大夏国的东面，苍梧国在白玉山的西南，都在流沙的西面、昆仑虚的东南面。昆仑山在西胡的西面，都在西北。

将昆仑虚与大夏、西胡白玉山相提并论，如果不是错简，则表明此时撰写《海内四经》的人，对昆仑虚的准确地理方位已经不清楚了。

郝懿行注："《三国志》注引《魏略》云：'大秦西有海水，海水西有河水，河水西南北行有大山，西有赤水，赤水西有白

西胡白玉山在大夏东，苍梧在白玉山西南，皆在流沙西，昆仑虚东南。昆仑山在西胡西，皆在西北。

昆仑虚

西胡白玉山

大夏

苍梧

玉山，白玉山西有西王母。'今案大山盖昆仑也，白玉山、西王母皆国名。《艺文类聚》八十三卷引《十洲记》曰：'周穆王时，西胡献玉杯，是百玉之精，明夜照夕。'云云。然则白玉山盖以出美玉得名也。"又注："此别一苍梧，非南海苍梧也。"我国古书所说大秦，大体指地中海东岸诸国；汉武帝时（公元前108年）大秦曾进贡花蹄牛，此后大秦幻人（魔术师）亦来中国献艺。此处所记西胡白玉山在大夏东，与大秦相距甚远。

郭璞注："《地理志》昆仑山在临羌西，又有西王母祠也。"袁珂注："《汉书·地理志》云：'金城郡临羌西北至塞外，有西王母石室。'又云：'有弱水、昆仑山祠。'是郭所本也。"据此可知，汉时人们所说的昆仑山，大体就是我们今天地图上标出的昆仑山山脉，已经不是《山海经》记述的昆仑丘、昆仑虚了。

雷泽中有雷神，龙身而人头，鼓其腹。在吴西。

雷泽中有一位雷神，长着龙的身子、人的头，鼓起它的腹部。在吴西。

今日太湖，古名具区泽，又名震泽，当即此处"在吴西"之雷泽。有迹象表明太湖系陨击而成，陨击时伴有巨响，或者当地多雷，因而有雷泽之名。北方也有雷泽，郭璞注："今城阳有尧冢灵台。雷泽在北也。《河图》曰：'大迹在雷泽，华胥履之而生伏羲。'"此雷泽乃举行求子巫术的场

雷神

雷泽

所,"大迹"则是雷神的化身。

都州在海中。另一种说法认为叫郁州。

琅邪台在渤海中间,琅邪的东面。它的北面有山,另一种说法是在海中间。

韩雁在海中,在都州的南面。

始鸠在海中,在辕厉的南面。

会稽山在大楚的南面。

《水经注》卷30(淮水)云:"东北海中,有大洲,谓之郁洲,《山海经》所谓郁山在海中者也,言是山自苍梧徙此,云山上犹有南

都州在海中。一曰郁州。

琅邪台在渤海间,琅邪之东。其北有山。一曰在海间。

韩雁在海中,都州南。

始鸠在海中,辕厉南。

会稽山在大楚南。

都州

琅邪台

琅邪

辕厉

韩雁

大楚

会稽山

始鸠

方草木，今郁州治。故崔季珪之叙《述初赋》，言郁洲者，故苍梧之山也。"据此，都州在今江苏北部连云港沿海一带。

今山东胶南市夏河城东南有琅琊台，东临黄海（古代所说渤海，可泛指北方之海，包括今渤海、黄海，以及日本海，甚至更北之海）；"其北有山"，当指今青岛崂山，为著名风景区。《史记·秦始皇本纪》记有秦始皇东巡至琅邪，大乐之："作琅邪台，立石刻，颂秦德，明得意。"琅琊台乃依山势而建，台基三层，层高三丈，今台观建筑已无，遗址状如小山丘。

韩雁位于都州南，可知其地在今连云港以南的沿海地区。郝懿行注："韩雁盖三韩古国名。"《魏志·东夷传》云："韩有三种，一曰马韩，二曰辰韩，三曰弁辰。"这些沿海小国的出现，可能与海水退落、滩涂成陆的变化有关。毕沅、郝懿行均认为辕厉即韩雁，辕、韩声相近，雁、厉字相似。据此，始鸠国又在三韩国之南。至于国名韩雁、始鸠，则可能与候鸟迁徙在此地落脚有关。

吴承志认为大楚乃大越之误，其在《山海经地理今释》卷六云："楚当作越，传写讹误。《越绝书·记越地传》云：'禹忧民救水，到大越，上茅山大会计，更名茅山曰会稽。'即本此经。"不过，按此经所说方位，此会稽山也可能指今安徽怀远县的涂山，亦即《左传·哀公七年》所记："禹合诸侯于涂山，执玉帛者万国。"

说明：（ ）内的文字，为正文、脱文；[ ]内的文字，为衍文。

毕沅注："《海内东经》旧本合'岷三江，首……'以下云云为篇，非，今附在后。"又注："自'岷三江，首……'以下疑《水经》也。"袁珂注："毕沅之说是也。"

上述文字中"汉水出鲋鱼之山，帝颛顼葬于阳，九嫔葬于阴，四蛇卫之"，可能有误，一是未依惯例叙述汉水的流向，二是帝颛顼葬于北方，非长江支流汉水。

《水经》作者是西汉学者桑钦，该书对137条河流进行了简短描述。此后，郭璞为《水经》作注三卷，已佚。现存《水经注》

左侧栏：

岷三江：首大江出汶山，北江出曼山，南江出高山。高山在城（成）都西。入海，在长州南。浙江出三天子都，在其（蛮）东。在闽西北，入海，余暨南。庐江出三天子都，入江，彭泽西，一曰天子鄣。淮水出余山，余山在朝阳东，义乡西，入海，淮浦北。湘水出舜葬东南陬，西环之，入洞庭下。一曰东南西泽。汉水出鲋鱼之山，帝颛顼葬于阳，九嫔葬于阴，四蛇卫之。濛水出汉阳西，入江，聂阳西。温水出崆峒，（崆峒）山在临汾南，入河，华阳北。颍水出少室，少室

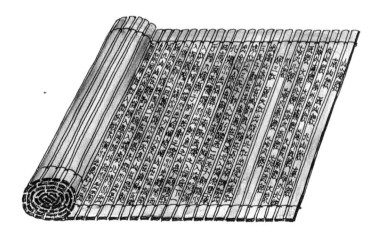

四十卷，乃北魏学者郦道元所著；近代学者王国维又为《水经注》作注，撰有《水经注校》一书。

　　建平元年即公元前6年，是年刘秀（歆）受今文学派诸儒排挤，出任河内太守。

山在雍氏南，入淮西鄬北。一曰缑氏。汝水出天息山，在梁勉乡西南，入淮极西北。一曰淮在期思北。泾水出长城北山，山在郁郅长垣北，[北]入渭，戏北。渭水出鸟鼠同穴山，东注河，入华阴北。白水出蜀，而东南注江，入江州城下。沇水[山]出象郡镡城西，[入]东注江，入下隽西，合洞庭中。赣水出聂都东山，东北注江，入彭泽西。泗水出鲁东北而南，西南过湖陵西，而东南注东海，入淮阴北。郁水出象郡，而西南注南海，入须陵东南。肄水出临晋（武）西南，而东南注海，入番禺西。潢水出桂阳西北山，东南注肄水，入敦浦西。洛水出（上）洛西山，东北注河，入成皋[之]西。汾水出上窳北，而西南注河，入皮氏南。沁水出井陉山东，东南注河，入怀东南。济水出共山南东丘，绝钜鹿泽。注渤海，入齐琅槐东北。潦水出卫皋东，东南注渤海，入潦阳。虖沱水出晋阳城南，而西至阳曲北，而东注渤海，入[越]章武北。漳水出山阳东，东注渤海，入章武南。

　　建平元年四月丙戌，待昭太常属臣望校治，侍中光禄勋臣龚、待中奉车都尉光禄大夫臣秀领主省。

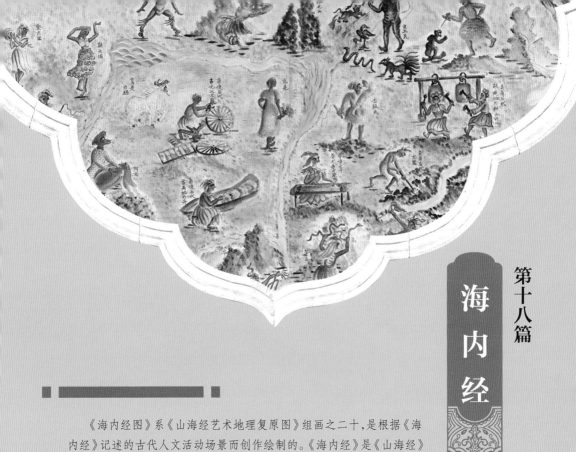

第十八篇 海内经

《海内经图》系《山海经艺术地理复原图》组画之二十，是根据《海内经》记述的古代人文活动场景而创作绘制的。《海内经》是《山海经》十八篇文字的最后一篇，它描述了39处人文与自然场景，既包括撰写者所处时代的内容，也涉及撰写者所了解的历史知识。从中不难发现，《海内经》的撰写者对古代氏族、部落、民族的血缘传承关系以及先人的科学技术发明活动有着浓厚的兴趣，并给予了突出的记述。

西汉学者刘秀《上山海经表》曰："所校《山海经》凡三十二篇，今定为一十八篇，已定。"此后，《汉书·艺文志》著录《山海经》为十三篇，《隋书·经籍志》著录《山海经》为二十三篇。郝懿行在《山海经笺疏叙》中认为《大荒四经》四篇和《海内经》一篇："古本此五篇皆在外，与经别行，为释经之外篇。"意思是《海内经》等五篇文字是解释正文的注释文字，或者是散落在正文之外的只言片语。郝懿行的观点有部分合理之处，例如《海内经》某些文字可能原本属于《山海经》的其他篇章。但是，也存在着严重失误，例如把《大荒四经》与《海内经》混为一谈，而实际上《大荒四经》有着比较严密的体系架构，没有理由将其视为释文或只言片语。

从现存《海内经》的内容来看，它好像是一部没有完成的著作，或者是一部内容大量丢失错位的著作。《山海经》其他篇章都有着地理方位的记述顺序，而《海内经》的地理方位却难寻踪迹。我们今天只能依稀辨认出，有些景观存在着自西南向东南的走向，而另一些场景又存在着自东北向西北的走向。

由于《海内经》出现了朝鲜、天毒等地名，这或可表明它是周秦以降的著作。值得注意的是，《海内经》所述内容结束并定格在"禹定九州"一幕上，这应当寄托着撰写者重整山河、统一天下、再创辉煌的愿望。

在东海以内，北海的角落，有个国家名叫朝鲜。还有一个国家叫天毒，那里的人依水而居，人与人依偎相爱。

郭璞认为此处天毒即天竺，王崇庆认为此天毒或别有所指，袁珂注："天竺即今印度，在我国西南，此天毒则在东北，方位迥异，故王氏乃有此疑。或者中有脱文讹字，未可知也。"其实，此处经文疑当断句为两节，第一节："东海之内，北海之隅，有国名曰朝鲜。"第二节："（西海之内，南海之隅，有国名曰）天毒，其人水居，偎人爱之。"偎人爱之或作偎人爱人，其意与佛教主张"慈悲为怀、怜爱众生"相合。

汉武帝时张骞出使西域，历经大宛、康居、大月支，前后两次被匈奴扣留，历时 13 年方归。张骞在大夏见到邛竹杖、蜀布等华夏物产，知其从天毒贩至大夏。汉武帝采纳张骞的意见，令张骞派使者从南路寻访印度。公元 68 年，东汉明帝派使者从天竺请来高僧在洛阳建白马寺，此为佛教在中国传播之始。此处《海内经》所记天毒，当是我国有关印度（包括今尼泊尔、巴基斯坦等国）的最早文字之一，其时应在张骞出使西域之前。

在西海以内，流沙的中央，有个国家名叫壑市。

在西海以内，流沙的西边，有个国家名叫氾叶。

在流沙以西，有个叫鸟山的地方，三条河从山里发源；那里有黄金、璿瑰、丹货、银铁，都产于这些河中。又有一座淮山，好水从山里发源。

袁珂注："《水经注·禹贡山水泽地所在》云：'流沙在西海郡北，又迳浮渚，历壑市之国。'"浮渚或指某种地貌、某处地名；或即浮屠，本指佛教，代指印度。《穆天子传》卷一记有"天子之宝，玉果、璇珠、烛银、黄金之膏"，郝懿行认为与此处鸟山所出诸物相类。

在流沙的东面，黑水的西面，有朝云国、司彘国。黄帝的妻子雷祖生了昌意。昌意降生的地方叫若水，又生下韩流。韩流长着长长的脑袋、小耳朵、人的面孔、猪的嘴、麒麟的身子、罗圈腿、

东海之内，北海之隅，有国名曰朝鲜。天毒，其人水居，偎人爱之。

西海之内，流沙之中，有国名曰壑市。

西海之内，流沙之西，有国名曰氾叶。

流沙之西，有鸟山者，三水出焉。爰有黄金、璿瑰、丹货、银铁，皆流于此中。又有淮山，好水出焉。

流沙之东，黑水之西，有朝云之国、司彘之国。黄帝妻雷祖，生

昌意。昌意降处若水，生韩流。韩流擢首、谨耳、人面、豕喙、麟身、渠股、豚止，取淖子曰阿女，生帝颛顼。

猪的蹄子，娶了蜀山氏的女儿，该女子名叫阿女，阿女又生了帝颛顼。

朝云国与司彘国相邻与处，当系两个长期互通婚姻的部落。司彘国之名，表明该部落以猪为图腾，或者负责管理与猪有关的事项（养猪、猎猪，以及相关祭祀活动）。朝，既指晨阳，又意为朝向、朝拜，因此朝云既可指赤云，亦可指对云（包括雷电）的朝拜。进一步说，朝云疑即缙云，缙意为赤白色，与朝云色彩同；缙亦指赤色丝帛，"缙绅"指系着赤色大腰带的人（有身份的象征）；缙又有插意，缙绅又可指插笏于带（官员上朝言事）。据此，缙云乃雷电从云中插下之貌，同时又有朝拜雷电之意。

在古史传说里，黄帝为有熊氏国君，号曰有熊氏、缙云氏、帝鸿氏、帝轩氏、轩辕氏（实际是上述部落共同组成黄帝部落联盟）。其中，有熊氏与猎熊、观测北斗星（大熊星）有关，轩辕氏与车的制造和使用有关，而缙云氏则与雷神崇拜有关（所谓黄帝生而有景云之瑞，亦出自缙云）。袁珂在《中国神话大词典》中指出："黄帝最初之神职盖为雷神。"并引《河图稽命征》："（黄帝母）附宝见大电光绕北斗权星，照耀郊野，感而生黄帝轩辕于青邱。"《河图帝纪通》："黄帝以雷精起。"《春秋合诚图》："轩辕，主雷雨之神也。"《大象列星图》："轩辕十七星在七星北，如龙之体，主雷雨之神。"凡此种种，均与雷电有关。或许我国古代青铜器装饰图案多云雷纹亦源于此。

雷祖又作累祖、嫘祖等，相传嫘祖发明养蚕缫丝织帛，《路史·后纪五》："黄帝元妃西陵氏曰嫘祖，以其始蚕，故又祀先蚕。"先夏时期，彩帛除可为衣，当亦用于巫术，例如象征彩云，与"谁持彩练当空舞"意近。因此，朝云国或即缙云氏与雷祖联姻之后裔，亦即此处的昌意。昌字形象有日盛之意；意字古与"抑"通；昌意或可指云遮日，与缙云氏一脉相承。

"昌意降处若水，生韩流"，郭璞注："《竹书》云：'昌意降居若水，产帝乾荒。'乾荒即韩流也，生帝颛顼。""降处"即迁徙，此处若水通常认为即今四川岷江支流若水，韩流乃昌意与若水女子通婚的后裔。"韩流擢首、谨耳、人面、豕喙、麟身、渠股、豚止"，擢字意为抽、拔、耸起，擢首当指拉伸头颅使其变长，颛顼之名亦有头骨变形之意。而远在美洲的玛雅人亦有此习俗，即对贵族儿童的头颅施行人工变形，使其长大后具有特定的相貌。谨耳当指对耳朵的人工装饰或造型，其状应如猪耳，此处谨字可能有误。总之，韩流的扮相是长颅骨、大耳朵、猪嘴巴、动物皮毛、粗壮的大腿、猪样的蹄脚，而这正是他具有"司彘"身份的象征。

此处称韩流"取淖子曰阿女，生帝颛顼"，《大戴礼·帝系篇》则云："昌意娶于蜀山氏之子，谓之昌仆氏，产颛顼。"郝懿行认为此处淖子即蜀山氏女。《初学记》卷九引《帝王世纪》："颛顼母曰景仆，蜀山氏女，谓之女枢。"枢有旋转之意，多用于天文观测，而颛顼后裔多天文巫术世家，或源于此。在古史传说里，颛顼为北方著名部落或北方之神，此处却记述他出生在南方的蜀地，此间当有民族的往来迁徙。

在流沙的东面，黑水流经的地方，有座山叫不死山。

在华山、青水的东面，有座山名叫肇山，有个人名叫柏高，柏高在这里上上下下，可以到达天上。

《楚辞·远游》："仍羽人于丹丘兮，留不死之旧乡。"《博物志·物产》："员丘山上，有不死树，食之乃寿；有赤泉，饮之不老。"《水经注》："流沙又历员丘不死之山西。"郭璞认为此处不死之山即员丘。此处华山或即今西岳华山。柏高又名柏子高、伯高、伯成子高，为古代著名部落或巫师。《庄子·天地篇》："尧治天下，伯成子高立为诸侯；禹时，伯成子高辞为诸侯而耕。"《管子·地数篇》记有黄帝与柏高的对话，相传黄帝炼丹成功乘龙飞天时，柏高亦追随升天。

流沙之东，黑水之间，有山名不死之山。

华山青水之东，有山名肇山，有人名曰柏高，柏高上下于此，至于天。

在西南方黑水流经的地方，有个地方叫都广野，后稷就埋葬在那里。那里有膏菽、膏稻、膏黍、膏稷，各种谷物自然生长，冬夏都在撒播种子。鸾鸟自由自在地唱歌，凤鸟自由自在地跳舞。灵寿树开花结果，草木茂盛。那里有百兽，成群聚集。这里的草，无论寒冬炎夏都不会枯死。

都广或作广都，杨慎《山海经补注》："黑水广都，今之成都也。"曹学佺《蜀中名胜记》认为在今成都市双流区境内。《海内西经》亦记有后稷葬所，与此处一样均未言及随葬品。实际上这里描述的是都广之野如何富庶，谷米飘香，一年两熟，灵寿草木终年常绿，百兽各得其所，鸾鸟、凤鸟歌舞升平。

郭璞注："其城方三百里，盖天地之中，素女所出也。"郝懿行指出上述郭注十六字原本属于《山海经》正文，并引《风俗通》：

西南黑水之间，有都广之野，后稷葬焉。爰有膏菽、膏稻、膏黍、膏稷，百谷自生，冬夏播琴。鸾鸟自歌，凤鸟自儛，灵寿实华，草木所聚。爰有百兽，相群爰处。此草也，冬夏不死。

《黄帝书》：泰帝使素女鼓瑟而悲，帝禁不止。"认为"素女盖古之神女，出此野中也。"袁珂注："杨慎云：'素女在青城天谷，今名玉女洞。'亦可存以俟考。"

此处经文后半段疑当作"冬夏播琴。灵寿实华，草木所聚；此草也，冬夏不死。爰有百兽，相群与处，鸾鸟自歌，凤鸟自舞。"播琴即播种，古楚方言读家（种）如琴。灵寿，郭璞注："木名也，似竹，有枝节。"吴承志认为即昆仑山的寿木。

南海之外，黑水青水之间，有木名曰若木，若水出焉。

有禺中之国。

在南海以外，黑水、青水流经的地方，有一种树木叫若木，若水从这里发源。

有个禺中国。

经文南海之外或作南海之内。经文"有木"疑当作"有山"。

《大荒北经》记有若木。袁珂注：“《水经注·若水》云：'若木之生，非一所也，黑水之间，厥木所植，水出其下，故水受其称焉。'又云：'若水出蜀郡旄牛徼外，西南至故关，为若水也。'”若水又名青衣江，西邻峨眉山。禺，猿猴类动物，又指区域，亦通偶，禺中之国可能有供奉猴神的习俗。

有个列襄国。

有座灵山，有一种红色的蛇在树上，名叫蝡蛇，有树木可以食用。

列意为排列，襄意为相助而成；列襄国名或有集体行动、彼此相助之意。列又通裂、烈，襄又指冲上、上举、高，《尚书·尧典》称尧时洪水泛滥"怀山襄陵"，意即洪水冲上山陵；据此，列襄国名又可指放火烧山开荒。当然，此处列襄之名若出自音译，那么欲知晓其字意，则需要了解叙述者所用的语言。《大荒西经》记有灵山十巫"从此升降，百药爰在"，袁珂认为此处灵山与其地望相当。赤蛇"木食"当有所指，其树或即百药神树。

有个盐长国。有个人长着鸟头，名叫鸟氏。

郝懿行注：“《太平御览》七百九十七卷引作监长，有上有西海中三字。”又注：“鸟氏，《太平御览》引作鸟民，今本氏字讹也。鸟夷者，《史记·夏本纪》及（《汉书》)《地理志》并云：'鸟夷皮服。'《大戴礼·五帝德篇》云：'东有鸟夷。'是也。又《秦本纪》云：'大费生子二人，一曰大廉，实鸟俗氏。'《索隐》云：'以仲衍鸟身人言，故为鸟俗氏。'亦斯类也。”此经前文记有"流沙之西，有鸟山者，三水出焉"云云，此处鸟氏或即鸟山之民。《山海经》中记有众多以鸟为名的部落或人，显然这与古人流行鸟羽装饰有关，装饰某种鸟羽的部落很自然会被其他部落用这种鸟来指称其人。

有九座山丘，用水渠联络着，名叫陶唐丘、有叔得丘、孟盈丘、昆吾丘、黑白丘、赤望丘、参卫丘、武夫丘、神民丘。有一种树木，青色的叶子、紫色的枝干、黑色的花朵、黄色的果实，名叫建木，

有列襄之国。
有灵山，有赤蛇在木上，名曰蝡蛇，木食。

有盐长之国。有人焉鸟首，名曰鸟氏。

有九丘，以水络之，名曰陶唐之丘、有叔得

之丘、孟盈之丘、昆吾之丘、黑白之丘、赤望之丘、参卫之丘、武夫之丘、神民之丘。有木，青叶紫茎，玄华黄实，名曰建木，百仞无枝，有九欘，下有九枸，其实如麻，其叶如芒，大暤爰过，黄帝所为。

高达一百仞却没有枝杈，有九个弯曲的地方，树下有九条根脉，它的果实像麻子，叶子巨大，大暤在这里上下祭天祭地，建木是黄帝栽种的。

"以水络之"，即用水渠（象征血脉）将九丘环绕或联络起来，一个"以"字已经充分表明此种景观乃人为所成。九丘亦当系人工建筑物，其性质或与众帝之台相类，或系祭祀先祖的场所，可称之为众帝之丘或众帝之虚。陶唐为帝尧之号，昆吾为著名部落（诸侯）之号。郝懿行注："叔得、孟盈盖皆人名号也。孟盈或作盖盈，古天子号。"《路史·前纪三》："盖盈氏。若水之间，禺中之地，有盖盈之丘，盖盈氏之虚也。"《路史》记有众多先民之名号，其中许多都是取自《山海经》的山名或地名，这也是古人起名的一种常用方法。据此可知，九丘之名，当均为古部落之名，同时也表明这里是众多部落聚会的圣地。

建木"百仞无枝"与"三桑无枝"类似，具有某种巫术象征意义。

鸟氏

建木

建木九欘、九枸，意思是建木的枝和根分别与九丘相联络，以表示九丘所祭祀之先祖有着共同的精神和相通的血脉。显然，这种建木不可能完全自然长成，应当有人为的加工，或者就是由人造的神树，青色的叶、紫色的枝干、黑色的花、黄色的果，营造出一种自然界没有的神奇而又神秘的景观，其设计灵感则源自"大暤爰过，黄帝所为"。《淮南子·地形训》："建木在都广，众帝所自上下，日中无景，呼而无响，盖天地之中也。"袁珂注："古人质朴，设想神人、仙人、巫师登天，亦必循阶而登，则有所谓'天梯'者存焉。"并指出天梯一为神山、二为神树，此处建木即天梯。《海内南经》记有建木，位于窫窳西的弱水上。此处九丘建木则"以水络之"，而且也与"窫窳龙首"相邻，或许联络九丘之水亦可称为弱水。

美洲文明也有类似的通天神树（又称世界树），《美洲神话》称："玛雅的中心是一棵木棉树，名字叫亚克切（或卡波克），它的根穿透地狱，枝叶蔓延至天堂。""在中美洲各地，世界树被看作中心或第五个方位，与东、南、西、北具有同等重要的位置，甚至更重要。"

有一种叫窫窳的动物，长着龙的脑袋，能吃人。

有一种青色的野兽，长着人的面孔，名叫猩猩。

在《山海经》一书里，窫窳首见于《北山经》北次一经的少咸山，乃"状如牛，赤身、人面、马足，食人"的怪兽（有可能是人的化装）。《海外四经》《大荒四经》均未见记述。《海内南经》称其"龙首，居弱水中，食人"。《海内西经》称其"蛇身人面"，被贰负和危杀害，又得六巫"皆操不死之药以距之"。窫窳又名猰㺄，《淮南子·本经训》记有帝尧时期，十日并出，各地怪兽（异族）同时为害人间，于是羿奉帝尧之命"上射十日下杀猰㺄"。

"食人"，可能与猎人头习俗有关，世界上许多民族都曾经长期流行猎人头习俗，其俗源自先民对头颅的崇拜，他们相信人的生命力就蕴藏在骨头特别是头骨里。我国古代早在先夏时期就盛行二次葬，其目的就是要将圣洁的骨头与肮脏

有窫窳，龙首，是食人。

有青兽，人面，名曰猩猩。

的血肉分离开来，而且要反复多次洗骨，以使祖先灵魂能在洁净的骨头里安居，不去伤害活着的人。在新石器时代的墓葬里，随葬品往往有多颗人头骨，有的头骨被打碎后放入彩陶器内；此外，在陶塑人头的顶部，为了使灵魂自由出入，还留有黄豆大小的孔。

猎人头习俗在许多偏远地区一直延续到近代，猎人头活动一般在春播前后和秋收前施行，猎得人头后要举行接头、祭头、送头仪式，人们兴高采烈地跳起猎头舞，然后将人头放进竹篾编的兜子里，轮流供奉在各家的鬼门外和村寨的木鼓房里。其间一项重要的内容，就是把灰撒在人头上，让灰与鲜血混在一起滴落地上。然后每家分一份混有人头血的灰土，在春播时与种子一道撒在田地里，人们相信这样一来农作物的种子就获得了特别强大的生命力，庄稼就能丰收。猩猩是一种相貌最接近人类的动物，古人曾误将其视为人类的一种。此处"有青兽"（青字衍），则明确

窫窳

猩猩

将其归入兽类。

西南有个巴国。大暤生了咸鸟，咸鸟生了乘厘，乘厘生了后照，而后照就是巴人的始祖。

周时巴国都邑在今重庆市巴县，巴人之名当得自大巴山，其活动区域包括大巴山以及长江巫峡至重庆一带。《世本·氏姓篇》记有："廪君之先，故出巫诞。巴郡南郡蛮，本有五姓，巴氏、樊氏、暉氏、相氏、郑氏，皆出于五落钟离山。其山有赤黑二穴，巴氏之子生于赤穴，四姓之子皆生黑穴，未有君长，俱事鬼神。"此后，巴氏子务相经过一番较量，成为五姓首领，名曰廪君。廪君率领族人从夷水迁徙到盐阳，当地盐水女神欲留廪君，化作飞虫遮天蔽日，廪君射杀盐神，建都夷城，世与秦女通婚。

暤，白色明亮，心情舒畅貌；通昊，天空广大。或谓"暤"有观测日出日落之意。大暤或作太暤、太昊，又称伏羲（有多种写法，例如伏戏、庖牺、包羲等；疑原作伏曦，亦即早晚的阳光），《易经·系辞》："古者包牺氏之王天下也，仰则观象于天，俯则观法于地，观鸟兽之文，与地之宜，近取诸身，远取诸物，于是始作八卦，以通神明之德，以类万物之情。"今日甘肃天水与河南淮阳均有伏羲庙和太昊陵，当地都流传着伏羲和女娲的故事，以及相应的民间文化习俗——表明伏羲部落有过民族迁徙。

《大荒南经》云："有襄山。又有重阴之山。有人食兽，曰季厘。帝俊生季厘，故曰季厘之国。有缗渊，少昊生倍伐，倍伐降处缗渊。有水四方，名曰俊坛。"与此处的内容对比，后照与少昊意思相近，乘厘与季厘字形相近，巴人与倍伐发音相近，帝俊与咸鸟的含义也相近（帝俊为鸟图腾之先祖玄鸟，咸鸟亦是以鸟为图腾，而咸鸟又与玄鸟相近）。如果上述对比成立，则表明帝俊源自太昊，少昊源自帝俊，也就是说少昊与太昊有着血缘传统。有趣的是，少昊部落在《五藏山经》时代居住在昆仑丘西面的长留山，后迁徙到今山东曲阜建立少昊国（当地有少昊陵），其国的全部官员都以鸟命名。据此，少昊部落的迁徙，当属于太昊部落迁徙的一部分。

西南有巴国。大暤生咸鸟，咸鸟生乘厘，乘厘生后照，后照是始为巴人。

巴国

大暤

后照

咸鸟

乘厘

流黄辛氏国

巴遂山

渑水

有国名曰流黄辛
氏，其域中方三百里，
其出是尘土。有巴遂山，
渑水出焉。

有个国家名叫流黄辛氏，它的疆域方圆三百里，那里到处
是尘土。有座巴遂山，渑水从这里发源。

此处流黄辛氏又名流黄酆氏，《海内西经》记有："流黄酆氏
之国，中方三百里，有涂四方，中有山，在后稷葬西。""中有山"，
袁珂认为即巴遂山。渑水或作绳水，郝懿行注："《水经·若水注》
云：'绳水出徼外。'引此经亦作绳水。"

"其出是尘土"，郭璞注："言殷盛也。"杨慎注："出是尘土，
言其地清旷无嚣埃也。"郝懿行认为指当地人喧闹。袁珂赞成清
代学者蒋知让的观点，即"尘（麈）土"乃"麈"字误断为二字。
李盛铨先生在《古百濮文化特征试探》一文中认为，百濮为高辛
氏后裔，故名辛氏，以采矿为业。流黄即硫黄，"尘土"即硫黄
配制的火药粉末，黄帝之子玄嚣即火药发明人。其实，硫黄最初
是用于制作黄色颜料的，后来才逐渐被人们发现其漂白功能（蒸
馒头时加硫黄熏，馒头可变白）和燃烧作用。我国硫黄矿分布很广，
东西南北都有，而西南地区尤多。

朱卷国

黑蛇

又有个朱卷国。有一种黑蛇，长着青色的头，能吃大象。

朱卷其意不详，疑当作"唇卷"，亦即下文赣巨人之国，或者与蛇的蜷曲状有关。《海内南经》记有巴蛇食象，并称"一曰黑蛇青首"，当即此处黑蛇。巴蛇食象的传闻，通常都理解为自然界的大蛇吃大象。由于巴人以"巴"为名，而"巴"有大蛇之意，因此巴蛇食象的故事，也可能记录有巴人驯服大象的内容。事实上，在《五藏山经》中中次九经对大巴山地区的描述里，大象属于常见的动物。人类进入农业社会以后，面临的一个重要问题，就是保护农作物不受野生动物的践踏。在各种动物里，大象是一种食量非常大的食草类动物，而且当时人们缺少对付大象的手段和武器，在这种情况下，大象对农田的破坏就成一个必须解决的问题。或许，正是为了驱赶和制服大象，巴人才驯养了巴蛇，并利用巴蛇去攻击大象，从而给后人留下了巴蛇食象的故事。

又有朱卷之国。有黑蛇，青首，食象。

南方有一种赣巨人，长着人的面孔、长长的臂膀，黑色的身子上长有毛，脚跟朝前而脚尖朝后反长着，见别人笑他也跟着笑，一笑口唇就遮蔽了他的脸，人就趁机立即逃走。

郭璞认为赣巨人即枭阳。袁珂指出长臂当作长唇，见人笑亦笑当作见人则笑，因即逃也当作因可逃也。赣为地名，沿用至今，赣水发源于武夷山和南岭交会处，向北流入鄱阳湖，其上游为贡水；赣亦音贡，意为赐给。《海内南经》称"枭阳国在北朐之西"，未使用赣这个地名。郭璞认为是先有赣巨人之名，后有赣水之名。

南方有赣巨人，人面长臂，黑身有毛，反踵，见人笑亦笑，唇蔽其面，因即逃也。

赣巨人

黑人

又有黑人，虎首鸟
足，两手持蛇，方啗之。

又有一种黑人，长着老虎的脑袋、鸟的爪子，两只手抓着蛇，正在咬食它。

黑人，可指皮肤黑色的人种，多在非洲，唐代称其为昆仑或昆仑奴，《旧唐书·林邑国传》（卷197）云："自林邑以南，皆卷发黑身，通号昆仑。"此外，我国古代也有皮肤比较黑的人，但头发不卷曲。此处黑人可能与上文赣巨人"黑身有毛"类似，或者是皮肤较黑、体毛发达，或者是将身体涂黑、穿着黑色服装。《山海经》中，"虎首鸟足"之形貌，仅此一处。

有嬴民，鸟足。有封豕。

有一种嬴民，长着鸟的爪子。有大肥猪。

封豕，郭璞注："大猪也，羿射杀之。"吴其昌《卜辞所见先公先王续考》认为"封豕"疑即"王亥"之误，因二者字形极相近，《大荒东经》记王亥事有摇民、困（因）民，与此处嬴民乃一声之转，而郭璞所说"羿杀之"并非经文之意。袁珂倾向接受吴其昌的观点，并注谓："摇民其虎首鸟足之黑人乎？"

赢民

封豕

据《古史考》，少昊氏
赢姓。《姓谱》记有，伯翳
（益）佐舜主畜，畜多繁息，
赐姓赢；此后，周孝王使非
子在渭水之畔养马，马大繁
息，因分土为附庸，邑之秦，
使续赢氏祀，号曰秦赢。据
此，赢民当系少昊或伯益之
后裔，擅长驯化和饲养家畜，
"有封豕"，即饲养有大肥猪，
与羿杀封豨为民除害的故事
无关。

有一种人叫苗民。有一个神，长着人的脑袋、蛇的身子，长
长的像车辕，左右各有一个脑袋，像穿了紫色的衣服，佩戴着红
色的帽子，名叫延维，人主如果得到并且将食物奉送给他，就可
以统领天下。

苗字本义指农作物初生貌（开花前），引申为事情的起因、
根由；又指夏季的田猎，《左传·隐公五年》："故春蒐、夏苗、
秋狝、冬狩，皆于农隙，以讲事也。"杜预注："苗，为苗除
害也。"苗亦为古地名，《左传·襄公二十六年》："若敖之乱，
伯贲之子贲皇奔晋，晋人与之苗。"此苗邑即今河南省济源
市西的苗亭，或许这里就是苗族的老家，与尧、舜的发祥地
相邻。后来因苗民反对帝尧传位于舜，与丹朱一起被迫迁徙
到南方。《海外南经》称三苗国在赤水东，《大荒北经》称苗
民为颛顼后裔，均表明苗民原本居住在北方。

延维又作委维、委蛇，相传为泽中之神。《庄子·达生篇》
记有齐桓公与管仲田猎于泽，桓公见一鬼物，而管仲未见，回来
后桓公就病倒了。有一个名叫皇子告敖的人就劝桓公："公则自伤，
鬼恶能伤公？"桓公问："然则有鬼乎？"皇子曰："有。山有夔，
野有彷徨，泽有委蛇。"桓公又问："请问委蛇之状如何？"皇子曰：

有人曰苗民。有神
焉，人首蛇身，长如辕，
左右有首，衣紫衣，冠
旃冠，名曰延维，人主
得而飨食之，伯天下。

延维

"委蛇其大如毂，其长如辕，紫衣而朱冠；其为物也，恶闻雷车之声，见则捧其首而立。见之者殆乎霸。"桓公欣然而笑："此寡人之所见者也！"于是桓公整理好自己的衣冠，与皇子告敖交谈终日，什么病也没了。齐桓公在位43年，于公元前643年去世。

袁珂注："闻一多《伏羲考》谓延维、委蛇，即汉画像中交尾之伏羲、女娲，乃南方苗民之祖神，疑当是也。"《大荒南经》称赤水之东有苍梧之野，舜与叔均葬所的随葬品里有委维。据此，延维当是一种相当古老的传闻。旌，纯红色的旗，通毡，用毛毡压制成的毛毯。伯天下乃春秋战国之词，或系注入经文。

有鸾鸟自由自在地唱歌，凤鸟自由自在地跳舞。凤鸟头上的花纹是"德"字，羽翼的花纹是"顺"字，胸上的花纹是"仁"字，背上的花纹是"义"字，它一出现就会天下和平。

又有一种长得像兔子的青色野兽，名叫菌狗。又有翠鸟。还有孔鸟。

有鸾鸟自歌，凤鸟自舞。凤鸟首文曰德，翼文曰顺，膺文曰仁，背文曰义，见则天下和。

又有青兽如菟，名曰菌狗。有翠鸟。有孔鸟。

菌狗

凤鸟

孔鸟

翠鸟

《南山经》南次三经丹穴山有凤凰"首文曰德，翼文曰义，背文曰礼，膺文曰仁，腹文曰信"，与此略异，均为春秋战国时人们把道德观念寄托在凤凰鸟上，非《山海经》之本义。《论语·子罕》："子曰：'凤鸟不至，河不出图，吾已矣夫。'"可知春秋时期凤凰鸟已经是罕见之物。《说文》称凤出于东方君子之国，翱翔四海之外，过昆仑，饮砥柱，濯羽弱水，暮宿丹穴，见则天下安宁。《韩诗外传》称黄帝即位，未见凤凰，天老对黄帝说凤凰只居有德之地，于是"黄帝乃服黄衣，戴黄冕，致斋于宫，凤乃蔽日而至，止帝东囿，集帝梧桐，食帝竹食，没身不去。"

郝懿行注："《周书·王会篇》载《伊尹·四方令》云：'正南以菌鹤短狗为献。'疑即此物也。"洪兴祖补注引《异物志》云："翠鸟形如燕。赤而雄曰翡，青而雌曰翠，翡大于翠。其羽可以饰帏帐。"袁珂注引《尔雅·翼》卷十三云："孔雀生南海，尾凡七年而后称，长六七尺，展开如车轮，金翠斐然。始春而生，至三四月后雕，与花萼同荣衰。"

在南海以内有座衡山。有座菌山。有座桂山。有座山名叫三天子都山。

郭璞注："或云衡山有菌桂，桂员似竹，见《本草》"此处三天子之都山即《海内南经》三天子鄣山，郭璞注："今在新安歙县东，今谓之三王山，浙江出其边也。张氏《土地记》曰：东阳永康县南四里有石城山，上有小石城，云黄帝曾游此，即三天子都也。"袁珂注："其地大约在今安徽省境内黟山脉之率山。"

南方有一座苍梧丘，还有一个苍梧渊，两者之间有一座九嶷山，舜埋葬的地方，在长沙零陵界中。

《大荒南经》记有"苍梧之野，舜与叔均之所葬"，《海内南经》亦称"苍梧之山，帝舜葬于阳，帝丹朱葬于阴"。"南方苍梧之丘"，从行文口气上来看，似乎还另有一处"北方苍梧之丘"。郝懿行注引罗含《湘中记》云："衡山九疑皆有舜庙。"又云："衡山遥望如阵云，沿湘千里，九向九背，

南海之内有衡山。有菌山。有桂山。有山名三天子之都。

南方苍梧之丘，苍梧之渊，其中有九嶷山，舜之所葬，在长沙零陵界中。

三天子都山

桂山

菌山

衡山

南海

九嶷山

舜葬

冬柏林

乃不复见。"零陵之名当指舜墓,零意为下雨,引申为散落、飘零,用其称帝舜之陵,当有其意在。

在北海以内,有座蛇山,蛇水从蛇山发源,向东流入大海。有一种五采鸟,飞翔时能遮蔽一乡之地,名叫翳鸟。又有座不距山,能工巧匠就埋葬在它的西面。

郝懿行注:"《海内北经》之首有蛇巫山,疑非此。"郭璞注:"汉宣帝元康元年,五色鸟以万数,过蜀都,即此鸟也。"元康元年当作元康三年(公元前63年),隔年宣帝即派大夫王褒赴益州求"金马、碧鸡之神",此举当与五色鸟过蜀现象有关。王褒字子渊,蜀资中(今四川资阳)人,其所著《僮约》记有蜀人售茶。《搜神记》卷八称秦穆公时,有雌雄神鸡化为二童子,名曰陈宝,得雄者王,得雌者伯,秦穆公得其雌,后立祠陈宝(即今陕西省宝鸡);雄鸡飞往南阳雉县,东汉光武帝刘秀即兴起于南阳。据此,古代秦岭乃五色鸟之乡。

巧倕即能工巧匠,相传曾为神农之臣,又为黄帝之臣、尧臣、舜臣,或谓即舜子商均。实际上,巧倕乃古代工匠氏族,亦为历代管理百工事务之官,相当于今日的工业或手工业部长。巧倕之名,当源于纺坠下垂,以及利用铅垂线测量(劈木、建屋)等工艺技术。距,鸡的附足骨,相斗时用刺之,又指钩的倒刺,不距山之名当与巧倕事迹有关。《淮南子·本经训》:"周鼎铸倕,使衔其指,以明大巧之不可为也。"此种观点将科学技术与道德对立起来,是阻碍中国科学技术发展的重要原因之一。

在北海以内,有一个被器械反绑着的盗贼,带着兵戈的士兵无时无刻不在他身旁监视,他名叫相顾尸。

吴任臣注:"《汉纪》云:'当盗械者皆颂系。'注云:'凡以罪著械皆得称盗械。'"郭璞注:"亦贰负臣危之属。"袁珂注:"刘秀《上山海经表》亦称贰负之臣'反缚盗械',已见《海内西经》'危与贰负杀窫窳'节注。"《海内西经》原文(此段内容应属《海内北经》)如下:"贰负之臣曰危,危与贰负杀窫窳。帝乃梏之疏

北海之内,有蛇山者,蛇水出焉,东入于海。有五采之鸟,飞蔽一乡,名曰翳鸟。又有不距之山,巧倕葬其西。

北海之内,有反缚盗械,带戈常倍之佐,名曰相顾之尸。

北海

蛇山

蛇水

翳鸟

巧倕葬

不距山

伯夷父　西岳　相顾尸　氏羌　先龙　北海

属之山，桎其右足，反缚两手与发，系之山上木。在开题西北。"

　　那么"带戈常倍之佐"究竟指什么？其实，"带戈"与"把戈"意相同，亦即《海内北经》所说："有人曰大行伯，把戈。其东有犬封国。贰负之尸在大行伯东。"而"常倍"与"操杯"音相近，亦即《海内北经》所说："蛇巫之山，上有人操杯而东向立。"倍或即杯。大行伯"把戈"、蛇巫山有人"操杯"，以及"带戈常倍之佐"，当指押解犯人的捕快或行刑的刽子手；"相顾之尸"即被押解的犯人，其状大约是反缚犯人双手，然后用绳索将犯人两个为一组串联起来。

　　伯夷父生了西岳，西岳生了先龙，先龙生了氏羌，才开始有了氏羌这个姓氏。

　　郭璞注："伯夷父颛顼师，今氏羌其苗裔也。"郝懿行注："《周书·王会篇》云：'氏羌鸾鸟。'孔晁注云：'氏地之羌，不同，故谓之氏羌。'"并引《汉书·古今人表》："伯夷亮父颛顼师。"《新序·杂事五》："颛顼学伯夷父。"秦汉时期，氏族居住在今甘肃武都、酒泉一带，为西南夷之一。羌族为三苗后裔，帝舜时被流放到三危，汉时分为东羌、西羌，其后散居在今甘肃临漳、岷县和四川的松潘、

伯夷父生西岳，西岳生先龙，先龙是始生氏羌，氏羌乞姓。

茂县等地。

　　《尚书·尧典》记有帝尧时洪水泛滥，帝尧向四岳咨询谁能够治水，通常认为四岳泛指四方诸侯的代表。但是，《大荒西经》记有南岳及其后裔季格、寿麻，此处又记有西岳及其后裔先龙、氐羌，似表明古史传说中的四岳并非泛指，而是有所实指。

　　北海之内，有山，名曰幽都之山，黑水出焉。其上有玄鸟、玄蛇、玄豹、玄虎、玄狐蓬尾。有大玄之山。有玄丘之民。有大幽之国。有赤胫之民。

　　在北海以内，有座山名叫幽都山，黑水从这里发源。山上有黑鸟、黑蛇、黑豹、黑虎、黑狐蓬尾。有大玄山。有玄丘民。有大幽国。有赤胫民。

　　袁珂注："《楚辞·招魂》云：'君无下此幽都些。'王逸注云：'幽都，地下后土所治也，地下幽冥，故称幽都。'此幽都之山，有玄鸟、玄蛇、玄豹、玄虎、玄狐蓬尾，又有大玄之山、玄丘之民、大幽之国等，景象颇类《招魂》所写幽都，疑即幽都神话之古传也。"《楚辞·招魂》记述有战国时期楚地民间的招魂习俗，招魂方位依次为东、南、西、北、天、地，招魂的内容主要是叙述各方环境如何险恶，用以劝说魂归故里。其中对地下环境的描述为："君无下此幽都些，土伯九约，其角觺觺些，敦脄血拇，逐人驱驱些；参目虎首，其身若牛些；此皆甘人，归来，恐自遗灾些。"王逸注："土伯，后土之侯伯也。"显然，《招魂》幽都是在《海内经》幽都山基础上的夸张。

　　"有大幽之国"五字疑当在"北海之内"四字之后，其他内容都是描述大幽国的。郭璞注："即幽民也，穴居无衣。"也就是说，大幽国乃远方异族之一种，并非后世所说的阴曹地府。该国该地的主要特点，山是黑色的，丘是黑色的，水是黑色的，各种动物的身体皮

幽都山

黑水

玄丘民

大玄山

钉灵国

赤胫民

毛也都是黑色的，只有人的腿是红色的。对此，一种可以考虑的解释是，幽都山是一处大型露天煤矿，玄丘民可能是采煤工，赤胫民可能是烧煤工。我国北方多煤矿，仅辽宁省就有三座黑山。新乐新石器时代遗址位于沈阳北郊的一条东西绵亘的土冈上，遗址上层为青铜器时代，下层距今六七千年，出土有房址、灰坑、火膛、石磨盘和磨棒（今美洲印第安人仍然在使用），以及煤精工艺品（据鉴定煤精产地为抚顺煤矿）。此外，陕西宝鸡亦发现周昭王、周穆王时期的煤玉雕刻品，表明西周中叶已经使用煤为燃料。

有个钉灵国，那里的人们膝盖以下都长毛，长着马蹄而善于奔跑。

郭璞注："《诗含神雾》曰：'马蹄自鞭其蹄，日行三百里。'"袁珂注："《三国志·乌丸鲜卑东夷传》裴松之注引《魏略》云：'乌孙长老言，北丁令有马胫国，其人音声似雁鹜，从膝以上身头人也，膝已下生毛，马胫马蹄，不骑马，而走疾马。'即此钉灵之国也。"

上述传闻，看上去是有关该地人善跑的故事。其实，从"钉灵"推测，更可能说的是指给马蹄钉马掌，从而有利于家养的马跑得更快、更远，更适应拉车。此外，也可能是指人骑在马上、脚踏

有钉灵之国，其民从膝以下有毛，马蹄善走。

在马镫上奔驰的样子；有了马镫子，骑马人的双手就能够解放出来，而且马镫子上的马刺可以更方便地控制马的奔跑状态。据此，钉灵国当是最早使用并擅长制作马掌、马镫的部落。马掌、马镫通常是由青铜或铁制成，因此钉灵国的人应当是好铁匠，他们的工作推动了马车和骑兵的进步。

我国古史传说里，乘马车远游（征）最著名的应是周穆王。《列子·周穆王》称其不恤国事，不乐臣妾，肆意远游，命造父驾驶着八匹宝马拉的车，千里迢迢西行见西王母。《左传》称："穆王欲肆其心，周行于天下，将皆必有车辙马迹焉。"《史记·秦始皇本纪》云："徐偃王作乱，造父为缪（穆）王御，长驱归周，一日千里以救乱。"公元281年（晋太康二年），汲县（今河南省卫辉市）有人盗墓，出土一大批珍贵的古代图书，其中有《竹书纪年》和《穆天子传》，皆竹简素丝编，简长二尺四寸，每简四十字，以墨书。《穆天子传》共六卷，详细记述周穆王一行（包括七萃之士）的旅途日程、路线及所到之地、所见之人，从其文辞语气来看当系实录，而周穆王当年远征所到之地可能深入今天的中亚地区。《国语·周语》："昔昭王娶于房，曰房后，实有爽德，协于丹朱。丹朱凭身以仪之，生穆王焉。""房"即今湖北省房县，"丹朱"当即尧时丹朱部落的后裔或其神，表明周王室与楚人有着通婚关系。

炎帝的孙子叫伯陵，伯陵与吴权的妻子阿女缘妇结合，缘妇怀孕三年，才生下鼓、延、殳。殳最初发明了箭靶，鼓、延二人发明了钟，作了乐曲和音律。

中华民族追溯文明之源，始自伏羲、女娲；追溯历史之根，始自炎帝、黄帝。司马迁写《史记》，首述黄帝，并称炎帝衰而黄帝兴。炎帝主要事迹是改进农业和发现草药。《帝王世纪》："神农氏，姜姓也。母曰任姒，有蟜氏女，登为少典妃，游华阳，有神龙首，感生炎帝。人身牛首，长于姜水。有圣德，以火德王，故号炎帝。初都陈，又徙鲁。又曰魁隗氏，又曰连山氏，又曰列山氏。"《绎史》卷四引《周书》："神农之时，天雨粟。神农遂耕

炎帝之孙伯陵，伯陵同吴权之妻阿女缘妇，缘妇孕三年，是生鼓、延、殳。始为侯，鼓、延是始为钟，为乐风。

而种之，作陶冶斧斤，为耒耜锄耨，以垦草莽。然后五谷兴助，百果藏实。"《拾遗记》："炎帝时有丹雀衔九穗禾，其坠地者，帝乃拾之，以植于田，食者老而不死。"《淮南子·修务训》："神农尝百草之滋味，一日而遇七十毒。"

在古史传说里，炎帝后裔远不如黄帝后裔兴盛，古籍中几乎只有《山海经》记述有炎帝后裔的故事。袁珂注："《国语·周语》云：'大姜之侄，伯陵之后，逢公之所凭神。'《左传·昭公二十年》云：'有逢伯陵因之。'即此伯陵。然韦昭、杜预均注云'殷之诸侯'，则与'炎帝之孙'不合，或正以见神话与历史之殊途也。"

缘，衣服的镶边；"缘妇"当指擅长织带绣边的女子。殳，兵器。袁珂注："经文始为侯上疑脱殳字。侯，射侯也。"射侯即箭靶，《周礼·天官·司裘》："王大射，则共虎侯、熊侯、豹侯，设其鹄。"郝懿行注引《说文》："古者毋句氏作磬，垂作钟。"《乐录》："无句，尧臣也。"袁珂注引《路史·后纪四》："鼓兑头而魌鼻。"

《西山经》西次三经称钟山之子名鼓，鼓与钦䲹被黄帝戮杀后化为鸟。钟山之子"鼓"当即此处炎帝族裔发明钟的"鼓"。《尔雅·翼》称涉秋七日"河鼓与织女会"，由于钟山位于黄河边，钟山之子鼓亦可称河鼓（又名牛郎，即牛图腾的男子）；缘妇意即织女，或系黄帝妃嫘祖的族裔。据此，牛郎织女的故事可能源自炎帝部落青年追求黄帝部落女子而遭受打击的事件，这也是此处经文要指责伯陵与阿女通淫的缘故。

黄帝生了骆明，骆明生了白马，白马就是鲧。

黄帝生骆明，骆明生白马，白马是为鲧。

黄帝

鲧

郭璞注："即禹父也。"郝懿行注："郭引《世本》云'昌意生颛顼，颛顼生鲧'，与《大戴礼·帝系》世次相合。而与前文'昌意生韩流，韩流生颛顼'之言却复相背，郭氏盖失检也。大抵此经非出一人之手，其载古帝王世系，尤不足据，不必强为之说。"

先夏时期的世系混乱，至少有四个原因。其一，与母系社会转变为父系社会的过程有关。其二，与相关古籍资料的流失有关，例如王子朝携周室典籍奔楚事件导致我国周代以及先周国家档案文献的神秘失踪。其三，与古籍文献资料的信息讹变有关，既有文献字句在传抄复制中的讹误，也有后人的误读误解，例如将族名当成具体的唯一的人名。其四，与古人记录历史世系的能力有关。事实上，人类记录历史的能力是逐渐完善起来的，这涉及对大尺度时间的测量和计算；在此之前，人们叙述历史时总要用"很久很久以前"，就是因为没有掌握记录大尺度时间的方法。在这种情况下，就不可避免地存在着一种"时间压缩律"的现象，即后人对那些发生在很久很久以前的但又彼此相差很长时间的若干事情，当成了彼此相距很近的都是遥远时代发生的事情。例如，尧舜禹的故事可能是经历了很长历史时期的过程，但是在古史传说的记忆里他们被描述为几乎是同时代的人，也就是说这个历史过程的时间被压缩了。

此处白马，袁珂认为指野生动物白马，与《大荒北经》黄帝后裔白犬相似，可能是同一神话之分化。其实，古人以动物为人名，是常有的事情，因此这里的白马有可能指以白马为名的部落或人。骆，指鬃毛与尾毛为黑色的白马；骆明当是以马为图腾的部落，它的后裔以白马为名是顺理成章的事情。

鲧，或作鮌，意为黑色的大鱼；相传鲧死后化为熊或黄能，而禹治水时亦曾化为熊，与鲧可以说是一脉相承，都源自黄帝部落联盟的主要成员有熊氏。据此可知，鲧部落的图腾里并没有马部落的血缘，"白马是为鲧"的"鲧"字可能有误，或者此鲧非禹父。从读音来说，共工二字连读即鲧，或谓鲧即共工，而共工亦与马无关。

帝俊生了禺号，禺号生了淫梁，淫梁生了番禺，番禺开始制造舟船。番禺生了奚仲，奚仲生了吉光，吉光开始用木材制造车。

大多数学者都认为《山海经》的帝俊即帝舜。古史传说中舜的故事非常多，相传舜的父亲名瞽叟（盲人），而舜却有双瞳，《帝王世纪集校》："舜，姚姓也。目重瞳，故名重华。"《淮南子·修务训》："舜二瞳子，是谓重明，作事成法，出言成章。"而舜的原形（图腾）为鸡，《法苑珠林》卷49引刘向《孝子传》："舜父夜卧，梦见一凤凰，自名为鸡，口衔米以哺己，言鸡为子孙，视之，如凤凰。"《拾遗记》则称尧时，祇支国献重明鸟，双睛，状如鸡，鸣如凤，能搏逐虎狼，袁珂认为或即舜之神话。

淫梁或作经梁。郝懿行注："《大荒东经》言黄帝生禺虢，即禺号也；禺号生禺京，即淫梁也，禺京、淫梁声相近。然则此经帝俊又当为黄帝矣。"袁珂注："黄帝即'皇帝'（古籍多互见无别），初本'皇天上帝'之义，而帝俊亦殷人所祀上帝，故黄帝神话，以得糅混于帝俊神话中，正不必以禺号同于禺虢便以帝俊即黄帝也。"或许，禺号原属黄帝部落联盟，后又归帝俊部落联盟，帝俊部落居住在东方沿海地区，有制作舟船的需要。不过，淫梁与禺京的发音相差较远，当另有所指；从其又名经梁来看，可能是首先在造船中使用龙骨（主梁）的人，这有助于提高船的抗风浪能力并增加载货量。

古人发明的渡水器具很多，例如独木舟、竹筏、羊皮筏、单

帝俊生禺号，禺号生淫梁，淫梁生番禺，是始为舟。番禺生奚仲，奚仲生吉光，吉光是始以木为车。

帝俊

番禺

禺号

淫梁

桨船、多桨船、帆船，以及形形色色的小船和大船。由于世界各地都有江河湖海，因此舟船不会都是由一个民族或一个人创造出来的。郭璞注引《世本》亦云："共鼓、货狄作舟。"因此，番禺"是始为舟"的记述，当指番禺在舟船的制作上又采用了新的技术。番，意为轮流更代；或可借用为幡，旗类；番禺之名当亦与工作状态有关，可能指有帆或有摇橹的船。

经文"番禺生奚仲，奚仲生吉光，吉光是始以木为车"，特别强调"以木为车"，其意似乎是说在此之前还曾经有过不用木头制作的车（轮）。或许，最初的车轮是由石头做成的，因为用整块木头制作的车轮并不结实，而且也很难作成大的车轮。吉光"以木为车"，可能是说吉光发明了用车辐制作的木头车轮。在那个时代，这是一项了不起的技术进步。吉，意为朔日，即阴历的初一；吉光，指月亮在朔日刚刚开始发出的光。古人对月亮非常崇敬，月亮圆缺变化被视为生死轮回；因此，朔日的月光意味着生命的新生，也就被当成吉利的事情。然而，车的发明者为什么会得到吉光的称呼？或许，在古人的眼里，能够用直的木头（辐条）作成圆的车轮，有着与月亮复圆一样的价值。奚，意为奴隶。《说文》："车，夏后时奚仲所造。"袁珂注引《元和郡县图志》："奚公山在（滕）县东南六十六里，奚仲初造车于此。"

少皞生了般，般开始制造弓矢。

少皞生般，般是始为弓矢。

郭璞注："《世本》云：'牟夷作矢，挥作弓。'弓矢一器，作者两人，于义有疑，此言般之作是。"郝懿行注："《吴越春秋》（《勾践阴谋外传》）云：'黄帝作弓。'《荀子·解蔽篇》又云：'倕作弓，浮游作矢。'俱与此经异也。"袁珂注："《墨子·非儒下》云：'古者羿作弓。'《吕氏春秋·勿躬篇》亦云：'夷羿作弓。'盖均传闻不同而异辞也。"其实，弓箭的发明早在数万年前。山西省朔城区西北15公里的黑驼山东麓，桑干河的源头有一座小村庄，名叫峙峪村。1963年这里出土大量距今28000年前的细石器和兽骨，其中就有石镞，表明当时的人已经使用弓箭捕猎，猎获的动物有鸵鸟、斑鬣狗、虎、马鹿、河套大角鹿、普氏小羚羊、王氏水牛、披毛犀，以及蒙古野马和野驴等。因此，少昊后裔般作弓矢云云，当指对弓箭性能有所改进。

帝俊赐给羿红色的弓和白色的羽毛箭，让他去扶助天下各国的人民，羿于是开始去抚恤世间人们的各种艰苦。

帝俊赐羿彤弓素矰，以扶下国，羿是始去恤下地之百艰。

矰，一种用丝绳系住的短箭，用于弋射飞鸟。古史传说里有两个名叫羿的人，一是先夏时期的羿（夷羿、后羿），另一是夏代之羿（有穷后羿）。此处用朱弓白羽箭"以扶下国"之羿，郭璞注："言射杀凿齿、封豕之属也。有穷后羿慕羿射，故号此名也。"

"帝俊赐羿"云云，可能是一种巫术仪式，既采取重大行动前，当事人要向先祖拜祭，以求先祖之神赐给自己行事的权力和力量。羿"去恤下地之百艰"，《淮南子·本经训》记有："尧之时十日

并出，焦禾稼，杀草木，而民无所食。猰貐、凿齿、九婴、大风、封豨、修蛇皆为民害。尧乃使羿诛凿齿于畴华之野，杀九婴于凶水之上，缴大风于青邱之泽，上射十日而下杀猰貐，断修蛇于洞庭，擒封豨于桑林。万民皆喜，置尧以为天子。"与此处经文相比，只是帝俊变成了帝尧。上述众多灾难并出，表明当时自然环境发生了突变，而"十日并出"颇似陨星进入地球大气层摩擦发光并爆炸成多块的现象。类似的故事在全世界都有流传，而美洲的有关传说（例如五个太阳时期，把一只兔子扔到多出的热得成灾的太阳上使其变成月亮）与我国的最为相近。

《庄子·秋水篇》成玄英疏引《山海经》（今本无）云："羿射九日，落为沃焦。"沃焦相传是东海的一块巨石，极热，海水触之即汽化而消。根据《古小说钩沉》辑《玄中记》（郭璞著）"天下之强者，东海之沃焦焉，水灌之而不已。沃焦者，山名也，在东海南，方三万里，海水灌之而即消，故水东南流而不盈也"等记载，沃焦是对太平洋上的活火山岩浆流入海水景观的描述，按其方位距离计算应该正是夏威夷的火山岛。

帝俊生了晏龙，晏龙开始制作琴、瑟。

《大荒东经》记有"帝俊生晏龙，晏龙生司幽"，未言发明琴瑟。郭璞注："《世本》云：'伏羲作琴，神农作瑟。'"琴、瑟均为拨弦乐器，瑟形似琴，多为二十五弦，每弦一柱，但无徽位。根据长沙马王堆汉墓出土瑟的实物，系按五声音阶定弦，由低到高。古代瑟常与琴、笙合奏，故有琴瑟和鸣之词。《尚书·舜典》记有帝舜命"龙"为纳言之官，或即此处晏龙，而《路史·后纪十一》则称"晏龙纳言"。据此可知，晏龙一边弹琴一边纳言，是在用说唱加伴奏的形式向首领提出意见或建议。

帝俊生晏龙，晏龙是为琴瑟。

帝俊有八个儿子，他们开始创作歌舞。

是始为歌舞或作是始为歌，无舞字。《路史·后纪十一》记述："（舜）庶子七人，皆厘降于齐人。"注曰："代宗昭云，虞夏之制，诸子疏封。《世纪》云九人。《朝鲜记》云舜有子八人始歌舞。"袁珂指出："是径以帝俊为舜也。"《路史·后纪十一》专述有虞氏舜的事迹，其中涉及音乐歌舞者，有"定八伯之乐""并论八音四会贡正声以听天下之治""以六律五声八音七始在治，忽以出纳五言而赏诸侯，乐歌龠舞以和钟鼓，诗言志歌永言声依咏律和声，八音克谐神人以和"。舜时的音乐非常动听迷人，孔子听到流传下来的《韶乐》，以致三月不知肉味。其实，人类歌舞的起源，首先是出于生存三大要素（食物、安全、繁衍）的需要，再以后才是心灵的需要和政治教化的需要。此处"是始歌舞"当指教化之歌舞。

帝俊有子八人，是始为歌舞。

帝俊生了三身，三身生了义均，义均便是巧倕，开始建立世间的各种工艺技巧。

现存版本《山海经》将此节经文与下节经文"后稷是播百谷"云云断句为一节，殊为不妥，因帝俊与后稷分属两大部落联盟，理应分别记述其各自事迹。《海外西经》"三身国在夏后启北，一首而三身"，未言其出身。《大荒南经》"有人三身，帝俊妻娥皇，生此三身之国，姚姓，黍食，使四鸟"，未言其后裔。此处称三

帝俊生三身，三身生义均，义均是始为巧倕，是始作下民百巧。

晏龙

帝俊八子

身后裔有义均（巧倕），据此可知"三身"当指其人心灵手巧、一人胜三人。袁珂注谓义均即《大荒南经》与舜同葬苍梧的叔均（商均），亦即下文稷之孙叔均。

义即古仪字，仪指测量仪器，引申为仪式、法度、准则。因此"义均"之名当指测量仪器的发明者和使用者，正是因为义均推广了长度、角度、轻重、大小等参数的测量技术，才能称之为"巧倕"，并实现"下民百巧"。古书记载倕发明的器具有规矩准绳、耒耜、耨、铫、舟、弓、磬、鼓、钟、磬、筈、管、埙、簇、铫、椎钟。

三身

义均

后稷开始播种各种农作物。稷的子孙叫叔均，开始使用牛耕田。

大比赤阴，开始建立国家。

禹鲧开始丈量土地，划定九州。

牛耕是人类社会农业生产的一项重要技术进步，它涉及对牛的驯化、耕具的制作，以及农田、农具、农畜的分配和农村的管理。郝懿行注："'大比赤阴'四字难晓，推寻文义，当是地名，《大荒西经》说叔均始作耕，又云有赤国妻氏，大比赤阴岂谓是与？"袁珂注："郝说大比赤阴即赤国妻氏，是也；然谓当是地名则非，疑均当是人名。'大比'或即'大妣'之坏文，赤阴，或即后稷之母姜原，以与姜原音近也。"此说良有理也，但赤阴、赤国之"赤"字疑仍当指地名；而"是始为国"，当指首创国家结构，此处"国"

后稷是播百谷。稷之孙曰叔均，始作牛耕。

大比赤阴，是始为国。

禹鲧是始布土，均定九州。

叔均

后稷

指有围墙的诸侯城邦。

《大荒北经》有赤泽水，《海内经》有赤望之丘，而《山海经》中记述最多的地名之一是赤水，以赤水命名的人名则有赤水之子听訞（炎帝之妻）、赤水女子献（女魃，黄帝之臣）。由于炎帝又称赤帝，炎帝之妻赤水之子听訞，既可称为赤水之阴的女子，亦可称为赤国妻氏。史传炎帝生于姜水，为姜姓，但是《山海经》里无姜水之名，或许姜水即赤水（这种改名，可能与黄帝部落战胜炎帝部落有关；此前，同一条水，炎帝部落称其为姜水，黄帝部落称其为赤水）。与此同时，姜原之名，亦表明其出于炎帝姜姓；而《史记·周本纪》称姜原为帝喾之妃的说法，实际上记录的是黄帝后裔与炎帝后裔之间的联姻。炎帝神农发明农业，后稷又为农神，这两者本应有传承关系，若后稷为炎帝后裔（同时也是黄帝后裔）则一切都顺理成章。《楚辞·天问》："稷维元子，帝何竺之？投之于冰上，鸟何燠之？何冯弓挟矢，殊能将之？既惊帝切激，何逢长之？"似乎表明当年黄帝族与炎帝族的联姻并不是一帆风顺的。经文"禹鲧是始布土，均定九州"十字应移至后文"帝乃命禹卒布土以定九州"之后，有关图及文字说明亦见后。

炎帝之妻，赤水之子听訞生炎居；炎居生节并，节并生戏器，戏器生祝融。祝融降处于江水，生共工；共工生术器，术器首方颠，是复土壤，以处江水。共工生后土，后土生噎鸣，噎鸣生岁十有二。

炎帝的妻子，赤水的女儿听訞生了炎居；炎居生了节并，节并生了戏器，戏器生了祝融。祝融降生在江水边，生了共工；共工生了术器，术器的头是平顶方形的，他恢复祖先的土地，居住在江水边。共工生了后土，后土生了噎鸣，噎鸣发现了木星十二年绕太阳一周的规律。

炎帝与黄帝原本都居住在北方，例如黄炎古战场在北方的涿鹿，炎帝少女化为精卫的女娃也生活在太行山地区。或许由于自然环境的变迁，以及民族势力的消长，炎帝部落逐渐迁往南方，炎帝亦被尊奉为南方之帝、夏季之帝。《礼记·月令》："孟夏之月，其帝炎帝，其神祝融。"今日湖北神农架地区流传着许多炎帝神农的故事，而炎帝陵相传在湖南的酃（líng）县（今衡阳市辖区）。炎帝陵原建有规模宏大的祠、坊、天使行馆等建筑物，并有名胜洗药池，相传乃炎帝采药在此洗净，陵地古木掩翳，洣水环流。

听訞

炎帝

洣水为湘江支流，发源于湖南与江西交界处的罗霄山（即《五藏山经》第一座山的招摇山）。由于炎帝又称赤帝，因此赤水之子听訞亦可称赤国妻氏，当系炎帝部落的重要成员。听，听从，亦指张口笑貌；訞，巧言貌、艳丽貌；以"听訞"为人之名，颇有个性色彩，或有表演取乐之意。

炎为火、焰；居有停留之意；炎居之名，可指掌握火种的人或表演焰火的人，亦可指居住在有火取暖的屋子里的人。节，本指植物枝干相接处，引申为段落、节令等；又指一种古乐器，上合下开，可打拍子；亦指柱与梁的相接处的横木，又称斗拱；并，意为兼、合、同、齐、连，相挨在一起；节并之名，或与上述诸意有关。戏器之名，可指管理表演器具的人，或指具有表演才能的人。祝，古代指祭祀时司告鬼神的人，亦指为人告神求福的人；融，原指炊气上升，引申为火、大明、融化、融合、和乐；祝融之名，或可指促使炊火燃烧旺盛的人，亦即最早使用吹火筒的人，而吹火筒可能是从管类吹奏乐器借鉴来的。据此,炎帝的这一支后裔,大体与火的使用有关。

《史记》索隐《补三皇本纪》:"神农纳奔水氏之女曰听訞为妃,生帝哀,哀生帝克,克生帝榆罔。"与此处所记相差甚远,当另有所本。《大荒西经》称"颛顼生老童,老童生祝融",亦与此处经文不同,或许黄帝部落与炎帝部落各有其火正。

"祝融降处江水,生共工;共工生术器,术器首方颠,是复土穰,以处江水",前半句是说祝融部落迁徙到江水地区,其后裔有共工。不过,此处"江水"有可能是"共水"或"洪水"之误,共工之名即得自共(共与洪通)水,也就是说,祝融部落来到共水之滨(今河南省西北部),便改名为共工部落。由于环境的改变,祝融部落从擅长火的使用,不得不转而去学习并掌握与水灾斗争的技术。《管子·揆度》云:"共工之王,水处十之七,陆处十之三,乘天

势以隘制天下。"

术器

术，除指学问技术外，古代指城邑中的道路；又通遂，古代的一种行政区划，《礼记·学记》："术有序，国有学。"郑玄注："术当为遂……《周礼》五百家为党，万二千五百家为遂。"在古史传说里，相传共工最早作城，当时的城就是土围子，既可防敌，又可防水患。因此，术器之名，或可指对城邑道路、堤防进行规划；术器"首方颠"，疑是一种特殊的具有巫术色彩的测绘动作，用于测定堤防的水平、高低、走向，只有这样才能对付洪水泛滥。

由于共工部落对付洪水的方法主要是构筑防水堤坝，这种方法在保护本部落的同时，客观上（当然也不能排除有主观的意愿）把洪水更多地排泄到其他部落的领地，从而引起其他部落的强烈不满，并导致了长期的敌对战争。《吕氏春秋·荡兵》："兵所自来者久矣，黄炎故用水火矣。共工氏固次作难矣。"《淮南子·本经训》："舜之时，共工振滔洪水，以薄空桑。"《国语·周语下》："昔共工氏弃此道也，虞于湛乐，淫失其身；欲壅防百川，堕高堙庳，以害天下。皇天弗福，庶民弗助，祸乱并兴，共工用灭。其在有虞，有崇伯鲧播其淫心，称遂共工之过，尧用殛之羽山。"

共工

后土

"共工生术器，术器首方颠，是复土穰，以处江水。共工生后土，后土生噎鸣，噎鸣生岁十有二"，与《大荒西经》日月山记述的内容有相近之处。术器"首方颠"，类似嘘"两足反属于头上"，均系具有巫术色彩的特殊动作；噎鸣"生岁十有二"，类似噎

噎鸣

（即嘘）"处于西极，以行日月星辰之行次"，均为天文观测活动；
噎之名与噎鸣几乎完全相同，因此有理由认为噎即噎鸣。两者的
差别在于，噎的父祖为重黎、老童、颛顼，而噎鸣的父祖为后土
（术器）、共工、祝融、炎帝。也就是说，黄帝部落与炎帝部落都
有负责天文观测的人，他们使用着相同或相近的职务名称（帝俊
族天文官的名称为羲和、常羲，而羲与嘘音相近）。

后土又名句龙，《左传·昭公二十九年》："共工氏有子曰句龙，
为后土。"《国语·鲁语上》云："共工氏之伯九有也，其子曰后土，
能平九土，故祀以为社。"此处共工之子句龙，有可能即《海外北经》

《大荒北经》记述的"九首蛇身，食于九土"的共工之臣相柳（相繇），以及《楚辞·天问》记述的"鸱龟曳衔，鲧何听焉"。

后土的主要职责是平水土，术器的主要职责是测量。因此本处经文"后土生噎鸣"云云，疑原当作"共工生术器，术器生噎鸣，噎鸣生岁十有二"，以及"共工生后土，后土首方颠，是复土穰，以处江水"。

噎鸣"生岁十有二"，岁即木星（又称太阴、太岁），意思是说噎鸣发现了木星十二年绕太阳一周的运动规律，并为每年木星所在天空位置分别起名。今天测定的木星绕日周期为 11.8 年，有可能是古人测定值有误差，也有可能是当时木星周期确实非常接近 12 年。木星是全天仅次于日月的周期运动亮星，古人发现它的位置对地球生物圈有重要的影响。《计倪子》："太阴三岁处金则穰，三岁处水则毁，三岁处木则康，三岁处火则旱。"计倪子即计然，乃越国大臣范蠡之师。事实上，中国十二生肖动物，其性喜水喜旱的排序，符合上述木星对农作物丰歉影响的周期。

洪水滔天。鲧窃取天帝的息壤用以阻挡洪水，而没有等待天帝的命令。天帝就命令祝融把鲧杀死在羽郊。禹从鲧的遗体肚腹中生出。帝就命令禹率领士卒丈量土地以划定九州。（禹鲧是始布土，均定九州。）

"帝俊生三身"节的"禹鲧是始布土，均定九州"十字应移至此节文字"帝乃命禹卒布土以定九州"之后，其意方可连续完整。

世界许多地区都流传着远古大洪水几乎毁灭人类的故事。对比之下，唯独中国的洪水泛滥故事里同时有着详尽的治水内容。古史传说中解释洪水的原因，一是人为，例如雷公降雨、共工振滔洪水；二是自然灾变，《淮南子·齐俗训》："禹之时，天下大雨。"《孟子·滕文公下》："当尧之时，水逆行，泛滥于中国；蛇龙居之，民无所定；下者为巢，上者为营窟。"我国地势西高东低，江河均向东流入大海，"水逆行"，当指全球气温转暖、冰川消融而导致的海平面上升、海岸线西侵的现象。此外，强烈的台风、突发的海啸，都可能造成海水涌上近海平原导致洪水泛滥（海啸的水

洪水滔天。鲧窃帝之息壤以堙洪水，不待帝命。帝令祝融杀鲧于羽郊。鲧复生禹。帝乃命禹卒布土以定九州。

大禹治水

祝融

禹

鲧

鲧

头高度可达数十米甚至上百米，我国华北平原的海拔高度一般都在100米之下）；而形成海啸的原因，既有海底地震、火山爆发，也有天外星体坠落海洋事件。有必要深思的是，十日并出、后羿射日、夸父逐日、女娲补天、共工撞倒不周山等传说记述的内容均与天空灾异现象有关，而其后续或相关效应又多有洪水泛滥发生。

郭璞注："息壤者言土自长息无限，故可以塞洪水也。《开（启）筮》曰：'滔滔洪水，无所止极，伯鲧乃以息石息壤，以填洪水。'汉元帝时，临淮徐县地踊长五六里，高二丈，即息壤之类也。"其实，土地暴长乃一种地质运动现象。鲧窃帝之息壤而被杀，当指鲧部落只顾本族利益而从相邻部落（尧、舜）取土构筑堤坝，从而导致部落战争，并以鲧部落失败告终。此处之帝，或谓天帝、黄帝，但从洪水泛滥和治水情节来说，亦可指帝尧、帝舜。"祝融杀鲧"，祝融或为黄帝后裔，或为炎帝后裔，其身份为火正，似乎有以火克水之意。

可以对比的是，《美洲神话》讲到的居住在美国东南的切罗基人的创世神话，当初没有大陆，人们居住在位于天空的石头上，下面都是水，越来越拥挤，经过多番讨论，一个名叫海狸孙子的水甲虫终于同意潜到水里，从水里带回的泥浆自动膨胀变成了大陆。类似的美洲神话还有许多大同小异的版本。

"鲧复生禹。帝乃命禹卒布土以定九州"，其中的"禹卒布土"当即指"禹鲧布土"，或者"禹卒"乃"禹鲧"之误，或者"禹鲧"乃"禹卒"之误。《左传·昭公七年》："昔尧殛鲧于羽山，其神化为黄熊，以入于羽渊，实为夏郊，三代祀之。"《拾遗记》卷二："尧命夏鲧治水，九载无绩，鲧自沉于羽渊，化为玄鱼。"《尚书·舜典》："（舜）流共工于幽州，放谨兜于崇山，窜三苗于三危，殛鲧于羽山，四罪而天下咸服。"表明帝尧、帝舜时代，一直都与鲧部落存在着激烈的冲突。羽郊即羽山，郭璞注："今东海祝其县西南有羽山，即鲧所殛处。"其地或说在今山东蓬莱东南，或说在今山东郯城东北（郯国为少昊后裔）；亦有人谓羽山即委羽山，位于北极之地。

鲧

禹定九州

郭璞引《开筮》："鲧死三岁不腐，剖之以吴刀，化为黄龙。"袁珂引《初学记》卷二十二引《归藏》："大副之吴刀，是用出禹。"《楚辞·天问》："（鲧）顺欲成功，帝何刑焉？永遏在羽山，夫何三年不施？伯禹愎（腹）鲧，夫何以变化？"《五藏山经》中次三经青要山帝之密都以南有渊"禹父之所化"，当亦指鲧化生禹的故事。一般来说这种化生故事是一种非常古老的观念，通常都表明两者存在血缘关系，但是不一定具有父子关系，也就是说鲧和禹之间可能存在若干代的跨越；同时也表明，作为部落首领的鲧死去之后，鲧部落仍然继续存在。

"鲧复生禹，帝乃命禹卒布土以定九州，禹鲧是始布土，均定九州"，"禹卒布土"亦即"禹鲧布土"，这种说法表明"布土"工作是由禹、鲧共同施行的，同时也说明这项工作经历过一段相当长的时间。布土又称敷土，敷即布，意为分布、展开、遍布；疑"布土"原作"步土"，步为测量。《尚书·禹贡》："禹敷土，随山刊木，奠高山大川。"意思是禹测量土地，划分疆界，命名山川。

《尚书·禹贡》："禹别九州，随山浚川，任土作贡。"其所划分的九州范围，依次是：一、冀州，起自黄河壶口，涉及今山西、河北、河南等省部分地区，地为白壤。二、兖州，起自黄河下游、济水，涉及河北、河南、山东，地为黑壤。三、青州，起自渤海、泰山，涉及河北、山东半岛，地为肥沃白壤。四、徐州，起自黄海、泰山、淮河，涉及山东、江苏、安徽，地为红色黏土。五、扬州，起自淮河、黄海，涉及江苏、安徽、江西及其以南的地方，地为潮湿泥土。六、荆州，起自荆山、衡山，涉及河南、湖北、湖南，地为潮湿泥土。七、豫州，起自荆山、黄河下游，涉及河南、湖北、山东，地为柔软的土，下层为肥沃而硬的黑色。八、梁州，起自华山、黑水，涉及陕西、四川、甘肃、青海，地为黑色松散的土。九、雍州，起自黑水、西河，涉及陕西、内蒙古、宁夏、甘肃、新疆，地为最上等的黄壤。

与此同时，《禹贡》还记述了各州所在地的居民，向中央政府上贡的土特物品，及其缴纳赋税的等级。为了能够及时运输上贡物品，以及消除水害，又根据各州的山川地形，疏通了各地的水陆交通。从此大禹建立的王朝"东渐于海，西被于流沙，朔南暨声教讫于四海。禹赐玄圭，告厥成功。"《尔雅·释地》："九夷八狄七戎六蛮，谓之四海。"显然，这是人类历史上的一个伟大的王朝，尽管它的有形物质文化遗产已经被岁月淹没了，但是它的无形非物质文化遗产却保存在《山海经》等古籍之中。

《山海经》全书最后一句话落在"禹定九州"上，当寄托着撰写者或编辑者对中华民族统一兴旺的厚望。刘秀（歆）《上山海经表》称大禹治服洪水后"禹别九州，任土作贡，而益等类物善恶，著《山海经》"，《海外东经》记有禹命竖亥步量天下，相传同时绘有《山海图》，而这些图又铸在了九鼎之上，正所谓：功成洪水退，帝禹定九州，踏勘海内外，千古一图收。

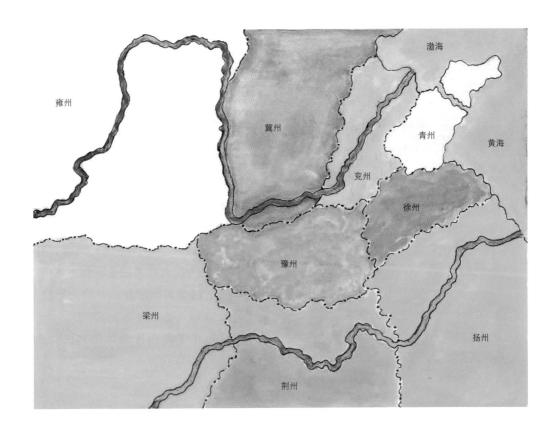

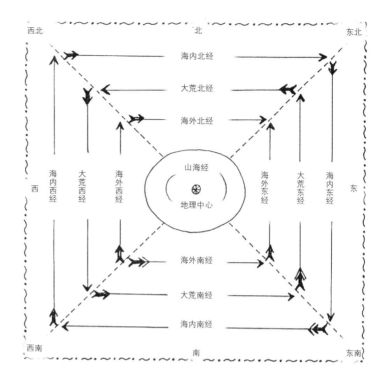

　　袁珂先生在《山海经校注》一书中，采纳清代学者毕沅的分类方法，将全书内容分成《山经》和《海经》两部分，《山经》即《五藏山经》五篇，《海经》即《海外四经》《大荒四经》《海内五经》十三篇。其中，《山经》地理脉络相当有序，而《海经》方位却言之不详。为了方便读者阅读，本书特意绘制一幅《海经方位图》，如下图所示。

　　从图中可一目了然，《海外南经》方位自西南隅至东南隅，《海外西经》自西南至西北，《海外北经》自西北至东北，《海外东经》自东南至东北。《大荒东经》自东南至东北，《大荒南经》自西南至东南，《大荒西经》自西北至西南，《大荒北经》自东北至西北。《海内南经》自东南至西南，《海内西经》自西南至西北，《海内北经》自西北至东北，《海内东经》自东北至东南，《海内经》方位顺序已难确考。每一部分的起始点，在图中都用特殊符号标出。

　　需要说明的是，由于《海外四经》《大荒四经》《海内五经》三部分内容撰写于不同时代，其内容多有重复，涉及地域亦多有重叠。因此，《海经方位图》所绘诸经彼此内外位置，并不表示某经所述场景的地理方位就一定在另一经的南面或北面、东面或西面。不过，大体而言，《海外四经》叙述的地理范围要比《大荒四经》和《海内五经》略小一些，这也是图中把《海外四经》方位绘在内圈的缘故。图中的山海经地理中心字样，表示的是《海经》撰写者所在的地理位置，根据《海经》的内容，其方位约在今渭水、汾水、南北洛水及其与黄河交汇处一带，与《五藏山经》的地理中心大体相当。

附录

山海经部落景观图

炎帝部落图

炎帝部落图是根据《山海经》记述的有关炎帝及其后裔的故事而创作的。

《北山经》北次三经:"又北二百里,曰发鸠之山,其上多柘木。有鸟焉,其状如乌,文首、白喙、赤足,名曰精卫,其鸣自詨。是炎帝之少女名曰女娃,女娃游于东海,溺而不返,故为精卫,常衔西山之木石,以堙于东海。漳水出焉,东流注于河。"

《中山经》中次七经:"又东二百里,曰姑媱之山,帝女死焉,其名曰女尸,化为䔄草,其叶胥成,其华黄,其实如菟丘,服之媚于人。"此处帝女,即炎帝之女。

《海外南经》:"南方祝融,兽身人面,乘两龙。"在古史传说里,祝融既为炎帝后裔,亦为黄帝后裔。

《大荒西经》:"有互人之国。炎帝之孙,名曰灵恝,灵恝生互人,是能上下于天。"

《海内经》:"炎帝之孙伯陵,伯陵同吴权之妻阿女缘妇,缘妇孕三年,是生鼓、延、殳。始为侯,鼓、延是始为钟,为乐风。"

《海内经》:"炎帝之妻,赤水之子听詙生炎居;炎居生节并,节并生戏器,戏器生祝融。祝融降处于江水,生共工;共工生术器,术器首方颠,是复土穰,以处江水。共工生后土,后土生噎鸣,噎鸣生岁十有二。"

炎帝是中国古代最著名的部落之一,其功绩主要为发明推广农业生产技术和发现草药,因此又号称神农。《绎史》卷五引《新书》云:"炎帝者,黄帝同母异父兄弟也,各有天下之半。黄帝行道而炎帝不听,故战于涿鹿之野,血流漂杵。"此后,炎黄两部落融合为一,并成为中华民族的核心部落联盟。

黄帝部落图

黄帝部落图是根据《山海经》记述的有关黄帝及其后裔的故事而创作的。

《西山经》西次三经："丹水出焉，西流注于稷泽。其中多白玉，是有玉膏，其原沸沸汤汤，黄帝是食是飨。是生玄玉。玉膏所出，以灌丹木。丹木五岁，五色乃清，五味乃馨。黄帝乃取峚山之玉荣，而投之钟山之阳。瑾瑜之玉为良，坚粟精密，浊泽而有光。五色发作，以和柔刚。天地鬼神，是食是飨；君子服之，以御不祥。"此经还记有帝与钟山之子的战争，以及昆仑丘（帝之下都）、轩辕丘，均为黄帝部落事迹。

《海外西经》："刑天与帝至此争神，帝断其首，葬之常羊之山，乃以乳为目，以脐为口，操干戚以舞。"此处之帝亦指黄帝。

《大荒东经》："东海之渚中，有神，人面鸟身，珥两黄蛇，践两黄蛇，名曰禺䝞。黄帝生禺䝞，禺䝞生禺京。禺京处北海，禺䝞处东海，是惟海神。""东海中有流波山……黄帝得之，以其皮为鼓，橛以雷兽之骨，声闻五百里，以威天下。"

《大荒西经》："有北狄之国。黄帝之孙曰始均，始均生北狄。"

《大荒北经》："有人衣青衣，名曰黄帝女魃。蚩尤作兵伐黄帝，黄帝乃令应龙攻之冀州之野。应龙畜水，蚩尤请风伯雨师，纵大风雨。黄帝乃下天女曰魃，雨止，遂杀蚩尤。""黄帝生苗龙，苗龙生融吾，融吾生弄明，弄明生白犬；白犬有牝牡，是为犬戎，肉食。有赤兽，马状无首，名曰戎宣王尸。"

《海内经》："黄帝妻雷祖，生昌意。昌意降处若水，生韩流。""黄帝生骆明，骆明生白马，白马是为鲧。"此经九丘建木场景亦与黄帝有关。此外，《海内西经》还记有昆仑虚、开明兽等场景，亦属于黄帝部落文化遗存。

少昊部落图

少昊部落图是根据《山海经》记述的有关少昊及其后裔的故事而创作的，同时也绘出了《山海经》记载的有关太昊（伏羲）、女娲的内容。这是因为，伏羲、女娲是中华民族的文明始祖，而且根据《山海经》的记载，太昊部落与少昊部落也有着血缘上的联系。

《大荒西经》："有神十人，名曰女娲之肠，化为神，处栗广之野，横道而处。"

《海内经》九丘："有木，青叶紫茎，玄华黄实，名曰建木，百仞无枝，有九枸，下有九枸，其实如麻，其叶如芒，大皞爰过，黄帝所为。"太昊部落与黄帝部落有过交往。

《海内经》："西南有巴国。大皞生咸鸟，咸鸟生乘厘，乘厘生后照，后照是始为巴人。"咸鸟之意与少昊之百鸟王国相同，而后照意即少昊（昊即阳光照耀），这是我国古籍中记录太昊部落与少昊部落有着血缘传承关系的珍贵文献。

《西山经》西次三经："又西二百里，曰长留之山，其神白帝少昊居之。其兽皆文尾，其鸟皆文首。是多文玉石。实惟员神磈氏之宫。是神也，主司反景。"

《大荒东经》："东海之外大壑，少昊之国。少昊孺帝颛顼于此，弃其琴瑟。"

少昊又称金天氏，其后裔有《大荒南经》："有缗渊，少昊生倍伐，倍伐降处缗渊。"有《大荒北经》："有人一目，当面中生。一曰是威姓，少昊之子，食黍。"（亦即《西山经》的磈氏、《海外北经》的一目国、《海内北经》的鬼国，威、磈、鬼音义相同或相近）。有《海内经》："少皞生般，般是始为弓矢。"此外，《左传·文公十八年》记有少昊氏不才子穷奇，《西山经》《海外北经》亦记有怪兽穷奇，《左传·昭公元年》记有："昔金天氏有裔子曰昧，为玄冥师，生允格、台骀。台骀能业其官，宣汾、洮，障大泽，以处大原。帝用嘉之，封诸汾川，沈、姒、蓐、黄，实守其祀。由是观之，则台骀，汾神也。"

帝颛顼部落图

帝颛顼部落图是根据《山海经》记述的有关帝颛顼及其后裔的故事而创作的。

《海内经》："流沙之东，黑水之西，有朝云之国、司彘之国。黄帝妻雷祖，生昌意。昌意降处若水，生韩流。韩流擢首、谨耳、人面、豕喙、麟身、渠股、豚止，取淖子曰阿女，生帝颛顼。"

《海外北经》："务隅之山，帝颛顼葬于阳，九嫔葬于阴。一曰爰有熊、罴、文虎、离朱、鸱久、视肉。"《大荒北经》亦记有帝颛顼陵墓的景观。

《大荒东经》："东海之外大壑，少昊之国。少昊孺帝颛顼于此，弃其琴瑟。"

《大荒南经》："又有成山，甘水穷焉。有季禺之国，颛顼之子，食黍。有羽民之国，其民皆生毛羽。有卵民之国，其民皆生卵。""有国曰颛顼，生伯服，食黍。"

《大荒西经》："有国名曰淑士，颛顼之子。""有芒山。有桂山。有榣山，其上有人，号曰太子长琴。颛顼生老童，老童生祝融，祝融生太子长琴，是处榣山，始作乐风。""大荒之中，有山名曰日月山，天枢也。吴姖天门，日月所入。有神，人面无臂，两足反属于头上，名曰嘘。颛顼生老童，老童生重及黎，帝令重献上天，令黎邛下地，下地是生噎，处于西极，以行日月星辰之行次。""有池名孟翼之攻颛顼之池。""大荒之中，有山名曰大荒之山，日月所入。有人焉三面，是颛顼之子，三面一臂，三面之人不死，是谓大荒之野。""有鱼偏枯，名曰鱼妇，颛顼死即复苏。风道北来，天乃大水泉，蛇乃化为鱼，是为鱼妇。颛顼死即复苏。"

《大荒北经》："有叔歜国，颛顼之子，黍食，使四鸟：虎、豹、熊、罴。有黑虫如熊状，名曰猎猎。""西北海外，流沙之东，有国名曰中䎦，颛顼之子，食黍。""西北海外，黑水之北，有人有翼，名曰苗民。颛顼生驩头，驩头生苗民，苗民厘姓，食肉。"

帝顓頊部落圖

帝俊部落图

帝俊部落图是根据《山海经》记述的有关帝俊及其后裔的故事而创作的。帝俊事迹在古籍中仅见于《山海经》，在《山海经》中仅见于《大荒四经》和《海内经》。或谓帝俊即帝舜，但两者事迹仍有不少差异。帝俊的事迹及其后裔如下：

《大荒东经》："有五采之鸟，相乡弃沙。惟帝俊下友。帝下两坛，采鸟是司。"

《大荒南经》："有人三身，帝俊妻娥皇，生此三身之国，姚姓，黍食，使四鸟。""东南海之外，甘水之间，有羲和之国。有女子名曰羲和，方日浴于甘渊。羲和者，帝俊之妻，生十日。"

《大荒西经》："有女子方浴月。帝俊妻常羲，生月十有二，此始浴之。"

《大荒北经》："丘方员三百里，丘南帝俊竹林在焉，大可为舟。"

《海内经》："帝俊赐羿彤弓素矰，以扶下国，羿是始去恤下地之百艰。"

《大荒东经》："有中容之国。帝俊生中容，中容人食兽、木实，使四鸟：豹、虎、熊、罴。""有司幽之国。帝俊生晏龙。""有白民之国。帝俊生帝鸿，帝鸿生白民，白民销姓，黍食，使四鸟：虎、豹、熊、罴。""有黑齿之国。帝俊生黑齿，姜姓，黍食，使四鸟。"

《大荒南经》："有襄山。又有重阴之山。有人食兽，曰季厘。帝俊生季厘，故曰季厘之国。有缗渊，少昊生倍伐，倍伐降处缗渊。有水四方，名曰俊坛。"

《大荒西经》："帝俊生后稷，稷降以百谷。"

《海内经》："帝俊生禺号，禺号生淫梁，淫梁生番禺，是始为舟。番禺生奚仲，奚仲生吉光，吉光是始以木为车。""帝俊生晏龙，晏龙是为琴瑟。""帝俊有子八人，是始为歌舞。""帝俊生三身，三身生义均，义均是始为巧倕，是始作下民百巧。"

帝舜部落图

帝舜部落图是根据《山海经》记述的有关帝舜及其后裔的故事而创作的。帝舜与帝俊事迹多有相合之处，其名称、形貌亦有相似之处，但两者仍然不可等同观之。或许，帝俊代表着纯粹的殷商人的先祖，而帝舜则是进入黄帝部落的殷商人的先祖。

《山海经》记述舜的故事主要有，《中山经》中次十二经洞庭山"帝之二女居之"，此帝指尧，二女指舜妻娥皇、女英 [《山海经》记述尧的事迹非常少，除此处之外，仅有帝尧台、帝尧葬所，尚不及丹朱（相传为尧子）的内容多]。《海内北经》帝舜台，舜妻登比氏及其二女宵明、烛光。《大荒南经》"从渊，舜之所浴也"。《大荒东经》"帝舜生戏，戏生摇民"。《大荒南经》"帝舜生无淫"。此外，《海经》多次述及帝舜葬所。

根据《尚书·舜典》，帝舜的功绩甚多。一、"协时月正日，同律度量衡"（比秦始皇要早数千年）。二、每五年巡守四方一周（春东巡、夏南巡、秋西巡、冬北巡）。三、分天下为十二州，管理州事务的行政长官的官职名牧。四、制定刑律。五、"流共工于幽州，放讙兜于崇山，窜三苗于三危，殛鲧于羽山，四罪而天下咸服"。六、建立中央政府机构，由十二牧和四岳组成咨询院（议会），任命禹作司空（国土资源部），弃作后稷（农业部），契作司徒（民政部），皋陶作士（法院），倕作共工（工业部），益作朕虞（渔林牧猎部），伯夷作秩宗（祭祀礼仪部），夔作典乐（文化教育部），龙（晏龙）作纳言（监察宣传部）。

对比之下，可知《山海经》的关注点与《尚书·舜典》存在着很大的差异，《山海经》的撰写者并不关心历史王朝的政治制度及其管理结构，而是关注各地山川物产，远方异国的特殊习俗，以及历史名人望族及其后裔的事迹。

帝禹部落图

帝禹部落图是根据《山海经》记述的有关帝禹及其后裔的故事而创作的。

《中山经》中次三经记有"禹父之所化"。《中山经》结尾处有"禹曰天下名山"云云。《海外东经》记有禹命竖亥测量大地。《海外北经》和《大荒北经》记有禹堙洪水，杀共工之臣相柳，建众帝之台。《海外北经》和《大荒北经》记有禹所积石山。《大荒南经》记有禹攻云雨山，群帝取药。《大荒西经》记有禹攻共工国山。《海内经》："帝（或谓黄帝、帝尧、帝舜）乃命禹卒布土以定九州。"

禹的后裔仅见于《大荒北经》："禹生均国，均国生役采，役采生修鞈。"《山海经》记述有夏后启上三嫔于天并得《九歌》的故事（《海外西经》《大荒西经》），以及夏后启之臣孟涂司于巴的事迹（《海内南经》），但是没有启为禹子的记述。

《大荒北经》记有鲧攻程州之山。《海内经》称黄帝后裔"白马是为鲧"，又称"鲧窃帝之息壤以堙洪水，不待帝命，帝令祝融杀鲧于羽郊。鲧复生禹"。《大荒南经》记有鲧妻士敬生炎融，对比"鲧腹生禹"的说法，后者表明鲧和禹之间存在着比较大的时间跨度。

《山海经》记有炎帝、黄帝、帝女桑、帝二女、帝喾、帝颛顼、帝俊、帝尧、帝舜、帝丹朱、帝江、帝鸿、帝台、帝休、帝屋、帝之下都、帝之密都、帝之囷时、帝之平圃、帝苑、帝困水、依帝山、阳帝山等等，唯独不称帝禹或禹帝；《山海经》有后稷、后照、夏后启，"后"为首领、国君，亦不见用于称呼禹；《山海经》记有帝喾台、帝尧台、帝舜台、帝丹朱台、共工台、轩辕台，亦记有帝俊下两坛，却未言帝禹台；《山海经》记有帝喾、帝颛顼、帝尧、帝舜、帝丹朱以及叔均、巧倕的葬所，却未言帝禹的葬所。

山海经群巫图

　　山海经群巫图是根据《山海经》（主要是《海经》）记述的有关巫师活动的场景而创作的。《五藏山经》记述有许多人神（包括由人装扮成的怪兽），还记述有各地居民的祭祀活动，这些活动已经属于巫师、巫术的范畴，但是，由于《五藏山经》没有使用"巫"字，因此仅选择《北山经》化成精卫鸟填海的女娃、《中山经》化为䔄草的帝女尸等内容绘入该作品中。对比之下，《海经》则屡屡述及巫师的活动，以及用"巫"字命名的人物、方国、山峰，这些记载理所当然要成为山海经群巫图的主要内容。

　　巫师的两大职能，一是为心灵服务，沟通人与天地神鬼的关系；二是为现实服务，其中不乏披着巫术外衣从事科学探索和技术发明的活动。或许，当初的巫字要更象形一些，字体里的两个"人"字符很可能有着具体的形貌，例如一男一女，人面蛇躯，它们应当是创造巫字时的巫师样子，或者是最初的"职业巫师"（有专用名称、以巫术活动为主业）。

　　《海外西经》："女祭、女戚在其北，居两水间，戚操鱼鲡，祭操俎。""女丑之尸，生而十日炙杀之。在丈夫北。以右手鄣其面。十日居上，女丑居山之上。""巫咸国在女丑北，右手操青蛇，左手操赤蛇，在登葆山，群巫所从上下也。"《海外东经》记有："雨师妾在其北，其为人黑，两手各操一蛇，左耳有青蛇，右耳有赤蛇。一曰在十日北，为人黑身人面，各操一龟。"从上述记载可知，当时巫师的性别主要是女性。

　　《大荒东经》记有女丑大蟹、女和月母之国。《大荒西经》记有灵山十巫，寒荒国女祭、女薎。《中山经》中次八经已有灵山之名。《海内经》记有灵山赤蛇。灵与巫意相近，《大荒南经》记有巫山帝药、帝舜后裔巫载民，《海内北经》有蛇巫山。《海内西经》称开明东有巫彭等六巫"皆操不死之药"，以及服常树三头人等场景。

山海经天文景观图

山海经天文景观图是根据《山海经》记述的有关天文活动场景而创作的。

《西山经》西次三经的不周山可能是一处巨型陨石坑，该经还记有神陆吾"司天之九部及帝之囿时"、西王母"司天之厉及五残"、少昊员神"主司反景"、神蓐收（红光）"西望日之所入"、天山帝江"浑敦无面目"（开天辟地）。《中山经》有金星山之名、熊山熊穴"夏启而冬闭"、丰山九钟"是知霜鸣"。

《海外南经》记有神人二八"为帝司夜"、三株树"其为树若彗"，《海外西经》记有十日炙杀女丑，《海外北经》记有夸父逐日、身长千里的烛阴（北极光），《海外东经》记有禹命竖亥测量大地、汤谷扶桑十日。

《大荒东经》记有女和月母之国"司其（日月）短长"，以及六座日月所出山。《大荒南经》记有羲和生十日、羿射九日"落为沃焦"（古本《山海经》）。《大荒西经》记有常羲"生月十有二"、石夷"司日月之长短"、寿麻国"正立无景"，天枢日月山"帝令重献上天，令黎邛下地，下地是生噎，处于西极，以行日月星辰之行次"，以及方山柜格之松"日月所出入"和六座日月所入山。

《海内西经》记有昆仑虚开明北的玉树、不死树（实为星星树），开明南的树鸟"于表池树木"（华表，指示时间和方向）。《海内经》记有噎鸣"生岁十有二"。

据此可知，《五藏山经》时代已经有发达的天文观测活动，《海外四经》时代观测记录有彗星、北极光，已经使用一旬十日的历法，并追溯至远古天地大冲撞事件，以及帝禹时期的大地测量活动。《大荒四经》时代有了更精确和复杂的天文观测活动，已经使用一年十二月的历法，并观测到众星围绕北极星旋转现象，记录有赤道地区阳光垂直照射景观。

全集精绘 山海经

王红旗 编译　孙晓琴 绘

上册

清华大学出版社

北京

本书封面贴有清华大学出版社防伪标签，无标签者不得销售。

版权所有，侵权必究。举报：010-62782989，beiqinquan@tup.tsinghua.edu.cn。

图书在版编目(CIP)数据

山海经全集精绘 / 王红旗编译，孙晓琴绘. —北京：清华大学出版社，2019（2025.2重印）
ISBN 978-7-302-46040-4

Ⅰ. ①山… Ⅱ. ①王… ②孙… Ⅲ. ①历史地理—中国—古代②《山海经》—图解 Ⅳ. ①K928.631-64

中国版本图书馆 CIP 数据核字(2017)第 005044 号

责任编辑：张立红
装帧设计：梁　洁
责任校对：赵伟玉
责任印制：杨　艳

出版发行：清华大学出版社
　　　　　网　　址：https://www.tup.com.cn，https://www.wqxuetang.com
　　　　　地　　址：北京清华大学学研大厦 A 座　　　　邮　　编：100084
　　　　　社 总 机：010-83470000　　　　　　　　　　邮　　购：010-62786544
　　　　　投稿与读者服务：010-62776969，c-service@tup.tsinghua.edu.cn
　　　　　质 量 反 馈：010-62772015，zhiliang@tup.tsinghua.edu.cn
印 装 者：小森印刷（北京）有限公司
经　　销：全国新华书店
开　　本：170mm×240mm　　　印　　张：38.25　　　字　　数：670 千字
版　　次：2019 年 6 月第 1 版　　　印　　次：2025 年 2 月第 9 次印刷
定　　价：268.00 元（上、下册）

产品编号：062798-04

让我们来共同欣赏这样一部博大精深的著作，这就是千古奇书、中华宝典《山海经》，她记述了光辉灿烂的华夏文明进程。《山海经》的成书经历了2000年的岁月，她公开流传至今又经历了2000年的光阴。

序一

让我们来共同欣赏这样一部博大精深的著作，这就是千古奇书、中华宝典《山海经》，她记述了光辉灿烂的华夏文明进程。《山海经》的成书经历了 2000 年的岁月，她公开流传至今又经历了 2000 年的光阴。

我用了 30 多年的时间来阅读她，每次阅读都会从中得到新的信息和新的解悟。在对《山海经》信息密码的不断探索和解读过程中，我撰写了本书的文字稿。与此同时，我的画家夫人孙晓琴根据《山海经》的文字内容和我的研究成果，创作出 600 多幅彩色插图、20 幅山海经艺术地理方位复原图、多幅远古部落景观图，并创作完成了 42 平方米的巨画《帝禹山河图》，再现远古文明的迷人景观，现在也都收入本书中。

20 世纪 70 年代初，我从竺可桢先生的《中国近五千年来气候变迁的初步研究》一文联想到我国远古神话传说可能记录有那个时代的自然变迁及其社会变动信息。从此，用自然科学视角和信息传输原理解读远古神话传说就成为我的众多研究课题之一，也就是在那时我开始第一次全文阅读《山海经》——她像是一部天书，信息丰富，形貌诡异，难以捉摸。

20世纪80年代初，我读到了袁珂先生的《山海经校注》一书，该书版式清晰，注释翔实，旁征博引，发挥畅快；同时也与袁珂先生建立了联系，从中获益良多。这时《山海经》一书对我来说已经变成一座名副其实的信息宝库，我需要做的事情就是打开一扇扇封藏着远古信息的门窗。

1983年夏，我撰写了第一部专著《追寻远古的信息》，论述了远古神话传说作为人类文明初期信息载体的重要性及其相应的规律。其一，先有传说，后有神话；传说是对事件的记忆，神话是对传说的解释。其二，由于古人没有掌握记录大尺度时间的方法，因此神话传说记录的远古信息具有"时间压缩律"，即那些很久以前的彼此相距很长时间的事件会被叠压成彼此相隔时间很短的事件。其三，神话传说所使用的文字符号，其内涵需要重新解读，例如十日并出、后羿射日、夸父逐日、女娲补天、共工撞倒不周山等，记述的是远古发生的天地大冲撞事件。

1983年底，我赴成都参加全国第一届《山海经》学术讨论会，提交的论文《山海经试注（选）》被收入大会论文集《山海经新探》一书中。1987年，《民间文学论坛》第五期发表了我的《昆仑山地望探索》一文，这是我在阅读《山海经》后首次对《五藏山经》的地理方位进行的研究，指出《五藏山经》所记述的昆仑丘位于今日黄河河套以南的鄂尔多斯高原。事实上，如欲解读《五藏山经》26条山脉447座山的地理方位，首先就要复原出当时的昆仑位置。在这个问题上，我受益于徐旭生先生《中国古史的传说时代》一书所附的《读山海经札记》一文，该文引用杨钟健先生黄河河套古为湖泊的观点，指出渤泽可能不是古人所说的罗布泊，而是在河套地区。

此后，我开始分课题研究中国传统文化和现实社会文化现象，陆续撰写出《山海经与中国远古文明》等二十几部专著。

1994年，我开始与夫人孙晓琴合作编写《天地人鬼神图鉴》《中

功成洪水退
帝禹定九州
踏勘海内外
千古一图收

国古代神异图说》《中国古代民间福佑图说》等书，尝试用图说的形式介绍中国传统文化，其中亦涉及《山海经》的内容。在这种情况下，我们萌生了为《山海经》等远古神话传说重新绘图的设想。

1995 年，孙晓琴创作出山海经神异图 350 幅 (包括黑白图和彩色图)，我为每幅图配写了简短的文字说明，并撰写出 12 万字的《山海经点注》，上述内容合辑成《新绘神异全图山海经》一书，于 1996 年出版。

1997 年的某一天，我们忽然意识到一项历史性的任务选择了我们，这就是为《山海经》绘制艺术地理复原图，重现帝禹时代的《山海图》，以使读者能够直观地从画面上了解《山海经》所蕴含的人类文明信息。这是因为，历史上流传下来的山海经插图均过于简单，一是缺少山川地形地貌内容 (而这正是《五藏山经》最有价值的部分)，二是某些绘画内容未能揭示出《山海经》文字内涵的科学与文化信息，三是《山海经》记述的许多重要的古代文明活动场景没有用绘画的形式表现出来。

显然，这是一项前所未有的绘画创作尝试，为此孙晓琴要求我提供《五藏山经》447 座山的相互地理方位关系。鉴于此，我再一次全面深入地研究了《山海经》这部旷世奇书。

在 1997 年夏天的几个月里，我的大脑里装满了《山海经》的每座山，它们甚至不断出现在我的梦中，渐渐地，它们彼此的方位清晰了，并且与实际的地形地貌对应起来。我认识到《山海经》不仅是中国最早的一部具有百科全书性质的文明典籍，同时也是一部记录中华民族地理大发现的伟大著作，它记述着那个时代的远古自然地理和人文地理，中华民族文明与文化的起源和发展，以及这种生存与发展所凭依的自然生态环境，具有极其珍贵的和无可替代的文献价值。

《山海经》一书应该是由帝禹时代的《五藏山经》(包括南山经、

西山经、北山经、东山经、中山经）、夏代的《海外四经》（包括海外南经、海外西经、海外北经、海外东经）、商代的《大荒四经》（包括大荒东经、大荒南经、大荒西经、大荒北经），周代的《海内五经》（包括海内南经、海内西经、海内北经、海内东经和海内经）合辑而成的。主要依据是《五藏山经》没有记述帝禹时代以后的内容，《海外四经》没有记述夏代以后的内容，《大荒四经》没有记述商代以后的内容，《海内五经》则表现出浓厚的追溯历史的兴趣和倾向，因此其成书也相对较迟。从这个角度来说，《山海经》乃是中华民族的历史宝典，也是人类的共同文化遗产，它是一种与埃及金字塔同样雄伟的文明聚集，其文献资料有助于我们今天重现先夏时期的文明与文化场景，有助于我们寻找祖先失落的文明，为人类增加数千年有文字记录的生存经验，具有申报联合国非物质文化遗产的足够资格。

与此同时，我注意到《五藏山经》所记述的东西南北中五个区域的26条山脉，它们彼此之间存在着某种没有直接说出来的排序规则，这种规则就是先内后外、先近后远、先中心后外围，其地理中心大约在今日渭水与黄河交汇处。而且，《五藏山经》的第一条山脉南次一经也与《五藏山经》最后一条山脉中次十二经存在着地理方位的衔接关系。

我不是一个喜欢用静止角度和唯一视角观察事物的人，这有助于我从自然环境变迁的角度去理解《五藏山经》的地理方位。事实上，根据现代的地理研究，山东半岛的胶莱平原在4000年以前曾经长期被海水淹没，而《东山经》东次三经部分山的地理方位正是在胶莱平原一带，其文字记述亦称这些山（可泛指地名）被海水分隔着。

在上述研究基础上，1997年秋，我撰写出《山海经地理复原图注》，对《五藏山经》的地理方位进行了全面的文献考证，主要观点从1998年起在《地图》杂志连载两年；当然，这种文献考证还需要田野考证的进一步验证，而田野考证需要相当的资金投入和多领域的协作。

与此同时，孙晓琴根据我对《五藏山经》的地理方位考证，与我不断探讨和争论如何用绘画艺术的手段复原再现《山海经》时代的山川地貌景观和人文活动场景，开始了新的艺术创作历程，并绘制出 20 幅《山海经艺术地理复原图》组画。应当说这是一段非常艰巨的艺术路程，需要不断地变换视角和比例关系，同时还要对画面背景色调进行大范围的协调。这种艺术上的探索，诞生出一种全新的艺术地图绘画形式，其艺术的无穷魅力植根于深厚的文化内涵之中。

《山海经》产生的时代并不洪荒，因为它是文字成熟使用后的作品，文字数量多达三万余字，而且用字简洁准确，基本上都是陈述句，即有什么说什么。我们今天之所以感到阅读《山海经》非常困难，一是其所使用的许多字到今天已经变得相当生僻了；二是其所记述的自然社会环境与今天相比已经发生了很大的变化；三是其在流传过程中发生了大量章节、文字的错讹；四是其所指称的事物与其所使用的字面意义存在着许多差异；五是其文本身存在着缺陷或疏漏，例如对每一条山脉内的山与山之间有着距离和方位的记述，却没有对东西南北中五大区域及其 26 条山脉之间的方位进行描述；六是今人在阅读《山海经》时不大容易设身处地地思考那个时代的现象和理念，往往把自己的矛盾和困惑当成了《山海经》的问题。

中华民族自古就有地理发现的开拓精神，有绘制地图的文明渊源，有撰写图书的文化传统。相传中国最古老的图书有《三坟》《五典》《八索》《九丘》。《尚书序》中记载："九州之志，谓之九丘。丘，聚也；言九州所有，土地所生，风气所宜，皆聚此书也。"显然《九丘》属于国土资源白皮书，亦即《山海经》类图书。

《古三坟·地皇轩辕氏政典》中曰："太常北正，尔居田制民事，尔训尔均。百工惟良，山川尔图。尔惟勤恭哉。"也就是说，轩辕黄帝时代的太常一职，不仅要绘制自然地理图，而且要绘制人文地理图（包括丈量划分田地，以及调整手工业生产布局，当时有可能已经考虑到环境污染问题，例如风向与气味、烟尘的关系）。此外，《轩辕本纪》还记有神兽白泽的故事："（黄）帝巡狩，东至海，登桓山，于海滨得白泽神兽，能言，达于万物之情。因问天下鬼神之事。自古精气为物、游魂为变者凡万一千五百二十种，白泽言之；帝令以图写之，以示天下。"从今天的角度来看，白泽图相当于民族或部落分布图（包括动物分布图），显然也是有实用价值的。

《吕氏春秋·先识》中记有："夏太史终古见桀迷惑，载其图法奔商；商内史向挚见纣迷惑，载其图法奔周。"据此可知，我国至少在夏代就已经建立了国家图书档案管理体系，并可能收存有先夏时期的图书典籍。

公元前516年秋冬之交，晋国出兵支持周敬王复位，王子朝在占据王城数年后，携周室典籍投奔楚国，定居在今河南省南阳石桥镇。从此绝大多数周室典籍下落不明，它们很有可能被王子朝及其随行人员密藏地下，而我国有文字记载的古代历史之所以模糊不清，与此事件关系重大。与此同时，也有少量周室典籍流散民间，被孔子等学者收集整理成《书经》《诗经》等著作。此外，还有一部分周室典籍则被楚国获得，其中可能就包括《山海经》。由于《山海经》在当时仍然具有政治军事价值，故而长期被密藏在楚国档案馆里，只有少数高层官员才能读阅，这也就是春秋战国时期很少有人知道《山海经》的原因，也是屈原在《天问》等作品中能够大量使用《山海经》内容的原因。此后，秦灭楚，《山海经》等典籍被收入秦国档案馆，因此吕不韦在《吕氏春秋》中也引用了《山海经》的内容。再以后，汉灭秦，萧何尽数取走秦档案馆的文献资料，由于时过境迁，前朝图书解密，《山海经》等著作经刘向、刘歆（秀）父子整理后成为公共图书资源，从此世人方知《山海经》。

根据《山海经》以及其他典籍《尚书》《吕氏春秋》《史记》《淮南子》的记载，大禹治服洪水之后，率众大臣和科技人员考察华夏山川大地，记录物产风情，撰写国土资源白皮书，绘制国土资源分布图，并在此基础上将帝国统辖地域划分为九个行政区，称为九州。当年的考察内容被记录在《山海经·五藏山经》的文字中，并流传至今。

我们还能够从《山海经》中获得数千年前的生态环境和人文活动信息，它们涉及那个时代的地理、地貌、湖泊、沼泽湿地、沙漠、山川及其变化信息，矿物分布信息（古人对颜料矿石的寻找加工促成冶金术的诞生），植物分布信息（记录着气候变迁）、动物分布信息（记录着动物的迁徙与灭绝、变异与演化），民族部落的分布、交往、迁徙信息，以及那个时代的医药学、预测学、天文学、历史学、民族学等人文活动信息，其中大量信息是从出土骨头、陶片上难以获得的。

相传与《山海经》同时成书的还有《山海图》，《山海经》是《山海图》的文字说明，《山海图》曾被铸在九鼎上，由于九鼎失踪，《山海图》亦随之失传。此后，《山海图》或其部分内容可能被重新绘制在楚先王庙、楚公御的庙堂内，以及汉宫室的墙壁上。再以后，晋代学者郭璞、陶渊明曾见到山海经图，从其记述可知属于插图性质。南朝梁代画家张僧繇、宋代画家舒雅先后绘有山海经图十卷，均失传。据《中兴书目》称其"每卷中先类所画名，凡二百四十七种"可知，当属于插图性质。清代学者吴任臣的《山海经广注》、汪绂的《山海经存》各绘有数百幅插图，仅有怪兽人神形象，而无山川环境背景。

唯独宋代欧阳修在《读山海经图》诗里说："夏鼎象九州，山经有遗载；空蒙大荒中，杳霭群山会。炎海积煊蒸，阴幽异明晦；奔趋各异种，倏忽俄万态。群论固殊禀，至理宁一概；骇者自云惊，生兮孰知怪。未能识造化，但尔披图绘；不有万物殊，岂知方舆大。"仿佛他看到的是一幅有着山川地貌的山海经图，可惜未言何人所绘。

1999 年 9 月 9 日，孙晓琴的《帝禹山河图》问世，我国神话传说学领域的泰斗袁珂先生题词称赞《帝禹山河图》是"科学与艺术相结合的辉煌成就"，北大著名教授张岱年先生欣然题词"深研山海经，精绘山河图"。新华社、中央电视台、北京电视台，以及中国国家地理杂志《地理知识》等多家报刊都给予了报道介绍。与此同时，我的学术论文《根据中国古籍山海经复原绘制的中国 4200 年前的古地图》被收入第 20 届国际制图大会论文集中，《帝禹山河图》的彩照作为唯一的手绘艺术地图也在国际地图展上同时展出。事实上，我们祖先在 4000 多年前进行的国土资源普查，乃是人类文明史和科技史的伟大创举，其功绩一定会被中华儿女乃至世界人民永远铭记在心中。

　　2002 年春，上海辞书出版社约我和孙晓琴绘制撰写一部以彩图为主的前所未有的大开本《山海经》专著，我们欣然应允。2003 年，《经典图读·山海经》问世。2014 年，清华大学出版社的张立红主任找到我们，表示想再版此书，我们高兴不已。此次再版不仅内容做了修订，补充了译文，精修并补充了书中彩图，而且版式也进行了优化，非常美观。历经四年多，几位编辑做了大量校订工作，付出了巨大心血。

　　如果说《山海经》是一座信息宝库，那么本书就是这座宝库的一扇大门，走进来，你会看到一个光辉灿烂的文明世界，她的物质实体虽然已经消失在地平线下，但是她的信息却是永存的。

帝禹颁布的告示：天下有名的山，考察了5370座，总里程64056里，都是可以居住的地方。《五藏山经》只记述了一部分大山，其他小山太多了，无法一一记述。地球东西方向28000里，南北方向26000里。有河流发源的山总里程8000里，下游河流的总里程8000里。出产铜矿石的山467座，出产铁矿石的山3690座。

禹曰：天下名山，经五千三百七十山，六万四千五十六里，居地也。言其五藏，盖其余小山甚众，不足记云。天地之东西二万八千里，南北二万六千里；出水之山者八千里，受水者八千里；出铜之山四百六十七，出铁之山三千六百九十。

"禹曰"指禹说过的话，或者是《山海经》编纂者认为是禹曾经说过的话。"经"指经过、经历、考察，后来才有了经典的内涵。"五藏"即《五藏山经》，意为东南西北中五个区域的山川里蕴藏的自然资源和人文资源的考察记录。"东西二万八千里"的数字大体与地球赤道直径（12756千米）相当，"南北二万六千里"的数字大体与地球南北两极直径（12713千米）相当。

《禹曰》第一段文字记述的是帝禹时代的国土资源考察活动，该考察活动的成果被记录下来，它就是极其幸运的流传至今的《五藏山经》。帝禹是先夏时期（公元前2070年之前）华夏大地上的国家元首或部落联盟酋长，除了治理洪水和划定九州之外，帝禹还有一项重大的历史功绩，这就是主持实施人类历史上第一次大

规模的国土资源考察活动。对比之下，大体同一时期的古埃及法老，则在热衷于征调大批劳工为自己建造高大坚固的陵墓——金字塔。

治理洪水体现的是帝禹时代领导者和民众不屈不挠的精神；划定九

州体现的则是帝禹的治国方略；国土资源考察活动体现的是帝禹的深谋远虑——为了获得持续的长久的发展，有必要对国家和民族赖以生存的自然环境、物产资源、部落分布、人文活动进行全面的考察，而这项史无前例的国土资源考察活动成果的文字记录就是《五藏山经》。

帝禹时代人们最关心的生存资源，包括水资源、植物资源、动物资源、人文资源，以及铜矿石、铁矿石、玉矿石等矿物资源。在先夏时期人们还不会制造铁器，铜器也是刚刚开始出现。那么，帝禹时代为什么要特别注重铜矿石、铁矿石呢？这是因为，铜矿石、铁矿石在那个时代主要是用于制作颜料，例如铜矿石可制作绿色或蓝色颜料，赤铁矿可制作红色颜料，磁铁矿可制作黑色颜料，这些颜料在人们生活中扮演着极其重要的角色。事实上，对颜料的重视，是中华文明与文化的一大特征，远在一万八千年前的山顶洞人就已经把铁矿石粉末撒在死去的亲人身旁了。进一步说，正是由于古人对颜料的追求和加工，促成了烧陶技术和冶金技术的发明，以及陶器和金属器具的应用。

此天地之所分壤树谷也，戈矛之所发也，刀币之所起也。能者有余，拙者不足。封于太山，禅于梁父，七十二家，得失之数，皆在此内，是谓国用。

这种自然资源分布的差异，让不同地方分别适合耕种不同的农作物。能干的人生活富裕，不能干的人生活匮乏，这又导致了战争和贸易活动。先后有七十二位帝王在泰山举行祭天礼仪，在梁父山举行祭地礼仪。他们在感天谢地的同时，反思执政举措的利弊得失，这是确保国家兴盛的关键所在。

"刀币"即刀形货币；或作刀铢，大矛，伤残。"封"指祭天的礼仪，其仪式特征是象征性地增加天的高度。"太山"即泰山。"禅"指祭地的礼仪，其仪式特征是象征性地增加地的厚度。"梁父"又名梁甫，亦即梁父山，属于山东省新泰境内的徂徕山之东的余脉，山势险峻、难以攀登，孔子曾以登梁父山来比喻推行仁道的艰难，东汉学者张衡亦以"梁父艰"来比喻仕途险恶；后世所说梁父山，又名映佛山，系位于徂徕山之南的隋梁父旧城北面的一座小山。"七十二家"：相传上古有七十二个帝王在泰山举行过封禅活动。

"能者有余，拙者不足"一句中，"能"含有勤劳、智慧的意思，"拙"含有笨拙、拙劣的意思，这两个字揭示的是人与人之间存在着生命智力的差异。所谓生命智力，是所有生命都拥有的一种能力，即能够使用某种手段以达成某种期望效应的能力；不同的生命智力，其能够达成的期望效应也有所不同——这就是"能者有余，拙者不足"八个字蕴含的深层次哲理。

《禹曰》第二段文字，包括两个层次的内容，一是讲述天地物产对国家兴衰的重要性，二是讲述历代帝王为了感谢天地提供物产而在泰山、梁父山举行祭天、祭地的封禅礼仪。

人类赖以生存的大地，位于宇宙三维空间里，大地四周是浩瀚的海洋，太阳和月亮照耀着大地，北斗星指明着方向，春夏秋冬四季循环往复，木星运行影响着地球旱涝气候的周期变化。万物由神灵所生，它们的形态各异，寿命有长有短，这其中的规律只有那些拥有高度生命智力的人才能够理解和掌握。

地之所载，六合之间，四海之内，照之以日月，经之以星辰，纪之以四时，要之以太岁。神灵所生，其物异形，或夭或寿，唯圣人能通其道。

"六合"即上下、左右、前后，亦即三维空间。"太岁"即木星，古人认为木星十二年一周天的运行，能够影响地球的气候发生周期变化。

木星是古代中国人和古埃及人最关注的星辰之一，或许是那时的木星要比今天的木星更明亮的缘故。木星是太阳系里最大的一颗行星，每十二年（现在测定值为 11.8 年）围绕太阳转一周。

木星的存在对地球的生命具有至关重要的意义，因为它的巨大引力能够把太阳系里大多数的偏离轨道的彗星、小行星吸引到自己身上，从而大幅度减少了这些"不规矩"的彗星、小行星撞击地球的概率。

地载图

禹曰：

天下名山，经五千三百七十，居六万四千五十六里，居地也。言其封藏，盖其余小山甚众，不足记云。

天地之东西二万八千里，南北二万六千里；出水之山者八千里，受水者八千里；出铜之山四百六十七，出铁之山三千六百九十。

此天地之所分壤树谷也，戈矛之所发也，刀铩之所起也。能者有余，拙者不足。封于太山，禅于梁父者七十二家，得失之数，皆在此内，是谓国用。

地之所载，六合之间，四海之内，照之以日月，经之以星辰，纪之以四时，要之以太岁，神灵所生，其物异形，或夭或寿，唯圣人能通其道。

《山海经·五藏山经》

更有意思的是，《玉函山房辑佚书》收有《计倪子》一书，该书记有："太阴三岁处金则穰，三岁处水则毁，三岁处木则康，三岁处火则旱。故散有时，积奏有时，领则决万物，不过三岁而发矣。以智论之，以决断之，以道佐之，断长续短。一岁再倍，其次一倍，其次而反。水则资车，旱则资舟，物之理也。天下六岁一穰，六岁一康，凡十二岁一饥，是以民相离也。故圣人早知天地之反，为之预备。"计倪子又名计然，春秋时越国大夫，范蠡曾拜计倪子为师。太阴即太岁、岁星（准确说是木星的替身）。

《计倪子》的上述观点，从今天的角度来说，属于天文环境经济学，他研究的是天体（主要是太阳系内的星体）位置变化对地球自然环境变化的规律，以及这种变化规律对人类社会经济的作用。计倪子发现：当木星三年位于"金"的方位时，农作物丰收；当木星三年位于"水"的方位时，将发生水涝灾害，农作物减产；当木星三年位于"木"的方位时，农业收成好，人们生活安康；当木星三年位于"火"的方位时，将出现旱灾，农业收成不好。（在五行里，金代表西方，水代表北方，木代表东方，火代表南方。）人们只要掌握了天地这种循环变化规律，就可以提前做好准备，并由此而获得丰厚的经济利益。进一步说，我们中国的十二生肖中动物的排序也与此有关。

《禹曰》所说之"神"，不是指超自然的神（例如西方人所说的上帝），而是指自然运转的微妙机制，亦即《易·系辞上》所说的"阴阳不测之谓神"。所谓"阴阳不测"，既可指阴阳对立转化进行得非常神速，难以测度；又可指阴阳的存在具有"无在而无不在"的性质，因此是不可测度的。有趣的是，随着量子力学的出现，1926年海森堡提出著名的测不准原理（又称不确定性原理），意思是不能够同时准确测定出微观粒子的位置和速度，显然这与"阴阳不测之谓神"有着异曲同工之妙。

《禹曰》所说之"灵"是指生命运转的微妙机制，用现代的话来说可以概括为"生命与非生命的区别之谓灵"。进一步说，"灵"即灵性亦即生命智力，生命与非生命的分水岭就在于生命拥有生命智力。生命智力的起源可以追溯到生命的起源，而生物进化的动力亦在于生命智力。从这样的哲理高度去认识自然和生命，就能够豁然开朗：正是自然运转的微妙机制，产生出了各种不同形状和性质的物体；正是生命运转的微妙机制产生出了各种不同性状和性能的生命体。

"唯圣人能通其道"意思是只有高度智慧的人，才能够理解和掌握宇宙万物（包括生命）起源与变化的道理和规律。

《禹曰》第三段文字，阐述的是天地万物存在与变化的规律。

《禹曰》的写作特点是内容高度概括、层次分明、道理深刻、语言简练生动、文字精准，全篇仅用 195 字。综观《禹曰》文字，不难看出这是《山海经》原作者或《山海经》编纂者对《山海经》一书内容的高度概括，相当于为《山海经》全书写的一篇跋或序言，以寄托编纂者自己的思想理念和政治诉求。需要说明的是，该处文字位于目前流行版本《山海经》一书的《五藏山经》篇尾和《海外四经》篇首之间；为了更好地鉴赏《山海经》的内容，本书《山海经全集精绘》在全书之首单独提出，而实际上这很可能也是原版《山海经》的本来面目。事实上，《山海经》一书的最后一篇《海内经》的最后一句话"帝乃命禹卒布土以定九州"云云，表明全书结尾也是落在禹的身上，显然这样的编排应该体现着《山海经》原作者或编纂者的匠心。

001

第一篇
南山经

西次一经 华山：钱来山—松果山—太华山—小华山—符禺山—石脆山—英山—竹山—浮山—羭次山—时山—南山—大时山—嶓冢山—天帝山—皋涂山—黄山—翠山—騩山

西次二经 钤山—泰冒山—数历山—高山—女床山—龙首山—鹿台山—鸟危山—小次山—大次山—薰吴山—厎阳山—众兽山—皇人山—中皇山—西皇山—莱山

西次三经 崇吾山—长沙山—不周山—峚山—钟山—泰器山—槐江山—昆仑丘—乐游山—嬴母山—玉山—轩辕丘—积石山—长留山—章莪山—阴山—符惕山—三危山—騩山—天山—泑山—翼望山

西次四经 阴山—劳山—罢父山—申山—鸟山—上申山—诸次山—号山—盂山—白於山—申首山—泾谷山—刚山—刚山尾—英鞮山—中曲山—邽山—鸟鼠同穴山—崦嵫山

027

第二篇
西山经

第三篇
北山经

北次一经 单狐山—求如山—带山—谯明山—涿光山—虢山—虢山尾—丹熏山—石者山—边春山—蔓联山—单张山—灌题山—潘侯山—小咸山—大咸山—敦薨山—少咸山—狱法山—北岳山—浑夕山—北单山—罴差山—北鲜山—隄山

北次二经 管涔山—少阳山—县雍山—狐岐山—白沙山—尔是山—狂山—诸馀山—敦头山—钩吾山—北嚻山—梁渠山—姑灌山—湖灌山—洹山—敦题山

北次三经 太行山：归山—龙侯山—马成山—咸山—天池山—阳山—贲闻山—王屋山—教山—景山—孟门山—平山—京山—虫尾山—彭毗山—小侯山—泰头山—轩辕山—谒戾山—沮洳山—神囷山—发鸠山—少山—锡山—景山—题首山—绣山—松山—敦与山—柘山—维龙山—白马山—空桑山—泰戏山—石山—童戎山—高是山—陆山—沂山—燕山—饶山—乾山—伦山—碣石山—雁门山—帝都山—錞于毋逢山

东次一经 樕螽山—藟山—枸状山—勃齐山—番条山—姑儿山—高氏山—岳山—豺山—独山—泰山—竹山

东次二经 空桑山—曹夕山—峄皋山—葛山尾—葛山首—徐峨山—杜父山—耿山—卢其山—姑射山—北姑射山—南姑射山—碧山—缑氏山—姑逢山—凫丽山—磹山

东次三经 尸胡山—岐山—诸钩山—中父山—胡射山—孟子山—跂踵山—踇隅山—无皋山

东次四经 北号山—旄山—东始山—女烝山—钦山—子桐山—剡山—太山

第四篇
东山经

149

第五篇
中山经

中次一经 薄山：甘枣山—历儿山—渠猪山—葱聋山—涹山—脱扈山—金星山—泰威山—橿谷山—吴林山—牛首山—霍山—合谷山—阴山—鼓镫山

中次二经 济山：辉诸山—发视山—豪山—鲜山—阳山—昆吾山—葌山—独苏山—蔓渠山

中次三经 萯山：敖岸山—青要山—騩山—宜苏山—和山

中次四经 厘山：鹿蹄山—扶猪山—厘山—箕尾山—柄山—白边山—熊耳山—牡山—讙举山—玄扈山

中次五经 薄山：苟床山—首山—县斸山—葱聋山—条谷山—超山—成侯山—朝歌山—槐山—历山—尸山—良馀山—蛊尾山—升山—阳虚山

中次六经 缟羝山：平逢山—缟羝山—廆山—瞻诸山—娄涿山—白石山—榖山—密山—长石山—傅山—橐山—常烝山—夸父山—阳华山

中次七经 苦山：休与山—鼓钟山—姑媱山—苦山—堵山—放皋山—大苦山—半石山—少室山—泰室山—讲山—婴梁山—浮戏山—少陉山—太山—末山—役山—敏山—大騩山

中次八经 荆山：景山—荆山—骄山—女几山—宜诸山—纶山—陆郤山—光山—岐山—铜山—美山—大尧山—灵山—龙山—衡山—石山—若 山—彘山—玉山—灌山—仁举山—师每山—琴鼓山

中次九经 岷山：女几山—岷山—崃山—崌山—高梁山—蛇山—鬲山—隅阳山—岐山—勾檷山—风雨山—玉山—熊山—騩山—葛山—贾超山

中次十经 首阳山—虎尾山—繁缋山—勇石山—复州山—楮山—又原山—涿山—丙山

中次十一经 荆山：翼望山—朝歌山—帝囷山—视山—前山—丰山—兔床山—皮山—瑶碧山—支离山—秩筲山—堇理山—依轱山—即谷山—鸡山—高前山—游戏山—从山—婴硬山—毕山—乐马山—葳山—婴山—虎首山—婴侯山—大孰山—卑山—倚帝山—鲵山—雅山—宣山—衡山—丰山—妪山—鲜山—章山—大支山—区吴山—声匈山—大騩山—踵臼山—历石山—求山—丑阳山—奥山—服山—杏山—几山

中次十二经 洞庭山：篇遇山—云山—龟山—丙山—风伯山—夫夫山—洞庭山—暴山—即公山—尧山—江浮山—真陵山—阳帝山—柴桑山—荣余山

南山经

《山海经艺术地理复原图》组画创作于1997年，其地理方位依据的是《山海经地理复原图注》一书。在绘画作品分类上，《山海经艺术地理复原图》属于"艺术地图"，它既有艺术的成分，又包含地理、地质、地图的信息。事实上，古今中外有不少人都创作过艺术地图或具有艺术地图性质的作品。但是，大规模绘制艺术地图，在中国现代是从山海经的艺术地理复原图的创作开始的。

由于《山海经》在长期流传过程中，其文字内容存在着相当多的经文错位之处，而在绘制复原图时，又必须把每一座山、每条水系的位置都确定在画面上，因此，画面上山与山的位置、山与水系的位置、水系与水系的位置与《山海经》原文所述并不完全一致。事实上，如果完全按照《山海经》原文记述的位置关系，是不可能绘制出复原图的，因为它们的相互位置往往是彼此矛盾的。

《山海经》是中华文明的源头之一，《山海经》的第一篇是《南山经》。《南山经图》是《山海经艺术地理复原图》组画之一，它描绘的是《南山经》的内容。《南山经》是《山海经》的第一篇，也是《五藏山经》的第一卷。它记述有南次一经、南次二经、南次三经共计三条自西向东的山脉或地理区域的自然景观和物产、当地居民供奉祭祀的山神或祖先神以及祭神的仪式和祭品祭物。

具体到《南山经》，南次一经的位置应当与《中山经》最后一条山脉（位于洞庭山、庐山一带）的位置相衔接，大体在今日湖南和江西的衡山、九党荆山、罗霄山、武功山、玉华山一带。南次二经的位置应该在南次一经的南面或东面，大体在今日江西东部、安徽南部、江苏南部，以及浙江境内。南次三经的位置应在上述两条山脉的南面，大体在今日南岭和武夷山一带，以及广东、福建沿海地区。

摄影师：冯世光

（我们奉命考察的）南部山区的第一条山脉是鹊山；第一座山是招摇山，紧临西海，多桂树，多金属矿、玉石矿。有一种草，样子像野韭，却开青色的花，名叫祝馀，吃了它就不会饥饿。有一种树，样子像构树，却有黑色纹理，它的花好似阳光光芒四射，名叫迷榖，佩戴它的花可以不迷路。有一种野兽，样子像猴，却长着白色的耳朵，既能四条腿爬行，也能像人一样直立行走，名叫狌狌，吃了狌狌的肉就能够快步走。丽麂水从这里发源，向西流入海里，水中有许多名叫育沛的贝类，佩戴它们的壳做成的装饰物就不会患腹部疾病。

《南山经》之首曰鹊山。其首曰招摇之山，临于西海之上，多桂，多金玉。有草焉，其状如韭而青华，其名曰祝馀，食之不饥。有木焉，其状如榖（gǔ）而黑理，其华四照，其名曰迷榖，佩之不迷。有兽焉，其状如禺而白耳，伏行人走，其名曰狌狌（xīng），食之善走。丽麂（jī）之水出焉，而西流注于海，其中多育沛，佩之无瘕（jiǎ）疾。

《山海经》第一篇为《南山经》，《南山经》第一条山脉鹊山，大约是位于今日湖南境内的衡山或九党荆山。招摇山即今日的罗霄山，"罗霄"与"招摇"的含意和发音颇为相近。

榖树又名构树，属落叶乔木，开淡绿色花，结红色果实。迷榖树可能与构树类似，佩戴它的花，则不会迷路、迷糊。禺为猿猴类总称。狌狌即猩猩，或者是白耳猕猴；所谓吃了它的肉"善走"，与今天人们所说的吃什么补什么、食什么像什

么，是一脉相承的。丽麂水即洣（mǐ）水，西海即今日的衡阳盆地，当时或为湖泊；在古人的眼里，湖泊亦可称为海。育沛应当是一种贝类，佩戴它们的壳做成的装饰物可以避免患腹部疾病。

又东三百里，曰堂庭之山，多棪（yǎn）木，多白猿，多水玉，多黄金。

从招摇山向东300里，是堂庭山，多野柿子树，多白猿，多水晶，多黄金。

棪木的果实与苹果一样，红色可食，此山多白猿可能与这里盛产花果有关。水玉即水晶，多为六角柱状结晶，常簇生成晶群，光洁鲜亮，格外引人注目。《列仙传》中记载："赤松子者，神农时雨师也，服水玉以教神农，能入火自（不）烧。……炎帝少女追之，亦得仙，俱去。"当时的国土资源调查记录有水玉，表明那个时代人们已经使用水玉这种矿产资源了。

又东三百八十里，曰猿翼之山，其中多怪兽，水中多怪鱼，多白玉，多蝮虫，多怪蛇，多怪木，不可以上。

继续向东380里是猿翼山，山上有许多怪兽，水中有许多怪鱼，多产白玉，多有蝮蛇，多有怪蛇，多生怪木，不要轻易上山。

猿翼山，清代学者郝懿行注引《初学记》称又名稷翼山，神话学前辈袁珂先生注引《一切经音义》称又名即翼山。本书所用《山海经》原文主要依据袁珂先生的《山海经校注》，其底本则出自郝懿行所著《山海经笺疏》。我们今天看到的各种版本的《山海经》，可能都源自晋代学者郭璞所注释的《山海经》，而历史上有明确记载的最早整理校订《山海经》的学者则是西汉末年的刘向、刘歆（秀）父子。

蝮虫，郭璞注谓"色如绶文，鼻上有针，大者百余斤，一名反鼻虫，古虺字"。绶即丝带，古人常用紫色绶带系在印玺上，所谓"色如绶"，或即指紫色。通常认为虺属蛇类，长二尺，土色无文，有剧毒；蝮虫即蝮蛇，灰黑色，有黑褐色斑纹，头三角形，

猿翼山

颈细，鼻反钩，尾部短小，有毒，喜栖湿地，捕食鼠、蛙。此山多怪兽、怪鱼、怪蛇、怪树，从记述的口气可知，他（她）是一名外来的实地考察者，在忠实地描述所看到的情况。事实上，《山海经》的文字，绝大多数使用的都是陈述句，有什么说什么。

继续向东370里是杻阳山，向阳面出产赤金矿，背阴面出产

又东三百七十里，曰枡阳之山，其阳多赤金，其阴多白金。有兽焉，其状如马而白首，其文如虎而赤尾，其音如谣，其名曰鹿蜀，佩之宜子孙。怪水出焉，而东流注于宪翼之水；其中多玄龟，其状如龟而鸟首虺（huǐ）尾，其名曰旋龟，其音如判木，佩之不聋，可以为底。

白色金属矿。有一种样子像马的野兽名叫鹿蜀，头是白色的，皮毛有老虎的纹理，尾巴是红色的，发出的声音像是人在唱歌谣，佩戴用它的身体制作的装饰物有利于多子多孙。怪水从这里发源，向东流入宪翼水，水中有许多黑色的龟，长着鸟类的头、蛇类的尾巴，名叫旋龟，它发出像是劈柴的声音，人们相信佩戴用它的龟壳制作的装饰物或护身符，能够保护听力，而且可以治疗足部疾病。

鹿蜀的叫声像是母亲在轻轻地吟唱催眠的歌谣，因此用它的身体制作的装饰物就具有"佩之宜子孙"的功效。鹿蜀的样子乍看起来很像是斑马，古人称斑马为虎文马，据说明朝末年还曾出现在中国闽南一带；如今斑马在中国已经灭绝了，但是它们在非洲却依然兴盛。其实，"鹿蜀"的"蜀"字意思是马头蚕，据此鹿蜀应该是一种像马的鹿，亦即马鹿，准确说鹿蜀是一种栖息在南方的马鹿。更有力的证据是，从未闻斑马有"宜子孙"的功效，而马鹿的鹿茸则是名贵中药材，而且产量很高，鹿胎、鹿鞭、鹿尾和鹿筋也是名贵的滋补品，它们确实具有"宜子孙"的功效。在《山海经》中，凡是说"食之"如何的动物、植物，无论它们怎么样的奇形怪状，通常都是自然界真实存在的生物。马鹿是仅次于驼鹿的大型鹿类，因为体形似骏马而得名，栖息于非洲、欧洲、北美洲和亚洲，目前在我国北方和喜马拉雅山地区也有分布。《史记·秦始皇本纪》记有："赵高欲为乱，恐群臣不听，乃先设验，持鹿献于二世，曰：'马也。'二世笑曰：'丞相误邪？谓鹿为马。'问左右，左右或默，或言马以阿顺赵高。或言鹿，高因阴中诸言鹿者以

枡阳山

旋龟

法，后群臣皆畏高。"这则在我国流传甚广的"指鹿为马"成语故事里的动物主角很可能也是马鹿。

　　杻阳山还有一种奇异的动物旋龟，它发出的叫声仿佛劈木头一样，佩戴用它的龟壳制成的装饰物，能够保护听力。"可以为底"是说可以治疗足部的鸡眼之类的毛病。有趣的是，2002年7月30日，吉林市在一夜大雨之后出现了一只怪龟，据目击者称该怪龟宽约10厘米，身长近20厘米，尾长约15厘米，爪子和尾巴布满鳞片，头呈三角状，两个鼻孔十分纤细，嘴与老鹰相似，上颚的喙呈弯曲状，非常坚硬，舌头上还隐有一条红线，怪龟背负坚硬外壳，壳上隆起三条脊梁，整个背部有36个锥形棱角，或谓即旋龟。

　　继续向东300里是柢山，这里水很多，没有草木。有一种名叫鯥的鱼，样子像牛，尾部像蛇，翅膀（实际上是鱼鳍）长在腋下肋骨所在的部位，发出"留牛"的声音，能够在陆地生活，冬眠夏苏，吃了它的肉可以治疗肿疾。

　　一般来说"多水"的地方应当多草木，此处却说"无草木"，如果不是经文有错字，那么就表明这里的水为咸水盐泽，因此不适于草木生长。鯥鱼是一种两栖类冬眠动物，可以生活在陆地上，它有着蛇一样的尾部，肋下还长着羽翼（可能是一种比较发达的鱼鳍），发出"留牛"（谐声字）的声音，吃了它的肉可以治疗肿疾。从形象上看，它像是一种腿比较长的鳄或巨蜥，可惜早已灭绝了。

　　继续向东400里是亶爰山，水很多，但是没有草木，不要轻易上这座山。有一种名叫类的野兽，样子像狸猫却有毛

又东三百里柢（dǐ）山，多水，无草木。有鱼焉，其状如牛，陵居，蛇尾有翼，其羽在鮭（xié）下，其音如留牛，其名曰鯥（lù），冬死而夏生，食之无肿疾。

又东四百里，曰亶爰（chán）之山，多水，

柢山

亶爰山

无草木，不可以上。有兽焉，其状如狸而有髦，其名曰类，自为牝牡，食者不妒。

发，它们雌雄同体，人吃了类的肉，就能够克制性忌妒。

类，袁珂先生注引明代学者杨慎的观点称"今云南蒙化府有此兽，土人谓之香髦，具两体"。所谓"自为牝牡"，是说类这种动物雌雄同体可以自行交配。产生这种误解，可能是因为人们不了解这种动物的雌雄两性的外形差异。有趣的是，当时的人们为了克服性忌妒，已经找到治疗这种毛病的药物了。这就充分说明，自从人类由母系社会进入父系社会，实行一夫一妻制以来，无论是男性还是女性成员都失去了相当多的性自由，正是在这种情况下，人们才需要寻找"食者不妒"的药方。在《五藏山经》中，所有的药物都是单方，这是该书非常古老的证据之一。

又东三百里，曰基山，其阳多玉，其阴多怪木。有兽焉，其状如羊，九尾四耳，其目在背，其名曰猼𧔲（bó shī），佩之不畏。有鸟焉，其状如鸡而三首六目，六足三翼，其名曰𪄀𪆻（chǎng fū），食之无卧。

继续向东 300 里是基山，向阳面多玉石矿，背阴面有许多奇怪的树。有一种名叫猼𧔲的野兽，样子像羊，九条尾巴、四只耳朵，眼睛长在背部，佩戴用它的身体制作的装饰物或护身符，能够变得勇敢。有一种名叫𪄀𪆻的鸟，样子像鸡，却长着三个头、六只眼睛、三个翅膀、六只爪子，人吃了它的肉就不会犯困。

基山的向阳南坡多玉，背阴的北坡多怪树。这里有一种九尾四耳的怪兽猼𧔲，它的眼睛长在背上。眼睛长在背上的动物，令人百思不得其解，但是换一个角度考虑问题，却不难发现有一些动物身上的图纹非常像眼睛。众所周知，在动物世界，眼睛或类似眼睛状的图案具有某种威慑的力量。因此，上古时代的人，也会把自己

猼𧔲

基山

𪄀𪆻

的眼睛画得更大一些，或者在身上佩戴类似眼睛图案的装饰物，以便威慑敌人，同时也给自己壮胆，这就是"佩之不畏"。

三首六目的鹎鸺鸟，可能是一种不睡觉或很少睡觉的鸟，有三个头，可以轮流休息；人们相信吃了这种鸟的肉，到了夜里仍然能够精神抖擞不发困。看来当时的人，经常有夜间活动，因此才需要这种驱除瞌睡的药方。

继续向东 300 里是青丘山，向阳面多玉石矿，背阴面多青色彩石矿。有一种野兽，样子像狐狸却长着九条尾巴，它发出的声音犹如人类的婴儿发出的声音，它能够给人送去食物，人吃了它送来的食物就不会患蛊病。有一种鸟，样子像鸠，发出呵呵的声音，名叫灌灌，佩戴它的羽毛就不会被迷惑。英水从这里发源，向南流入即翼泽；水中有许多红色的美人鱼，它们长着鱼的身体、人的面孔，发出的声音像鸳鸯声，吃了它们的肉就不会长疥疮。

膭是彩色之石，有青色者，有赤色者（赤石脂、善丹）。青丘山的九尾狐"能食人，食者不蛊"，通常都理解为九尾狐能吃人，人吃了九尾狐的肉不患蛊病（避开妖邪之气）。但是《五藏山经》记述其他食人兽时都说"是食人"，唯独这里用"能食人"；或许可以理解为九尾狐能够给人送来珍异的食物，人吃了这种食物就能够不中邪。事实上，在古代文化中，九尾狐是一种祯祥之物，它的出现意味着天下太平、子孙昌盛；在汉代石刻画像砖上，九尾狐常与白兔、蟾蜍、三足乌并列于西王母座旁，属于四瑞之一。

继续向东 350 里是箕尾山，它的余脉深入东海里，有许多沙石。汸水从这里发源，向南流入淯水，有许多白玉石矿。

鹊山这条山脉，从招摇山到箕尾山，共有 10 座山，总里程 2950 里。当地居民供奉鸟身龙首的图腾神，祭神的礼仪是：祭神时要用带毛的动物，与玉璋一起埋入地下；还要把精米糯稻、一枚玉璧和稻米，陈列在白菅草编织成的席子上，

又东三百里，曰青丘之山，其阳多玉，其阴多青䨼（huò）。有兽焉，其状如狐而九尾，其音如婴儿，能食人；食者不蛊。有鸟焉，其状如鸠，其音若呵，名曰灌灌，佩之不惑。英水出焉，南流注于即翼之泽；其中多赤鱬（rú），其状如鱼而人面，其音如鸳鸯，食之不疥。

又东三百五十里，曰箕尾之山，其尾踆于东海，多沙、石。汸（fāng）水出焉，而南流注于淯（yù），其中

多白玉。

凡䧿山之首，自招摇之山，以至箕尾之山，凡十山，二千九百五十里。其神状皆鸟身而龙首，其祠之礼：毛用一璋玉瘗（yì），糈用稌米，一璧，稻米，白菅为席。

供神享用。

箕尾山是南次一经最后一座山，它伸入东海之中。不过，这里的东海并非指今日我国东部的东海，而是指今日的鄱阳湖。这是因为，南次一经的西海、东海是就此一小地区的方位而言，并不是就华夏大地的整体大方位而言，当然也可能有错简。

在这个区域里的居民，供奉祭祀的山神或祖先神是鸟身龙首之神，表明此地人的祖先是由鸟图腾和龙图腾的部落结合而成的。祭神要用有毛的动物，与玉璋一起埋入地下。瘗，掩埋，埋葬。此外，还要把精米糯稻、一枚玉璧和稻米，陈列在白菅草编织成的席子上，供神享用。璋状如半圭，璧为薄片状圆环，它们分别象征天和地，以及男性祖先和女性祖先，属于中国古代最常见的礼器。中国是玉文化的发源地，最早的玉器是玉玦（出土于七八千年前），具有通灵共鸣之神效。玉璧源于象征日环食，后来演变为敬天的礼器。璇玑是

有齿的玉璧，源于象征日珥和日冕，后人误解为齿轮或观星器具。玉琮是古代窥管（望远镜）的礼器化，因此玉琮上通常都刻有眼睛的图案；古人相信窥管是神权的重要标志物，三星堆神像的凸目亦是窥管的造型。

从《五藏山经》的文字可知，撰写者使用的均为陈述句，甲地与乙地相隔多远、方位如何，当地有什么东西，这种东西有什么功能，显然这属于实录性质的考察报告。但是，在《山海经》研究领域，有一部分人却宁愿相信《五藏山经》山与山的距离和方位、山名、内容统统都是虚构的。在他们看来，似乎古人在四千年前能够考察地理是天方夜谭。其实在四五千年前，埃及人已经修建起庞大的金字塔，中国人站在山头上测量和另一座山的方位和距离，并不比修建金字塔更让人难以置信。

南部山区第二条山脉的第一座山是柜山，它的西面与流黄相邻，北面远望是群山，东面远望是长右山。英水从这里发源，向西南流入赤水，有许多白玉矿石和细如粟米的丹沙。有一种名叫狸力的野兽，样子像猪，脚部却长有鸡距样的结构，发出狗叫的声音，它的出现预兆着当地要大兴土木。有一种叫鴸的鸟，样子像鸱鹰，爪子却像人的手，发出闷声闷气的声音，它的出现预兆着当地会有许多被放逐的人士。

"流黄"这个地名（山名、国名、族名），应当是一处泛着黄色风采的地方，它可能位于今日的黄山。由于流黄与硫黄的发音相同，它也可能与硫黄矿有关。

狸力是一种样子像猪却又长着鸡距（雄鸡腿后面突出像脚趾的部位）的动物，它的出现为什么会预兆着该地区将大兴土木，由于远古信息的流失，今天已经不得而知。鴸鸟的爪子像人的手，它的出现预示着当地将有许多人士被逐放，这可能与它发出"逐"的叫声有关吧。在中国先夏时期，最早的流放事件发生在帝尧后期，相传尧的长子丹朱反对尧让位于舜，被流放到南方。由于鴸鸟"鴸"的发音与丹朱"朱"的发音相同，而它的出现又与流放事件有关，因此许多学者都相信鴸鸟就是丹朱的化身。

《南次二经》之首，曰柜山，西临流黄，北望诸𣲎，东望长右。英水出焉，西南流注于赤水，其中多白玉，多丹粟。有兽焉，其状如豚，有距，其音如狗吠，其名曰狸力，见则其县多土功。有鸟焉，其状如鸱而人手，其音如痹（pí），其名曰鴸（zhū），其名自号也，见则其县多放士。

东南四百五十里，
曰长右之山，无草木，
多水。有兽焉，其状如
禺而四耳，其名长右，
其音如吟，见则郡县
大水。

继续向东南450里是长右山，没有草木，水很多。有一种名叫长右的野兽，样子像猴，却有四只耳朵，发出吟唱的声音，它的出现预兆着当地会发生水灾。

长右是一种有四只耳朵的猿猴，它的出现预示着当地将发生水灾。生命智力及其行为实际上体现出生命的预期性，而预期功能也正是生命智力的主要功能之一。事实上几乎所有的生物都具有某种程度的预期功能，草木在春天发芽，属于"条件反应关系"

长右山

长石

尧光山

的预期功能；动物到预定的地点捕猎，属于"因果关系"的预期功能。人类的预期功能更加复杂，预测的时空范围更长远和广阔，预测的手段更多样化，预测的内容更广泛，当然这里也有着漫长的发展过程。《五藏山经》所述预测活动均属于单一前兆判断，即通过某一事物的出现，去预见另一事物的发生，显然其水平尚处于初级阶段。

众所周知，"县"这种行政区划，是在春秋战国时期最先由秦国设置的，此后其他各国陆续效仿，秦统一天下后，郡县制推广到全国。不过，此处《山海经》原文的"郡县"等字可能是后世抄写者的笔误，在其他篇更多使用的是"国""邑"等表示地域范围的名称。

继续向东 340 里是尧光山，向阳面多玉石矿，背阴面多金属矿。有一种名叫猾褢的野兽，样子像人，脖颈却长着猪毛似的毛，

又东三百四十里，

曰尧光之山，其阳多
玉，其阴多金。有兽焉，
其状如人而彘鬣（liè），
穴居而冬蛰，其名曰
猾褢（huái），其音如
斫木，见则县有大繇。

居住在洞穴里，冬季蛰伏，发出砍木头的声音，它的出现预示着
当地将大规模征集民众服劳役。

所谓"其阳多玉，其阴多金"，表明当时已对不同矿物
的成矿分布规律有了某种认识。彘即野猪，鬣指兽类颈部上
的长毛。猾褢是一种穴居冬眠动物，"褢"意与怀同，从它
的字形来看意思是给鬼穿衣，以示怀念。鬼字本义是戴面具
的人，后引申为已故先祖的木乃伊或灵魂。"县有大繇"或
作"其县是乱"，猾褢的出现预示当地的民众会有更多的劳
役或动乱。

又东三百五十里，
曰羽山，其下多水，其
上多雨，无草木，多
蝮虫。

又东三百七十里，
曰瞿父之山，无草木，
多金、玉。

又东四百里，曰句
（gōu）馀之山，无草木，
多金、玉。

继续向东 350 里是羽山，山上经常下雨，山下水很多，没有
草木，有许多蝮蛇。

继续向东 370 里是瞿父山，没有草木，有许多金属矿、玉石矿。

继续向东 400 里是句馀山，没有草木，有许多金属矿、玉石矿。

羽山多水、多雨、多蛇类，却没有草木生长，与理不合，或许"无
草木"乃"多草木"之误。在古史传说中，羽山又称羽郊、委羽
之山，是个常见的地名，《墨子·尚贤中》："昔者伯鲧，帝之元子，
废帝之德庸，既乃刑之于羽之郊，乃热照无有及也，帝亦不爱。"

句馀山

瞿父山

羽山

不过，郭璞认为南次二经的羽山并非鲧遇难的地方。或许，凡候鸟换羽的地方，都可称之为羽山。

继续向东500里是浮玉山，北面远望是太湖，东面远望是群山。有一种野兽名叫彘，样子像虎，尾巴却像牛尾，叫声像狗吠，吃人。苕水发源于山的背阴面，向北流入太湖，水中多刀鱼。

野猪是一种非常凶猛的杂食性动物，在古代曾对人类的生命安全构成严重威胁；此处的彘，似乎是一种皮毛有虎状花纹的野猪。郭璞注谓鮆鱼亦即刀鱼，在太湖盛产。郭璞认为具区即太湖，古又称震泽，据说系陨星撞击而成。如果具区就是太湖，那么南次二经这几座相邻的山，应该在今日太湖以南。

继续向东500里是成山，它好像是一座四方台形的三层祭坛。山上有许多金属矿和玉石矿，山下有许多青色彩石矿。闾水从这里发源，向南流入虖勺水，其中多黄金。

继续向东500里是会稽山，山形状是四方形的。山上有许多金属矿和玉石矿，山下有许多武夫石。勺水从这里发源，向南流入湨水。

继续向东500里是夷山，没有草木，多沙石。湨水从这里发源，向南流入列涂水。

又东五百里，曰浮玉之山，北望具区，东望诸毗。有兽焉，其状如虎而牛尾，其音如吠犬，其名曰彘（zhì），是食人。苕水出于其阴，北流注于具区，其中多鮆（zī）鱼。

又东五百里，曰成山，四方而三坛，其上多金、玉，其下多青雘。闾（zhuō）水出焉，而南流注于虖（hū）勺，其中多黄金。

又东五百里，曰会稽之山，四方，其

上多金、玉，其下多砆（fū）石。勺水出焉，而南流注于滆（jué）。

又东五百里，曰夷山，无草木，多沙、石。滆水出焉，而南流注于列涂。

又东五百里，曰仆勾之山，其上多金、玉，其下多草木，无鸟兽，无水。

又东五百里，曰咸阴之山，无草木，无水。

继续向东 500 里是仆勾山，山上有许多金属矿和玉石矿，山下多草木，但是却没有鸟兽和水。

继续向东 500 里是咸阴山，这里既没有草木，也没有水。

勺或作多，虖勺在《五藏山经》里多次出现，通常指今日河北境内的滹沱河；在《南山经》出现的虖勺可能是同名的河流，也可能是错简。成山是一座外观结构非常独特的山，如果我们能够组织成立山海经地理方位考察队，或许可以在南方的江西、浙江一带找到它。列涂与诸毗的字词结构相同，如果诸毗指远处连绵的山丘，那么列涂可能就是指远处一片一片水中有陆、陆中有水的沼泽湿地。

会稽山是华夏名山之一，相传大禹来到此地召开天下诸侯大会，商议治水大计，后人便称这里为会稽。今日浙江绍兴境内的会稽山有大禹陵，据说大禹就葬在这里。值得注意的是，《山海经》记述众帝葬所，唯独没有提及禹帝葬所，似乎表明在《山海经》

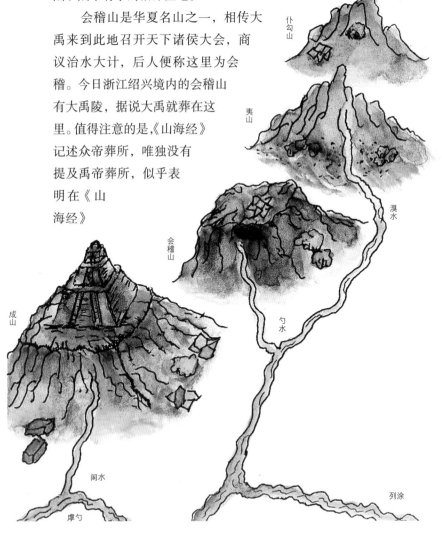

撰写时代或其资料来源时期，大禹尚在人世。有趣的是，安徽怀远县境内的涂山，相传也是大禹会诸侯计议治水的地方，当地有禹会村、禹王宫、涂山祠等名胜，苏东坡《濠州涂山》诗云："川锁支祁水尚浑，地埋汪罔骨应存；樵苏已入黄熊庙，乌鹊犹朝禹会村。"

继续向东 400 里是洵山，向阳面有许多金属矿，背阴面有许多玉石矿。有一种野兽名叫羬，样子像羊却没有嘴，不能杀害它。洵水从这里发源，向南流入阏泽，水里有许多紫螺。

由于羬有特殊之处，因此当地人相信它有神性，不可伤害它。此赢即紫螺。

继续向东 400 里是㟍勺山，山上有许多梓树、楠树，山下有许多荆树和枸杞。滂水从这里发源，向东流入大海。

继续向东 500 里是区吴山，山上没有草木，有许多沙石。鹿水从这里发源，向南流入滂水。

此处的滂水，可能即浙江境内的富春江，它发源于安徽黄山南麓。

又东四百里，曰洵山，其阳多金，其阴多玉。有兽焉，其状如羊而无口，不可杀也，其名曰羬（huàn）。洵水出焉，而南流注于阏（è）之泽，其中多茈蠃。

又东四百里，曰㟍勺之山，其上多梓、楠，其下多荆、杞。滂水出焉，而东流注于海。

又东五百里，曰区吴之山，无草木，多沙、石。鹿水出焉，而南流注于滂水。

洵山

区吴山

㟍勺山

鹿水

又东五百里，曰鹿吴之山，上无草木，多金、石。泽更之水出焉，而南流注于滂水。水有兽焉，名曰蛊雕，其状如雕而有角，其音如婴儿之音，是食人。

东五百里，曰漆吴之山，无草木，多博石，无玉。处于东海，望丘山，其光载出载入，是惟日次。

凡《南次二经》之首，自柜山至于漆吴之山，凡十七山，七千二百里。其神状皆龙身而鸟首。其祠：毛用一璧瘗，糈用稌（tú）。

继续向东 500 里是鹿吴山，山上没有草木，有许多金属矿和石矿。泽更水从这里发源向南流入滂水。河水里有一种野兽，名叫蛊雕，它的样子像雕，却长着角，发出人类婴儿的声音，吃人。

向东 500 里是漆吴山，山上没有草木，有许多可制作棋子的石材，没有玉石矿。这里位于东海之滨，远望丘山，观测那里的日出日落的方位和时间，是制定日时辰的依据。

蛊雕是一种食人猛兽，它生活在水里，样子却又像食肉飞禽雕，还长着兽角，看来它可能为水陆空三栖动物。博石可用于制作棋子。所谓望丘山"其光载出载入，是惟日次"，当指某神人在此观测日出日落的方位和时间，据此来确定一年四季时辰。因此，丘山所处的东海，应当就是今日我国的东海，具体来说丘山也就是今日的舟山群岛。

南部山区第二条山脉，从柜山到漆吴山，共计 17 座山，总里程 7200 里。当地居民供奉龙身鸟首的图腾神。祭祀的礼仪是：把带毛的动物和一枚玉璧埋入地下，供上精米糯稻。

有趣的是，居住在南次二经区域的人，供奉龙身鸟首之神；对比之下，居住在南次一经的人则供奉鸟身龙首之神，两者正好相反。或许这是因为，两地居民的父系图腾和母系图腾恰好相反

的缘故，也表明两地居民存在着长期通婚的关系。

南部山区第三条山脉的第一座山是天虞山，山下水很多，不要轻易上山。

向东500里是祷过山，山上有许多金属矿和玉石矿，山下有许多犀牛和兕，还有许多大象。有一种名叫瞿如的鸟，样子像鸡，却长着白头、三只足、人面，人们用它的叫声来称呼它。泿水从这里发源向南流入大海。水里有虎蛟，样子像鱼，尾巴却像蛇，发

《南次三经》之首，曰天虞之山，其下多水，不可以上。

东五百里，曰祷过之山，其上多金、玉，其下多犀、兕（sì），多象。有鸟焉，其状如䳋（jiāo），而白首、三足、人面，其名曰瞿如，其鸣自号也。泿（yín）水出焉，而南流注于海。其中有虎蛟，其状鱼身而蛇尾，其音如鸳鸯，食者不肿，可以已痔。

出的声音像鸳鸯，吃了它的肉就不会得浮肿病，还可以治疗痔疮。

天虞山为南次三经之首，按惯例此处经文应当有描述其东南西北各有什么地貌景观的文字，估计原文有缺简或遗失。咒是上古瑞兽，状如牛，苍黑，一角。所谓瞿如鸟有着人的面孔，这可能是当地居民的一种化装，类似今日云南少数民族的孔雀舞。南次三经是《五藏山经》26条山脉里最靠南方的一条山脉，因此这里的浪水，可能即今日北江上游的浈水，它向南流入的大海即今日中国的南海。

继续向东500里是丹穴山，山上有许多金属矿和玉石矿。丹水从这里发源向南流入渤海。有一种名叫凤凰的鸟，样子像雏鸡，有着美丽的五彩花纹；头上的花纹是"德"字的形状，翅膀上的花纹是"义"字的形状，背部的花纹是"礼"字形状，胸部花纹是"仁"字形状，腹部花纹是"信"字形状。凤凰鸟，顺其自然地生活，自由自在地唱歌跳舞，它的出现预兆着天下安宁。

又东五百里，曰丹穴之山，其上多金、玉。丹水出焉，而南流注于渤海。有鸟焉，其状如鸡，五采而文，名曰凤凰。首文曰德，翼文曰义，背文曰礼，膺文曰仁，腹文曰信。是鸟也，饮食自然，自歌自舞，见则天下安宁。

凤凰

丹穴山

丹水

此处渤海即我国北方的渤海，按地理方位丹穴山应当归属北次三经，由于竹简错乱而误窜入南次三经之中（《五藏山经》文字载体最初不一定是竹简，但它在流传过程中曾经以竹简为载体，而竹简很容易脱落错位）。所谓凤凰"首文曰德"云云，当是春秋战国或秦汉时人的注释文字而被后人误认成了《山海经》正文，这种情况在古代是经常发生的。凤凰是一种比野鸡更大、更漂亮的鸟，十二生肖里的鸡原本应当是指凤凰。凤凰是飞禽类的总代表，正如龙是水族类的总代表一样。

继续向东500里是发爽山，没有草木，水很多，有许多白猿。汎水从这里发源向南流入渤海。

继续向东400里，来到旄山尾，它的南面有峡谷，名叫育遗，有许多怪鸟，南风从这里吹来。

继续向东400里，来到非山首，山上有许多金属矿和玉石矿，没有水，山下有许多蝮蛇。

继续向东500里是阳夹山，没有草木，多水。

继续向东500里是灌湘山，山上多树，没有草，多怪鸟，没有野兽。

又东五百里，曰发爽之山，无草木，多水，多白猿，汎水出焉，而南流注于渤海。

又东四百里，至于旄山之尾，其南有谷，曰育遗，多怪鸟，凯风自是出。

又东四百里，至于非山之首，其上多金、玉，无水，其下多蝮虫。

又东五百里，曰阳夹之山，无草木，多水。

又东五百里，曰灌湘之山，上多木，无草；多怪鸟，无兽。

发爽山的汎水向南流入渤海，此山的原文亦应属于北次三经，由于竹简脱落而窜入南次三经。一般来说，成卷的竹简虽然易脱落，但每卷都有一定的竹简数，因此错位的竹简很可能是不同卷的竹简被互换了；这就意味着北次三经的某竹简记录的某山，原本应属于南次三经。此外，这里有㞗山尾，却无㞗山首；有非山首，亦无非山尾；而㞗山尾又与非山首相邻，看来"㞗"与"非"二字当有一误。凯风即南风。

又东五百里，曰鸡山，其上多金，其下多丹臛。黑水出焉，而南流注于海。其中有鱄（tuán）鱼，其状如鲋而彘毛，其音如豚，见则天下大旱。

继续向东 500 里是鸡山，山上有许多金属矿，山下有许多红色彩石矿。黑水从这里发源向南流入大海。水里有鱄鱼，样子像鲫鱼却长着猪毛，发出猪的叫声，它的出现预兆着天下将发生大旱灾。

武夷山脉在江西与福建交界处有一座鸡公崬（dōng），汀江从这里发源向南流入韩江，再向南经汕头湾流入台湾１海峡；此处鸡山即鸡公崬，黑水即汀江。鱄鱼的样子像鲫鱼却长着猪毛，表明它是一种生活在海洋或江河的水生野兽，类似海狮、海豹、海狗，也可能是江猪、江豚。鱄鱼出现预示天下大旱，属于物候学现象，即某种生物的出现或变化与某种气候的来临或变化存在着某种联系。例如，海洋中有一种厄尔尼诺（"圣婴"）现象，它能够造成气候异常，如果有某种鱼类对"圣婴"特别敏感而提前迁徙，那么人们就可以根据这种鱼的出现情况来判断未来的天气变化。

继续向东 400 里是令丘山，没有草木，经常发生山火。它的南面有峡谷，名叫中谷，东北风从这里吹来。有一种名叫颙的鸟，样子像猫头鹰，人的面孔，却长着四只眼睛，有耳朵，人们用它的叫声称呼它，它的出现预兆着天下将发生大旱灾。

令丘山多火，是一种比较少见的现象，可惜言之不详。自然界的野火，除了火山、雷火外，还有自燃现象，煤炭、天然气、沼气都可自燃，磷火（俗称鬼火）亦属自燃现象。条风即东北风。自然界确实有一些鸟类的头部正面与人的面孔相似，例如猫头鹰、人面鹰。

继续向东 370 里是仑者山，山上有许多金属矿和玉石矿，山下有许多青色的彩石矿。有一种名叫白䓘的树，样子像构树，却有着红色纹理，分泌物像漆，味道像饴，吃了就不会饥饿，可以解除疲劳，还可以把玉染成血色。

继续向东 580 里是禺槀山，有许多奇怪的野兽，还有许多大蛇。

继续向东 580 里是南禺山，山上有许多金属矿和玉石矿，山下有很多水。有一个洞穴，春天有水流入，夏天有水流出，冬天

又东四百里，曰令丘之山，无草木，多火。其南有谷焉，曰中谷，条风自是出。有鸟焉，其状如枭，人面四目而有耳，其名曰颙（yóng），其鸣自号也，见则天下大旱。

又东三百七十里，曰仑者之山，其上多金、玉，其下多青䕩。有木焉，其状如榖而赤理，其汗如漆，其味如饴，食者不饥，可以释劳，其名曰白䓘（gāo），可以血玉。

又东五百八十里，

令丘山　颙

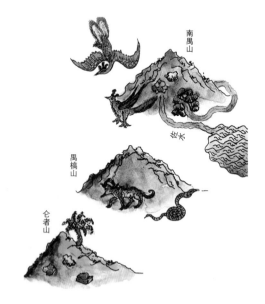

南禺山

姑水

禺槀山

仑者山

曰禺槀之山，多怪兽，
多大蛇。

又东五百八十里，
曰南禺之山，其上多金、
玉，其下多水。有穴焉，
水春辄入，夏乃出，冬则
闭。佐水出焉，而东南流
注于海，有凤凰、鹓雏。

凡《南次三经》之
首，自天虞之山以至南
禺之山，凡一十四山，
六千五百三十里。其神
皆龙身而人面。其祠皆
一白狗祈，糈用稌。

右南经之山志，大
小凡四十山，万六千三
百八十里。

则关闭。佐水从这里发源向东南流入大海。有凤凰、鹓雏。

白莕又名䔄苏，它的分泌物富有营养而又美味，并且可以把玉染成红色，与漆树一样都可制作涂料或颜料。在古代颜料是一种使用非常广泛的重要资源，《五藏山经》记述的众多物产，都与制作颜料有关。闽江上游有富屯溪、建溪、南浦溪、沙溪，它们均发源于武夷山脉，其中富屯溪上游发源于黄岗山和峨眉峰，南禺山及佐水当在此地区。

南部山区第三条山脉从天虞山至南禺山，共计 14 座山，总里程 6530 里。当地居民供奉龙身人面的图腾神，在举行祭神仪式时，要用一只白狗为祭品，而且还要把白狗的血涂抹在祭地和祭器上，同时供上精米糯稻。

右边是南部山区的内容，大小共 40 座山，总里程 16380 里。

居住在南次三经地区的人们，他们供奉的龙身人面之神，可能是人工塑造的神像。在举行祭神仪式时，主要用白狗为祭品，而且还要把白狗的血涂抹在祭地和祭器上。

《南山经》的最后一段文字，郝懿行认为乃校书者所题，袁珂先生则认为系古经原有之总结。此外，《山海经》的"经"字，按袁珂先生解释，当初原本是经历的意思，后来才有了经典的内涵，此言甚是。其实，《山海经》中的"山"字，也不全是指山峰、山脉，而是地貌、地望、地名的通称；"海"字也不全是指海洋、湖泊，而是水泽地名的通称，有时则是大区域的代称，类似我们今天常说的瀚海、沙海、盐海、煤海、灯海、花海、人海，以及海内存知己、海外传佳音等等。

此处统计的山数和里数，与南次一经、南次二经、南次三经的篇末统计数字的总和略有出入，可能系传抄之误。例如，南次三经只记述十三座山，但篇末却说"凡一十四山"，其中当有缺失或差误。从《南山经》的内容可知，当时的人非常重视自然资源。据徐南洲先生研究，《五藏山经》记录的矿产可分为十二类九十余种，其中玉分为二十种（产玉之山上百座），石有四十二种；并记有一百五十五处产金之地，它们多数都是金属共生矿（涉及黄金、银、铜、铁、锡、汞等）。据赵璞珊先生研究，《五藏山经》记录有种类繁多的药物，其中矿物类五种，植物类二十八种，木类二十三种，兽类十六种，鸟类二十五种，水族类三十种，其他四种；这些药物均为单味药，而且也没有说明剂量，充分显示出其年代的古远（详情可参阅原四川省社会科学院出版社1986年1月出版的《山海经新探》一书）。

令我们今天惊讶的是，这支活跃在四千多年前的考察队，他们的工作很有章法，每到一处，都要记录下当地的山名、相关的地形、地貌、地名、水系、矿产、植物、动物、人神活动，以及特殊物产的用途、特殊人神的威力，还要测量出下一座山的方位和与这座山距离的里数。《五藏山经》所说的"里"的长度，尚无准确的考证；可以参考的是，周、秦、汉时的一里等于415.8米，清光绪时一里等于576米，从1929年至今一里等于500米。

南次三经之神

　　《西山经》共记述有四条自东向西的山脉，其排序编号分别是西次一经、西次二经、西次三经、西次四经。其中西次三经与西次四经的排序编号颠倒了，这种情况也发生在《中山经》里，为了避免产生歧义，这里仍然使用原文的排序编号。

　　《西山经渭水图》系《山海经艺术地理复原图》组画之二，画面内容是根据《西山经》的西次一经、西次二经、西次四经的文字解读而创作的。该图再现了《西山经》上述区域在那个时代的自然地理景观和人文地理场景，其方位大体在今日陕西、宁夏、甘肃、青海一带。

　　具体来说，西次一经的地理方位在渭水南岸秦岭北麓，东起潼关西至青海湖附近。西次二经记述的山脉位于西次一经的北面，大约东起今日黄帝陵附近，西至青海湖北面的日月山、达坂山、大通山一带。西次四经记述的诸山，起始点在黄河与洛水（北洛水，即陕西境内的洛水）交汇处的黄龙山山脉，向北至洛水发源地白于山，然后折向西直至祁连山山脉。

　　从图中可以清晰地看到，西次四经前半段的九座山，均有水系流入黄河或洛水，表明这一区域黄土高原的水系发达，有可能已经出现植被破坏和水土流失现象。对比之下，西次二经诸山所出水流则较少，似乎表明这一区域黄土高原的植被相当不错，黄土高原尚未遭到切割；当然，导致上述现象的原因，也可能是两地降雨量存在着差异。事实上，如果我们能够正确地或基本正确地复原再现《五藏山经》那个时代的自然环境景观，一定会有助于我们今天更好地认识自然环境变迁的过程及其规律。

西山經渭水圖

的鄂尔多斯高原上。我国自古就有『河出昆仑』之说，因此许多人都想当然地试图从现在的黄河源头寻找昆仑山。其实，在帝禹时代，人们所认识的黄河源头被称为黝泽，它实际上位于今天黄河前套地区，那里曾经是一大湖泊；此后，由于河套古湖泊的消失，古人遂误将罗布泊当成幼泽。事实上，汉字里的古地名所用的字，往往就是一幅幅地图，英国学者李约瑟博士在《中国科学技术史》一书中也注意到了这种情况。从这个角度来看『河』字，三点水旁表示河流，口字表示有人在这里居住，一横一竖则代表着黄河河道的地形图，即黄河从前套向南流至潼关再直角转向东流入海。

《西山经昆仑图》

《西山经昆仑图》系《山海经艺术地理复原图》组画之三，画面内容是根据《西山经》的西次三经的文字解读而创作的。

该图复原再现了西次三经这一区域在那个时代的自然地理景观和人文地理场景，其方位大体在今日陕西北部、内蒙古河套地区，以及宁夏、甘肃和新疆的东部。需要说明的是，《西山经昆仑图》画面的左半部（西方）与右半部（东方）在绘制时采用了不同的比例尺，即左半部画面诸山之间的实际距离比看起来要更长一些。这主要是出于审美的要求和幅面的考虑，否则原图的尺寸将更大。

众所周知，在我国历史地理学上有一个重大的文化之谜，即古史传说中的昆仑山（又称昆仑丘、昆仑虚）究竟在今天的什么地方？研究《山海经》的学者对此也是众说纷纭，有人说它在青藏高原，有人说它就是祁连山或泰山，或者在云南；此外，也有人说它在海外（印度、中东等地），还有人说它纯属虚构。在《西山经昆仑图》里，昆仑丘被画在了黄河河套以南

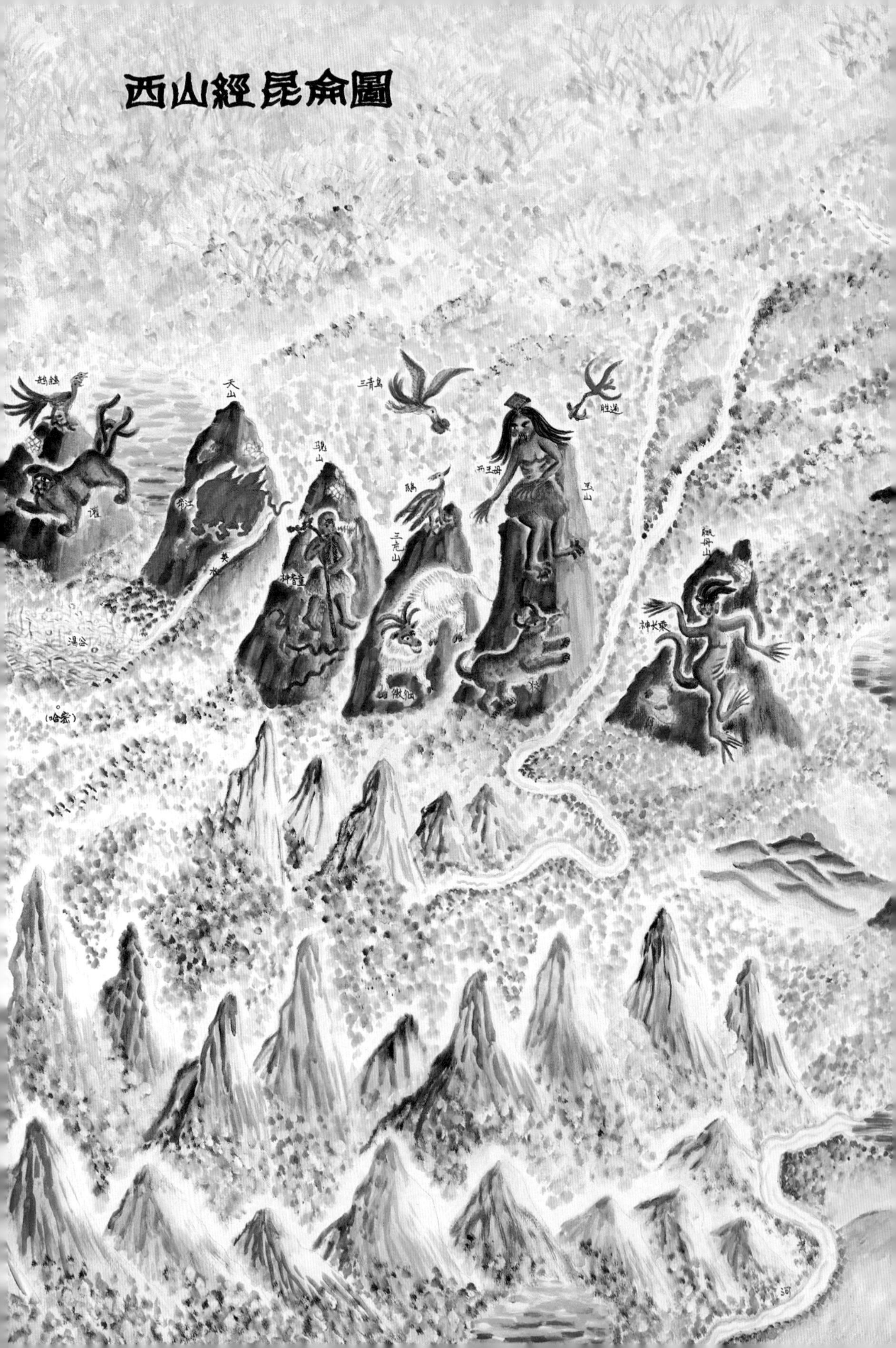
西山經昆侖圖
鵸鵌
讙
天山
帝江
英水
湯谷
(哈密)
三青鳥
騩山
神耆童
鴟
三危山
獓𤜵
西王母
玉山
胜遇
狡
嬴母山
神长乘
河

西部山区第一条山脉名叫华山，第一座山是钱来山，山上有许多松树，山下有许多洗澡石。有一种名叫羬羊的野兽，样子像羊，尾巴却像马尾，它的油脂可以治疗皮肤皴皱。

所谓"华山之首"，是说西次一经这条山脉总称华山。钱来山的名字，顾名思义应当与"钱"有关。不过，钱在古代原本是指一种农具，又可指衡器、酒器，并非仅仅指货币。洗石是一种澡浴时用于帮助除去污垢的石头，它可能具有碱性，因而能够去油污，或者具有摩擦力，类似今日市场上用火山灰岩制成的搓澡石。羬羊的油脂可以治疗因寒冷而冻出的体皴，表明当时已经有了护肤用品。

向西 45 里是松果山。濩水从这里发源向北流入渭水，其中多铜矿石。有一种名叫螐渠的鸟，样子像山鸡，黑色的羽毛，红色的爪子，可以治疗皮肤皴裂。

从松果山发源的濩水向北流入渭水，表明松果山属于渭水以南的秦岭。这种方位关系的判断，在山海经研究领域被称为"以水定山"。事实表明，这是一种非常有效的方位判断方法。其道理在于，一般来说，从山地发源的水系其地理位置是比较稳定的，在几千年到几万年之间通常都不会发生什么变化；除非其间出现重大的地质灾变，例如山崩积石导致河流改道。此外，对古代人来说，水比山更重要，没有水就不能生存，因此他们对水系特

《西山经》华山之首，曰钱来之山，其上多松，其下多洗石。有兽焉，其状如羊而马尾，名曰羬（xián）羊，其脂可以已腊（xī）。

西四十五里，曰松果之山。濩（huò）水出焉，北流注于渭，其中多铜。有鸟焉，其名曰螐（tóng）渠，其状如山鸡，黑身赤足，可以已暴（bào）。

别是那些重要水系的记忆往往要更准确一些。事实上，我们今天能够判断松果山的位置，就是因为原文里记述有一个已知的地理标志"渭水"，以及从南向北流入渭水的支流。皲指皮肤皴裂。

又西六十里，曰太华之山，削成而四方，其高五千仞，其广十里，鸟兽莫居。有蛇焉，名曰肥𧔨，六足四翼，见则天下大旱。

继续向西60里是太华山，山形好像是削成的四方台，高五千仞，方圆十里，鸟兽都不在这里栖息。有一种蛇名叫肥𧔨，六只脚，四只翅膀，它的出现预兆着要发生大旱灾。

太华山即西岳华山。"削成而四方"，是考察者对其形貌的描述。在《五藏山经》里，太华山是唯一记述有明确高度的山——"高五千仞"，表明考察者对这里非常重视。

能跑能飞、长着六足四翼的大蛇，也许只在侏罗纪恐龙世界里存在过。这里肥𧔨蛇的出现，目的是预告世人将发生旱灾。一般来说，农民比牧民更关心旱灾是否发生，因为牧民可以逐水草而居，而农民离开故土就难以生存。进一步说，在水灾与旱灾之间，旱灾对农业的危害要更大一些，因为旱灾通常都是大面积的、

长时间的，往往造成颗粒不收。

继续向西80里是小华山，有许多荆树、枸杞，还有许多牸牛。背阴面有许多制作磬的石材，向阳面有许多璇珸之玉。有许多红腹锦鸡，可以预防火灾。有真菌，样子像乌韭，生长在石头或树干上，吃了可以治疗心脏病。

太华山与小华山均属华山山脉，太华山又称华阴山，小华山又称少华山，它们都是秦岭的著名山峰。有趣的是，在当年的考察者眼里，太华山是一座神圣的山，小华山则是一座物产非常丰富的山。这里有狩猎的对象牸牛，有制作乐器的磬石，有美丽的玉（璇珸之玉在《五藏山经》里多处提及，但不详是何种玉类），还有能够预报山林火灾的鸟，以及治疗心绞痛的草药。菫荔可以生长在石头上和木头上，估计是一种类似灵芝、蘑菇、木耳的真菌。

继续向西80里是符禺山，向阳面有许多铜矿石，背阴面有许多铁矿石。山上有文茎树，果实像枣，可以治疗失聪病。有许多条草，样子像葵，却开红色的花，结黄色的果实，果实像婴儿的舌头，人吃了它就不会被迷惑。符禺水从这里发源向北流入渭水。有许多名叫葱聋的野兽，样子像羊，却长着红色的颈毛。有许多鸣鸟，样子像翠鸟，却长着红色的喙，可以预防火灾。

又西八十里，曰小华之山，其木多荆、杞，其兽多牸（zuó）牛；其阴多磬石，其阳多璇珸（yǔ fú）之玉；鸟多赤鷩（bì），可以御火；其草有菫（bì）荔，状如乌韭，而生于石上，亦缘木而生，食之已心痛。

又西八十里，曰符禺之山，其阳多铜，其阴多铁。其上有木焉，名曰文茎，其实如枣，可以已聋。其草多条，其状如葵，而赤华黄实，如婴儿舌，食之使人不惑。符禺之水出焉，而北流注于渭。其兽多葱聋，其状如羊而赤鬣。其鸟多鸣（mín），其状如翠而赤喙，可以御火。

《五藏山经》记述有多处产铁之山，由于我国在春秋战国时期才开始广泛使用铁器，因此有学者便据此认为这是《山海经》成书不早于春秋战国的铁证。其实，这是一种误解。事实上，《五藏山经》记述的铁矿、铜矿，主要是用于制作颜料，例如铜矿石可制作绿色或蓝色颜料，赤铁矿可制作红色颜料，磁铁矿可制作黑色颜料，而我们的先民早在山顶洞人时期就已经使用赤铁矿制作的红色颜料了。进一步说，冶金术实际上是从制作矿物颜料的过程中得到启发而发明的。

文茎树的果实可以治疗耳聋，葱聋兽的名字，似乎表明它也与治疗耳聋有关。样子像葵的条草，吃了它可以解除人的迷惑，这是一种很有意思的说法。看来在人类文明初开的时候，困惑、迷惑、迷茫的情绪曾经笼罩在人们的心头，人们的大脑里充满了各式各样的疑问。翠指翠鸟。

继续向西60里是石脆山，有许多棕树、楠树。有许多条草，样子像韭，却开白色的花，结黑色的果实，吃了可以治疗疥疮。向阳面有许多璂珲之玉，背阴面有许多铜矿石。灌水从这里发源向北流入禺水，水中有赭石，用它涂抹在牛、马身上，可预防牛、马患病。

又西六十里，曰石脆之山，其木多棕、楠。其草多条，其状如韭，而白华黑实，食之已疥。其阳多璂珲之玉，其阴多铜。灌水出焉，而北流注于禺水。其中有流赭（zhě），以涂牛马无病。

赭石，可制红褐色颜料。古人相信赭色可以辟恶，因此古代囚犯所穿红褐色的衣服又称赭衣。从经文可知，当时已有兽医，或人们至少已注意到家畜的卫生防病事宜。

继续向西70里是英山，山上有许多杻树、橿树，背阴面有许多铁矿石，向阳面有许多赤金矿。禹水从这里发源，向北流注入招水。其中多鲜鱼，样子像鳖，发出的声音像羊叫。向阳面有许多箭竹和牦牛、藏羊。有一种名叫肥遗的鸟，样子像鹌鹑，黄色的羽毛，却长着红色的喙，吃了它的肉可以治疠病，还可以治寄生虫病。

杻即意树，树干多曲少直，叶似杏而尖，其木可作弓。橿即枋树，又名檀树，其木可作车轮、锄柄，因而古人又称车为檀车。英山的肥遗鸟与太华山的肥蠵蛇不知有何干系；用肥遗鸟制成的药，可以治疠病，还可以治寄生虫病。

又西七十里，曰英山，其上多杻、橿，其阴多铁，其阳多赤金。禹水出焉，北流注于招水。其中多鲜（bàng）鱼，其状如鳖，其音如羊。其阳多箭、𥳃（mèi），其兽多牦牛、藏羊。有鸟焉，其状如鹑，黄身而赤喙，其名曰肥遗，食之已疠，可以杀虫。

又西五十二里，曰
竹山，其上多乔木，其
阴多铁。有草焉，其名
曰黄藿（guàn），其状
如樗（chū），其叶如麻；
白华而赤实，其状如赭，
浴之已疥，又可以已胕
（fú）。竹水出焉，北流
注于渭，其阳多竹、箭，
多苍玉。丹水出焉，东
南流注于洛水，其中多
水玉，多人鱼。有兽焉，
其状如豚而白毛，大如
笄（jī）而黑端，名曰
豪彘。

又西百二十里，曰
浮山，多盼木，枳（zhǐ）
叶而无伤，木虫居之。
有草焉，名曰薰草，麻
叶而方茎，赤华而黑实，
臭如蘼芜，佩之可以
已疠。

继续向西52里是竹山，山上有许多乔木，背阴面有许多铁矿石。有一种名叫黄藿的草，样子像臭椿，叶子像麻，开白花，结红果，果实样子像赭石，用它洗浴可治疗疥疮，还可以治疗浮肿病。竹水从这里发源向北流入渭水，向阳面多竹、箭，多苍玉。丹水从这里发源向东南流入洛水，其中多水晶，多娃娃鱼。有一种名叫豪彘的野兽，样子像猪，白毛，毛大如笄，毛尖端是黑色的。

继续向西120里是浮山，有许多盼木，它的叶子与枳叶相近，但是没有刺，因此不会伤人，吃树心的虫子居住在盼木树干里。有一种薰草，叶子与麻叶一样，茎有棱角，开红花，结黑果，香味像是蘼芜，佩戴薰草可以治疗疠病。

樗即臭椿树。黄藿看描述应该是一种树，此处可能有缺字。黄藿的果实可以治疗浮肿病，所谓"浴之已疥"，表明当时人们已经采用药浴的方法来治疗皮肤病了。人鱼即娃娃鱼，学名鲵。豪彘又名箭猪、刺猪、豪猪，体长60~70厘米，它的毛好像是尖端黑色的白簪子，又尖又硬。丹水流入的洛水，当指河南境内的洛水（南洛水）。枳树似橘而小，叶如橙而多刺。盼木的叶子与枳叶同，但是无刺，故曰"无伤"；也可能由于它无刺，所以树上有许多虫子。薰草的香味与蘼芜相似，佩戴用这种香草制成的香包，可以预防和治疗疠病。

又西七十里，曰瀭
（yú）次之山，漆水出焉，
北流注于渭。其上多棫
（yù）橿，其下多竹、箭，
其阴多赤铜，其阳多婴
垣之玉。有兽焉，其状
如禺而长臂，善投，其
名曰嚣。有鸟焉，其状
如枭，人面而一足，曰
橐䨲（tuó féi），冬见
夏蛰，服之不畏雷。

继续向西70里
是瀭次山，漆水从这
里发源向北流入渭
水。山上有许多白棫
树、橿树，山下有许
多竹、箭。背阴面有
许多赤铜矿，向阳面
有许多可以制作婴垣
的玉材。有一种名叫
嚣的野兽，样子像猴，

前肢很长，擅长投掷。有一种名叫橐蜚的鸟，样子像猫头鹰，人的面孔，却只长着一只足，冬天活跃，夏天蛰伏，佩戴它的羽毛就不怕打雷。

漆水之名，表明当时渭水流域尚有漆树。械树即柞树，又名白枳，可作车辐或矛戟的杆。嚣，当是一种长臂猿猴。橐蜚鸟喜欢一足站立，而且有夏蛰的习性，应该是不耐炎热。或许正因为它在夏季蛰伏，因此从来不会被雷电击中，人们就相传佩戴它的羽毛，也能够不怕电闪雷鸣。

继续向西150里是时山，没有草木。逐水从这里发源向北流入渭水，其中多水晶。

继续向西170里是南山，山上有许多丹粟。丹水从这里发源向北流入渭水。野兽以猛豹为多，鸟类以尸鸠为多。

继续向西180里是大时山，山上有许多构树、柞树，山下有许多杻树、橿树，背阴面多银，向阳面多白玉。涔水从这里发源向北流入渭水。清水从这里发源向南流入汉水。

继续向西320里是嶓冢山，汉水从这里发源向东南流入沔水。嚣水从这里发源向北流入汤水。山上有许多桃枝竹、钩端竹，野兽多犀牛、兕、熊、罴，鸟多白色野鸡、红腹锦鸡。有一种蓇蓉草，叶子长得像蕙草，茎长得像桔梗，花是黑色的，但不结果实，吃了它就不能生育。

南山即今日秦岭的终南山。所谓"兽多猛豹"，"猛"当为"貘"之误，貘像体形矮小的犀，尾短，鼻向前突出，食嫩叶。尸鸠与布谷鸟同类。嶓冢山为汉水的发源地，古人亦称汉水为沔水。今日汉江源头之一在秦岭太白山附近，太白山海拔3767米，其北麓的陕西眉县有汤峪泉，泉出太白山石缝，受死火山岩浆加热，水温近沸。桃枝、钩端，竹类。白翰即白色野鸡。蕙为香草。蓇蓉可避孕。

继续向西350里是天帝山，山上多棕树、楠树，山下多菅草、蕙草。有一种野兽名叫谿边，样子像狗，人们睡在用它的皮做成

又西百五十里，曰时山，无草木。逐水出焉，北流注于渭，其中多水玉。

又西百七十里，曰南山，上多丹粟。丹水出焉，北流注于渭。兽多猛豹，鸟多尸鸠。

又西百八十里，曰

又西百五十里，曰时山，无草木。逐水出焉，北流注于渭，其中多水玉。

又西百七十里，曰南山，上多丹粟。丹水出焉，北流注于渭。兽多猛豹，鸟多尸鸠。

又西百八十里，曰大时之山，上多榖、柞（zuò），下多杻、橿，阴多银，阳多白玉。涔水出焉，北流注于渭。清水出焉，南流注于汉水。

又西三百二十里，曰嶓冢之山，汉水出焉，而东南流注于沔（miǎn）；嚣水出焉，北流注于汤水。其上多桃枝、钩端，兽多犀、兕、

熊、罴，鸟多白翰、赤
鷩。有草焉，其叶如蕙，
其本如桔梗，黑华而不
实，名曰蓇（gū）蓉，
食之使人无子。

又西三百五十里，
曰天帝之山，上多棕、
楠，下多菅、蕙。有兽
焉，其状如狗，名曰谿
（xī）边，席其皮者不蛊。
有鸟焉，其状如鹑，黑
文而赤翁，名曰栎（lì），
食之已痔。有草焉，其
状如葵，其臭如蘼芜，
名曰杜衡，可以走马，
食之已瘿。

的褥子上就不会患蛊病。有一种名叫栎的鸟，样子像鹌鹑，黑色
的羽毛，红色的颈毛，吃了它的肉可以治疗痔疮。有一种名叫杜
衡的草，样子像葵，香味像蘼芜，马吃了跑得快，人吃了可以治
疗大脖子病。

山名天帝，表明当时已有天帝的概念。以兽皮为席，加工成
皮褥子，可避免肌体受风寒，说明当时已有皮革加工技术。鞣制
皮革，主要有化学加工法和机械加工法，机械加工法俗称"生勾
皮子"，即用圆钝的器物反复刮去生皮上的油污，使得僵硬的生
皮变得柔韧起来。皮革的用途很多，例如成为图画文字的信息载
体，可惜难长期保存。

鹑即鹌鹑，翁指鸟颈上的毛羽，栎鸟样子像鹌鹑，身上的羽
毛有黑色纹理。问题是鸟为什么要用树的名字来命名？或许是这

种鸟喜欢栖息在栎树上、吃栎树的叶果吧。杜衡草俗名马蹄香，古人相信马吃了它可以善跑，人吃了它则可以治疗大脖子病（通常由缺碘而造成，或许杜衡的含碘量高）。不过，"走马"又是遗精的暗语，因此这里的"可以走马"也可理解为"可已走马"，即可以治疗遗精病。

向西南380里是皋涂山，蔷水从这里发源向西流入诸资水，涂水从这里发源向南流入集获水。向阳面多丹粟，背阴面多银、黄金，山上多桂木。有一种名叫礜的白石，可以毒鼠。有一种名叫无条的草，样子像槁茇，叶子像葵菜，叶背面红色，可以毒鼠。有一种名叫玃

西南三百八十里，曰皋涂之山，蔷水出焉，西流注于诸资之水；涂水出焉，南流注于集获之水。其阳多丹粟，其阴多银、黄金，其上多桂木。有白石焉，其名曰礜（yù），可以毒鼠。有草焉，其状如槁茇（gǎo bá），其叶如葵而赤背，名曰无条，可以毒鼠。有兽焉，其状如鹿而白尾，马足人手而四角，名曰玃（jué）如。有鸟焉，其状如鸱而人足，名曰数斯，食之已瘿。

如的野兽，样子像鹿，却长着白色的尾巴、马的蹄、人的手、四只角。有一种名叫数斯的鸟，样子像鹞鹰，爪子却像人足，吃了它的肉可以治疗大脖子病。

皋涂山是两条河流的发源地，这种地形称为分水岭。礜，毒石，产于汉中，据说唯有蚕吃了它可以长得更肥壮。槁指枯木、枯草，芨即开白花的苕草。无条草的叶子背面是红色的，它与礜石都可以毒鼠，看来这里鼠害猖獗，人们不得不认真对待。

继续向西180里是黄山，没有草木，多竹、箭。盼水从这里发源向西流入赤水，其中多玉石矿。有一种名叫㕙的野兽，样子像牛，苍黑色，大眼睛。有一种名叫鹦鹉的鸟，样子像猫头鹰，青色的羽毛，红色的喙，能学人说话。

黄山不长其他草木，只有竹类，可见当时竹类在渭水流域非常普遍。此处的赤水，按方位是指黄河的上游。㕙，体形小的牛。

又西百八十里，曰黄山，无草木，多竹、箭。盼水出焉，西流注于赤水，其中多玉。有兽焉，其状如牛，而苍黑大目，其名曰㕙（mǐn）。有鸟焉，其状如鸮，青羽赤喙，人舌能言，名曰鹦鹉。

鸮即猫头鹰。鹦鹉即鹦鹉。人类训练鹦鹉学说人话，不知道起源于何时何地。不过，人类很早就开始用自己的口舌模拟各种动物的叫声了，这种口技流传至今，最初的目的可能是吸引动物以便捕猎；而制作发声器具模仿动物的叫声，则是乐器起源的原因之一。

继续向西 200 里是翠山，山上多棕树、楠树，山下多竹、箭。向阳面多黄金、玉石矿，背阴面多旄牛、羚羊、麝。有许多鸓鸟，样子像喜鹊，红黑色相间的毛，却长着两头四足，可以防御火灾。

继续向西 250 里是䳰山，紧邻西海，没有草木，多玉矿石。凄水从这里发源向西流入海，其中多彩石、黄金，多丹粟。

棕树、楠树、竹、箭均为温暖地区的植物，旄牛是高寒地区的动物，翠山却兼而有之。麢即羚羊。西次一经记述有多种奇异的动物"可以御火"，表明当时山林火灾、住宅火灾已成为多发性灾祸，可能与那个时期的建筑多为草木结构或竹木结构有关，这也是我国上古时期建筑物很少遗存的主要原因。

䳰，浅黑色的马。錞，一种古代乐器，又指兵器柄端的金属套，在这里借用为蹲。此处西海，可能就是今日的青海湖，或者四川西部的毛儿盖湿地（红军长征路经此地，称为"过草地"）。古代我国北方，以及西部地区，都曾经有许多大湖泊，后来由于气候变迁，它们渐渐地缩小了面积，或者变成沼泽湿地，或者干涸成陆地荒漠。此外，巴尔喀什湖、咸海、里海、黑海，它们相对我国亦可称之为西海。

西部山区第一条山脉，从钱来山到䳰山，共计 19 座山，总里程 2957 里。华山有先祖的陵墓，以供奉一牛、一羊、一猪为牺牲的太牢之礼祭祀。羭山是图腾神所在地，祭祀羭山神时，要点燃百花百草举行燎祭，燎火以敬神，祭祀者要斋戒百日，献上百牲，埋下百瑜，把一百樽酒烫热，在白色的席子上陈列出，用精美的彩丝包裹起百珪百璧。在其余 17 座山祭祀山神时，要用一只纯色毛的羊为牺牲。

西次一经诸山之间的距离，精确到 2957 里，这应当是有实

又西二百里，曰翠山，其上多棕、楠，其下多竹、箭。其阳多黄金、玉，其阴多旄牛、麢（líng）、麝；其鸟多鸓（dié），其状如鹊，赤黑而两首四足，可以御火。

又西二百五十里，曰䳰（guī）山，是錞于西海，无草木，多玉。凄水出焉，西流注于海；其中多采石、黄金，多丹粟。

凡《西经》之首，自钱来之山至于䳰山，凡十九山，二千九百五十七里。华山冢也，其祠之礼：太牢。羭山神也，祠之用烛，斋百日以百牺，瘗用百瑜，汤其酒百樽，婴以百珪百璧。其余十七山之属，皆毛牷用一羊祠之。烛者，百草之未灰。白席采等纯之。

测依据的。所谓"华山冢也"，是说以华山为先祖鬼魂之陵墓；所谓"羭山神也"，是说当地居民在羭山供奉祭祀自然神（包括天神、山神、动物神）。显然，上述两个地方，是西次一经居民的祭祀圣地。

太牢，指最高级别的祭礼，届时要向神供奉牛、羊、猪三牲。从经文可知，祭祀羭山山神的仪式非常隆重，要点燃百花百草举行燎祭，燎火以敬神，祭祀者要斋戒百日，献上百牲，埋下百瑜，把一百樽酒烫热，在白色的席子上陈列出用精美的彩丝包裹起来的百珪百璧。其他17座山的祭品，都是一只整羊。

众所周知，秦岭、渭水流域和黄河上游地区是我国古代文明的重要发祥地之一。从羭山神的祭祀规模来看，这里的物产非常丰饶，文明已经相当发达，文化活动蔚为壮观。值得注意的是，困扰当地居民最多的问题不是战争，而是火灾，说明当时他们生活在和平时期，居住地的建筑物相当稠密而易失火，这也从一个侧面揭示了该地居民已经创造出了繁荣的物质文明。与此同时，也给我们今天的人留下了许多难解之谜。上述文明的遗址在哪里？当时的人们为什么采取了"线状"（沿山脉）居住模式？

西部山区第二条山脉第一座山是钤山，山上多铜矿石，山下多玉石矿，有许多杻树、橿树。

向西200里是泰冒山，向阳面多金属矿，背阴面多铁矿。浴水从这里发源向东流入黄河，有许多有色彩纹理的玉石，还有许多白蛇。

继续向西170里是数历山，山上多黄金，山下多银。有许多杻树、橿树，还有许多鹦鹉。楚水从这里发源向南流入渭水，其中多白珠。

继续向西150里是高山，山上多银，山下多青碧、雄黄。多棕树，多竹。泾水从这里发源向东流入渭水，其中多磬石、青碧。

根据《五藏山经》26条山脉的分布规律，西次二经的方位在西次一经的北面。据此，西次二经之首的钤山，其方位大体应

《西次二经》之首，曰钤（qián）山，其上多铜，其下多玉，其木多杻、橿。

西二百里，曰泰冒之山，其阳多金，其阴多铁。浴水出焉，东流注于河，其中多藻玉，多白蛇。

又西一百七十里，曰数历之山，其上多黄金，其下多银，其木多杻、橿，其鸟多鹦鹉。楚水出焉，而南流注于渭，其中多白珠。

又西百五十里，曰高山，其上多银，其下多青碧、雄黄。其木多棕，其草多竹。泾水出焉，而东流注于渭。其中多磬石、青碧。

在今日陕西黄帝陵附近。西次二经东部诸山盛产金、银、铜，相传黄帝曾铸铜鼎，或许也采过这些地区的铜。

河，即黄河，是黄河的专用名词。在《五藏山经》里，河流的通称为"水"，黄河称为河水，当时黄河泥沙并不多，因此不会使用颜色词"黄"。藻玉指有色彩、有纹理的玉石。泾水发源于宁夏泾源县境内的米缸山（海拔2942米，属六盘山山脉）。

向西南300里是女床山，向阳面多赤铜矿，背阴面多石涅，野兽多虎、豹、犀牛、兕。有一种名叫鸾鸟的鸟，样子像长尾雉鸡，羽毛却有着五彩纹理，它的出现预兆天下安宁。

继续向西200里是龙首山，向阳面多黄金，背阴面多铁矿石。苕水从这里发源向东南流入泾水，其中多美玉。

石涅即矿石中的石墨，俗称画眉石，女床山的名称或许与此山出产画眉石有关，古代的床并不单指今天睡觉用的床，亦指小桌几、小支架，当然亦可用作梳妆台。翟即长尾雉鸡。鸾鸟与凤凰同类，也是著名的吉祥鸟，它们展开五彩的翅膀、拖着长长的五彩尾羽，美丽异常。郭璞注称："旧说鸾鸟似鸡，瑞鸟也，周成王时西戎献之。"在古人的眼里，美丽的事物同时也就意味着它们是安全的事物，因此鸾鸟和凤凰的出现，也就顺理成章地成为天下安宁的象征。

继续向西200里是鹿台山，山上多白玉，山下多银。野兽多炸牛、羬羊、白豪。有一种名叫凫徯的鸟，样子像雄鸡而有人的面孔，人们用它的叫声来称呼它，它的出现预示将有战争。

白豪，即白毛野猪。此处凫徯鸟与中国传统文化的人文初祖伏羲的发音相同，两者可能存在某种关系。事实上，在上古时期，当人口急剧增加或者发生天灾变故时，都会导致部落战争；当部落战争演化成世仇之后，小规模的敌对活动可能会更加频繁。在这种情况下，就需要一种战争预警机制，每个部落都要有专人负责侦察敌情、预报敌情。还有另外一种可能，即凫徯鸟与信鸽类似，

西南三百里，曰女床之山，其阳多赤铜，其阴多石涅，其兽多虎、豹、犀、兕。有鸟焉，其状如翟而五采文，名曰鸾鸟，见则天下安宁。

又西二百里，曰龙首之山，其阳多黄金，其阴多铁。苕水出焉，东南流注于泾水，其中多美玉。

又西二百里，曰鹿台之山，其上多白玉，其下多银，其兽多炸牛、羬羊、白豪。有鸟焉，其状如雄鸡而人面，名曰凫徯（fú xī），其鸣自叫也，见则有兵。

可以传递战争信息。

向西南 200 里是鸟危山，向阳面多磬石，背阴面多檀树、楮树，有许多女床。鸟危水从这里发源向西流入赤水，其中多丹粟。

继续向西 400 里是小次山，山上多白玉矿，山下多赤铜矿。有一种野兽名叫朱厌，样子像猿，却是白首赤足，它的出现预示将有战争。

鸟危山，顾名思义应当是一座非常高的山，这里出产"女床"。女床是什么？郭璞注称"未详"。从女床山出产画眉石来看，女床应该属于女子化妆所用之物。此山的朱厌，它们的出现也起到了战争预警的作用。

继续向西 300 里是大次山，向阳面多白色黏土，背阴面多青绿色的美石，野兽多㸲牛、羚羊。

继续向西 400 里是薰吴山，没有草木，多金属矿、玉石矿。

继续向西 400 里是底阳山，有许多水松树、楠树、豫章树，野兽多犀牛、兕、虎、豹、㸲牛。

西南二百里，曰鸟危之山，其阳多磬石，其阴多檀、楮（chǔ），其中多女床。鸟危之水出焉，西流注于赤水，其中多丹粟。

又西四百里，曰小次之山，其上多白玉，其下多赤铜。有兽焉，其状如猿，而白首赤足，名曰朱厌，见则大兵。

又西三百里，曰大次之山，其阳多垩，其阴多碧，其兽多㸲牛、麖羊。

又西四百里，曰薰吴之山，无草木，多金、玉。

又西四百里，曰底（zhǐ）阳之山，其木多㯏、楠、豫章，其兽多犀、兕、虎、豹、㸲牛。

垩，白色黏土，可用作颜料或涂料，亦可制陶。樱，水松。豫章，郭璞注称："大木，似楸，叶冬夏青，生七年而后可知也。"楸树属落叶乔木。犳，一种长着类似豹的花斑的动物。

英国著名学者李约瑟撰写和主编的《中国科学技术史》第七卷，首先用中文撰稿并印行，书名为《中国古代动物学史》（1999年，科学出版社），执笔人郭郛（fú）、李约瑟（英）、成庆泰。该书作者指出："中国最古老的科学典籍《山海经》《尔雅》中动物学知识内容异常丰富……书中绝大部分动物是真实存在的动物，经过仔细考证和对比分析，书中确有少数现在亚洲东部已见不到的动物，如犰狳、斑马、麟等，而大部分动物是可以识别名称和分布地区的，这样的动物几近290种。"

又西二百五十里，曰众兽之山，其上多璙琈之玉，其下多檀、楮，多黄金，其兽多犀、兕。
又西五百里，曰皇人之山，其上多金、玉，

继续向西250里是众兽山，山上有许多璙琈之玉，山下多檀树、楮树，多黄金，野兽多犀牛、兕。

继续向西500里是皇人山，山上多金属矿、玉石矿，山下多青雄黄。皇水从这里发源向西流入赤水，其中多丹粟。

继续向西300里是中皇山，山上多黄金，山下多蕙草、海棠。

继续向西 350 里是西皇山，向阳面多金属矿，背阴面多铁矿石，野兽多麋、鹿、牦牛。

皇水西流入的赤水，按方位在黄河上游兰州段附近，而不可能是远在南方长江上游金沙江的支流赤水。丹粟，颗粒状像粟米的丹矿石。青雄黄是雄黄矿石的一种，雄黄的化学成分为三硫化二砷，燃烧时生白烟或生黄色升华物，在自然界中常见于温泉沉淀物中，亦可由鸡冠石转变而成；雄黄可入药，可制颜料，还可用于制革的脱毛剂，此外它也是炼丹术士最喜爱的原料之一。皇人山、中皇山、西皇山，其名称当渊源自有，不过恐怕与皇帝无关，而是得名于皇水，亦即今日流经西宁、兰州入黄河的湟水。

继续向西 350 里是莱山，有许多檀树、楮树，有许多吃人的鸟，名叫罗罗。

莱山

罗罗

楮即榖树，亦即构树；榖的字形与谷的繁体字穀极为相似，两者极易混淆。罗罗鸟，经文未描述其形貌，《海外北经》记述有一种状如虎的青兽亦名罗罗。在《五藏山经》时代，人已经相当强大，恐怕没有什么猛禽再敢冒犯人类；因此所谓罗罗食人的说法，或许与西藏地区曾流行的天葬习俗有关。今日祁连山山脉的中段名称为托来山，其主峰即祁连山，海拔 5547 米，此处的莱山当即指托来山。祁连山积雪把高空水汽转化为可用的水，河西走廊才可通行。

西部山区第二条山脉，从钤山到莱山，共计 17 座山，总里程 4140 里。其中 10 座山的居民供奉人面马身图腾神，祭品是一只打上印记的杂毛雄鸡，不用精米。其余 7 座山的居民供奉人面牛身图腾神，样子是四足一臂，操杖飞行，是一种飞兽神；以供

其下多青雄黄。皇水出焉，西流注于赤水，其中多丹粟。

又西三百里，曰中皇之山，其上多黄金，其下多蕙、棠。

又西三百五十里，曰西皇之山，其阳多金，其阴多铁，其兽多麋、鹿、牦牛。

又西三百五十里，曰莱山，其木多檀、楮，其鸟多罗罗，是食人。

凡《西次二经》之首，自钤山至于莱山，凡十七山，四千一百四十里。其十神者，

皆人面而马身。其七神
皆人面牛身，四足而一
臂，操杖以行：是为飞
兽之神；其祠之，毛用
少牢，白菅为席。其十
辈神者，其祠之，毛一
雄鸡，钤而不糈，毛采。

奉一只羊、一头猪为牺牲的少牢礼仪祭神，祭品放置在白菅做成
的席子上。

少牢，其祭祀等级低于太牢，即在祭神仪式中只供奉羊和猪，
而没有牛。所谓"毛用少牢"，即用有毛的羊和猪祭神；所谓"毛
一雄鸡"，即用有毛的雄鸡祭神。所谓"钤而不糈，毛采"，即用
打着印记的杂毛雄鸡作为祭品来祭神，而不用精米。钤意有三：犁、
锁、盖印。钤山出产的铜，如果用于制作印章，它可能是有文字
记载的最早印章和印刷术了；在家畜、家禽或其他器物上，打上
部落、氏族或所有者的印记，是社会文明进步的一种标志；此外，
印记也可能具有某种吉祥、神圣的象征意义。

从经文可知，西次二经的居民分属两个部落，其中十座山的
居民以马为图腾，另外七座山的居民以牛为图腾，可惜原文没有
说明究竟是哪些山的居民供奉什么神；与此同时，西次二经屡屡
出现的"见则有兵"，亦不清楚是否指这两个部落之间发生了矛
盾和冲突。

西次二经之神

西部山区第三条山脉的第一座山是崇吾山，位于黄河河套的南面，向北远望是冢遂群山，向南远望是蚤泽，向西远望是帝之搏兽之丘，向东远望是螐渊。有一种树，圆叶，白色花萼，红花而黑色纹理，果实样子像枸橘，吃了它能使人多子多孙。有一种名叫举父的野兽，样子像猴，前肢却有花纹，长着豹的尾巴，擅长投掷。有一种名叫蛮蛮的鸟，样子像野鸭，却长着一只翅膀、一只眼睛，两只鸟在一起才能够飞起来，它的出现预兆着将有大范围的水灾。

此处西次三经的"三"乃"四"之误，因为它记述的是《西山经》最北的一条山脉。为了确定崇吾山的地理位置，经文提供了六个参照地，其中"帝之搏兽之丘"采用曾经发生过的重要事件作为地名，表明当时的考察者还知道有关的历史事件，而这也是《五藏山经》撰写时代非常古远的证据之一。崇吾山"食之宜子孙"的树，未言其树名，当是经文缺漏。举父或作夸父，"豹虎"当系"豹尾"之误。蛮蛮即传说中的比翼鸟。

《西次三经》之首，曰崇吾之山，在河之南，北望冢遂，南望蚤之泽，西望帝之搏兽之丘，东望螐渊。有木焉，员叶而白柎，赤华而黑理，其实如枳，食之宜子孙。有兽焉，其状如禺而文臂，豹虎而善投，名曰举父。有鸟焉，其状如凫，而一臂一目，相得乃飞，名曰蛮蛮，见则天下大水。

向西北 300 里是长沙山。泚水从这里发源向北流入泑水。没有草木，有许多青雄黄。

继续向西北 370 里是不周山。向北远望是诸群山，那里与岳崇山相邻；向东远望是泑泽，那里是黄河潜没的地方，黄河的源头水势浩大、波涛滚动。还有嘉果，叶子像枣，开黄花，红色的花萼，果实像桃，吃了可以解除疲劳。

不周山是中国古史传说中的名山之一，但是其确切位置无人知晓。从其名称可知，它是一个有缺口的环形山，或为火山口，或为陨石坑。如果共工撞倒不周山引起天塌地陷的传说有着事实背景，那么不周山有可能是天外星体撞击而形成的大型陨石坑。根据《西山经》和《北山经》的记述，泑泽是当时人们认定的黄河发源地，其地理位置在今日的黄河前套地区，古代这里曾为湖泊。也就是说，不周山应当在今日内蒙古托克托县的土默川平原以西的某地，它北面的"诸毗之山"当即指阴山山脉；由于其地形地貌和地质构造特殊，我们今天有希望借助科学手段找到它。

西北三百里，曰长沙之山。泚（cǐ）水出焉，北流注于泑水。无草木，多青雄黄。

又西北三百七十里，曰不周之山。北望诸毗之山，临彼岳崇之山，东望泑泽，河水所潜也，其原浑浑泡泡。爰有嘉果，其实如桃，其叶如枣，黄华而赤柎，食之不劳。

又西北四百二十里，曰峚（mì）山，其上多丹木，员叶而赤茎，黄华而赤实，其味如饴，食之不饥。丹水出焉，西流注于稷泽。其中多白玉，是有玉膏，其原沸沸汤汤，黄帝是食是飨。是生玄玉。玉膏所出，以灌丹木。丹木五岁，五色乃清，五味乃馨。黄帝乃取峚山之玉荣，而投之钟山之阳。瑾瑜之玉为良，坚栗精密，浊泽而有光。五色发作，以和柔刚。天地鬼神，是食是飨；君子服之，以御不祥。自峚山至于钟山，四百六十里，其间尽泽也。是多奇鸟、怪兽、奇鱼，皆异物焉。

继续向西北 420 里是峚山，山上有许多丹树，圆叶而红茎，黄花，红色果实，味道像糖饴，吃了就不饥饿。丹水从这里发源向西流入稷泽，其中多白玉。这里有玉膏，是用滚动的热汤熬制成的，黄帝自己吃，也用来款待贵宾和敬献给神灵。玉膏的结晶是玄玉，余下的汤汁用来浇灌丹树；丹树生长五年，五色变得清亮，五味变得馨香。黄帝取来峚山的玉荣，投放到钟山的向阳面。优良的玉是瑾瑜，坚硬精致，温润又有光泽；五色搭配，刚柔和谐；天地鬼神，都来享用；君子佩带它，可以遇难呈祥。从峚山到钟山 460 里，全都是沼泽湿地，有许多奇异的鸟、怪异的野兽和奇怪的鱼，都是奇异之物。

丹水向西流入的稷泽，即黄河后套地区，古为大湖泊。所谓峚山与钟山之间"尽泽也"，是说当时在黄河前套湖泊渤泽与后套湖泊稷泽之间水网交错、沼泽密布，而这正是那个时代的人将渤泽视为黄河源头的原因所在，他们在密布的水泽中，无法继续向上追溯黄河的源头。

玉膏是什么？众说纷纭，或谓石油、豆腐、奶酪，但最可能的是指食盐。所谓"沸沸汤汤"是在煮盐。所谓"玉膏所出，以灌丹木"，是说从盐卤中提炼出食盐之后，剩下的卤水中富含营养，可以促进丹木生长；我们今天知道，盐卤中含有硫酸钾，有促进

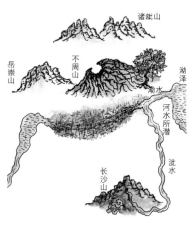

果实生长的功效，也是今日普遍使用的化肥，因此可以说黄帝是最早使用化肥的人。黄帝所取的峚山"玉荣"，是指提炼出的优质食盐晶体，用它们可以促使盐卤更快地结晶出颗粒大的食盐晶体。"瑾瑜之玉"即食盐晶体，要把它敬献给天地鬼神。这是因为，食盐在远古社会就是极为重要的资源，人几天吃不上盐就会浑身无力、诸病缠身。事实上，许多动物都知道食盐的重要性，它们经常喝盐湖的水，或者舔食含盐的岩石。从这个角度来说，人类对食盐的追求，可以追溯到非常古远的时代，而黄帝部落的兴起与其掌握了提炼食盐的技术当不无关系。

　　继续向西北420里是钟山，钟山神之子名叫鼓，样子是人面龙身。鼓与钦䲹杀葆江于昆仑的南面，黄帝在钟山之东名叫崿崖的地方处死了鼓和钦䲹。此后，钦䲹变成大鱼鹰，样子像雕，却有着黑色纹理、白首、赤喙、虎爪，发出的声音像清晨的天鹅发出的声音，它的出现预兆将发生大的战争。鼓变成鵕鸟，样子像鹞鹰，赤足、直喙、黄文、白首，发出的声音像天鹅发出的声音，它的出现预兆当地将发生大旱灾。

　　这是一段远古部落战争的故事。钟山之神（烛龙，又名烛阴）有一个人面龙身之子名叫鼓，他与钦䲹率领人马进犯黄帝族，黄帝族迎战的首领名叫葆江。葆江战败，鼓与钦䲹一直追杀到昆仑丘的南面，并把葆江杀死。此后，黄帝率领大队人马展开反击，很快就把鼓与钦䲹赶回到他们的老家钟山地区，然后在钟山东面的一个名叫崿崖的地方，将鼓与钦䲹处死。

　　钦䲹死后变成了一只大鱼鹰，样子像凶猛的雕，爪子像虎爪一样尖利，叫声好像清晨天鹅的叫声，它的出现预示着一场大规模的战争即将发生。鼓死后变成一只样子像鹞鹰的怪鸟，羽毛有黄色的纹理，头上的毛羽却是白色的，它的叫声与天鹅一样，在什么地方见到它就意味着这个地区将发生大旱灾。

　　从上述记载可知，在这场黄帝部落与钟山部落的激烈战争中，黄帝部落取得全面胜利。所谓钦䲹和鼓死后化为某种动物的说法，其内涵的历史信息是相当丰富的，问题是解读这些来自远古的信

又西北四百二十里，曰钟山，其子曰鼓，其状如人面而龙身，是与钦䲹（pī）杀葆江于昆仑之阳，帝乃戮之钟山之东曰崿崖。钦䲹化为大鹗，其状如雕而黑文白首，赤喙而虎爪，其音如晨鹄，见则有大兵；鼓亦化为鵕（jùn）鸟，其状如鸱，赤足而直喙，黄文而白首，其音如鹄，见则其邑大旱。

息又是非常困难的。它可能意味着鼓与钦䲹的族人被黄帝部落接纳为新成员，并承担了预报战争和旱灾的工作；也可能意味着鼓与钦䲹的族人被迫远走他乡，但仍然伺机收复家园故土，欲向黄帝部落报仇。

有趣的是，这个居住在黄河河套地区的"鼓"部落（袁珂认为系炎帝部落），或可称为"河鼓"，而"河鼓"乃天上的星星，相传是牛郎所变（炎帝部落以牛为图腾）。与此同时，黄帝的妻子嫘祖，以发明养蚕纺丝著称，乃名副其实的"织女"。据此，牛郎织女的民间传说，可能记录着炎帝部落与黄帝部落青年男女冲破两部落敌对情绪而通婚的故事，而正是他们的爱情促成了炎黄两大部落的和解与融合并形成了统一的中华民族。因此河套地区，很可能是中华民族的文明摇篮之一，开展河套学研究实属必要。

又西百八十里，曰泰器之山。观水出焉，

继续向西180里是泰器山。观水从这里发源向西流入流沙。这里有许多文鳐鱼，样子像鲤鱼，鱼身，却长着鸟翼，羽毛有着苍黑色的纹理，白首、赤喙，经常往来于西海和东海之间，在夜里飞行，发出的叫声像鸾鸡；它的肉味道酸甘，吃了可以治疗狂躁型精神病，它的出现预兆着天下粮食大丰收。

观水流入的流沙，或谓是一条流沙河，或谓是流动的沙丘。如果是后者，那么观水就属于内陆河。内陆河俗称半截河，它们缓缓地流淌在荒漠上，随着河水的蒸发和渗漏，渐渐地消失在沙漠之中。

自然界中确实有会飞的鱼，通常产于热带或温带的海洋里，它们的胸鳍非常发达，好像鸟的翅膀一样，因此能够跃出水面，在空中长距离滑翔。但是，泰器山的文鳐鱼却不是普通的飞鱼，它们能够在夜间从西海飞到东海，在东海里畅游一番，然后又飞回来。这种传说是如何产生的呢？可以接受的解释是，古人曾经见到过龙卷风把海里、湖里、河里的鱼卷上天空又落下来的场景，或者见到过类似的海市蜃楼现象。

此外，文鳐鱼的传说也可能与荒漠里的季节河、季节湖泊有关。当雨季来临，干涸的河流和湖泊重新注满水的时候，鱼又重新出现在河流和湖泊之中，古人不明白其中的道理（鱼潜入泥中，鱼卵能在无水的环境中继续生存，鱼卵可随风吹来），就想当然地认为这种鱼能够飞来飞去。文鳐鱼可吃，又是一种样子像鲤鱼且会叫出声的鱼，可能特别适应在季节河里生存。"见则天下大穰"，可能是因为每当文鳐鱼出现的时候，也正是雨水充沛的年头，而在干旱和半干旱地区，充足的雨水就意味着农作物的大丰收。至于吃了文鳐鱼的肉，为什么能够治疗狂躁不安的病，也许是"手上有粮，心中不慌"的缘故吧。从上述分析可知，《山海经》中看起来有些荒诞的内容，实际上都有着真实的信息，正确地解读这些远古文明信息是我们今天义不容辞的责任。

继续向西320里是槐江山，丘时水从这里发源向北流入泑水，有许多螺类。山上多青雄黄，还有许多优质的琅玕和黄金、玉石矿；向阳面多丹粟，背阴面多黄金、银。这里是黄帝的皇家园林兼军事要塞，由神英招管理；他马身人面，身上有虎一样的花纹，

西流注于流沙。是多文鳐鱼，状如鲤鱼，鱼身而鸟翼，苍文而白首赤喙，常行西海，游于东海，以夜飞。其音如鸾鸡，其味酸甘，食之已狂，见则天下大穰（ráng）。

又西三百二十里，曰槐江之山。丘时之水出焉，而北流注于泑水。其中多蠃母，其上多青

雄黄，多藏琅玕、黄金、玉，其阳多丹粟，其阴多采黄金、银。实惟帝之平圃，神英招司之，其状马身而人面，虎文而鸟翼，徇于四海，其音如榴。南望昆仑，其光熊熊，其气魂魂。西望大泽，后稷所潜也，其中多玉，其阴多榣木之有若。北望诸毗，槐鬼离仑居之，鹰、鹯（zhān）之所宅也。东望恒山四成，有穷鬼居之，各在一搏。爰有淫水，其清洛洛。有天神焉，其状如牛，而八足二首马尾，其音如勃皇，见则其邑有兵。

有翅膀，巡查四方，发出"榴"的声音。向南远望昆仑都城，那里白日炊烟缭绕，夜间灯火通明。向西远望大泽，那里是后稷举行沐浴仪式的地方，有许多玉器，背阴面有许多榣木上生出的散发着香气的若草。向北远望诸毗群山，槐鬼离仑居住在那里，鹰、鹯也栖息在那里。向东远望恒山四重，那里是有穷鬼居住的地方，他们都处于备战、交战中。还有一条淫水，清水不停地流下。当地供奉的天神，样子像牛，却长着八只蹄、两个脑袋并有一条马一样的尾巴，发出"勃皇"的声音，它的出现预兆当地将发生战争。

平圃又称玄圃，是黄帝的皇家园林兼军事要塞，管理和守卫平圃的长官名叫英招。他样子像马却有人一样的面庞，有虎一样的花纹，有鸟一样的翅膀。从这里向南望去，可以见到一处人烟繁华之处，那就是昆仑，白日炊烟缭绕，夜间灯火通明。向西望去是一处大湖泊（稷泽），后稷在那里举办过隆重的巫术活动（成年仪式或安葬仪式）。向北望去是连绵的群山（阴山山脉，上有大量远古岩画），那里是槐鬼离仑部落的领地，也是雄鹰出没的地方。向东望去是四重高远的恒山（山西境内），那里是有穷鬼的领地，他们总是在相互争斗。槐江山还有一条淫水，非常清澈。这里供奉着一位天神，它的出现意味着战争。

从上述记载可知，槐江山位于阴山山脉以南的黄河河套一带，这里是黄帝部落的经济和军事重地；其北的阴山地区，其东的恒山地区，居住着槐鬼、有穷鬼等强悍的部落。在古汉字里，鬼、黄、冀、男、畏等字里的"田"字符，原义均指首领的面具或代表部落身份的装饰物。有穷氏是远古著名部落，其代表人物是羿，擅长射箭；在山西峙峪旧石器遗址，出土了距今28000多年的石箭头。

向西南400里是昆仑丘，这里是黄帝的都城，由神陆吾管理。神陆吾的样子是虎身，却长着九尾、人面虎爪，他管理着九重天和黄帝的动物园。有一种名叫土蝼的野兽，样子像羊，却长着四只角，吃人。有一种名叫钦原的大野蜂，样子像蜂，大小像鸳鸯，被它蜇到的鸟兽都会死掉，被它蜇过的树木都会枯萎。有一种鹑鸟，负责管理黄帝的所有后勤工作。有一种沙棠树，样子像海棠，开黄花，结红果，味道像李子，但是没有果核，它可以防御水灾，人吃了它就不会溺水。有一种蒷草，样子像葵，味道像葱，吃了可以解除疲劳。黄河从这里发源，向南流然后再向东流入无边无际的水域。赤水从这里发源，向东南流入汜天水。洋水从这里发源，向西南流入丑涂水。黑水从这里发源，向西流入大杆。这里有许多奇怪的鸟兽。

黄帝的都城建立在昆仑丘上，管理和守卫帝都的长官名叫陆吾，他兼管天文星象观测和颁布历法、预告季节时令。食人的土蝼，实际上是司法官，其装束可能源于神羊断案的习俗。司帝之百服的鹑鸟，实际上是帝都的后勤官，我国古代有以鸟名来命名官职的习俗。所谓吃了沙棠果就不会溺水的说法，表明当时这里水系发达，人们经常要涉水往来。

从昆仑丘发源有四条河流，其中最著名的就是黄河，它发源于昆仑丘的东北，向南一泻千里，然后东折流入大海（无达）。由于自然环境的变迁，降雨量逐渐减少，当年从昆仑丘发源的其他几条河流，今天已经难以确指了。或许，赤水即今日的窟野河，洋水即今日的无定河，黑水即今日的都思兔河，而大杆即今日的银川盆地，古为湖沼。

西南四百里，曰昆仑之丘，是实惟帝之下都，神陆吾司之。其神状虎身而九尾，人面而虎爪；是神也，司天之九部及帝之囿时。有兽焉，其状如羊而四角，名曰土蝼，是食人。有鸟焉，其状如蜂，大如鸳鸯，名曰钦原，蠚（hē）鸟兽则死，蠚木则枯。有鸟焉，其名曰鹑鸟，是司帝之百服。有木焉，其状如棠，黄华赤实，其味如李而无核，名曰沙棠，可以御水，食之使人不溺。有草焉，名曰蒷（pín）草，其状如葵，其味如葱，食之已劳。河水出焉，而南流东注于无达。赤水出焉，而东南流注于汜天之水。洋水出焉，而西南流注于丑涂之水。黑水出焉，而西流于大杆。是多怪鸟兽。

　　昆仑丘是黄帝部落的政治文化中心和文明发祥地,其地理方位在后世长期争论不休。根据《五藏山经》记载,昆仑丘位于今日黄河河套南部、陕西省北部的鄂尔多斯高原,古代这里水草丰茂,四周有天然屏障,曾孕育出著名的细石器文化。事实上,一个伟大民族的兴起及其灿烂文明的产生,不可能发生在生存环境严酷贫瘠的土地上。

　　特别值得注意的是,2011年考古部门对位于陕西省神木市(位于鄂尔多斯高原之上、毛乌素沙地的东缘)高家堡镇洞川沟附近的石峁遗址进行调查,发现一处先夏时期规模巨大的石砌古城,石砌城墙、城门保存较好,面积425万平方米。石峁古城遗址规模远大于与其年代相近的良渚古城遗址、陶寺古城遗址等,成为目前已知先夏时期城址中最大的一处。根据出土陶器、玉器及其地层关系,专家初步认定"皇城台"建造年代最早,属于龙山中期或略晚一些,距今4300年左右;内城、外城兴盛于龙山晚期,约在夏初时期（4000年前）毁弃，该"石城"使用寿命超过300年。

石峁古城遗址出土或采集到的磨制玉器十分精细，其原料主要为墨玉和玉髓，有刀、镰、斧、钺、铲、璇玑、璜、牙璋、人面形雕像等。叶舒宪先生注意到石峁石砌的墙体中插入玉器于石缝中的现象异常，并认为神话传说中关于"玉门、璇室、瑶台"，在石峁遗址中有所体现。其实，《海内西经》记有昆仑虚"面有九井，以玉为槛""开明北有视肉、珠树、文玉树、玗琪树、不死树"，与石峁古城遗址有相近之处。

笔者认为石峁古城遗址很可能当即黄帝部落联盟都城昆仑所在地，或者是黄帝部落联盟重要的城池之一。有趣的是，石峁古城遗址出土一枚"一目"造型的人面玉器，或谓即《海外北经》所说的一目国，笔者推测它很可能是槐江山"东望恒山四成，有穷鬼居之"的"有穷鬼"的造型，据《海内北经》记载鬼国正是"人面而一目"，或许一目国是鬼国的另一种说法。

继续向西370里是乐游山，桃水从这里发源向西流入稷泽，有许多白玉。水中多鳛鱼，样子像蛇，却有四足，吃鱼。

又西三百七十里，曰乐游之山。桃水出焉，西流注于稷泽，是多白玉。其中多鳛（huá）鱼，其状如蛇而四足，是食鱼。

阴山山脉是我国北方一条重要的山脉，它自西向东由狼山、乌拉山、大青山、灰腾梁山、大马群山组成，北冰洋水汽携带的降雨基本上终止在阴山山脉一带。稷泽的名称与后稷部落在这里的活动有关，后稷是先夏时期著名的农神，相传他和他的家族改进了农业耕作技术。狼山南麓的黄河后套地区，古为大湖泽，亦即这里所说的稷泽。今日此地属于后套平原，由于得黄河水之利，当地灌渠密布，旱涝保收，是内蒙古的粮仓，民谚"黄河百害，唯富两套"，夸的就是前后套的富饶景象。鳛鱼可能是一种食鱼的两栖类动物，形貌类似鳄类、蜥蜴类。

向西走水路400里、沙漠200里，就来到嬴母山，神长乘居住在这里，负责管理九重天。他的样子像人而长着犳尾。山上多玉石矿，山下多青石，没有水。

"西水行四百里，曰流沙"，是说穿过一处大湖泽，就来到

西水行四百里，曰流沙，二百里至于嬴母之山，神长乘司之，是天之九德也。其神状如人而犳（zhuó）尾。其上多玉，其下多青石而无水。

了沙漠之中。"神长乘司之，是天之九德也"，原文应作"神长乘居之，是司天之九德也"。郝懿行注称："《水经注》云：'禹西至洮水之上，见长人受黑玉，'疑即此神。"显然，这是将神长乘理解为身材高大的人。其实，神长乘是一位天文巫师，负责根据天文星象（古代天文观测包括气象学内容）的变化来解释人间的事物。神长乘负责的天之九德与神陆吾负责的天之九部，都是将上天分为九层或九个区域，以便于观测，这有些类似将大地划分成九州。或许，天之九德还意味着死者的灵魂，将根据其生前的功德而被安置在不同等级层次的天上。

继续向西350里是玉山，这里是西王母居住的地方。西王母样子像人，披着长发，头上戴着装饰物，牙齿像虎的牙齿，身后有豹尾，发出悠长的声音，负责预警天灾和惩戒那些触怒天意天威的人。有一种名叫狡的野兽，样子像犬，有着豹的花纹，角像牛角，叫声像狗吠，它的出现预兆当地农作物大丰收。有一种名叫胜遇的鸟，样子像翟，但是羽毛是红色的，吃鱼，发出"录"的声音，它的出现预兆当地有大水灾。

西王母是中国古代居住在西部地区的著名部落首领兼巫师。此处的西王母，头上戴着辟邪物或象征着权力和法力的装饰物，满头的头发蓬松、随意披下来，身着豹尾服，嘴里镶着老虎的牙齿或者戴着虎牙项链，拉长了声调一边唱着一边诉说着什么事情。她的职责是预警天灾和惩戒那些触怒天意天威的人，从而成为秋冬肃杀之神的代言人。有趣的是，西王母有两个助手，其中狡能够预报丰收，胜遇可以预报水灾，而这些都是农业社会关心的事情，似乎表明西王母部落已经进入了农业社会。

继续向西480里是轩辕丘，没有草木。洵水从这里发源向南流入黑水，其中多丹粟，多青雄黄。

继续向西300里是积石山，山下有一座石门，黄河水从这里

又西三百五十里，曰玉山，是西王母所居也。西王母其状如人，豹尾虎齿而善啸，蓬发戴胜，是司天之厉及五残。有兽焉，其状如犬而豹文，其角如牛，其名曰狡，其音如吠犬，见则其国大穰。有鸟焉，其状如翟而赤，名曰胜遇，是食鱼，其音如录，见则其国大水。

又西四百八十里，曰轩辕之丘，无草木。洵水出焉，南流注于黑

水；其中多丹粟，多青雄黄。

又西三百里，曰积石之山，其下有石门，河水冒以西流；是山也，万物无不有焉。

又西二百里，曰长留之山，其神白帝少昊居之。其兽皆文尾，其鸟皆文首。是多文玉石。实惟员神魂氏之宫。是神也，主司反景。

冒出向西流去，这座山万物无不有。

继续向西200里是长留山，白帝少昊居住在这里。当地的野兽都长着有花纹的尾巴，当地的鸟头部都有花纹，有许多玉石都有纹理。这就是员神魂氏的宫殿，员神主要的职责是观测日光的倒影。

积石山的石门，可能是一种类似都江堰水利分流工程所筑造的石头坝；所谓"积石山万物皆有"，表明那里是远近闻名的物产集散地。长留山可能即今日的贺兰山，这里走兽的尾巴都有花纹，飞禽的头部都有花纹。在五行中，西方属白，因此五帝之一的少昊又被称为白帝（或指太白金星）。员神魂氏即少昊，他的职责是观测日光倒影以确定时节。少昊员神魂氏与太昊伏羲氏当有某种血缘或文化渊源关系，后来少昊迁徙到山东曲阜，太昊从甘肃天水迁徙到河南淮阳。

继续向西280里是章莪山，没有草木，有许多似玉的美石和

章莪山

狰

毕方

青绿色的美石。这样的场景非常奇怪。有一种名叫狰的野兽，样子像红色的豹，五尾一角，发出的声音像击石。有一种名叫毕方的鸟，样子像鹤，却只有一只爪子，红色的花纹、青色的身体、白色的喙，人们用它的叫声来称呼它，它的出现预兆当地有火灾。

经文"所为甚怪"，按前后文意，似应在"其名曰狰"之后，是说狰这种动物的行为怪异。关于毕方鸟的叫声"毕方"，袁珂先生敏锐地指出此乃竹木燃烧时所发出的噼啪声响，并据此认为毕方鸟即火老鸦，良有理也。今日贺兰山有一种珍禽蓝马鸡，它的叫声"格拉"粗厉而短促，翅短不能远飞，翎羽长而艳丽，或许即毕方鸟的原形。

继续向西300里是阴山，浊浴水从这里发源向南流入蕃泽，其中多有花纹的贝壳。有一种名叫天狗的野兽，样子像狸，白头，发出"榴榴"的声音，可以防御凶敌。

此处天狗，当是由主人驯养的战斗犬，当然不排除它同时有

又西二百八十里，曰章莪（é）之山，无草木，多瑶、碧。所为甚怪。有兽焉，其状如赤豹，五尾一角，其音如击石，其名如狰（zhēng）。有鸟焉，其状如鹤，一足，赤文青质而白喙，名曰毕方，其鸣自叫也，见则其邑有讹火。

又西三百里，曰阴山。浊浴之水出焉，而南流注于蕃泽，其中多文贝。有兽焉，其状如狸而白首，名曰天狗，其音如榴榴，可以御凶。

家犬、猎犬、牧羊犬的职能。一般来说，犬类是由狼驯化而成的。其实，这是一种双向选择的结果。事实上，由于人类有智慧、有工具、有武器、有住宅、有食物、有火，因此人类也就成为动物世界无可置疑的主宰。在这种情况下，强大的人类出现，迫使其他动物面临两种选择，一是向人类靠拢，二是远离人类。向人类靠拢的食草类动物逐渐变成了人类饲养的家畜家禽；而向人类靠拢的食肉类动物则比较少，只有狼和猫两种，狼逐渐被驯化成为忠于主人的狗，而家猫的价值就是捕鼠。

又西二百里，曰符惕（yáng）之山，其上多棕、楠，下多金、玉。神江疑居之。是山也，多怪雨，风云之所出也。

继续向西200里是符惕山，山上多棕树、楠树，山下多金属矿、玉石矿。神江疑在这里居住。这座山经常下奇怪的雨，风云从这里出来。

符惕山多棕树、楠树，而且多云雨，似乎更像是南方的气候和景观，与西次三经所记述的西北地区的地理环境不相符合。

又西二百二十里，曰三危之山，三青鸟居之。是山也，广员百里。

继续向西220里是三危山，三青鸟在这里居住。这座山广员百里，山上有一种名叫徼狛的野兽，样子像牛，全身白毛，长着四只角，它的毛像人披的蓑衣，吃人。有一种名叫鸱的鸟，一首三身，样子像鹠鸟。

符惕山　神江疑　徼狛　三青鸟　三危山　鸱

在《五藏山经》中，凡称某某"居之"，掌管"某某"，通常都指人神或部落首领。而在古史传说中，三青鸟的主职是为西王母取食，类似昆仑丘的鹑鸟为黄帝管理器物；也就是说，三青鸟是一个部落或氏族的名称，该氏族归西王母管辖，其名称可能与当地有一种"一首而三身"的鸱鸟有关。鸱，鹞鹰类、猫头鹰类的鸟，它为什么被当地人视为有三个身躯，则不得而知。徼狟的形貌很像是一万年前灭绝的披毛犀，仅身体毛色不同。

继续向西190里是骢山，山上有很多玉石矿，但没有石头。耆童神居住在这里，他的声音常常像钟磬一般。山下有很多盘积的蛇。

耆即年老之意，因此耆童又名老童，系颛顼之子，其后裔以

其上有兽焉，其状如牛，白身四角，其豪如披蓑，其名曰徼狟（àoyē），是食人。有鸟焉，一首而三身，其状如鸨（luò），其名曰鸱。

又西一百九十里，曰骢山，其上多玉而无石。神耆（qí）童居之，其音常如钟磬。其下多积蛇。

骢山

神耆童

"老"为姓氏；该氏族或家族可能擅长音律并长寿，年老时仍然面若童子，故而得此名称。我国春秋时期著名思想家老聃（dān），应即老童的后代。"其上多玉而无石""其下多积蛇"，似暗示骢山乃一处祭坛，它由玉石筑成，玉石上雕刻绘有众蛇图案（也可能是以蛇为祭品）。"其音常如钟磬"，当是在祭坛上演奏巫术祭祀乐曲，老童正在慷慨激昂地演讲。

又西三百五十里，曰天山，多金、玉，有青雄黄。英水出焉，而西南流注于汤谷。有神焉，其状如黄囊，赤如丹火，六足四翼，浑敦无面目，是识歌舞，实为帝江也。

继续向西 350 里是天山，有许多金属矿、玉石矿，还有青雄黄。英水从这里发源向西南流入汤谷。当地供奉的歌舞之神是帝江，样子像黄色的大口袋，发出红艳艳的火光，六足四翼，混沌没有面目，精通音律，喜欢观赏歌舞。

此处天山，位于今日新疆境内的天山山脉东段。英水流入的汤谷，位于今日的哈密盆地或吐鲁番盆地，这里是我国夏季气温最高的地方，七月平均温度为 32.7℃，有记录的最高气温达 49.6℃；在阳光的直射下，水淖里的水温可以上升到烫手的程度，称为"汤谷"不为过也。

毕沅注称："《春秋传》云：'帝鸿氏有不才子，天下谓之浑沌。'此云帝江，犹言帝江氏子也。"《庄子·应帝王》称："中央之帝为浑沌。"《左传·文公十八年》杜预注谓："帝鸿，黄帝。"袁珂先生注谓："此经帝江即帝鸿亦即黄帝也。"

继续向西 290 里是泑山，神蓐收居住在这里。山上有许多能

够制作婴短的玉材，向阳面有许多能够制作瑾瑜的玉材，背阴面有许多青雄黄。在这座山可以看到太阳西落的方位，那里出现的环形光圈，是神红光负责观测的。

在我国古史传说中，蓐收是西方之神。此处神红光即蓐收，他负责观测日落的时间和方位，以预报季节。在北半球，太阳只有在春分和秋分时才从正东升起，在正西落下，当太阳升起或落下的方位越来越偏北时则表示夏季来临，反之则表示冬季来临。所谓"其气员"，疑即佛光现象，古代巫师责任观测奇异现象并给予解释。"婴短之玉"的短字或谓"脰"之误，指颈饰之玉。

向西走水路100里，就来到翼望山，没有草木，有许多金属矿、玉石矿。有一种名叫谨的野兽，样子像狸，却长着一只眼睛、三条尾巴，能够发出夺百的声音，可以防御凶敌，吃了它的肉可以治疗黄疸病。有一种名叫鹋鸰的鸟，样子像乌鸦，却是三首六尾，善笑，吃了它的肉可以使人不做噩梦，还可以防御凶敌。

"西水行百里"当为一大湖泊，古代我国的西北地区有许多

又西二百九十里，曰泑山，神蓐收居之。其上多婴短之玉，其阳多瑾瑜之玉，其阴多青雄黄。是山也，西望日之所入，其气员，神红光之所司也。

西水行百里，至于翼望之山，无草木，多金、玉。有兽焉，其状如狸，一目而三尾，名曰谨（huān），其音如夺百声，是可以御凶，服之已瘅（dàn）。有鸟焉，其状如乌，三首六尾而善笑，名曰鹋鸰（qí tú），服之使人不厌，又可以御凶。

湖泊，今天大部分已经干涸，例如著名的罗布泊。狸，俗称山猫，体形比狐小，毛棕黄色，有黑色斑纹。讙即獾，所谓讙能叫出"夺百声"，估计是一种具有威慑力量的声音，因此才有"御凶"的功效。瘅，热症，又指因劳致病或黄疸病。不厌即不做噩梦。

凡《西次三经》之首，崇吾之山至于翼望之山，凡二十三山，六千七百四十四里。其神状皆羊身人面，其祠之礼，用一吉玉瘗，糈用稷米。

西部山区第三条山脉，从崇吾山到翼望山，共23座山（现存经文只有22座山），总里程6744里。当地居民供奉羊身人面图腾神，祭祀的礼仪是把一枚吉祥的玉埋入地下，用精米稷米祭神。

吉玉，郭璞注谓："玉加采色者也，《尸子》曰'吉玉大龟'。"稷米可指黍或高粱。此处"西次三经"当为"西次四经"之误，它是《西山经》四条山脉之中位置最靠北的一条，其地理方位大体东起黄河河套，西至新疆天山。值得注意的是，在这一地区的阴山、天山存留有众多古代岩画，涉及狩猎、祭祀、巫术和婚俗等丰富的内容，构图古朴而又神秘，其中大量岩画均可追溯到新石器时代。（据苏北海先生的《新疆岩画》一书介绍，当地还有水流图岩画、水利图岩画、地图岩画、天文岩画。如其不谬，这可能是中国境内保存最古老的地图实物。）如果有条件将这些地区的岩画，以及这些地区的新石器时代文化遗存，与《山海经》等古代

西次三经之神

典籍记载的黄帝、西王母的活动事迹进行深入系统的多学科综合对比研究，相信一定会有助于揭开我们祖先在上述地区的文明活动之谜。

西部山区第四条山脉的第一座山是阴山，山上有许多构树，没有石头，草多是兔葵和莎草。阴水从这里发源向西流入洛水。

向北50里是劳山，多紫草。弱水从这里发源向西流入洛水。

向西50里是罢父山，洱水从这里发源向西流入洛水，其中有许多紫色的石材和青绿色的美石。

向北170里是申山，山上多构树、柞树，山下多枻树、檀树，向阳面多金属矿、玉石矿。区水从这里发源向东流入黄河。

《西次四经》之首曰阴山，上多穀，无石，其草多茆（máo）、蕃。阴水出焉，西流注于洛。

北五十里，曰劳山，多茈草。弱水出焉，而西流注于洛。

西五十里，曰罢父之山，洱水出焉，而西流注于洛，其中多芘、碧。

北百七十里，曰申山，其上多榖、柞，其下多杻、橿，其阳多金、玉。区水出焉，而东流注于河。

北二百里，曰鸟山，其上多桑，其下多楮，其阴多铁，其阳多玉。辱水出焉，而东流注于河。

又北百二十里，曰上申之山，上无草木，而多硌（luò）石，下多榛、楛（hù），兽多白鹿。其鸟多当扈，其状如雉，以其髯飞，食之不眴（shùn）目。汤水出焉，东流注于河。

向北 200 里是鸟山，山上多桑树，山下多楮树；背阴面多铁矿石，向阳面多玉矿石。辱水从这里发源向东流入黄河。

茆，莼菜，又名凫葵。蕃，郭璞注称"似莎而大"；莎，多年生草本，生于原野沙地，开红褐色花，地下块根称香附子可入药。芘草即紫草，有两种，一种可染紫，一种可染绿，是古代常用的植物颜料。

此处"西次四经"乃"西次三经"之误，根据《五藏山经》26 条山脉的分布规律，其地理方位应当在西次二经以北。西次四经前半部分诸山，或有水向西流入洛水，或有水向东流入黄河。据此可以推知，它们位于今日陕西境内的洛水与黄河之间的黄龙山脉一带，其主峰名大岭，海拔 1788 米。黄龙山脉之东即黄河壶口瀑布和龙门，其西即轩辕黄帝陵，其北则是抗日战争时期闻名遐迩的南泥湾，遗憾的是这里的自然生态环境已经大不如昔了。

继续向北 120 里是上申山，山上没有草木，有许多不整齐的大石头，山下多榛树、楛树，兽多为白鹿。其鸟多当扈，样子像野鸡，用头颈部的羽毛飞行，吃了它的肉可以治疗眨眼的毛病。汤水从这里发源向东流入黄河。

硌，石大而不齐整。榛即人们喜食的榛子树。楛，其木可制箭。当扈鸟的样子像野鸡，所谓"以其髯飞"，表明它的脖颈下部的毛羽特别发达。吃了当扈鸟的肉可以不眨眼睛，说明当时的人也忌讳眼皮跳，或者是为了射箭射得更准。

继续向北 180 里是诸次

当扈

上申山

山。诸次水从这里发源向东流入黄河。这座山上树很多，没有草，还有许多蛇，鸟类和野兽都不能在这里栖息。

继续向北 180 里是号山，树多是漆树、棕树，草多是山药、香草、川芎，还有许多泥石。端水从这里发源向东流入黄河。

继续向北 220 里是盂山，背阴面多铁矿石，向阳面多铜矿石。野兽多是白狼、白虎，鸟类多是白雉、白翟。生水从这里发源向东流入黄河。

继续向西 250 里是白於山，山上多松树、柏树，山下多栎树、檀树。野兽多柞牛、羬羊，鸟类多猫头鹰。洛水从山的向阳面发源向东流入渭水。夹水从山的背阴面发源向东流入生水。

向西北 300 里是申首山，没有草木，冬夏都有积雪。申水从山上发源后潜行地下，有许多白玉。

继续向西 55 里是泾谷山。泾水从这里发源向东南流入渭水，

又北百八十里，曰诸次之山，诸次之水出焉，而东流注于河。是山也，多木无草，鸟兽莫居，是多众蛇。

又北百八十里，曰号山，其木多漆、棕，其草多药、藑（xiāo）、芎 䓖（xiōng qióng）；多泠（gàn）石；端水出焉，而东流注于河。

又北二百二十里，曰盂山，其阴多铁，其阳多铜；其兽多白狼、白虎，其鸟多白雉、白翟。生水出焉，而东流注于河。

西二百五十里，曰白於之山，上多松、柏，下多栎、檀；其兽多柞牛、羬羊，其鸟多鸮；洛水出其阳，而东流注于渭；夹水出其阴，东流注于生水。

西北三百里，曰申首之山，无草木，冬夏有雪。申水出于其上，潜于其下，是多白玉。

又西五十五里，曰泾谷之山，泾水出焉，东南流注于渭，是多白金、白玉。

又西百二十里，曰刚山，多漆木，多㻪琈之玉。刚水出焉，北流注于渭。是多神䰰（chì），其状人面兽身，一足一手，其音如钦。

又西二百里，至刚山之尾，洛水出焉，而北流注于河。其中多蛮蛮，其状鼠身而鳖首，其音如吠犬。

有许多白色金属矿和白玉。

从经文可知，诸次山是一座蛇山。号山出产山药、香草、川芎等草药，还出产泥石。在盂山栖息的鸟兽毛羽均出现白化现象，可能是当地有放射性矿物或其他未知因素导致动物的基因发生了变化。今日洛水发源地叫白于山（於在很多时候与于可通用），海拔 1823 米，位于陕北高原的北部，内蒙古毛乌素沙地的南缘。白于山北麓有两条河流发源，一条流入红柳河后再流入无定河，另一条直接流入无定河，其一当即经文所说的夹水。申首山"冬夏有雪"，表明它是一座海拔比较高的山，终年积雪不化。泾水有两个主要的来源：其一来自宁夏的米缸山；其二来自环江，环江发源于宁夏、甘肃、陕西交界处的甜水堡一带。此处经文所说的泾谷山，当指泾水支流环江的发源地。

继续向西 120 里是刚山，有许多漆树，还有许多㻪琈之玉。刚水从这里发源向北流入渭水。这里有许多神䰰，样子是人面兽身，一足一手，发出吟唱的声音。

刚水向北流入渭水，说明刚山位于渭水以南的秦岭；据此可知，此处经文内容原本属于西次一经，因竹简错乱而误入西次四经之中。䰰，通常指山精木怪；此处神当即《海外西经》《大荒西经》的一臂国。

继续向西 200 里，就来到刚山尾，洛水从这里发源向北流入黄河。这里有许多水獭，样子

刚山

刚水

神䰰

是鼠身、鳖首，发出犬吠的声音。

刚山尾与刚山当是彼此连麓之山，或者存在着某种地望关系，若刚山位于秦岭，那么刚山尾也应在秦岭之中，而该处经文原本也应在西次一经之内。陕西境内有两条洛水流入黄河，一为发源自白于山的北洛水，二为发源自秦岭的南洛水。南洛水发源自华山山脉南麓，经陕西洛南县入河南省，穿行于崤山与熊耳山之间，流经洛阳，与伊水汇合后向北流入黄河。

继续向西350里是英鞮山，山上多漆树，山下多金属矿、玉石矿，鸟兽都是白色的。浣水从这里发源向北流入陵羊泽，有许多冉遗鱼，样子是鱼身、蛇首、六足，眼睛像马的耳朵，吃了它的肉就不做噩梦，而且可以防御凶敌。

鞮，皮靴。"其目如马耳"疑当为"其目如马目"，因而才有"食

又西三百五十里，曰英鞮（dī）之山，上多漆木，下多金、玉。鸟兽尽白。浣（yuān）水出焉，而北流注于陵羊之泽。是多冉遗之鱼，鱼身蛇首六足，其目如马耳，食之使人不眯，可以御凶。

蛮蛮

刚山尾

之使人不眯"的功效。眯，通常指有异物入眼；袁珂先生认为此处"不眯"意为不厌，厌即厌胜，即用咒语制服他人；不厌，即不怕对方的诅咒。此外，不厌又可指不做噩梦。

又西三百里，曰中曲之山，其阳多玉，其阴多雄黄、白玉及金。有兽焉，其状如马而白身黑尾，一角，虎牙爪，音如鼓音，其名曰駮，是食虎豹，可以御兵。有木焉，其状如棠，而员叶赤实，实大如木瓜，名曰櫰（huái）木，食之多力。

继续向西 300 里是中曲山，向阳面多玉石矿，背阴面多雄黄、白玉和金属矿。有一种名叫駮的野兽，样子像马，却白身、黑尾、一角，长着老虎的牙齿和爪子，发出敲鼓的声音，以虎豹为食，可以用来抵御敌兵。这里还有櫰树，样子像海棠树，圆叶红果，果实大如木瓜，吃了它可以增加力气。

虎为动物之王，自然界没有其他动物能够捕食老虎。而这里的駮，却能食老虎，实为凶猛。木瓜又称文冠果，有舒筋、祛湿之药效。

继续向西 260 里是邽山。山上有一种名叫穷奇的野兽，样子像牛，长着刺猬样的毛，叫声像大狼狗，吃人。濛水从这里发源

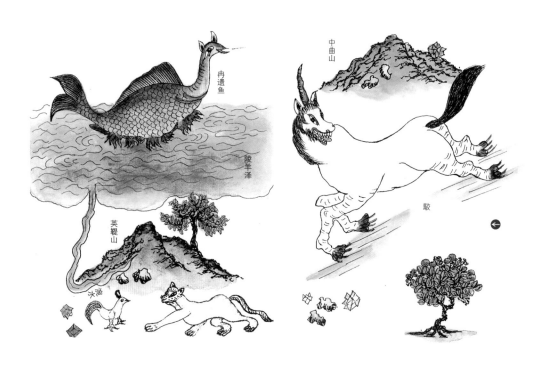

向南流入洋水。其中多黄贝，还有蠃鱼，鱼身鸟翼，发出的声音像鸳鸯，它的出现预兆着当地将发生大水灾。

邽山，可能是当地石材适于制作圭，或者该山的地形像圭。今陕西省渭南市有地名下邽。圭最初是一种测量太阳升起高度的仪器，后来演变成为祭祀用的礼器。此处的穷奇，样子如牛，毛如刺猬的毛又尖又硬，非常像一万年前曾经广泛出没于西伯利亚的披毛犀；对比之下，三危山吃人的徽䝠则可称之为白披毛犀。《海内北经》亦记有吃人的穷奇，其状如虎而有翼。在中国古史传说里，穷奇又是一个居住在北方以凶恶愚顽著称的部落；或许这是因为，该部落以披毛犀为图腾，能够驱使披毛犀侵害其他部落，故而有此恶名声。穷的繁体字"窮"，像是人弓身蜷缩在穴洞里，看来穷奇是一个在冰天雪地里穴居的部落。

继续向西220里是鸟鼠同穴山，山上多白虎、白玉。渭水从

又西二百六十里，曰邽（guī）山。其上有兽焉，其状如牛，猬毛，名曰穷奇，音如獆狗，是食人。濛水出焉，南流注于洋水。其中多黄贝，蠃鱼，鱼身而鸟翼，音如鸳鸯，见则其邑大水。

又西二百二十里，曰鸟鼠同穴之山，其上多白虎、白玉。渭水出焉，而东流注于河。其中多鳋鱼，其状如鳝鱼，动则其邑有大兵。滥水出于其西，西流注于汉水。多鳘鮱（rú pín）之鱼，其状如覆铫（yáo），鸟首而鱼翼鱼尾，音如磬石之声，是生珠玉。

西南三百六十里，曰崦嵫之山，其上多丹木，其叶如榖，其实大如瓜，赤符而黑理，食之已瘅，可以御火。其阳多龟，其阴多玉。苕水出焉，而西流注于海，其中多砥砺。有兽焉，其状马身而鸟翼，人面蛇尾，是好举人，名曰孰湖。有鸟焉，其状如鸮而人面，蜼身犬尾，其名自号也，见则其邑大旱。

这里发源向东流入黄河。其中多鳋鱼，样子像鳝鱼，它的游动预兆当地将发生大战争。滥水从山的西边发源，向西流入汉水。有许多鳘鮱鱼，样子像翻过来的大锄，鸟首、鱼翼、鱼尾，发出敲击磬石的声音，可以生出珍珠。

今日渭水发源地甘肃省渭源县有两座山，一是海拔2609米的鸟鼠山，二是海拔3495米的太白山。因此，这里的鸟鼠同穴山原本应在西次一经里。郭璞注谓："今在陇西首阳县西南山，有鸟鼠同穴，鸟名鵌，鼠名鼵。鼵如家鼠而短尾，鵌似燕而黄色。穿地入数尺，鼠在内，鸟在外而共处。"铫，古代烹器或兵器，又指农具大锄。今鸟鼠山的西面有一条水系，名叫洮河，它向西流入黄河。根据上述地理方位，此处"汉水"当指黄河上游。

向西南360里是崦嵫山，山上多丹木，叶子像构树的叶子，果实大如瓜，红色的花萼，黑色的纹理，吃了可以治疗黄疸病，还可以防御火灾。向阳面多龟，背阴面多玉石矿。苕水从这里发源向西流入海，其中多制磨刀石的石材。有一种名叫孰湖的野兽，样子是马身鸟翼、人面蛇尾，喜欢把人举起来。有一种鸟，样子像猫头鹰，人面、猿身、犬尾，人们用它的叫声称呼它，它的出现预兆当地将发生大旱灾。

孰湖

崦嵫山

濝水

海

人面鸮

赤符亦即赤柿，红色花萼，丹木的名称或即源此；它的果实大如瓜，果壳可盛水或舀水（制成瓢状），因此具有"御火"之功效。古代盛水的器具非常难得，这恐怕就是黄帝在峚山要浇灌丹木的原因所在吧。砥砺，制磨刀石的青石，亦可制作其他石器、石具。此处人面怪鸟未言其名。孰湖类似西方传说的人头马。

西部山区第四条山脉从阴山到崦嵫山，共19座山，总里程3680里。祭神的礼仪都是，用一只白鸡作祭品，同时用精米糯稻祭神，祭品放在白菅做成的席子上。

右边西方山脉，共77座山，总里程17517里。

此处"西次四经"乃"西次三经"之误。在这里生活的居民，祭神都用白色的鸡和稻米。如果当地产稻米，表明当时气候温湿；如果当地不产稻米，则表明存在着远距离的贸易活动。在古史传说中，崦嵫山是一座著名的山，古人相信太阳最终就落在这里。或许这种观念的形成，是因为在《五藏山经》里，崦嵫山是人们所知道的最西边的一座山吧。

凡《西次四经》自阴山以下，至于崦嵫之山，凡十九山，三千六百八十里。其神祠礼，皆用一白鸡祈。糈以稻米，白菅为席。

右西经之山，凡七十七山，一万七千五百一十七里。

西次四经之神

　　《北山经》共记述有三条自南向北的山脉，它们分别是北次一经、北次二经和北次三经，其地理方位包括山西省、河北省的全境，河南省的北部，辽宁省的西部，内蒙古中东部以及蒙古高原的部分地区。

　　《北山经汾水图》系《山海经艺术地理复原图》组画之四，是根据北次一经、北次二经、北次三经各自的前半段文字的记述而绘制，其方位大体在今日山西省和河北省的中南部，并以汾水流域为中心。从图中可知，北次一经前半段诸山，即今日的吕梁山山脉。北次二经前半段诸山（包括中次一经诸山），涉及今日的云中山山脉和太岳山山脉等地。北次三经前半段诸山，则包括今日的中条山、王屋山和太行山山脉的中南段。

　　需要解释的是，当时黄河入海口的位置要比今日更靠西，那时的华北平原或者被海水淹没，或者有许多大湖泊以及大面积的沼泽湿地。或许正是由于这些地区的自然环境不适于人类居住（某些高地除外），因此在《五藏山经》里很少有描述华北平原的文字内容。导致上述自然环境变迁的主要原因是海平面的变化，在18000年前，海平面比今日低150米（不同的研究者得到的数字有差异），渤海为陆地。此后全球气候变暖，海平面随之上升，在7400年前达到最高点，海岸线西进到今日太行山脚的京广铁路线一带，此后海平面逐渐回落，海岸线也随之东退。事实上，精卫填海和愚公移山（将山石运到东海边）的故事，正是对上述沧海桑田变化的古老记忆。

　　需要说明的是，长期以来研究《山海经》的学者始终对中次一经的地理方位感到困惑。这是因为，现存版本的中次一经，实际上属于北次二经，而原本的中次一经（记述的是秦岭南麓的汉水、丹水上游地区）则已经失传了。

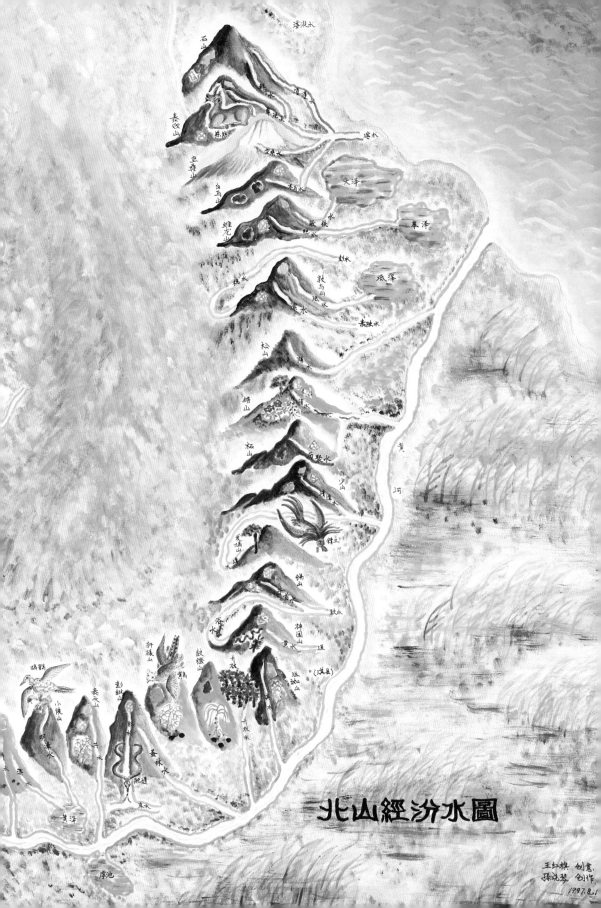

北山經汾水圖

在古史传说中，碣石山也是一座相当有名气的山，关于它的地理方位同样有许多不同意见。本图碣石山被画在今日河北省与辽宁省交界的七老图山山脉上，这里正是我国新石器时代的辽西文化区，例如著名的牛河梁史前文化遗址。有必要指出的是，我国学术界目前经常使用的「史前时期」「新石器时代」「神话传说时代」的说法，都是不够准确也不够正确的词汇，建议改用「先夏时期」，因为在这个时间段发生的人类文明活动事件是有历史记载的。此外，本图中的发爽山和丹穴山，其文字记述误入现存版本的南次三经之中，其地理方位实际上位于今日的滦河上游，因此它们被画在《北山经桑干图》内。与此同时，现存版本北次三经的景山和题首山，则被画在了《南山经图》内。

《北山经桑干图》

《北山经桑干图》系《山海经艺术地理复原图》组画之五，是根据北次一经、北次二经、北次三经各自的后半段文字而绘制的，其方位大体在今日山西省、河北省的中北部，内蒙古的中东部，辽宁省的西部，以及蒙古高原的部分地区。在这个区域里，最著名的河流是桑干河，我国许多古老的部落都曾经繁衍生息在桑干河流域。

从图中可以清晰地看到，北次一经有三四座山所发源的水系均向西流入泑泽，有关经文并明确指出泑泽「出于昆仑之东北隅，实惟河源」。显然，北次一经的记载与西次三经的记载是相互吻合的，泑泽即黄河前套，亦即今日呼和浩特以南的土默川平原，那里古为一大湖泊。遗憾的是，长期以来，许多学者都误以为《五藏山经》的昆仑丘即现在青藏高原的昆仑山，泑泽则远在西陲的罗布泊，并固执地相信古代黄河从那里发源，然后又在沙漠里潜行千里。事实上，正是由于存在这种误解，从而使我国在解读远古文明信息的工作上，走了许多弯路。

北部山区第一条山脉的第一座山是单狐山，山里有许多机树，山上有许多花草。滀水从这里发源向西流入泑水，其中多紫石、文石。

继续向北250里是求如山，山上多铜矿，山下多玉石矿，没有草木。滑水从这里发源向西流入诸毗水。其中多滑鱼，样子像鳝鱼，赤背，发出"梧"的声音，人吃了它的肉可治皮肤上的瘊子、痦子。还有许多水马，样子像马，前肢有花纹，尾巴像牛，发出"呼"的声音。

按《五藏山经》惯例，每一条山脉的第一座山，都要记述与其相关的几处地望，以便确定其方位，但是北山经之首的单狐山，却没有参照标志地。这有两种可能，一是此处经文有缺失，二是单狐山并不是北次一经的第一座山。若滀水向西流入的泑水即西次三经的泑水，那么单狐山当位于黄河前套之东。机树属于桦木科，郭璞注称："机木似榆，可烧以粪田，出蜀中，音饥。"

鲜即鳝鱼，其皮极光滑，古人相信吃了它的肉可治皮肤上的瘊子、痦子。经文所谓"水马"，疑是"文马"之误，这才能与"文臂"相符，这种马腿皮毛有纹理的马，与斑马有类似之处；"其音如呼"即马的呼哧声。《五藏山经》里经常用称呼人的"臂"来称呼动物的腿，这也是该书成文甚早的一个标志。

继续向北300里是带山，山上多玉石矿，山下多青碧。有一种野兽名叫臃疏，样子像马，长着一只角，角上有沟槽，可以防御火灾。有一种名叫鹕鶒的鸟，样子像乌鸦，羽毛是五彩的，有着红色的花纹，它们雌雄同体，吃了它的肉可以治疗毒疮。彭水从这里发源向西流入芘湖水，其中多倏鱼，样子像鸡，却是赤毛、三尾、六足、四首，发出像喜鹊叫的声音，吃了它的肉可以解除烦恼忧愁。

错，郭璞注谓："言角有甲错也。"此处鹕鶒与西次三经翼望山的鹕鶒同名，但两者的形貌相差甚远；疽，毒疮。倏鱼即白条鱼；在经文"其状如鸡"之前可能丢了"有鸟焉"三字，因其

《北山经》之首，曰单狐之山，多机木，其上多华草。滀（féng）水出焉，而西流注于泑水，其中多茈石、文石。

又北二百五十里，曰求如之山，其上多铜，其下多玉，无草木。滑水出焉，而西流注于诸毗之水。其中多滑鱼，其状如鲜，赤背，其音如梧，食之已疣。其中多水马，其状如马，文臂牛尾，其音如呼。

又北三百里，曰带山，其上多玉，其下多青碧。有兽焉，其状如马，一角有错，其名曰臃（huān）疏，可以辟火。有鸟焉，其状如乌，五采而赤文，名曰鹕鶒，是自为牝牡，食之不疽。彭水出焉，而西流注于芘湖之水，其中多倏鱼，其状如鸡而赤毛，三尾、六足、四首，其音如鹊，食之可以已忧。

形貌不属鱼类，或者其可化为鸟；"四首"其他版本作"四目"。

又北四百里，曰谯明之山，谯水出焉，西流注于河。其中多何罗之鱼，一首而十身，其音如吠犬，食之已痈。有兽焉，其状如狟而赤豪，其音如榴榴，名曰孟槐，可以御凶。是山也，无草木，多青雄黄。

继续向北 400 里是谯明山，谯水从这里发源向西流入黄河。其中多何罗鱼，一首十身，发出像吠犬的声音，吃了它的肉可以治疗痈肿病。有一种野兽名叫孟槐，样子像豪猪，毛尖是红色的，发出"榴榴"的声音，可以御凶敌。这座山没有草木，有许多青雄黄。

谯与瞧可通用，古代城楼上的瞭望台称谯楼。相传何罗鱼可以化作鸟，其名休旧。孟槐即红毛野猪。

又北三百五十里，曰涿光之山，嚣水出焉，而西流注于河。其中多鰼鰼（xī）之鱼，其状如鹊而十翼，鳞皆在羽端，其音如鹊，可以御火，食之不瘅。其上多松、柏，其下多棕、橿，其兽多麢羊，其鸟多蕃。

继续向北 350 里是涿光山，嚣水从这里发源向西流入黄河。其中多鰼鰼鱼，样子像喜鹊，却有十只翅膀，鳞片都长在羽端，发出的叫声像喜鹊的叫声，可以防御火灾，吃了它的肉不会患黄疸病。山上多松树、柏树，山下多棕树、橿树；野兽以羚羊为多，鸟类以蕃鸟为多。

谯明山、涿光山以及下述虢山尾等山，均有水系向西流入黄河，据此可知这几座山当位于今日山西省境内的吕梁山西麓；其

中谯明山和涿光山，其名有光有明，可能即今日吕梁山山脉南端的火焰山（位于山西省吉县东）。鳛鳛鱼与僔鱼类似，名为鱼而貌为鸟，莫非当时真有鸟状鱼、鱼状鸟？蕃鸟，在当时人人皆知，因此记录者没有多加说明，这样一来反而让后人莫知所云了。

继续向北 380 里是虢山，山上多漆树，山下多梧桐树、灵寿木；向阳面多玉石矿，背阴面多铁矿石。伊水从这里发源向西流入黄河。野兽以骆驼为多。鸟类以寓为多，样子像鼠，却长着鸟翼，发出的声音像羊叫的声音，可以抵御敌兵。

虢山多漆树，表明当时这里的气候温湿，也说明当时人们已经知道利用漆树分泌的漆汁作为涂料。橐驼即骆驼。寓鸟，郝懿行认为即蝙蝠类，至于它为什么能够"御兵"就不得而知了。椐，又称灵寿木，多节，古人用其当手杖。

继续向北 400 里，来到虢山尾，山上都是玉石矿，没有石头。

又北三百八十里曰虢山，其上多漆，其下多桐、椐（qū），其阳多玉，其阴多铁。伊水出焉，西流注于河。其兽多橐驼。其鸟多寓，状如鼠而鸟翼，其音如羊，可以御兵。

又北四百里，至于
虢山之尾，其上多玉而
无石。鱼水出焉，西流
注于河，其中多文贝。

又北二百里，曰丹
熏之山，其上多樗、柏，
其草多韭、薤（xiè），
多丹雘。熏水出焉，而
西流注于棠水。有兽焉，
其状如鼠，而菟首麋身，
其音如獋犬，以其尾飞，
名曰耳鼠，食之不睬
（cǎi），又可以御百毒。

继续向北 200 里是丹熏山，山上多樗、柏，草以野韭菜和
薤为多，还有许多红色彩石矿。熏水从这里发源向西流入棠水。
有一种名叫耳鼠的野兽，样子像鼠，却是兔首麋身，发出的声
音像獋犬的叫声，以其尾飞，吃了它的肉不得腹胀病，还可以
防御百毒。

虢山与虢山尾当是连麓之山，或彼此存在某种地望关系，可
惜不清楚所谓"首尾"的方向，是以南为首、北为尾，还是以东
为首、西为尾。樗，臭椿。薤是一种野山菜，开紫色小花，鳞茎、
嫩叶可食。"菟首"又作"兔首"；耳鼠是一种能长距离滑翔的松鼠；
睬，大腹。

继续向北 280 里是石者山，山上没有草木，有许多似玉的美

石和青绿色的美石。泚水从这里发源向西流入黄河。有一种名叫孟极的野兽，样子像豹，额头有花纹，白色的身体，善于爬行，人们用它的叫声来称呼它。

　　文题即额头有花纹。孟极是一种浑身白毛而又喜欢匍匐卧行的动物，有点类似海豹、海狮等极地动物。

　　继续向北110里是边春山，这里的植物以葱、葵、韭、桃、李为多。杠水从这里发源向西流入泑泽。有一种野兽名叫幽鴳，样子像猴，身上有花纹，善笑，见人则卧，人们用它的叫声来称呼它。

　　边春山位于泑泽之东。幽鴳又作幽頞（è），它的样子像猿猴，浑身有花纹，见人就躺在地上哈哈笑。据此，它可能是经过驯化的猴，穿着表演服做出各种逗人笑的动作。或许，在人类驯化牛、马、羊、鸡、狗、猪禽畜的同时，也在试图驯化其他的动物，例

　　又北二百八十里，曰石者之山，其上无草木，多瑶、碧。泚水出焉，西流注于河。有兽焉，其状如豹，而文题白身，名曰孟极，是善伏，其鸣自呼。

　　又北百一十里，曰边春之山，多葱、葵、韭、桃、李。杠水出焉，而西流注于泑泽。有兽焉，其状如禺而文身，善笑，见人则卧，名曰幽鴳（è），其鸣自呼。

石者山
孟极
河

边春山
杠水
幽鴳

如让鹦鹉学舌、耍猴等。

又北二百里，曰蔓
（wàn）联之山，其上
无草木。有兽焉，其状
如禺而有鬣，牛尾、文
臂、马蹄，见人则呼，
名曰足訾（zī），其鸣
自呼。有鸟焉，群居而
朋飞，其毛如雌雉，名
曰𪃋（jiāo），其鸣自呼，
食之已风。

继续向北200里是蔓联山，山上没有草木。有一种名叫足訾
的野兽，样子像猴，颈部有长毛，牛尾、文臂、马蹄，见人则呼，
人们用它的叫声来称呼它。有一种名叫𪃋的鸟，群居，两两一起飞，
它的羽毛像雌雉，人们用它的叫声来称呼它，吃了它的肉可治疗
风邪之病。

足訾"见人则呼"，由于文字过于简单，不清楚是因为怕人
而惊呼，还是在与人打招呼。𪃋鸟的样子像雌山鸡。"食之已风"，
即可治疗风邪之病。不过，在古代，"风"又指生物雌雄交合，
例如风马牛不相及，意即马牛不能交配，这种观念可能起因于风

𪃋

蔓联山

足訾

可传授花粉并促成结果实。

继续向北180里是单张山，山上没有草木。有一种名叫诸犍的野兽，样子像豹，尾巴却很长，长着人头、牛耳，有一目，喜欢呵斥人，行走时嘴衔着它的尾巴，停下来的时候蟠着它的尾巴。有一种名叫白鵺的鸟，样子像雉，文首、白翼、黄足，吃了它的肉可以治疗咽喉痛，还可以治疗痴呆症。栎水从这里发源向南流入杠水。

又北百八十里，曰单张之山，其上无草木。有兽焉，其状如豹而长尾，人首而牛耳，一目，名曰诸犍，善吒，行则衔其尾，居则蟠其尾。有鸟焉，其状如雉，而文首、白翼、黄足，名曰白鵺（yè），食之已嗌（yì）痛，可以已痸。栎水出焉，而南流注于杠水。

表面看诸犍是一种长尾的动物，由于尾太长，因此行走时要用嘴衔起尾巴。古人有模仿动物的爱好，一边学动物的样子跳舞，一边发出动物的叫声，既可表现自己的身手，又可娱乐族人，同时也是狩猎前、出征前、巫术仪式前的热身运动。白鵺鸟有两种药效，一是治疗咽喉痛，二是治疗痴呆症。一般来说，痴呆症与近亲通婚有直接的关系，看来当地可能存在近亲婚配的习俗。

继续向北320里是灌题山，山上多樗树、柘树，山下多流沙，多制磨刀石的石材。有一种野兽名叫那父，样子像牛，白尾，发出"訆"的声音。有一种名叫竦斯的鸟，样子像雌雉，却有着人的面孔，见人则跃，人们用它的叫声来称呼它。匠韩水从这里发源向西流入泑泽，其中多磁铁矿。

又北三百二十里，曰灌题之山，其上多樗、柘，其下多流沙，多砥。有兽焉，其状如牛而白尾，其音如訆（jiào），名曰那父。有鸟焉，其状如雌雉而人面，见人则跃，名曰竦斯，其鸣自呼也。匠韩之水出焉，而西流注于泑泽，其中多磁石。

柘，落叶灌木，可喂蚕，还可提取黄色颜料。"其下多流沙"，或指某种有用的矿物，或指流动的沙丘。竦斯是一种取悦于人的鸟。郝懿行认为，灌题山的竦斯、蔓联山的足訾，亦见屈原《楚辞·卜居》："将呢訾栗斯，喔咿儒儿以事妇人乎？"此处呢訾即足訾，栗斯即竦斯。全句意思是难道我要像足訾、竦斯那样扭捏作态以取媚有权势的妇人吗？据此可知，"足訾""竦斯"很可能是由人豢养的宠物。灌题山有磁石，说明在先夏时期人们就已经知道磁石及其磁性。

继续向北200里是潘侯山，山上多松树、柏树，山下多榛树、楛树；向阳面多玉石矿，背阴面多铁矿石。有一种野兽名叫旄牛，

白鵺

灌题山

那父

竦斯

泑泽

匠韩水

单张山

样子像牛，四个骨节都有毛。边水从这里发源向南流入栎泽。

继续向北230里是小咸山，没有草木，冬夏有雪。

古代旄牛分布地域比今日广，现在我国仅青海、西藏尚有旄牛。小咸山冬夏有雪，表明当时雨雪多，高山的雪线位置低，因此积雪终年不消融。

又北二百里，曰潘侯之山，其上多松、柏，其下多榛、楛；其阳多玉，其阴多铁。有兽焉，其状如牛，而四节生毛，名曰旄牛。边水出焉，而南流注于栎泽。

又北二百三十里，曰小咸之山，无草木，冬夏有雪。

北二百八十里，曰大咸之山，无草木，其下多玉。是山也，四方，不可以上。有蛇名曰长蛇，其毛如彘豪，其音如鼓柝（tuò）。

继续向北280里是大咸山，没有草木，山下多玉石矿。这座山是四方形的，不可以轻易上山。有蛇名叫长蛇，

小咸山

潘侯山

边水

旄牛

栎泽

它的毛像野猪毛，发出的声音像人敲柝子。

自然界有会发出声响的蛇，但是没有长毛的蛇。大咸山，四方台形，不见草木只有玉，人不能随便攀登，凡此种种均表明它是一座祭坛，祭祀时要击柝，所祭之神即长蛇，或者长蛇乃祭坛的守护神。柝，即打更的梆子。

继续向北 320 里是敦薨山，山上多棕树、楠树，山下多紫草。敦薨水从这里发源向西流入泑泽，这里位于昆仑的东北角，正是黄河的源头。鱼类多红色鲑鱼，兽类多㸲、旄牛，鸟类多布谷鸟。

此处经文是解读中国古地理的最重要的文字之一，它明确指出昆仑、泑泽与黄河源头的关系，即黄河发源于泑泽，昆仑在泑泽之西南。众所周知，考证《山海经》特别是《五藏山经》的地理方位，必须首先解决昆仑在哪里的问题。事实上，要想搞清楚中国先夏文明的来龙去脉，同样需要解决昆仑究竟在哪里的问题。遗憾的是，学术界关于昆仑地望的争论长期不休，或谓青藏高原、祁连山、泰山、云南某山，或谓在印度、中东，或谓虚构无实指。

笔者在 20 世纪 70 年代初，开始从自然科学角度解释远古神话传说中的文明信息，反复阅读《山海经》十几年后，于 1987 年在《民间文学论坛》杂志发表《昆仑地望探索》一文，首次指出昆仑丘在黄河河套以南的鄂尔多斯高原，泑泽即黄河前套地区的古湖泊，并初步绘出《五藏山经》26 条山脉分布图。需要说明的是，在《五藏山经》中，使用的地名是昆仑丘或昆仑，"昆仑丘"指称的地貌是丘陵缓坡，而不是高山；"昆仑"则属于政治地理名称，当然也可以是昆仑丘的简称。也就是说，在《五藏山经》时代（4200 年前），人们并没有昆仑地势如何高峻的说法。

此后，我国北方气候逐渐干燥，黄河的前套古湖（泑泽）和后套古湖（稷泽）逐渐干涸，人们对黄河源头的认识也逐渐从泑泽不断向西延伸，昆仑地望亦随之西迁（直至西汉，才追溯到星宿海）。与此同时，随着黄帝部落势力的不断扩张，特别是战胜炎帝、蚩尤之后，黄帝部落的活动中心也从鄂尔多斯高原向中原地区转移，昆仑的政治地位则随之不断降低。正是在这种情况下，

又北三百二十里，曰敦薨（hōng）之山，其上多棕、楠，其下多茈草。敦薨之水出焉，而西流注于泑泽。出于昆仑之东北隅，实惟河原。其中多赤鲑，其兽多㸲、旄牛，其鸟多鹛鸠。

大咸山　　　长蛇

敦薨山　　鹠鸠　雒牛　鸵　赤鲑

敦薨山　泑泽　河水　昆仑

后人才逐渐搞不清昆仑的地望究竟何在了。

薨，指有爵位、有地位的人死去。"其中多赤鲑"当系"其鱼多赤鲑"之误。鲑，体形似纺锤，鳞细肉鲜美。鸤鸠，已见于西次一经，布谷鸟类。

继续向北200里是少咸山，没有草木，多青碧。有一种名叫窫窳的野兽，样子像牛、赤身、人面、马足，发出的声音像婴儿，吃人。敦水从这里发源向东流入雁门水，其中多鮨鮨鱼，食之杀人。

窫窳又作猰㺄（yà yǔ），形貌或似牛或似蛇，身份或为人神或为怪兽。从其名称来看，"窫窳"有穴居之意，例如黄土高原的窑洞；而"㚉"字符则表明该部落有频繁的商品交易活动，或者经常使用文书契约（㚉也是一种工具材料，可用于榨油、搬移笨重的建筑材料）。最早的商人可能是从游牧民族分化出来的，一是他们到处走动、见多识广，二是他们需要与农民交换谷米等物；更准确地说，那个时期的商人，是武装商人，他们既进行正常的贸易，也伺机抢掠，所谓"是食人"的恶名或许即由此而来。

雁门，大雁来往于此，故称雁门。高山大脉就像是一堵墙，其缺口就成为候鸟迁徙的通道，同时也是风的通道，俗称风口；如果风中富含水汽，那么这里就是水汽通道，例如我国的横断山脉就是印度洋水汽向长江、黄河上游输送的重要通道。鮨鮨鱼，可能就是有剧毒的河豚鱼。

继续向北200里是狱法山，瀼泽水从这里发源向东北流入泰泽。其中多鰈鱼，样子像鲤鱼，却长着鸡足，吃了它的肉可以治疗瘊子、赘疣。有一种名叫山狠的野兽，样子像犬，却有着人的面孔，擅长投掷，见人则笑，跑起来如风，它的出现预兆要刮大风。

《北山经》多次提及泰泽，泰即巨大，当是一大著名湖泊，但是今日我国北方以及蒙古高原并无大湖泊，或许已经干涸了，或者缩小得不配再称之为"泰泽"了（除非它指的是贝加尔湖）。鰈鱼有鸡足，像是蛙类、蟾类。山狠疑是当地土著人。

又北二百里，曰少咸之山，无草木，多青碧。有兽焉，其状如牛，而赤身、人面、马足，名曰窫窳（yà yǔ），其音如婴儿，是食人。敦水出焉，东流注于雁门之水；其中多鮨（pèi）鮨之鱼，食之杀人。

又北二百里，曰狱法之山。瀼（huái）泽之水出焉，而东北流注于泰泽。其中多鰈（zǎo）鱼，其状如鲤而鸡足，食之已疣。有兽焉，其状如犬而人面，善投，见人则笑，其名山狠（huī），其行如风，见则天下大风。

又北二百里，曰北岳之山，多枳、棘、刚木。有兽焉，其状如牛，而四角、人目、彘耳，其名曰诸怀，其音如鸣雁，是食人。诸怀之水出焉，而西流注于嚣水。其中多鮨（yì）鱼，鱼身而犬首，其音如婴儿，食之已狂。

继续向北200里是北岳山，多枳橘、荆棘、刚木。有一种名叫诸怀的野兽，样子像牛，却是四角、人目、猪耳，叫声像雁鸣，吃人。诸怀水从这里发源向西流入嚣水，其中多鮨鱼，鱼身而犬首，叫声如婴儿，吃了它的肉可以治疗狂躁病。

此处"北岳"的名称不知是否与五岳的观念有关，五岳即东岳泰山、南岳衡山、西岳华山、北岳恒山、中岳嵩山，其名称的形成与天下大一统观念有关。

诸怀像是凶猛的野牛，但是野牛系食草类动物，并不食人，因此诸怀可能是指以野牛为图腾的部落。《五藏山经》屡屡有"食人"的说法，似乎表明那个时代尚有食人肉的野蛮习俗，这种习俗往往与巫术宗教活动有关，例如所谓的"圣餐"。有趣的是，此处发源的水，没有像通常那样用山名来命名，而是用动物名来命名。

鮨鱼可能是生活在水里的野兽，例如海狗。所谓"食之已狂"，表明当地多精神病人，而某些有关怪人怪兽的传闻，可能即源于这些人的病态发作（动物也有类似的病，例如疯牛病），有时甚至将其视为神灵或神灵附体。此外，怪人怪兽传闻的另一种来源则是人或动物生下的怪胎。

继续向北180里是浑夕山，没有草木，多铜矿石、玉石矿。嚣水从这里发源向西北流入海。有名叫肥遗的蛇，一首两身，它

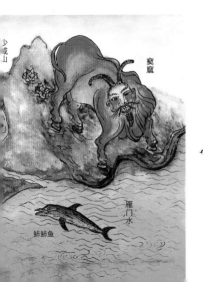

的出现预兆当地将发生大旱灾。

肥遗，郭璞注谓："《管子》曰：'涸水之精，名曰蚋，一头而两身，其状如蛇，长八尺。以其名呼之，可使取鱼龟。'亦此类。"从遗传变异来说，两头蛇偶尔可见，两身共一头的则少见，因为后者更不易活下来。西次一经太华山亦有肥蟥蛇，与此处肥遗蛇虽然形貌不同，但都有见则"天下大旱"的功效，均为当地供奉之旱神。

又北百八十里，曰浑夕之山，无草木，多铜、玉。嚣水出焉，而西北流注于海。有蛇一首两身，名曰肥遗，见则其国大旱。

继续向北 50 里是北单山，没有草木，多葱、韭。

继续向北 100 里是黑差山，没有草木，多马。

继续向北 180 里是北鲜山，这里有许多马。鲜水从这里发源向西北流入涂吾水。

黑差山"无草木，多马"，那么马吃什么？显然是矛盾的。一种合理的解释是，《五藏山经》所谓的"无草木"，往往指的是当地没有可用的草木；这是因为《五藏山经》具有国土资源白皮书的性质，关注的是有用的资源。

此处诸山当位于北方草原，当时我国北方还有许多野马。郭璞注称："汉元狩二年，马出涂吾水中也。"汉元狩二年即公元前

又北五十里，曰北单之山，无草木，多葱、韭。

又北百里，曰黑（pí）差之山，无草木，多马。

又北百八十里，曰北鲜之山，是多马。鲜水出焉，而西北流注于涂吾之水。

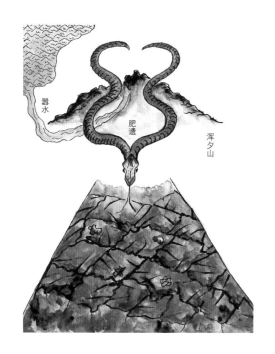

121 年，是年大将军霍去病、张骞、李广、公孙敖分别领兵出陇西追击匈奴，曾遇见野马。

又北百七十里，曰隄山，多马。有兽焉，其状如豹而文首，名曰狍（yāo）。隄水出焉，而东流注于泰泽，其中多龙龟。

继续向北 170 里是隄山，这里马很多。有一种名叫狍的野兽，样子像豹，头部有花纹。隄水从这里发源向东流入泰泽，其中多龙龟。

此处的狍、龙龟，未言其功能。龙龟，当是龙头龟身，可能是北方玄武神之原形；乌龟的头原本就像是蛇头或龙头，若脖子再长一些，即可称为龙龟、蛇龟，而自然界中确实也有长脖子的乌龟。

凡《北山经》之首，自单狐之山至于隄山，凡二十五山，五千四百九十里，其神皆人面蛇身。其祠之，毛用一雄鸡、彘瘗，吉玉用一珪，瘗而不糈。其山北人，皆生食不火之物。

北部山区第一条山脉，从单狐山到隄山，共计 25 座山，总里程 5490 里，当地居民供奉人面蛇身的图腾神。祭祀的礼仪是，把一只带毛的雄鸡和一只带毛的猪埋入地下，献上吉祥的玉珪，只埋祭品而不用精米。居住在北方的人，都不用火烧热饭，只吃冷食。

北次一经的居民供奉人面蛇身之神，在我国先夏时期许多部落都以蛇为图腾，伏羲、女娲亦人面蛇身。值得注意的是"皆生

隄
山

狍

隄水

泰
泽

北次一经之神

食不火之物"的习俗，这可能是有关寒食节风俗的最早记录了。

北部山区第二条山脉的第一座山管涔山在黄河之东，山头枕在汾水之上。山上多树，没有草，山下多玉石矿。汾水从这里发源向西流入黄河。

继续向西250里是少阳山，山上多玉石矿，山下多赤银矿。酸水从这里发源向东流入汾水，其中多美赭。

今日汾水的发源地仍然名叫管涔山，位于吕梁山山脉的北端，主峰卧羊场，海拔2603米，此山也是桑干河与汾河的分水岭。汾水自管涔山发源后，大体向南流，过山西新绛县后转向西流，在黄河龙门以南流入黄河，"西流注于河"是从汇流处的大方向而言。

少阳山出产的赤银，郭璞注称："银之精也。"我们知道，银是一种化学性能比较稳定的元素，其化合物多为黑色；因此这里的赤银，可能是指水银矿朱砂（硫化汞）。《五藏山经》非常重视金属矿物产地，每每记录某山多铜、某山多铁，以及某山多赤金、某山多白金，这里的"金"泛指金属元素或金属矿石。其中赤金当指品位高的自然金，白金则可能指铅、锡、锌等元素的矿石，它们是制作青铜器的重要资源。

继续向北50里是县雍山，山上多玉石矿，山下多铜矿石。野兽以山驴和四不像为多，鸟以白色野雉、山鸡为多。晋水从这里发源向东南流入汾水，其中多鳖鱼，样子像倏，赤鳞，发出呵斥的声音，吃了它的肉可以治疗狐骚病。

今日山西省太原市西南25公里有一座悬瓮山，为晋水的发源地，晋水是汾水的重要支流。古代"县"与"悬"可通用，而"雍"与"瓮"又音近，因此县雍山当即悬瓮山。由于晋水发源地位于汾水发源地之南，而北次二经却把县雍山安排在管涔山之北，显然北次二经诸山的先后次序存在着错乱，管涔山不应当位于北次二经之首。间，郭璞注谓："间即㺎也，似驴而岐蹄，角如羚羊，一名山驴。"白鵫即白色山鸡。骄或作骚，"食之不骄"

《北次二经》之首，在河之东，其首枕汾，其名曰管涔（cén）之山。其上无木而多草，其下多玉。汾水出焉，而西流注于河。

又西二百五十里，曰少阳之山，其上多玉，其下多赤银。酸水出焉，而东流注于汾水，其中多美赭。

又北五十里，曰县雍之山，其上多玉，其下多铜，其兽多闾、麋，其鸟多白翟、白鵫（yǒu）。晋水出焉，而东南流注于汾水。其中多鳖鱼，其状如倏而赤鳞，其音如叱，食之不骄。

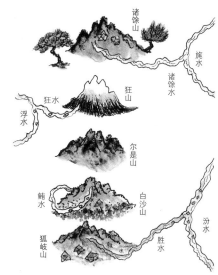

即可治疗狐骚病。

继续向北 200 里是狐岐山，没有草木，多青碧。胜水从这里发源向东北流入汾水，其中多苍玉。

继续向北 350 里是白沙山，方圆三百里都是沙漠，没有草木和鸟兽。鲔水从这里发源后潜入地下，有许多白玉。

继续向北 400 里是尔是山，既没有草木，也没有水。

继续向北 380 里是狂山，没有草木，这座山冬夏有雪。狂水从这里发源向西流入浮水，其中多美玉。

继续向北 380 里是诸馀山，山上多铜矿石、玉石矿，山下多松树、柏树。诸馀水从这里发源向东流入旄水。

今日山西省介休市境内的介山，又名狐岐山，属于太岳山脉，有多条小水系从这里发源向东北流入汾水。白沙山方圆三百里都是沙，当为一处沙漠，却仍然被称为山，表明在《五藏山经》中"山"乃地名的通称；鲔水"出于其上，潜于其下"，说明它是一条季节河或地下河。

又北二百里，曰狐岐之山，无草木，多青碧。胜水出焉，而东北流注于汾水，其中多苍玉。

又北三百五十里，曰白沙山，广员三百里，尽沙也，无草木鸟兽。鲔（wěi）水出其上，潜于其下，是多白玉。

又北四百里，曰尔是之山，无草木，无水。

又北三百八十里，曰狂山，无草木。是山也，冬夏有雪。狂水出焉，而西流注于浮水，其中多美玉。

又北三百八十里，曰诸馀之山，其上多铜、玉，其下多松、柏，诸馀之水出焉，而东流注于旄水。

骁马

敦头山

印泽

旄水

　　继续向北350里是敦头山，山上多金属矿、玉石矿，没有草木。旄水从这里发源向东流入印泽，其中多骁马，牛尾，白身，一角，发出"呼呼"的声音。

　　骁马，头上有角的白马，发出"呼呼"的叫声。袁珂先生认为，此处的印泽，与北嚣山的邛泽，是同一个湖泊，由于"印"与"邛"字形相近，在传抄转印过程中发生差误。事实上，在《山海经》等古籍里，音相同或相近的字、意相同或相近的字、形相近的字，以及在繁体字与简体字、异体字之间，都会有意无意地发生替代或混淆，并导致信息的失真。从符号学的角度来说，文字是一种信息载体，因此在文字与信息之间需要恰当的关系：当一个字承载的信息量过多

　　又北三百五十里，曰敦头之山，其上多金、玉，无草木。旄水出焉，而东流注于印泽。其中多骁（bó）马，牛尾而白身，一角，其音如呼。

时，使用者容易产生误解；当许多个字都承载相同的信息时，其实是一种浪费（这里不考虑修辞的需要）。

继续向北350里是钩吾山，山上多玉石矿，山下多铜矿。有一种野兽名叫狍鸮，羊身人面，眼睛长在腋下，虎齿人爪，发出的声音像婴儿，吃人。

狍鸮，郭璞注谓："为物贪惏，食人未尽，还害其身，像在夏鼎，《左传》所谓饕餮是也。"夏鼎即帝禹时代铸造的九鼎，《左传·宣公三年》记有："昔夏之方有德也，远方图物，贡金九枚，铸鼎象物，百物而为之备，使民知神奸。故民入川泽山林，不逢不若，魑魅魍魉，莫能逢之。故能协于上下，以承天休。"相传《山海经》的图像亦被铸在了九鼎

又北三百五十里，曰钩吾之山，其上多玉，其下多铜。有兽焉，其状如羊身人面，其目在腋下，虎齿人爪，其音如婴儿，名曰狍鸮（páo xiāo），是食人。

钩吾山

狍鸮

之上。饕餮在古史传说中以凶残和野蛮著称，其形貌或为兽或为人。

继续向北300里是北嚣山，没有石头，向阳面多青绿色的美石，背阴面多玉石矿。有一种名叫狍独的野兽，样子像虎，白身、犬首、马尾、彘鬣。有一种名叫鹳鹍的鸟，样子像乌鸦，长着人的面孔，夜里飞行，白天休息，吃了它的肉可以治疗中暑。涔水从这里发源向东流入邛泽。

独狢即白虎。鹳鹍夜间飞行觅食，白天藏起来休息，因此人们相信吃了它的肉，可以防止中暑。

继续向北350里是梁渠山，没有草木，多金属矿、玉石矿。脩水从这里发源向东流入雁门。野兽以居暨为多，样子像刺猬，红毛，声音像野猪。有一种名叫嚣的鸟，样子像夸父，四翼、一目、犬尾，声音像喜鹊，吃了它的肉可以治疗腹痛和腹泻。

又北三百里，曰北嚣之山，无石，其阳多碧，其阴多玉。有兽焉，其状如虎，而白身犬首，马尾彘鬣，名曰独狢（yù）。有鸟焉，其状如乌，人面，名曰鹳鹍（pán mào），宵飞而昼伏，食之已暍（yē）。涔水出焉，而东流注于邛泽。

又北三百五十里，曰梁渠之山，无草木，多金、玉。脩水出焉，而东流注于雁门。其兽

多居暨,其状如彙(wèi)
而赤毛,其音如豚。有
鸟焉,其状如夸父,四
翼、一目、犬尾,名曰嚣,
其音如鹊,食之已腹痛,
可以止衕(dòng)。

又北四百里,曰姑
灌之山,无草木。是山
也,冬夏有雪。

又北三百八十里,
曰湖灌之山,其阳多玉,
其阴多碧,多马。湖灌
之水出焉,而东流注于
海,其中多鱓(shàn)。
有木焉,其叶如柳而
赤理。

又北水行五百里,
流沙三百里,至于洹山,
其上多金、玉。三桑生
之,其树皆无枝,其高
百仞。百果树生焉。其
下多怪蛇。

又北三百里,曰敦
题之山,无草木,多金、
玉,是錞于北海。

今山西省恒山山脉的西端有雁门关。恒山山脉为东西走
向,主峰恒山海拔为 2017 米,其东为太行山山脉的小五台山,
其西即吕梁山山脉。此处脩水所流注之"雁门",当即上文少
咸山敦水所流入之"雁门之水"。彙即刺猬。夸父又作举父,形
貌为猿猴,这里却被形容成鸟的样子。衕即腹泻。

继续向北 400 里是姑灌山,没有草木,这座山冬夏有雪。

继续向北 380 里是湖灌山,向阳面多玉石矿,背阴面多青绿
色的美石,还有许多马。湖灌水从这里发源向东流入海,有许多
鳝鱼。有一种树,叶子像柳叶,有着红色纹理。

继续向北走水路 500 里、流沙 300 里,来到洹山,山上多金
属矿、玉石矿。三桑生长在这里,这些树都没有树枝,高百仞。
百果树生长在这里,山下有许多怪蛇。

继续向北 300 里是敦题山,没有草木,多金属矿、玉石矿,
坐落在北海之滨。

《五藏山经》记载有多座冬夏有雪的山,它们分布在西次四经、
北次一经、北次二经、北次三经所记述的北方和西北地区。当然
这并不意味着当时北方只有这几座冬夏有雪的山,而是说在人口

密集区里有这样的雪山。与此同时，多马的山也分布在《西山经》和《北山经》所记述的西北和北方区域，显然这是与自然地理生态环境相符合的，也说明当年考察者的记述是准确的。

鮨即鳝，湖灌水向东流入之海当指渤海。敦题山所在之北海，应是当时考察者所抵达的最北的地方，它可能是蒙古高原的湖泊，或西伯利亚的贝加尔湖。《山海经》多处记有"三桑无枝"景观，它可能是养蚕者供奉的举行巫术活动的标志物，或者是生殖崇拜巫术的标志物，或者是观测月亮、祭祀月亮（与生育有关）的标志物。值得注意的是，中国纳西族有一种古俗，亲人去世后的三年里，每年都要在屋旁栽一棵七八米高的把枝杈全砍去、只在端部留少许枝叶的小松树（寓意指引逝者灵魂回归故乡），到第三年时看上去正是"三桑（丧）无枝"的景观。此外，非洲沙漠地区有一种类似三桑无枝的"光棍树"，为了减少蒸发、节省用水，"光棍树"一年四季都是光秃秃的不长树叶，完全靠绿色的茎干进行光合作用。

北部山区第二条山脉自管涔山到敦题山，一共17座山，行经5690里。这里的各山神都是蛇的身子、人的面孔。祭祀它们：把一只雄鸡和一头猪一起埋入地下；把一块玉璧和一块玉珪投放到山林中，不用精米。

当地居民供奉蛇身人面之神，祭神时要将一只雄鸡和一头猪埋入地下，还要把一璧一珪投放到山林之中，不再用精米祭神。综观北次二经诸山，明显缺少汾水下游山川地貌的记述。显然这不会是考察者的失误，而是现存版本的北次二经的文字内容有信息流失或错位。

北部山区第三条山脉太行山的第一座山是归山，山上有金属矿、玉石矿，山下有青绿色的美石。有一种名叫䮝的野兽，样子像羚羊，却是四只角、马一样的尾巴，足部长着类似鸡距的骨节，擅长盘旋，人们用它的叫声来称呼它。有一种名叫䴋的鸟，样子像喜鹊，身上的羽毛是白色的，尾部的羽毛是红色的，六只足，

北次二经之神

凡《北次二经》之首，自管涔之山至于敦题之山，凡十七山，五千六百九十里。其神皆蛇身人面。其祠：毛用一雄鸡，彝瘗；用一璧一珪，投而不糈。

《北次三经》之首曰太行之山。其首曰归山，其上有金、玉，其下有碧。有兽焉，其状

如麢羊而四角，马尾而
有距，其名曰䴅（huī），
善还，其名自叫。有鸟
焉，其状如鹊，白身、
赤尾、六足，其名曰鶗
（bēn），是善惊，其鸣
自詨。

非常胆小易受惊吓，人们用它的叫声来称呼它。

北次三经记述的山脉总称太行山，它的第一座山名叫归山，按惯例应有参照地望标志。太行山山脉南端为中条山，据此归山当在中条山山脉的西端，即今日山西省风陵渡的北面。风陵又称风后陵，相传黄帝大臣风后在与蚩尤作战中阵亡而被埋葬在这里，现存风后冢高2米，围30米，位于山西省芮城县赵村。善还，即善于盘旋。善惊，胆小而又灵敏。

又东北二百里，曰
龙侯之山，无草木，多
金、玉。决决之水出焉，
而东流注于河。其中多
人鱼，其状如䱱（tí）鱼，
四足，其音如婴儿，食
之无痴疾。

继续向东北200里是龙侯山，没有草木，多金属矿、玉石矿。决决水从这里发源向东流入黄河。其中有许多娃娃鱼，样子像䱱鱼，四只足，发出的声音像婴儿，吃了它的肉可以治疗痴呆症。

中条山呈西南至东北走向，山势狭长160千米，宽仅10~15千米，出产铜、金、铁、煤、磷，至今仍保留有8平方千米原始森林，珍稀树种有杜仲树、猕猴桃树、漆树，主要动物有猕猴和

归山

鶗

䴅

太行山

大鲵，鲵即人鱼，俗称娃娃鱼。

值得注意的是，甘肃省甘谷县西坪出土的鲵鱼纹彩陶瓶，属于马家窑文化石岭下类型器物；其鲵鱼图形，脸似人面，颔下有须，造型人格化，有学者认为此即人类始祖伏羲的原形。事实上，古史传说所谓"伏羲蛇躯"，当初很可能是指"鲵躯"，亦即"龙躯"，表明龙的原形出自大鲵，龙的传人实出于此。目前发现的大鲵是现存最大的两栖类动物之一，前肢四趾，后肢五趾，头部疣粒显著，自颈侧至体侧有皮肤皱，以鱼、蛙、虾为食，分布在山西、陕西、河南、四川等地。由于鲵能爬上山椒树，因此又称山椒鱼。根据《吕氏春秋·贵直》所记，鲵鱼性凶猛。鲵鱼的这种兼具水行、陆行和爬树（树被古人视为天梯）的生存能力，被后人夸张成龙能够上天入地入水的神奇本领。笔者在《龙的原形是娃娃鱼》一文中指出，由于帝舜时期人们大量捕杀大鲵用其鱼油点灯照明（《海内北经》称舜的女儿宵明和烛光发明了人造光源），娃娃鱼亦即龙几乎灭绝，以致后世的人们已经不再知道龙的原形就是娃娃鱼了。

继续向东北200里是马成山，山上多文石，背阴面多金属矿、玉石矿。有一种名叫天马的野兽，样子像白犬，黑头，见人则飞，人们用它的叫声来称呼它。有一种名叫鹍鹍的鸟，样子像乌鸦，首白、身青、足黄，人们用它的叫声来称呼它，吃了它的肉就不会饥饿，还可以治疗昏忘病。

马成山的得名或许与当地出产天

龙侯山

浃浃水

人鱼

又东北二百里，曰马成之山，其上多文石，其阴多金、玉。有兽焉，其状如白犬而黑头，见人则飞，其名曰天马，其鸣自叫。有鸟焉，其状如乌，首白而身青、足黄，是名曰鹍鹍（qū jū），其鸣自詨，食之不饥，可以已寓。

马有关，此处天马样子像黑头白身犬，它的名称当与"见人则飞"的习性有关，或者与它的叫声像"天马"的发音有关。"已寓"，郝懿行认为可能是治疗昏忘病的意思。

继续向东北70里是咸山，山上有玉石矿，山下多铜矿石；有许多松树、柏树，有许多紫草。条菅水从这里发源向西南流入长泽。其中多器酸，三年才能制作出来，吃了它可以治疗疬病。

继续向东北200里是天池山，山上没有草木，有许多文石。有一种名叫飞鼠的野兽，样子像兔，却是鼠首，用它背部的翼飞翔。滽水从这里发源后变成地下河，其中有许多黄垩。

咸山之名当与出产咸盐有关。中条山北麓安邑县（今属山西运城市）境内的解池，自古为盐池，以出产盐、硝著名。《水经注·涑水》：安邑"城南有盐池，上承盐水，水出东南薄山，西北流，

又东北七十里，曰咸山，其上有玉，其下多铜，是多松、柏，草多茈草；条菅之水出焉，而西南流注于长泽。其中多器酸，三岁一成，食之已疬。

又东北二百里，曰天池之山，其上无草木，多文石。有兽焉，其状如兔而鼠首，以其背飞，其名曰飞鼠。滽水出焉，潜于其下，其中多黄垩。

径巫咸山，谷口岭上，有巫咸祠。"从今天的角度来看，巫咸是盐业工程师。器酸当是人工制造的食用醋或酸类，食用醋可由谷物发酵而成，其发明的时间与酒大体相当，酸类可由化学方法制成。安邑西北的夏县相传即夏禹建都之地。

天池山，顾名思义是山顶有湖池。众所周知，新疆天山有天池，相传西王母在此宴请周穆王，又名瑶池；吉林长白山有天池，为火山湖；此外浙江莫干山也有天池，仅12平方米。此处天池山如果位于中条山脉，那么应当能够找到它。滽水"潜于其下"，可能是地下河；黄垩，黄色黏土，也可能指钟乳石，或者是火山灰。

继续向东300里是阳山，山上多玉石矿，山下多金属矿、铜矿。有一种名叫领胡的野兽，样子像牛，赤尾，它的颈部有赘肉，样子像容器斗，人们用它的叫声来称呼它，吃了它的肉可以治疗狂躁病。有一种名叫象蛇的鸟，样子像雌雉，有着五彩花纹，雌雄同体，人们用它的叫声来称呼它。留水从这里发源向南流入黄河，其中有鲐父鱼，样子像鲫鱼，鱼首、猪身，吃了它的肉可以治疗呕吐。

句瞿，郭璞注谓即衡器或容器。领胡，郝懿行认为其得名于这种动物颈部下垂的赘肉形状如斗，领即颈，胡即赘肉。此处五彩鸟名叫"象蛇"，可惜不清楚是表意还是表音，如果是用象形字表音则会附加原本没有的信息。留水向南流入黄河，表明这里在黄河以北。

继续向东350里是贲闻山，山上多苍玉，山下多黄垩，还有许多涅石。

继续向北100里是王屋山，这是一座多石山。㴬水从这里发源向西北流入泰泽。

继续向东北300里是教山，山上多是玉矿石，没有石头。教水从这里发源向西流入黄河，这条水在冬天干涸，到夏天奔流，是一条季节河。其中有两山。这座山方圆三百步，名叫发丸山，山上有金属矿、玉矿石。

又东三百里，曰阳山，其上多玉，其下多金、铜。有兽焉，其状如牛而赤尾，其颈䣙（shèn），其状如句瞿，其名曰领胡，其鸣自詨，食之已狂。有鸟焉，其状如雌雉，而五采以文，是自为牝牡，名曰象蛇，其鸣自詨。留水出焉，而南流注于河。其中有鲐（xiàn）父之鱼，其状如鲋鱼，鱼首而彘身，食之已呕。

又东三百五十里，曰贲闻之山，其上多苍玉，其下多黄垩，多涅石。

又北百里，曰王屋之山，是多石。㴬（niǎn）水出焉，而西北流注于泰泽。

又东北三百里，曰

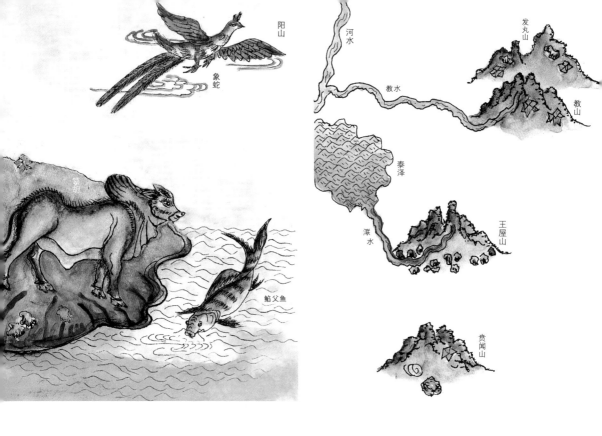

教山，其上多玉而无石。
教水出焉，西流注于河；
是水冬干而夏流，实惟
干河。其中有两山。是
山也，广员三百步，其
名曰发丸之山，其上有
金、玉。

王屋山西连中条山，东接太行山，位于山西省垣曲县城东、河南省济源市西北，主峰海拔1711米，山势三重，因其状若王者车盖而得名。相传轩辕黄帝在此设坛求雨，故又名天坛山；这里也是道教十大洞天之首，别名小有清虚之天。王屋山闻名遐迩，还得益于愚公移山故事的远播，至今这里仍然有愚公村、愚公洞、愚公井、愚公移山等胜地。愚公移山的故事很早就被视为寓言，其实它当初与治理洪水有关，因为修路是没有必要把山石运到"渤海之尾"的。

教水是一条季节河，它向西流入黄河，按方位应属于今日涑水河或其支流。发丸山系教山之连麓，因其盛产金玉而得到考察者的重视。

继续向南300里是景山，向南远望是盐贩泽，向北远望是少泽。山上多草、山药，草以秦椒为多；背阴面多赭石，向阳面多玉石矿。有一种名叫酸与的鸟，样子像蛇，四翼、六目、三足，人们用它的叫声来称呼它，它的出现预兆当地将有恐慌的事情发生。

此处的盐贩泽与咸山的长泽，即历史上著名的河东盐池，又称解池，是我国黄河流域最重要的产盐地和食盐产品集散地，许多学者都正确指出远古文明区域的形成离不开盐业的发达。《梦溪笔谈》记有："解州盐池，卤色正赤，俚俗谓之蚩尤血。"山西省中南部，及其周边的冀、豫、陕地区则是尧舜禹文明的发祥地。所谓酸与鸟"见则其邑有恐"，郭璞注谓"或曰食之不醉"，两者相距甚远。

又南三百里，曰景山，南望盐贩之泽，北望少泽，其上多草、藷藇（shǔ yù），其草多秦椒，其阴多赭，其阳多玉。有鸟焉，其状如蛇，而四翼、六目、三足，名曰酸与，其鸣自詨，见则其邑有恐。

少泽

孟门山

平山

京山

酸与

景山

虫尾山

高水

丹水

盐贩泽

河水

彭毗山

继续向东南320里是孟门山，山上多苍玉，多金属矿，山下多黄垩，多涅石。

继续向东南320里是平山。平水从山上流下，然后潜行地下，有许多美玉。

继续向东200里是京山，山上有美玉，多漆木，多竹；向阳面有赤铜矿，背阴面有黑色磨刀石。高水从这里发源向南流入黄河。

继续向东200里是虫尾山，山上多金属矿、玉石矿，山下多竹，多青碧。丹水从这里发源向南流入黄河。薄水从这里发源向东南流入黄泽。

继续向东300里是彭毗山，山上没有草木，多金属矿、玉石矿，山下多水。蚤林水从这里发源向东南流入黄河。肥水从这里发源向南流入床水，其中多肥遗蛇。

孟门，郭璞注引《尸子》："龙门未辟，吕梁未凿，河出于孟门之上，大溢逆流，无有丘陵高阜，灭之，名曰洪水。""逆流"即河水倒流，乃下游水位升高所致；导致下游水位升高的原因很多，除了地质变化、暴雨等因素之外，海平面上升以及海啸都会造成河水逆流。玄碥即黑色磨刀石。床水的肥遗蛇当系水蛇。

继续向东180里是小侯山，明漳水从这里发源向南流入黄泽。有一种名叫鸪鹠的鸟，样子像乌鸦，却有着白色的纹理，吃了它的肉眼睛就不会昏瞀。

继续向东370里是泰头山，共水从这里发源向南流入虖池，山上多金属矿、玉石矿，山下多竹、箭。

明漳水，当系今日浊漳水的支流。瘹，眼睛昏瞀。共水向南流入的虖池，可能是今日太行山区著名的滹沱河，也可能是另一处地方。先夏时期有一个非常著名的部落首领名叫共工，徐旭生先生在《中国古史的传说时代》一书中认为，共工的事迹与洪水泛滥密切相关，古代"共"与"洪"可通用，因为"共工氏以水纪，故为水师而水名"（《左传·昭公十七年》），所以后人就把共水泛滥称之为洪水泛滥。事实上，在古史研究领域，存在着许多学派和不同的学术观点，徐旭生先生对先夏时期洪水泛滥起因的解释，只是众多观点之一。

继续向东北200里是轩辕山，山上多铜矿，山下多竹。有一种黄鸟，样子像猫头鹰，白首，人们用它的叫声来称呼它，吃了它的肉就不会妒忌。

此处山名轩辕，不清楚是否与黄帝轩辕氏的活动有关。黄鸟不知有何特殊之处，它为什么能够缓解人类的忌妒病？忌妒是一种复杂的生理和心理活动，除了会忌妒性别之外，身份、地位、权力、财富、技能都会成为忌妒的对象，忌妒有可能导致严重的社会问题，但是这里要把追求社会公正与狭隘的忌妒区别开来。

又东北二百里，日轩辕之山，其上多铜，其下多竹。有鸟焉，其状如枭而白首，其名曰黄鸟，其名自詨，食之不妒。

又北二百里，日
谒戾之山，其上多松、
柏，有金、玉；沁水出
焉，南流注于河。其东
有林焉，名曰丹林。丹
林之水出焉，南流注于
河。婴侯之水出焉，北
流注于汜水。

东三百里，曰沮洳
（jù rù）之山，无草木，
有金、玉。淇（qí）水
出焉，南流注于河。

又北三百里，曰
神囷（qūn）之山，其
上有文石，其下有白蛇，
有飞虫。黄水出焉，而
东流注于洹（huán）。
滏（fǔ）水出焉，而东
流注于欧水。

继续向北200里是谒戾山，山上多松树、柏树，有金属矿、玉石矿。沁水从这里发源向南流入黄河。此地东面有一片树林，名叫丹林；丹林水从这里发源向南流入黄河。婴侯水从这里发源向北流入汜水。

继续向东300里是沮洳山，没有草木，有金属矿、玉石矿。淇水从这里发源向南流入黄河。

继续向北300里是神囷山，山上有文石，山下有白蛇，有飞虫。黄水从这里发源向东流入洹水。滏水从这里发源向东流入欧水。

谒，拜见；戾，罪过，凶残。不知谒戾山为何有此名。沁水是黄河下游的重要支流，发源于汾水东侧的太岳山脉，据此这里的谒戾山似原本应属于北次二经；不过，古人对江河源头的认识往往有误，经常将支流误认为正源，因此这里的谒戾山也可能位于山西省沁水县境内。

淇水发源于河南省淇县西北的太行山麓，淇县东面的濮阳，相传是颛顼故里，当地先夏时期的墓葬出土有蚌壳摆塑成的龙、

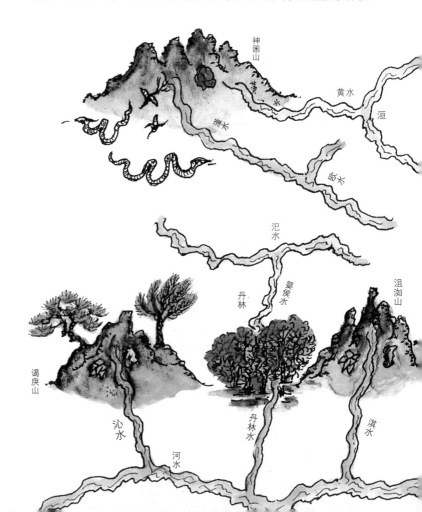

虎图案。淇县北面的安阳，有我国商代都城遗址，又称殷墟；古代民族或部落，往往有多个名称，既有自称，也有外人的指称。《水经注》记有洹水西南注入淇水，今日洹水又称安阳河。淦水当即今日的淦阳河，为子牙河的南源。

继续向北200里是发鸠山，山上多柘木。有一种名叫精卫的鸟，样子像乌鸦，头部毛羽有纹理，喙是白色的，足是红色的，人们用它的叫声称呼它。炎帝的少女名叫女娃，女娃游于东海，溺而不返；她变成精卫鸟，经常衔着西山上的树枝、石块，投入东海，希望把东海填平。漳水从这里发源向东流入黄河。

漳水在安阳殷墟以北的地方向东流入黄河，漳水的上游有两个支流，分别称之为清漳水和浊漳水，发鸠山当在此地不远。

《山海经》全书中，只有《北山经》《大荒西经》和《海内经》提及炎帝，但是都没有直接记述炎帝的事迹，只是记述炎帝后裔的故事；此外，《中山经》记述的帝女名曰女尸，以及帝女之桑的故事，她们可能也是炎帝后裔。

在华夏民族的古老记忆里，炎帝有三种身份。其一是南方兼夏季之帝，又称赤帝，《礼记·月令》："孟夏之月……其帝炎帝，

又北二百里，曰发鸠之山，其上多柘木。有鸟焉，其状如乌，文首、白喙、赤足，名曰精卫，其鸣自詨。是炎帝之少女名曰女娃，女娃游于东海，溺而不返，故为精卫，常衔西山之木石，以堙于东海。漳水出焉，东流注于河。

女娃

其神祝融。"《淮南子·时则训》："南方之极，自北户孙之外，贯颛顼之国，南至委火炎风之野，赤帝、祝融之所司者万二千里。"其二是神农，即农作物和草药的发明者。其三是与黄帝争夺天下的部落联盟首领，即此处的炎帝。

在一万年前，由于海平面比今日低数十米到上百米，我国渤海的全部以及黄海、东海的大陆架均为陆地。"女娃游于东海"，即炎帝部落的一支嫡系部落向东部拓疆，迁徙到当时的海边居住。"溺而不返"，是说由于气候变暖，海平面上升，女娃部落遭到灭顶之灾。"故为精卫"云云，是说女娃部落的幸存者退到太行山脉居住，他们举行巫术仪式，将太行山的木石投入东海，以期将海水堙平，恢复往日的美好家园。事实上，炎帝部落与黄帝部落的长期战争和冲突，正是在上述海侵事件导致的生存地域减缩的大环境变迁的基础上展开的。

又东北百二十里，曰少山，其上有金、玉，其下有铜。清漳之水出焉，东流于浊漳之水。

又东北二百里，曰锡山，其上多玉，其下有砥。牛首之水出焉，而东流注于滏水。

又北二百里，曰景山，有美玉。景水出焉，东南流注于海泽。

又北百里，曰题首之山，有玉焉，多石，无水。

继续向东北 120 里是少山，山上有金属矿、玉石矿，山下有铜矿。清漳水从这里发源向东流入浊漳水。

继续向东北 200 里是锡山，山上多玉石矿，山下有制磨刀石的石材。牛首水从这里发源向东流入滏水。

继续向北 200 里是景山，有美玉。景水从这里发源向东南流入海泽。

继续向北 100 里是题首山，有玉石矿，多石材，没有水。

今日清漳水发源于山西省昔阳县，向东南流入浊漳水。此处锡山未言其产锡，锡是构成青铜的重要元素，青铜器比纯铜器要坚硬和锋

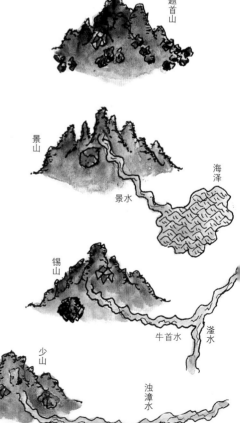

题首山

景山

海泽

景水

锡山

牛首水

滏水

少山

浊漳水

利许多，因此有着更广泛的用途；从这个角度来说，锡矿石在青铜器时代属于军事战略资源，谁控制了锡矿石的产地，谁就拥有更先进的兵器。景水向东南流入海泽，这与位于它前后的诸山地形不符，也与北次三经所记述的整体地形地貌难以吻合；因为当时黄河出海口要比今日靠北，太行山发源的河流不可能绕过黄河直接入海。因此在《帝禹山河图》里，北次三经的景山、题首山与南次三经的丹穴山、发爽山的地理方位进行了调整，缘由已见前述。

继续向北100里是绣山，山上有玉石矿、青碧，有许多栒树，草以芍药、川芎为多。㳶水从这里发源向东流入黄河，其中有鳠鱼、蛙。

继续向北120里是松山，阳水从这里发源向东北流入黄河。

继续向北120里是敦与山，山上没有草木，有金属矿、玉石矿。溹水发源于山的向阳面，向东流入泰陆水。泜水发源于山的背阴面，向东流入彭水。槐水从这里发源向东流入泜泽。

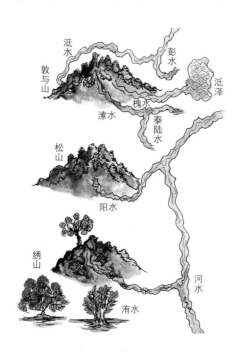

绣山之名，很容易让人联想到养蚕、缫丝、纺织、刺绣；栒木可作悬挂钟、磬的支架；鳠鱼，体细长无鳞，头扁平，口具须四对；龟，蛙类。敦与山发源有三条水系，而且都向东流，这种情况非常少见；其中泜水与泜泽，按惯例两者之间应当有着某种地形地貌上的关联。

又北百里，曰绣山，其上有玉、青碧，其木多栒（xún），其草多芍药、芎䓖。㳶（wěi）水出焉，而东流注于河。其中有鳠（hù）、䵷（měng）。

又北百二十里，曰松山，阳水出焉，东北流注于河。

又北百二十里，曰敦与之山，其上无草木，有金、玉。溹（suǒ）水出其阳，而东流注于泰陆之水；泜（zhī）水出其阴，而东流注于彭水。槐水出焉，而东流注于泜泽。

又北百七十里，曰柏山，其阳有金、玉，其阴有铁。历聚之水出焉，而北流注于洧水。

又北三百里，曰维龙之山，其上有碧玉，其阳有金，其阴有铁。肥水出焉，而东流注于皋泽，其中多鼍（tuó）石。敞铁之水出焉，而北流注于大泽。

又北百八十里，曰白马之山，其阳多石、玉，其阴多铁，多赤铜。木马之水出焉，而东北流注于虖沱。

又北二百里，曰空桑之山，无草木，冬夏有雪。空桑之水出焉，东流注于虖沱。

继续向北170里是柏山，向阳面有金属矿、玉石矿，背阴面有铁矿石。历聚水从这里发源向北流入洧水。

继续向北300里是维龙山，山上有碧玉，向阳面有金属矿，背阴面有铁矿石。肥水从这里发源向东流入皋泽，其中多石块。敞铁水从这里发源向北流入大泽。

继续向北180里是白马山，向阳面多石材、玉石矿，背阴面多铁矿石，多赤铜矿。木马水从这里发源向东北流入虖沱水。

继续向北200里是空桑山，没有草木，冬夏有雪。空桑水从这里发源向东流入虖沱水。

柏山、维龙山、白马山均出产铁矿石，其中维龙山发源的河流又名敞铁水，显然这与当时人们在这里开采铁矿石的活动有关。今日河北省邯郸市西面的太行山里有著名的峰峰铁矿山和磁山（出产磁铁矿），而且这里已经发现有先夏时期的文化遗址。此外，在磁山西南的涉县境内，有一座奶奶顶山，又名中皇山、唐王山、凤凰山，其上建有娲皇宫，供奉娲皇圣母（即女娲娘娘）。空桑，在古史传说中这是一个非常著名的地方，相传颛顼、伊尹、孔子均出生在空桑之地，或者生在大桑树的空洞内；在《五藏山经》里，除了北次三经有空桑山外，东次二经亦有空桑山；郭璞、郝懿行认

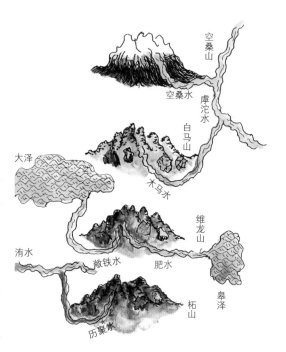

为，北次二经原本还有一座空桑山，其文字已脱失。此外，空桑又指汤谷之扶桑。

继续向北300里是泰戏山，没有草木，多金属矿、玉石矿。有一种名叫豚豚的野兽，样子像羊，一角一目，眼睛长在耳后，人们用它的叫声来称呼它。滹沱水从这里发源向东流入溇水。液女水从山的向阳面发源，向南流入沁水。

泰戏山的名称，让人联想到唱大戏。事实上，戏曲是由远古的巫术仪式中的舞蹈和歌唱演化而来的。今日滹沱河发源于山西省境内的五台山、云中山、系舟山，是华北地区的一条大河。此处液女水向南流入沁水，与泰戏山的地理方位不符，疑是另一座山的文字误窜入至此。

继续向北300里是石山，山上有许多金属矿、玉石矿。濩濩水从这里发源向东流入滹沱水。鲜于水从这里发源向南流入滹沱水。

继续向北200里是童戎山，皋涂水从这里发源向东流入溇液水。

继续向北300里是高是山。滋水从这里发源向南流入滹沱水。树以棕树为多，草以条草为多。滱水从这里发源向东流入黄河。

继续向北300里是陆山，有许多美玉。郗水从这里发源向东流入黄河。

继续向北200里是沂山，般水从这里发源向东流入黄河。

继续向北120里是燕山，多婴石。燕水从这里发源向东流入黄河。

继续向北沿山路走500里，再走水路500里，来到饶山。这里没有草木，多似玉的美石和青绿色的美石。有许多骆驼，还有许多鹍鸟。历虢水从这里发源向东流入黄河，其中有师鱼，吃了会毒死人。

石山"多藏金玉"，郝懿行认为"藏"指品位高。陆山所出郗水，或作郔水。此处燕山当即指今日太行山山脉北部

又北三百里，曰泰戏之山，无草木，多金、玉。有兽焉，其状如羊，一角一目，目在耳后，其名曰豚豚（dòng），其鸣自訆。滹沱之水出焉，而东流注于溇水。液女之水出于其阳，南流注于沁水。

又北三百里，曰石山，多藏金、玉。濩濩之水出焉，而东流注于滹沱；鲜于之水出焉，而南流注于滹沱。

又北二百里，曰童戎之山。皋涂之水出焉，而东流注于溇液水。

又北三百里，曰高是之山。滋水出焉，而南流注于滹沱。其木多棕，其草多条；滱（kòu）水出焉，东流注于河。

又北三百里，曰陆山，多美玉。郗（jiāng）水出焉，而东流注于河。

又北二百里，曰沂山，般水出焉，而东流注于河。

北百二十里，曰燕山，多婴石。燕水出焉，东流注于河。

羳羊

饶山

囊驼

鹠

历虢水

燕山

燕水

沂山

陆山

魻水

高是山

滋水

童戎山

皋涂水

滋水

泰戏山

水

液女水

滹沱水

浯水

娄液水

石山

康渎水

滹沱水

又北山行五百
里，水行五百里，至
于饶山。是无草
木，多瑶、碧。其兽
多囊驼，其鸟多鹠（liú）。
历虢（guó）之水出焉，
而东流注于河。其中有
师鱼，食之杀人。

的燕山山脉，婴石即燕石，乃燕山地区所产的一种美石，略
逊于玉。成语十袭而藏的故事，说的就是宋国人误把燕石当
成奇宝而采用十层包装将其珍藏，因而引起众人嘲笑。饶山
在一处湖泽之北，当地多骆驼；鹠鸟，或谓即鸺鹠，或曰即
留离鸟，这种鸟小时羽毛美丽，长大后则变丑。师鱼，有剧毒，
属于河豚鱼之类。

又北四百里，曰乾
山，无草木，其阳有金、
玉，其阴有铁而无水。
有兽焉，其状如牛而三
足，其名曰獂，其鸣
自詨。

继续向北400里是乾山，没有草木。向阳面有金属矿、玉石矿，
背阴面有铁矿，没有水。有一种名叫獂的野兽，样子像牛，却长
着三只足，人们用它的叫声来称呼它。

乾，一音同甘，一音同前；由于此山无草木，汪绂认
为乾在此处音同甘。汪绂是清朝初年学者，著有《山海经
存》一书，他早年曾在瓷器场当画工，因此在其著作中附有
三四百幅《山海经》动物人神插图。獂的形貌像野牛，可惜
经文未言其功效。

继续向北 500 里是伦山，伦水从这里发源向东流入黄河。有一种名叫羆的野兽，样子像麋，尾巴上的毛色图案像孔窍。

羆，熊的一种，毛棕褐色，能爬树、游水，俗称马熊或人熊。不过，此处伦山的羆（或作羆九），其状如麋，是一种类似麋鹿的食草类动物，与熊类有较大差异。川或作州，指动物身体的窍；"川在尾上"疑可指"羆"的尾部长着类似藏羚羊的气囊开口。藏羚羊能够在高海拔空气稀薄缺氧的环境里，以高速持续奔跑半个小时，是因为其氧气供应采用了独特的技术，即四肢上部各有一个气囊；其中后肢比前肢的气囊体积更大（藏民早已观察到），后肢气囊的开口正是在尾部，这些气囊能够储存额外的更多的氧气以供藏羚羊长时间快速奔跑时所用。

继续向北 500 里是碣石山，绳水从这里发源向东流入黄河，其中多蒲夷鱼。山上有玉石矿，山下多青碧。

继续向北走水路 500 里，来到雁门山，没有草木。

继续向北走水路 400 里，来到泰泽，其中有一座帝都山，方圆百里，没有草木，有金属矿、玉石矿。

继续向北 500 里是錞于毋逢山。向北远望是鸡号山，那里的

又北五百里，曰伦山。伦水出焉，而东流注于河。有兽焉，其状如麋，其川在尾上，其名曰羆（pí）。

又北五百里，曰碣石之山；绳水出焉，而

东流注于河，其中多蒲夷之鱼。其上有玉，其下多青碧。

又北水行五百里，至于雁门之山，无草木。

又北水行四百里，至于泰泽。其中有山焉，曰帝都之山，广员百里，无草木，有金、玉。

又北五百里，曰锌于毋逢之山，北望鸡号之山，其风如飓（lì）。西望幽都之山，浴水出焉。是有大蛇，赤首白身，其音如牛，见则其邑大旱。

凡《北次三经》之首，自太行之山以至于无逢之山，凡四十六山，万二千三百五十里。其神状皆马身而人面者廿神。其祠之，皆用一藻、茝（chǎi）瘗之。其十四神状皆彘身而载玉。其祠之，皆玉，不瘗。其十神状皆彘身而八足蛇尾。其祠之，皆用一璧瘗之。大凡四十四神，

风好像刮刀子。向西远望是幽都山，浴水从这里发源。这里有大蛇，赤首白身，发出的声音像牛，它的出现预兆当地将发生大旱灾。

碣石山又名揭石山，是我国北方名山，一般认为它位于今日河北省昌黎县城北，主峰仙台顶，海拔695米，秦始皇、汉武帝都曾来此登山观渤海，但是这里不可能有水系东流入黄河，或许经文"河"乃"海"之误。此外，也有人认为它在秦皇岛附近的海中，或者位于山东省境内；而在《山海经艺术地理复原图》组画里，碣石山被画在今日河北省与辽宁省交界处的七老图山脉上，其主峰大光顶子山，海拔2037米，是滦河水系与辽河水系的分水岭。蒲夷鱼或谓即西次四经英鞮山的冉遗鱼。

此处雁门山，按方位应当属于北次二经，或者是另一座同名的山。北次一经亦多处提到泰泽，此处泰泽未必就是北次一经所说的泰泽，它们的存在表明当时蒙古草原水草丰茂，湖泽甚多。帝都山当是一处先夏时期的都城遗址，幽都山疑是当年帝都山居民的墓葬之地或祭祀鬼魂的场所，这里的守护神是一条红头大白蛇。

北部山区第三条山脉从太行山到无逢山，共计46座山，总里程12350里。其中，20座山的居民供奉马身人面的图腾神，祭祀礼仪是把藻玉和香草埋入地下。14座山的居民供奉猪身载玉的图腾神，祭祀礼仪是供奉玉器，不用埋入地下。10座山的居民供奉猪身八足蛇尾的图腾神，祭祀礼仪都是把一枚玉璧埋入地下。上述44座山图腾神，祭祀时都要献上精米和糯稻，当地居民都有寒食节的习俗。

右边是北部山脉记录，共87座山，总里程23230里。

无逢山即毋逢山。北次三经是《五藏山经》26条山脉中最长的一条山脉，在这个区域里居住着三个大的族群。其中，第一个族群（按顺序应位于北次三经的南部）的人们供奉马身人面之神，祭神时要将藻、茝埋入地下。第二个族群（位于北次三经中部）的人们供奉彘身载玉之神，祭神时要献上许多玉器，祭祀结束后

不用把玉器埋入地下。第三个族群（位于北次三经北部）的人们供奉彘身八足蛇尾之神，祭神时要将玉璧埋入地下。上述地区的人们，祭祀的供品都有精米和糯稻，而且都有寒食的习俗。

综观《北山经》所记述的自然地理和人文地理内容，其脉络相当清晰，而且基本符合我国北方山西省、河北省和内蒙古草原，以及相邻地区的情况，这就充分说明当年的考察者是实地观察和有观测依据的。或者也可以说，在《五藏山经》里，《北山经》的文字内容是保存得最好的部分之一。对比之下，《东山经》和《南山经》的地理方位考证就要困难许多，例如徐旭生先生在《读山海经札记》一文（收入《中国古史的传说时代》一书）中指出：“惟《南山经》与《东山经》所载，困难甚多。盖古今异名，未可详考。”有必要指出的是，关于渤泽和昆仑丘的地理方位，徐先生已经意识到它们可能近在黄河河套一带，而不是两千年来众多学者猜测的远在罗布泊和青藏高原地区，并指出这种误解是由“我民族文化之逐渐远播而随之外移”造成的。

皆用稌糯米祠之，此皆不火食。

右北经之山志，凡八十七山，二万三千二百三十里。

北次三经之神

　　《东山经》共记述有4条自北向南的山脉，它们分别是东次一经、东次二经、东次三经、东次四经，其地理方位包括今日的山东省全境、江苏省和安徽省的中北部，以及黄海、东海的部分岛屿，其东端可达日本列岛。

　　《东山经图》系《山海经艺术地理复原图》组画之六，它描绘的是《东山经》记述的全部自然地理和人文地理内容。熟悉山海经地理方位研究领域情况的人都知道，《东山经》和《南山经》古今地名的方位考证是一个长期困扰学者的重大疑难问题。以研究先夏文明著称的前辈学者徐旭生先生在《读山海经札记》一文中就感慨道："《南山经》所载僻在江南，名称不同，尚不足异。《东山经》所载皆近在齐鲁文化之区，而所能考知之山水已不多有，殊足令人诧异也。"从符号学角度来说，远古文字符号信息的解读，需要借助某种客观的参照系，而可靠的参照系之一就是自然环境的变迁。也就是说，我们在解读《东山经》等古代文献所记录的地理信息时，不能简单地用今天的地形地貌与之对照，而是要回到古代的地形地貌环境之中去研究两者的关系。

　　例如，东次三经记述的诸山，按方位大体相当于今日的胶莱平原一带，但是它们之间却均有海水相隔，全然与今日山东省地形地貌不同。然而，根据我国地图出版社1984年出版的《中国自然地理图集》一书"华北平原的成长图"可知，在4200年前，海岸线比今日靠西许多，山东半岛尚被海水分隔，从胶州湾到莱州湾的胶莱平原是一片汪洋。这就表明东次三经记述的地理地貌实际上符合4200年以前的自然环境，《五藏山经》有实测依据，只是由于沧海桑田变化而不为后世学者所知。

东部山区第一条山脉的第一座山是樕螽山，它的北面与乾昧相邻。食水从这里发源向东北流入渤海。其中有许多鱅鱅鱼，样子像犁牛，发出的声音像猪嚎叫。

根据《五藏山经》26条山脉"由近向远、由内向外、由中心向外围"的分布规律，《东山经》记述的4条山脉东次一经应当位于《东山经》的最西部，并且与《中山经》东部和《北山经》南部的山脉相邻。

乾昧，是一个曾经非常著名的地名，但是我们今天却不清楚它在哪里。这里有食水向东北流入海中，此海当即渤海，当时渤海的面积要远比今日宽阔，其海岸线大体在潍坊、淄博、济南、德州、保定、北京通州至秦皇岛一带。据此可以推知，东次一经的第一座山当位于今日山东丘陵地区的西北角。鱅鱅鱼，俗称胖头鱼。犁牛即毛色花纹似虎纹的牛。

继续向南300里是藟山，山上有玉石矿，山下有金属矿。湖水从这里发源向东流入食水，其中有许多螺蛳。

继续向南300里是枸状山，山上多金属矿、玉石矿，山下多青碧石。有一种名叫从从的野兽，样子像犬，六足，人们用它的

《东山经》之首，曰樕螽(sùzhū)之山，北临乾昧。食水出焉，而东北流注于海。其中多鱅鱅之鱼，其状如犁牛，其音如彘鸣。

又南三百里，曰藟(lěi)山，其上有玉，其下有金。湖水出焉，东流注于食水，其中多活师。

又南三百里，曰枸状之山，其上多金、玉，其下多青碧石。有兽焉，其状如犬，六足，其名曰从从，其鸣自詨。有鸟焉，其状如鸡而鼠毛，其名曰蛆(zī)鼠，见则其邑大旱。泜(zhǐ)水出焉，而北流注于湖水。其中多箴(zhēn)鱼，其状如鲦，其喙如箴，食之无疫疾。

藟山

螽鼠

食水

湖水

泜水

鱅鱅鱼

乾昧山

樕螽山

从从

枸状山

叫声来称呼它。有一种名叫蜚鼠的鸟，样子像鸡而长着鼠毛，它的出现预兆当地将发生大旱灾。汜水从这里发源向北流入湖水，其中有许多箴鱼，样子像白条鱼，它的嘴像针，吃了它的肉不会得传染病。

今日山东丘陵的泰山山脉、鲁山山脉、沂山山脉，确实有多条小水系发源并向东北流入渤海，其主要的一条河名叫小清河。需要说明的是，4200 年前黄河出海口在今日德州与保定的连线中间；因此今日济南以下的黄河河道，有可能曾经是山东丘陵发源的水系之一。活师即螺蛳。箴即针，当初是由竹制的，故为竹字头。

继续向南 300 里是勃齐山，没有草木，没有水。

继续向南 300 里是番条山，没有草木，多沙。减水从这里发源向北流入大海，其中多黄颊鱼。

继续向南 400 里是姑儿山，山上多漆树，山下多桑树、柘树。姑儿水从这里发源向北流入大海，其中多黄颊鱼。

继续向南 400 里是高氏山，山上多玉石矿，山下多箴石。诸绳水从这里发源向东流入沼泽地，其中多金属矿、玉石矿。

继续向南 300 里是岳山，山上多桑树，山下多樗树。泺水从这里发源向东流入沼泽地，其中多金属矿、玉石矿。

山东省古为齐鲁大地，齐地靠北（临淄），鲁地靠南（曲阜），此处勃齐山不知是否与齐地之名有关。鳡鱼或称黄颊鱼。减水、姑儿水向北流入之海当指渤海。诸绳水、泺水向东流入之泽，按方位当指江苏省北部的古湖泽，它们

豹山

早已淤积成陆。箴石，可能是一种专用于磨制针的石头。诸绳水的"绳"字也有讲究，在古代"绳"是一种神圣的器物，一是结绳记事，二是丈量土地；古埃及人称测绘工程师为执绳者，女娲以绳甩黄土造人的故事表明她也是执绳者；此外，绳又像蛇，而手持蛇、耳戴蛇是巫师的身份和权力标志。岳山应是一座有地位的山，今日安徽蚌埠市西的怀远县涂山相传即帝禹召开诸侯大会的地方，涂山附近的荆山相传即卞和采玉处，或许岳山即在此地；而蚌埠之名应得自贝壳堤，它是古海岸线的标志。

继续向南300里是豹山，山上没有什么草木，山下多水，其中多堪豫鱼。有一种兽，样子像夸父，却长着猪一样的毛，发出"呼"的声音，它的出现预兆天下将发生水灾。

堪豫鱼，不详何鱼。豹山的怪兽未言其名，从山名推测，原文应有"其名曰豹"四字。用"夸父"来形容某种动物已见于北次二经梁渠山，表明夸父是一种在当时更为普通的动物。

又南三百里，曰豹山，其上无草木，其下多水，其中多堪豫（xù）之鱼。其兽焉，其状如夸父而彘毛，其音如呼，见则天下大水。

继续向南300里是独山，山上多金属矿、玉石矿，山下多美石。末涂水从这里发源向东南流入沔水。其中有许多倏蠓，样子像黄色的蛇，长着鱼鳍，它来到时和离开时都会发出光，它的出现预兆当地将发生大的旱灾。

沔水为汉水上游，在今陕西省，此处沔水可能是同名之水。倏蠓，飞鱼或飞蛇；所谓"出入有光"，可能是一种生物放电现象或其他电磁异常导致的发光现象，海洋里有一些浮游生物和鱼类可以像萤火虫一样发出光来。

《山海经》记载有许许多多的美玉、美石，体现着中国玉文化的源远流长。值得注意的是，与中国人对玉石有着同样兴趣的是美洲原住民。《美洲神话》称："奥尔梅克是中美洲第一个把绿松石和玉石看作宝石的民族。为了获取这些宝石，他们建立了远途贸易通道。"

又南三百里，曰独山，其上多金、玉，其下多美石。末涂之水出焉，而东南流注于沔。其中多倏蠓（tiáo róng），其状如黄蛇，鱼翼，出入有光，见则其邑大旱。

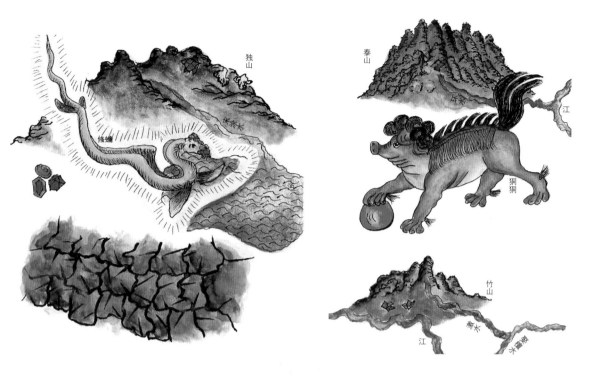

又南三百里,曰泰山,
其上多玉, 其下多金。有
兽焉, 其状如豚而有珠,
名曰狪狪(tóng), 其名
自訆。环水出焉, 东流注
于江, 其中多水玉。
又南三百里, 曰竹
山, 锌于江, 无草木,
多瑶、碧。激水出焉,
而东南流注于娶檀之水,
其中多茈蠃。

继续向南300里是泰山,山上多玉石矿,山下多金属矿。
有一种名叫狪狪的野兽,样子像猪,身上有珠,人们用它的叫
声来称呼它。环水从这里发源向东流入大江,其中多水晶。

继续向南300里是竹山,锌于江,没有草木,有许多似玉的
美石和青绿色的美石。激水从这里发源向东南流入娶檀水,其中
多紫螺。

此处泰山即今日的东岳泰山,环水向东流入之“江”,乃“汶”
字之误。泰山,海拔1524米,乃齐鲁大地唯一高山,大汶河即
发源于泰山山脉,那里有5000年前的大汶口文化遗址。在7400
年前海侵最甚时,泰山一带几乎变成海中孤岛,并成为周边地区
逃难者的救生之地。有趣的是,泰山的狪狪兽,与北次三经所供
奉的彘身载玉之神颇为相似,表明两地居民有着共同的文化渊源。
竹山“锌于江”,或作“锌于汶”,不详何地。

东次一经之神

东部山区第一条山脉，从㰝蟲山到竹山，共有12座山，总里程3600里。当地居民供奉人身龙首图腾神，祭祀礼仪是：用一只全毛的犬祭神，用鱼血涂抹在祭品上。

东次一经的居民供奉人身龙首之神，祭神要用犬，还要用鱼血举行衈礼。䰜，杀牲取血以供衈礼之用；衈礼，取动物血以祭社器，例如用动物血涂抹钟、鼓，谓之衈钟、衈鼓。

东部山区第二条山脉的第一座山是空桑山，它的北面紧邻食水，向东远望是沮吴，向南远望是沙陵，向西远望是㴖泽。有一种名叫铃铃的野兽，样子像牛，像虎一样有花纹，声音像人在呻吟，人们用它的叫声来称呼它，它的出现预兆天下将发生大范围的水灾。

东次二经诸山位于东次一经诸山的东面，食水发源于东次一经的第一座山，因此作为东次二经第一座山的空桑山也就位于东次一经第一座山的东面，具体来说即今日淄博附近，可惜当初的沮吴、沙陵、潏泽等标志性地望今已难确指。北次三经亦有空桑山，而《楚辞·大司命》"君迴翔兮以下，逾空桑兮从女"和《淮南子·本经训》"舜之时，共工振滔洪水，以薄空桑"所述之空桑，通常认为指鲁地之空桑。古史传说时期，三桑、空桑、穷桑都是著名的地名，从字意来说，空桑与穷桑有相近之处，穷桑为少昊国中心地，今日曲阜有少昊陵。轸，车栏。

继续向南 600 里是曹夕山，山下多构树，没有水，有许多鸟兽。

继续向西南 400 里是峄皋山，山上多金属矿、玉石矿，山下多白垩。峄皋水从这里发源向东流入激女水，其中有许多大蚌、小蚌。

又南六百里，曰曹夕之山，其下多榖而无水，多鸟兽。

又西南四百里，曰峄（yì）皋之山，其上

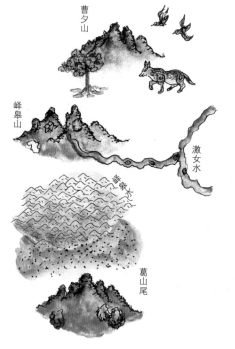

多金、玉，其下多白垩，峄皋之水出焉，东流注于激女之水，其中多蜃珧（shèn yáo）。

又南水行五百里，流沙三百里，至于葛山之尾，无草木，多砥砺。

又南三百八十里，曰葛山之首，无草木。澧（lǐ）水出焉，东流注于余泽，其中多珠鳖鱼，其状如肺而有目，六足有珠，其味酸甘，食之无疠。

继续向南走水路500里、流沙300里，来到葛山尾，这里没有草木，有许多制磨刀石的石材。

曹夕山多构树。峄皋山的激女水，可能即东次一经竹山之激水。蜃，大蚌；珧，小蚌。在峄皋山与葛山尾之间有一大片水泽及泽畔沙地或海边沙滩。

继续向南380里，是葛山的首端，这里没有草木。澧水从这里发源，向东流入余泽，水中有很多珠鳖鱼，它的形状像肺，但有眼睛，六足，体内还有珠子，它的味道是酸甜的，吃了它的肉就不会得疠病。

葛山首位于葛山尾的南面，表明南北向的连麓之山，系以南为首。今日长江以北的江苏和安徽境内有许多湖泽，例如巢湖、瓦埠湖、城东湖、骆马湖、洪泽湖、高邮湖等，澧水流入的余泽或即上述湖泽之一。《初学记》卷八引《南越志》云："海中多珠鳖，状如肺，有四眼六足而吐珠。"如此说来，余泽当时可能是咸水湖泽。

餘峨山

犰狳

黄水

继续向南380里是餘峨之山，山上多梓树、楠树，山下多荆树、枸杞。杂余水从这里发源向东流入黄水。有一种名叫犰狳的野兽，样子像兔，却长着鸟的喙、鹰的眼、蛇的尾，见到人就装死，人们用它的叫声来称呼它，它是蝗虫的克星。

又南三百八十里，曰餘峨之山，其上多梓、楠，其下多荆、芑。杂余之水出焉，东流注于黄水。有兽焉，其状如菟而鸟喙，鸱目蛇尾，见人则眠，名曰犰狳（qiú yú），其鸣自叫，见则螽蝗为败。

犰狳，一种头尾及胸部长有鳞片、腹部有毛的野兽，杂食，穴居土中，遇到威胁或危险便蜷缩成一团装死；现多见于拉丁美洲，当地人吃其肉，用其鳞甲制作提篮等物。餘峨山关于犰狳的记述，表明我国古代山东、江苏一带也是犰狳的产地。所谓"见则螽蝗为败"，当指犰狳喜食蝗虫，是蝗虫的克星。

继续向南300里是杜父山，没有草木，多水。

继续向南300里是耿山，没有草木，多水碧，多大蛇。有一种名叫朱獳的野兽，样子像狐，却长着鱼鳍，人们用它的叫声来称呼它，它的出现预兆当地将有恐怖的事情发生。

耿山的怪兽朱獳，与形容人的身材特别矮小的侏儒，两词的字形字音几乎完全相同。在古代，畸形人或畸形动物往往被视为怪异，而怪异的事物又往往能够引起人们的恐惧或好奇。

继续向南300里是卢其山，没有草木，多沙石。沙水从这里发源向南流入涔水，其中多鹈鹕，样子像鸳鸯，却长着人脚似的爪，人们用它的叫声来称呼它，它的出现预兆当地要大兴土木。

鹈鹕是一种水鸟，俗称"淘河""塘鹅"，体大嘴长，嘴下有皮囊可以伸缩，捕食鱼类。它的出现意味着当地要大兴土木。《五藏山经》共记述有类似预测的行为有56条，其中《南山经》7条，《西山经》15条，《北山经》4条，《东山经》16条，《中山经》14条，可以看出居住在《东山经》所述地区的人们对预测活动有着

又南三百里，曰杜父之山，无草木，多水。

又南三百里，曰耿山，无草木，多水碧，多大蛇。有兽焉，其状如狐而鱼翼，其名曰朱獳（nú），其鸣自叫，见则其国有恐。

又南三百里，曰卢其之山，无草木，多沙石。沙水出焉，南流注于涔水；其中多鹈鹕（lí hú），其状如鸳鸯而人足，其鸣自叫，见则其国多土功。

杜父山

卢其山

沙水

朱獳

鹈鹕

鹈鹕

耿山

涔水

更浓厚的兴趣。

又南三百八十里，曰姑射之山，无草木，多水。

又南水行三百里，流沙百里，曰北姑射之山，无草木，多石。

又南三百里，曰南姑射之山，无草木，多水。

又南三百里，曰碧山，无草木，多大蛇，多碧、水玉。

又南五百里，曰缑氏之山，无草木，多金、玉，原水出焉，东流注于沙泽。

继续向南380里是姑射山，没有草木，多水。

继续向南走水路300里、流沙100里是北姑射山，没有草木，多石。

继续向南300里是南姑射山，没有草木，多水。

继续向南300里是碧山，没有草木，多大蛇，多碧、水晶。

继续向南500里是缑氏山，没有草木，有许多金属矿、玉石矿。原水从这里发源向东流入沙泽。

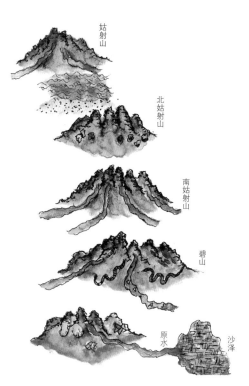

姑射山、北姑射山、南姑射山，三山相随排列，因此在《海内北经》中又统称为列姑射。北姑射山"水行三百里，流沙百里"云云，似指海中岛屿。今日江苏连云港市的云台山、孔望山、石棚山、锦屏山，原为黄海中一列孤岛，大约在清康熙五十年（公元1711年）才与大陆相连。《西游记》之花果山、水帘洞即取景于此。其中锦屏山有著名的将军崖岩画，在15米高、22米长的平整黑亮的岩体上，采用敲凿、磨刻等技法，刻绘有人面、鸟兽、日月、星云、农作物等内容的图案和符号，农作物的种类多达13种，附近还有祭祀用的巨石两块，刻制时代在先夏。缑，缠在剑柄上的绳子。

继续向南300里是姑逢山，这里没有草木，多产金属矿、玉石矿。有一种野兽，它的样子像狐狸，但有翅膀，它的叫声像大雁，名叫獙獙，它一出现天下就会大旱。

此处獙獙与耿山的朱獳形貌相似。《五藏山经》所述预测活动均属于前兆判断，其水平尚处于初级阶段，这也是该书相当古老的标志之一。其中，具有前兆功能的事物绝大多数与动物有关，共计 52 种，此外还有人神 2 种、器物 1 种、自然物 1 种。预测的内容，劳役 1 项、土功 2 项、放士 1 项、多狡客 1 项、疾疫 4 项、火灾 2 项、恐慌 3 项、国败 1 项、战争 9 项、天下安宁 2 项、大风 2 项、大水 9 项、大旱 13 项、虫害 1 项、风雨水为败 1 项、霜 1 项、大穰 3 项；与农业相关的有 30 项，令人多少有些诧异的是缺少渔猎畜牧业的内容。

继续向南 500 里是凫丽山，山上多金属矿、玉石矿，山下多箴石。有一种名叫蠪蛭的野兽，样子像狐，却是九尾、九首、虎爪，发出的声音像婴儿的声音，吃人。

蠪，红蚂蚁；蛭，蚂蟥类。郝懿行注谓："《广韵》说蠪蛭无九首二字，余并同。"此处九尾蠪蛭，与九尾狐形貌接近，区别在于它是凶兽，而九尾狐通常被认为是吉兽。

又南三百里，曰姑逢之山，无草木，多金、玉。有兽焉，其状如狐而有翼，其音如鸿雁，其名曰獙獙（bì），见则天下大旱。

又南五百里，曰凫丽之山，其上多金、玉，其下多箴石。有兽焉，其状如狐，而九尾、九首、虎爪，名曰蠪蛭（lóng zhì），其音如婴儿，是食人。

姑逢山

獙獙

凫丽山

蠪蛭

又南五百里，曰碈
（zhēn）山，南临碈水，
东望湖泽。有兽焉，其
状如马，而羊目、四角、
牛尾，其音如獟（háo）
狗，其名曰峳峳（yóu），
见则其国多狡客。有鸟
焉，其状如凫而鼠尾，
善登木，其名曰絜（xié）
钩，见则其国多疫。

继续向南 500 里是碈山，南面与碈水相邻，向东远望是湖泽。有一种名叫峳峳的野兽，样子像马，却是羊目、四角、牛尾，叫声像狼狗嚎叫，它的出现表明当地会来许多能说会道的客人。有一种名叫絜钩的鸟，样子像野鸭，却长着鼠尾，善于攀登在树干上，它的出现表明当地会发生瘟疫类传染病。

经文"羊目"或作"羊首"。峳峳的出现预兆当地"多狡客"，这是一种非常有趣的说法，涉及人类何时开始撒谎的问题。一般来说，撒谎起源于伪装，伪装起源于化装，而化装是人类的特长之一，人类能够使用身外之物来装扮自己；这种装扮主要包括绘身和服饰，也涉及工具和武器的使用，特别是利用火来恐吓驱赶野兽；不过，人与人日常交往中的撒谎以及言而无信行为，在我国似乎是春秋战国时期才开始多了起来。此外，狡客也可以指能言善辩的说客和见多识广的旅游者，或许峳峳正是他们游走四方的坐骑。所谓絜钩鸟的出现预兆"其国多疫"，表明人们已经注意到某些动物能够传染疾病。

东部山区第二条山脉，从空桑山到碈山，共有 17 座山，总里程 6640 里。当地居民供奉兽身人面头戴麋鹿角的图腾神。祭祀的礼仪是：用一只全毛的鸡敬神，把一枚玉璧埋入地下。

絜钩

碈山

峳峳

碈水

湖泽

东次二经之神

凡《东次二经》
之首，自空桑之山至
于碈山，凡十七山，
六千六百四十里。其神
状皆兽身人面载觡。其
祠：毛用一鸡祈，婴用
一璧瘗。

东次二经的人们供奉兽身人面头戴麋鹿角之神。

东部山区第三条山脉的第一座山是尸胡山，向北远望是殚山，山上多金属矿、玉石矿，山下多荆棘。有一种名叫婴胡的野兽，样子像麋鹿，却长着鱼的眼睛，人们用它的叫声来称呼它。

歹，不好也，残骨也，以其为偏旁的字多有不祥之意。此处尸胡山与殚山的名称有相近之处，其意均不吉祥，据此可知婴胡之名当亦有不祥之意。

继续向南走水路800里是岐山，树木以桃树、李树为多，野兽以虎为多。

继续向南走水路500里是诸钩山，没有草木，多沙石。这座

又《东次三经》之首，曰尸胡之山，北望殚（yǎng）山，其上多金、玉，其下多棘。有兽焉，其状如麋而鱼目，名曰婴（wǎn）胡，其鸣自叫。

又南水行八百里，曰岐山，其木多桃、李，其兽多虎。

又南水行五百里，

殚山

岐山

虎

诸钩山

中父山

尸胡山

婴胡

孟子山

日诸钩之山，无草木，多沙、石。是山也，广员百里，多寐鱼。

又南水行七百里，曰中父之山，无草木，多沙。

又东水行千里，曰胡射之山，无草木，多沙、石。

又南水行七百里，曰孟子之山，其木多梓、桐，多桃、李，其草多菌蒲，其兽多麋鹿。是山也，广员百里，其上有水出焉，名曰碧阳，其中多鳣鲔（zhān wěi）。

又南水行五百里，曰流沙，行五百里，有山焉，曰跂踵之山，广员二百里，无草木，有大蛇，其上多玉。有水焉，广员四十里皆涌，其名曰深泽，其中多蠵（xī）龟。有鱼焉，其状如鲤，而六足鸟尾，名曰鲐鲐（gé）之鱼，其名自叫。

山方圆百里，多嘉鱼。

继续向南走水路700里是中父山，没有草木，多沙。

继续向东走水路1000里是胡射山，没有草木，多沙石。

继续向南走水路700里是孟子山，有许多梓树、梧桐树、桃树、李树，还有许多菌类、蒲草，野兽以麋鹿为多。这座山方圆百里，山上有名叫碧阳的瀑布流下，其中多鳣鱼、鲔鱼。

东次三经诸山在东次二经诸山的东面，按方位东次三经的前几座山当在今日山东半岛的胶莱平原一带。但是，东次三经诸山彼此都被海水分隔，而今日山东半岛并无此种地貌景观，黄海上也没有什么值得一提的海岛，这使许多学者都大惑不解，有的学者只好勉强将其说成是浙江、福建沿海的舟山群岛等地。其实，在距今7400年前（或更早一些）至4200年前之间，今日的胶莱平原被海水淹没，其中的高地则出露海平面为山为岛，东次三经描述的正是那个时代的地形景观，经文多处出现"广员百里"的说法则是对海岛地形的准确记述。

值得注意的是，东次三经前4座山（未计殍山）均为从北向南走向，至中父山之后转向"东水行千里"至于胡射山；考虑到海上距离的测量误差较大，胡射山有可能是今日朝鲜半岛西南海域的大黑山岛，而孟子山则可能是今日的济州岛。孟子山或作孟于山，这里发源的水名叫"碧阳"，有点像是瀑布的写照。广员又称广轮、广袤、广运、幅员，古人以东西为广、南北为轮，《周礼·地官·大司徒》："以天下土地之图，周知九州之地域广轮之数。"

继续向南走水路500里、流沙500里，有一座山，名叫跂踵山，方圆200里，没有草木，有大蛇，山上有许多玉石矿。有一处方圆40里的大泉水，名叫深泽，其中多蠵龟。有一种鲐鲐鱼，样子像鲤鱼，却长着六足鸟尾，人们用它的叫声来称呼它。

经文"又南水行五百里，曰流沙，行五百里"，袁珂先生在《山海经校注》中指出："疑经文本作又南水行五百里，流沙五百里；曰、行二字衍。"此言甚是。跂踵山广员二百里，其上有涌泉广员四十里，当地出产大蛇和甲壳上有彩色斑纹的大龟，以及形貌有特色的鲐鲐鱼，根据上述情况我们有希望在今日东海找到它。考虑到现存版本《五藏山经》记述的同一条山脉中，普遍存在着山与山的前后位置错位现象；因此趺踵山也可能与孟子山错位，也就是说趺踵山也有可能是济州岛。

继续向南走水路 900 里是踇隅山，山上多草木，多金属矿、玉石矿，多赭。有一种名叫精精的野兽，样子像牛，却长着马尾，人们用它的叫声来称呼它。

继续向南走水路 500 里、流沙 300 里，来到无皋山，向南远望是幼海，向东远望是扶桑，没有草木，多风。这座山方圆 100 里。

幼海，郭璞注谓："即少海也，《淮南子》曰：'东方大渚曰少海。'"少海又称裨海，《史记·孟子荀卿列传》："乃所谓九州也，于是有裨海环之。"榑木，袁珂注谓："即扶桑。"扶桑或谓即日本诸岛。综上所述，无皋山大约位于今日鹿儿岛。

东部山区第三条山脉，从尸胡山到无皋山，共有 9 座山，总里程 6900 里。当地居民供奉人身羊角图腾神。祭祀的礼仪是：用一只公羊敬神，用黍米为祭品。人身羊角图腾神一出现，狂

又南水行九百里，曰踇（mǔ）隅之山，其上多草木，多金、玉，多赭。有兽焉，其状如牛而马尾，名曰精精，其鸣自叫。

又南水行五百里，流沙三百里，至于无皋之山，南望幼海，东望榑（fú）木，无草木，多风。是山也，广员百里。

凡《东次三经》之首，自尸胡之山至于无皋之山，凡九山，

六千九百里。其神状皆人身而羊角。其祠：用一牡羊，米用黍。是神也，见则风雨水为败。

又《东次四经》之首，曰北号之山，临于北海。有木焉，其状如杨，赤华，其实如枣而无核，其味酸甘，食之不疟。食水出焉，而东北流注于海。有兽焉，其状如狼，赤首鼠目，其音如豚，名曰猲狙（xiē jū），是食人。有鸟焉，其状如鸡而白首，鼠足而虎爪，其名曰絜（qí）雀，亦食人。

风暴雨就会平息。

东次三经之神具有"风雨水为败"之神力，显然这是海岛多台风所需要的。

东部山区第四条山脉的第一座山是北号山，它的北面紧邻北海。有一种树，样子像杨树，开红花，果实像枣但是没有核，味道酸甜，吃了它就不会患疟疾。食水从这里发源向东北流入大海。有一种名叫猲狙的野兽，样子像狼，赤首鼠目，叫声像猪，吃人。有一种名叫絜雀的鸟，样子像鸡，但是白头、鼠足、虎爪，也吃人。

絜雀

食水

北号山

猲狙

东次四经所述山脉位于东次三经的东面，按方位大体在今日胶莱平原以东的山东半岛上，这一区域北有艾山，南有崂山，西有大泽山，东有昆嵛山，此处北号山或即今日的艾山，其主峰海拔814米，附近的栖霞市和招远市以出产黄金闻名。北号山所临之北海、食水向东北流入之海，当指渤海；这里的食水与东次一经的食水，同名而异流。此山状如杨的树，未言其名。这里多食人的鸟兽，生存环境比较险恶。

继续向南300里是旄山，没有草木。苍体水从这里发源向西流入展水。其中多鳝鱼，样子像鲤鱼，但是大头，吃了它的肉不长赘疣。

继续向南320里是东始山，山上多苍玉。有一种树名叫杞树，样子像杨树，却有着红色纹理，不结果实，汁液如血，用它涂抹在马身上，马就更容易被驯服。泚水从这里发源向东北流入大海，其中多美贝，多茈鱼，茈鱼样子像鲫鱼，一首而十身，气味像麋芜，吃了它的肉就不会腹胀放屁。

旄山这个名称很容易让人联想到旄牛。鳝，音鳅，或谓即泥鳅；不过，泥鳅通常头小口也小，与这里描述的鳝鱼相差甚远。东始山顾名思义是最东的一座山，但是在现存东次四经里，它位于旄山的南面；山东半岛的最东端名叫成山头，秦始皇东巡，曾两次登成山东望，希冀着拓疆东海。

芑即杞，杞树的分泌物像血一样红，用这种树汁涂抹在马的身上，马就更容易被驯服；据此，当地应当出产马，而且已经被人驭使。这里的茈鱼与北次二经谯明山的何罗鱼相似，都是一首十身，它

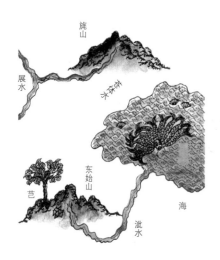

又南三百里，曰旄山，无草木。苍体之水出焉，而西流注于展水。其中多鳝（qiū）鱼，其状如鲤而大首，食者不疣。

又南三百二十里，曰东始之山，上多苍玉。有木焉，其状如杨而赤理，其汁如血，不实，其名曰芑（qǐ），可以服马。泚（cǐ）水出焉，而东北流注于海，其中多美贝，多茈鱼，其状如鲋，一首而十身，其臭如麋芜，食之不屁。

的肉味好像蘪芜香草，吃了可以调和肠胃，不放臭屁。

又东南三百里，曰
女烝（zhēng）之山，
其上无草木。石膏水出
焉，而西注于鬲水。其
中多薄鱼，其状如鳣鱼
而一目，其音如欧，见
则天下大旱。

继续向东南300里是女烝山，山上没有草木。石膏水从这里发源向西流入鬲水，其中多薄鱼，样子像鳣鱼，但只有一只眼睛，发出"欧"的声音，它的出现预兆着天下大旱。

烝，众多或美好之意，与蒸字可互用。众所周知，烧石灰时有白烟缭绕，生石灰遇水也会放热冒出白气；因此，该山名女烝山，所出之水又名石膏水，似乎表明当地人已经在烧石灰、制石膏了。今日山东与河北有一条界河名漳卫新河，旧名四女寺减河，古名鬲津河。"其音如欧"，郭璞注谓："如人呕吐声也。"不过，也可能是类似海鸥的叫声。

又东南二百里，曰
钦山，多金、玉而无石。
师水出焉，而北流注于
皋泽，其中多鳝鱼，多
文贝。有兽焉，其状如
豚而有牙，其名曰当康，
其鸣自叫，见则天下
大穰。

继续向东南200里是钦山，有许多金属矿、玉石矿，没有石头。师水从这里发源向北流入皋泽，其中多鳝鱼，多文贝。有一种名叫当康的野兽，样子像猪，长着长牙，人们用它的叫声来称呼它，它的出现预兆着大丰收。

钦山只有金玉却没有石头，而钦有恭敬之意，表明这是一座祭台，或者此山因有祭台而得名，祭祀的主神即当康。当康的样子像猪，它的叫声听起来好像是"应当丰穰啊"，而它的出现则

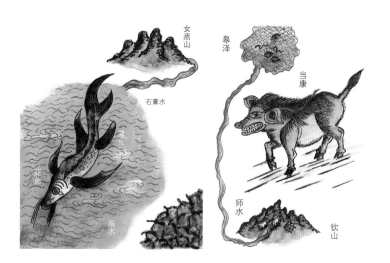

意味着农业大丰收。显然，当康是农作物保护神。"其状如豚而有牙"，猪本有牙，此处"有牙"二字可能有误。

继续向东南200里是子桐山，子桐水从这里发源向西流入馀如泽。其中多鲭鱼，样子像鱼，却有着鸟的翅膀，出入有光，声音像鸳鸯，它的出现预兆着天下大旱。

鲭鱼长着鸟翼，出入有光，与东次一经独山的儵蛹类似，它们的出现都预兆着将发生旱灾。

又东南二百里，曰子桐之山，子桐之水出焉，而西流注于馀如之泽。其中多鲭鱼，其状如鱼而鸟翼，出入有光，其音如鸳鸯，见则天下大旱。

鲭鱼

馀如泽

子桐山

子桐水

又东北二百里，曰刞（yǎn）山，多金、玉。有兽焉，其状如彘而人面，黄身而赤尾，其名曰合窳（yǔ），其音如婴儿。是兽也，食人，亦食虫蛇，见则天下大水。

继续向东北200里是刞山，有许多金属矿、玉石矿。有一种名叫合窳的野兽，样子像猪，却是人面、黄身、赤尾，发出的声音像婴儿。它既吃人，也吃虫蛇，它的出现预兆着天下要发生水灾。

刞，斩也，使物变得尖锐起来，例如加工玉圭、木矢。窳，汗如雨下，合窳兽的出现预兆着天下大水，应当说是与其名字相符的。先夏时期的人穿什么样的服装？这是一个非常难回答的问题。根据《五藏山经》关于巫师装束及其巫术活动的记载，当时的人喜欢把自己装扮成怪异的动物，而且普遍都有着明显和突出

刞山

合窳

的尾饰。此外，先夏时期的岩画和彩陶图案记录的服饰，也经常出现尾饰物，例如青海大通县出土的彩陶纹饰上，一队翩翩起舞的人均有尾饰物。合窳"食人，亦食虫蛇"，是说在巫术仪式中，要以人和虫蛇为牺牲。

继续向东200里是太山，山上有许多金属矿、玉石矿，还有许多女贞子树。有一种名叫蜚的野兽，样子像牛却有白色的头，一目而蛇尾，它走过的水域鱼虾都会死去，它走过的陆地草就会枯死，它的出现预兆着天下要发生瘟疫。钩水从这里发源向北流入劳水，其中多鳝鱼。

东部山区第四条山脉，从北号山到太山，共有8座山，总里程1720里。

右边所述东部山区共有46座山，总里程18860里。

桢，女贞树，果实可入药，称女贞子。蜚，通常指有恶臭的小飞虫。此处太山的蜚，看起来像是一种体形较大专干坏事的动物，走到水面上鱼虾就死光，走在草木上草木就枯败，到处散布瘟疫。一般来说，古人对待所供之神有两种态度：一种是向神跪拜祈求，人要服从神的意愿；另一种是对神驱逐训斥，以强迫神服从人的意愿。

东次四经结尾处未言供奉何神、有何祭品，当系经文缺失之故（疑误入平逢山节）。

又东二百里，曰太山，上多金、玉、桢木。有兽焉，其状如牛而白首，一目而蛇尾，其名曰蜚，行水则竭，行草则死，见则天下大疫。钩水出焉，而北流注于劳水，其中多鳝鱼。

凡《东次四经》之首，自北号之山至于太山，凡八山，一千七百二十里。

右东经之山志，凡四十六山，万八千八百六十里。

蜚

劳水

太山

钩水

　　现存版本的《中山经》共记述有 12 条山脉，是《五藏山经》记述山脉最多的区域，其范围包括今日的河南、湖北、四川、重庆，以及陕西省的南部、湖南省的北部、江西省的北部、安徽省的西部。需要说明的是，现存版本的中次一经，其记述的地理方位在汾水下游，它原本应属于北次二经的内容，只是在长期流传的过程中因故脱落而独立成为现在的中次一经，而原本的中次一经则已经失传了。

　　有必要指出的是，《中山经》12 条山脉的排序编号与其所在的地理方位的顺序可能存在着差误；而且其中 8 条山脉自西向东记述，4 条山脉（中次六经、中次四经、中次二经、中次十经）则自东向西记述，彼此亦不统一。这种记述方向不一致的情况，在《五藏山经》其他东南西北四个区域里是不存在的，据此可知当初《中山经》12 条山脉的记述方向也应当是一致的，并统一为自西向东记述。

　　《中山经洛水图》系《山海经艺术地理复原图》组画之七，它是根据中次五经、中次六经、中次四经、中次二经所记述的自然地理和人文地理内容而绘制的，其地理方位大体在今日河南省的西部，以及陕西省的东南部，具体来说即华山以东、嵩山以西、黄河以南、伏牛山以北的地区，区内主要山脉为崤山、熊耳山、伏牛山，主要河流为黄河、洛河、伊河。这一区域及其周边地区是我国重要的文明发祥地，著名的仰韶文化就是以河南省渑池县城北仰韶村的先夏文化遗址命名的，距今已有五六千年的时间，该遗址面积 30 万平方米，出土文物有石斧、石铲、石锄、纺轮、骨锥、骨针，以及表面有彩绘图案的陶器。

中次三经仅记述有5座山，是《五藏山经》26条山脉里山数最少的一条山脉，根据青要山、和山的记载，这里是帝禹时代的后宫，也是祭祀夏民族祖先鲧以及黄河之神的圣地，其地理方位在今日洛河与黄河的交汇处，地属河南省洛阳、孟津、偃师。孟津县的负图里，即龙马向伏羲献河图的地方·；当地民间故事则说，河图就是黄河地形图，是黄河之神献给大禹的。偃师市西南有著名的二里头文化遗址，分为四期：一期与河南龙山文化接近；二期出土有铜刀、铜爵，是我国迄今发现最早的青铜器之一；三期发现大型官殿基址，面积一万平方米，附近有不少墓葬；四期与郑州二里岗早商文化接近。其中一、二期文化被考古界认为属于夏文化。

《中山经嵩山图》

《中山经嵩山图》系《山海经艺术地理复原图》组画之八，它是根据中次三经、中次七经所记述的自然地理和人文地理内容而创作绘制的，其主要地貌景观即中岳嵩山，亦即中次七经记述的泰室山和少室山。嵩山，古又称方山、崇山。嵩山山脉的泰室山主峰海拔1494米，少室山主峰海拔1512米，其东南麓的告成镇，即古书所说的『禹都阳城』当地有闻名于世的观景台和观星台，观星台又称周公测景台。

关于泰室山和少室山名称的由来，当地流传的故事说，大禹治水来到涂山，年过三十还没有娶媳妇，涂山的老百姓就把最好的姑娘涂山娇嫁给了禹，禹带着涂山娇回到崇地，涂山娇的妹妹涂山姚跟着姐姐一起来到崇地，涂山娇住在崇山脚下。后来，禹化成熊去开凿龙门的轩辕关，被涂山娇看到，涂山娇一气之下变成了石头人，禹从石头人中唤出了自己的儿子启，就交给涂山姚抚养。从此，人们就把涂山娇居住的崇山称为泰（太）室山，把涂山姚居住的季山称为少室山。

沁水

黄河

敖岸山

神熏池

青罗山
昧水

正回水

濡潘水

飞鱼

和山

九水

脾山

女诸

伽

谷水

木

洛

伊水

水

明水

放皋山

文文

休舆山

鼓钟山

姑媱山

大苦山

神天愚

堵山

螣鱼

少室山

合水

半石山

木

苦山

青山

狂水

少室山

苦山

木需水

三足龟

鲐鱼

(神

黄河

妃水

浮戏山

蛇谷

雙泱山

阳

讲山

泰室山

耐山

少陉山

寞姬水

末山

末水

承水

太山

役水

役山

敇山

大騩山

（中牟）

太水

彼水

彼

（禹县）

中山經畫山圖

王红旗 创意
孙晓琴 创作

春秋战国时期，楚国原本是最有实力能够取代周天子统一天下的诸侯国。

但是，自商鞅变法后，秦国异军突起，虎视眈眈欲吞并六国，秦楚成为相邻的敌对国。在这种情况下，秦楚边界的秦岭南麓汉水、丹水上游地区的地图就变成高度的军事机密，而《五藏山经》26条山脉恰恰缺失这一地区的内容。

有鉴于此，我们有理由考虑这样的可能，即楚国为了安全起见，将《中山经》里记述汉水、丹水上游地形地貌的图文内容单独抽出秘藏，从而导致原本中次一经与《五藏山经》脱离并失传。事实上，在先秦诸子中，唯独屈原的《楚辞》引用《山海经》的内容最多。例如，北次一经的足訾、竦斯，就见于《楚辞·卜居》。

《中山经巴山图》

《中山经巴山图》系《山海经艺术地理复原图》组画之九，它是根据中次九经记述的自然地理和人文地理的内容而创作的，其地理方位主要包括今日四川省境内的岷山山脉和大巴山山脉，以及陕西省南部的秦岭南麓地区。

需要说明的是，在《中山经巴山图》上绘有一列没有标出山名的山脉，其地理方位在今日秦岭南麓汉水、丹水的上游地区，它就是早已失传的中次一经区域。

众所周知，我国自古就有绘制自然地理图和人文地理图的传统，由于地图具有重要的政治、军事和经济价值，因此许多古图都历代秘传。公元前516年，王子朝在争夺周王室继位权的战争中失败，携带周室典籍投奔楚国，定居在今日河南省的南阳；为了有朝一日重新复位，王子朝将周室典籍秘藏起来。与此同时，王子朝也送给楚国一批见面礼，除了青铜器、珠宝、工匠之外，也包括一些珍贵的图书典籍，其中就有《山海经》。

黄河

函汉水

大

O(毛儿盖)

脂窃

嶓山

崃山

嵛山

隅阳山

高梁山

徕之水

狍鴞

嵁山

江水

汉水

江水

蒲鸊水

洛水

女几山

嘉

陵

江

涪

江

岷

江

火渡河

中山經巴山圖

O(重庆)

O(重庆)

王红旗 创意

（散关）

洛水

襃水

胥水

丹江

浙川

子午水

乾佑水

旬水

金钱水

天河

汉 K（水）

（山）

风雨山

勾㭊山

葛山

岷山

海

岐山

江水

熊山

玉山

駧山

贾超山

减水

（巫山）。

长 江 水

清 江

时的农业已经相当发达；而同时出土的男性崇拜物陶祖，则表明其社会形态已经进入父系氏族阶段。

我国在很早就有人专门从事采矿业。有趣的是，我国有两处荆山，两个荆山都有卞和采玉的故事流传。其一是安徽省怀远县的荆山，又称抱璞岩、抱玉岩，天然石洞可容数十人，苏轼有诗云『刖人有余坑，美石肖温瓒』。其二是湖北省南漳县城西75千米的荆山山脉北麓的抱璞岩，岩高百米，壁削如屏，有上下两个天然石室，下室200多平方米，原供有卞和像，上室亦可容200余人。卞和当年发现宝玉，可能因为没有行贿官员，不但被『玉人』（管理采玉的官吏）当成石头拒收，而且还以欺君之罪砍掉双足，直到楚王亲自过问，价值连城的和氏璧才得以问世。

《中山经荆山图》

《中山经荆山图》系《山海经艺术地理复原图》组画之十，它是根据中次八经记述的自然地理和人文地理内容而创作绘制的，其方位大体在今日湖北省境内的荆山山脉和大洪山山脉一带。中次八经共记述有23座山，其中明确记有荆山、漳水、雎（沮）水，当在今日荆山山脉无疑。至于中次八经所述东部诸山，徐旭生在《读山海经札记》一文中指出：「再东各山虽未知确在何处，而抗日战争时敌我恶斗之大洪山脉想在其内。」值得注意的是，大洪山的南端即古云梦泽的北界，又是著名的屈家岭文化遗址所在地。由于自然环境变迁，古云梦泽逐渐萎缩成今日的洞庭湖、洪湖等湖泊，昔日广袤的沼泽湿地已出露为江汉平原和洞庭湖周边平原。

屈家岭文化遗址在湖北省京山市西南30千米的屈家岭，出土有彩陶纺轮、彩绘黑陶、蛋壳彩陶，时在4000多年前，同类文化广泛分布于江汉平原以及河南省的南部地区。在屈家岭出土了大量的生产工具和粳稻谷壳，表明当

山海經荊山圖

潕水　　　滍水　　（枣阳）

（襄樊）

龙山

灵山

大尧山

衡山

襄山

石山

尧山

仁举山

炀奇山

玉山

滩山

琴鼓山

（屈家岭）

（古云梦泽）

中次十经共记述9座山，总长133500米，是《五藏山经》26条山脉中长度最短的一条，而且其中既没有一座名山，也没有记述任何一条相应的水系，因此其地理方位的考证始终是一个难解之谜。在《山海经艺术地理复原图》组画里，中次十经记述的诸山被画在了今日南阳及其周边地区的地理位置上。

从《中山经》其他十一条山脉的位置关系上看，将中次十经安置在这里符合与其他山脉的相互衔接关系。此外，据《皇览》记载：（王）子朝冢在南阳西鄂县（今石桥镇），今西鄂晁氏自谓子朝后也。据此南阳是王子朝携周室典籍奔楚后的定居地，与王子朝同时奔楚的原周王室图书档案馆的学者在这里进行了大量图书典籍编辑和抄录工作，而《山海经》一书可能就是在这里编定的，因此这一地区理应在《中山经》里有所记述。

《中山经南阳图》

《中山经南阳图》系《山海经艺术地理复原图》组画之十一，它是根据中次十经和中次十一经的部分内容而绘制的，其地理方位大体在今日河南省境内的南阳地区，以及环绕南阳地区北面和东面的伏牛山。

中次十经所记述的南阳地段，长250千米，宽40~70千米，东南接桐柏山，西北接熊耳山，系淮河与汉水的分水岭，主峰老君山海拔2192米。相传伏牛山原本是为嫦娥耕地的一头神牛，因逃避王母娘娘捉拿，逃到人间钻入地下变成了伏牛山山脉。在当地流传的嫦娥、后羿射日的故事，都对嫦娥特别同情。

中次十一经共记述有48座山，是《五藏山经》26条山脉里山数最多的一条山脉，内容描述的是伏牛山、伏牛山余脉、桐柏山、大别山的自然地理景观、物产，以及上述地区的人文活动场景。在创作《山海经艺术地理复原图》组画的时候，考虑到构图的审美需要，以及与今日地理方位的对应，故而将中次十一经的48座山，分别绘制在《中山经南阳图》和《中山经江汉图》里。

熟悉历史的人会发现，《中山经南阳图》里的中次十一经诸山，其方位与春秋战国时楚国修筑的长城（即楚方城）大体相当。

中山經南陽圖

支离山
枝荷山
即谷山
雕山
猿
削
稍
渻水
雅山
高前山
平顶山
祝水
澧水
首阳山
章山
暴水
朝歌山
湿水
荣水
游戏山
从山
三足鳖
豪狸山
华山
帝苑水
乐马山
宜山
猿
帝女桑
泡水
(沙阳)

大别山山脉位于豫、鄂、皖交界一带，山地海拔高度多在500~1000米，主峰白马尖海拔1777米，这里是鸟类天堂，现有鸟类200余种，其中白冠长尾雉是我国特产鸟类，它一身锦羽，尾羽极长，颇似凤凰。

中次十二经诸山，包括今日的武陵山、洞庭山、幕阜山、九岭山、庐山。武陵山山脉位于湘西，著名的张家界风景区就在此山中。洞庭山是帝尧二女、帝舜二妃娥皇和女英居住的地方。幕阜山山脉位于赣、鄂、湘交界处，主峰幕阜山海拔1595米，名峰九宫山海拔1543米，李自成兵败葬于此山。九岭山位于幕阜山南面、罗霄山北面，主峰大湖塘海拔1794米。庐山古称柴桑山，属于幕阜山的余脉，其地势扼守鄱阳湖，三国时吴国水师都督周瑜的帅府便设在这里，吴国的水师则以鄱阳湖为基地。

《中山经江汉图》

《中山经江汉图》系《山海经艺术地理复原图》组画之十二，它是根据中次十二经以及中次十一经的部分内容创作的，其地理方位大体在今日湖北省、湖南省及其相邻的河南省、安徽省、江西省一带，并以汉水与长江的交汇处为构图中心，故称之为江汉图。

具体说来，该图中次十一经诸山即今日的桐柏山和大别山。桐柏山位于豫、鄂边界，长 166 千米，最高峰太白顶海拔 1140 米，以低山和丘陵为主，当地民间流传着盘古和大禹治水的故事。在河南省桐柏县和泌阳县有一座盘古山，又名九龙山，相传盘古爷当年坐在九龙山上，降伏了九龙，制服了洪水；其他故事还有盘古创世、盘古兄妹婚、盘古造字、盘古行雨等。桐柏山北麓是淮河的发源地，相传大禹治水在这里降服了淮河水怪无支祁，无支祁又名吴忌，因误吃龙蛋而变成了淮河水神。

中部山区第一条山脉薄山的第一座山是甘枣山，共水从这里发源向西流入黄河。山上多枏木。山下有一种名叫箬的草，茎像葵茎，叶像杏叶，开黄花，果实有荚，可以改善视力。有一种名叫㺌的野兽，样子像犰鼠，额头有花纹，吃了它的肉可以治疗大脖子病。

甘枣山的共水向西流入黄河，这种情况只能出现在《北山经》里。根据《五藏山经》26条山脉的分布规律，《北山经》与《西山经》的分界线是黄河前套至潼关的黄河，《北山经》与《中山经》的分界线是潼关以下的黄河，现存版本的中次一经实际上是原来的北次二经的前半段，其方位大体在今日汾水中下游一带，其主要山脉即夹在吕梁山与太行山之间的太岳山。箬，俗称笋壳，此处当是一种类似竹类的灌木，它具有治疗眼疾，恢复或提高视力的药效。瘿，甲状腺肿大，俗称大脖子病，通常与当地食物和饮水中缺少碘元素有关。

继续向东20里是历儿山，山上多檀树，多栃木，这种树茎干有棱角，圆叶，黄花，花朵上有细毛，果实像楝，吃了它可以提高记忆力。

继续向东15里是渠猪山，山上多竹。渠猪水从这里发源向南流入黄河，其中有许多豪鱼，样子像鲔鱼，赤喙、赤尾、赤羽，吃了它的肉可以治疗白癜风。

《墨子·尚贤下》："昔者舜耕于历山，陶于河濒，渔于雷泽，灰于常阳，尧得之服泽之阳，立为天子。"郝懿行注："《史记正义》引《括地志》云：'蒲山亦名历山，'即此也，盖与薄山连麓而异名。"《金楼子·兴王篇》称："舜耕于历山……得金枝银节。"所谓"金枝银节"与栃木历荚颇似，或许历山之名与制定历法有关。今日山东济南、山西垣曲县均有历山及舜耕故事，后者位于中条山，海拔2321米，又称教山，附近有距今两万年左右的下川文化遗址。渠猪水向南流入黄河，据此渠猪山当位于今日中条山。白癣，俗称白癜风。

《中山经》薄山之首，曰甘枣之山。共水出焉，而西流注于河。其上多枏木。其下有草焉，葵本而杏叶，黄华而荚实，名曰箬，可以已瞢。有兽焉，其状如犰鼠而文题，其名曰㺌（nài），食之已瘿。

又东二十里，曰历儿之山，其上多檀，多栃木，是木也，方茎而员叶，黄华而毛，其实如楝，服之不忘。

又东十五里，曰渠猪之山，其上多竹。渠猪之水出焉，而南流注于河。其中是多豪鱼，状如鲔，赤喙尾赤羽，可以已白癣。

又东三十五里，日
葱聋之山，其中多大谷，
是多白垩，黑、青、黄垩。

又东十五里，日湨
山，其上多赤铜，其阴
多铁。

又东七十里，日脱
扈之山。有草焉，其状
如葵叶而赤华、荚实，
实如棕荚，名曰植楮，
可以已瘙（shǔ），食之
不眯。

又东二十里，日金
星之山，多天婴，其状
如龙骨，可以已痤。

又东七十里，日泰
威之山，其中有谷，日
枭谷，其中多铁。

继续向东 35 里是葱聋山，其中多大谷，有许多白垩，黑、青、
黄垩。

继续向东 15 里是湨山，山上多赤铜矿，背阴面多铁矿石。

继续向东 70 里是脱扈山，有一种名叫植楮的草，样子像葵叶，
赤华、荚实，果实像棕荚，可以治疗由老鼠引发的皮肤瘙痒难忍
的病，吃了它还可以不做噩梦。

继续向东 20 里是金星山，有许多天婴，样子像龙骨，可以
治疗皮肤病。

继续向东 70 里是泰威山，这里有一处峡谷，名叫枭谷，其
中有许多铁矿石。

葱聋山的山谷里，出产白、黑、青、黄色的土，看来这
里是一处颜料制作场。青色，可指绿、蓝、黑，此处当指绿
和蓝，古人对这两种颜色区分得并不严格。根据《中国原始
艺术》（吴诗池著，紫禁城出版社，1996 年）一书，我国考
古工作者在 20 世纪 70 年代末发掘陕西宝鸡北首岭仰韶文化
遗址时，发现了距今 7100~6120 年间的紫色、黄色、深红

色、浅红色的颜料锭。此外，在先夏时期的岩画、彩陶、彩绘木器等器物上，使用的颜色主要有红、黑、白、褐、紫、黄、橙、蓝、绿，其中用赤铁矿制作的红色颜料早在18000年前的山顶洞人就已经使用了。事实上，冶金术的起源，与古人用火加工制作矿物颜料密不可分。

脱扈山的植楮，可以治疗由老鼠引发的皮肤瘙痒难忍的病，即《诗·小雅·正月》"瘨忧以痒"。金星山出产的天婴，可能是一种状如婴儿骨骼的古脊椎动物化石，古人很早就发现动物化石，《本草别录》称："龙骨生晋地川谷及太（大）山岩水岸土穴中死龙处。"

葱聋山

湊山

脱扈山

继续向东15里是檀谷山，其中多赤铜矿。

继续向东120里是吴林山，其中多兰草。

吴林山出产的蕲草即兰草，属于香草类，古人佩戴香草，初始功能是驱逐蚊虫和保健，后来才转变为审美需求，而服装的起源亦与此有关。

又东十五里，曰檀谷之山，其中多赤铜。

又东百二十里，曰吴林之山，其中多蕲草。

继续向北30里是牛首山。有一种草名叫鬼草，叶子像葵，红色的茎，它的花穗像禾，吃了它可以解除忧愁。劳水从这里发源向西流入潏水。这里有许多飞鱼，样子像鲫鱼，吃了它可以治疗痔瘘。

鬼草"服之不忧"，说明"鬼"字在当初有吉祥保佑和神秘力量的意思。这表明那个时代的人已经在寻找和使用能够使人大脑兴奋或麻醉的药物；这种兴奋剂主要用于巫术活动、战争（包括狩猎）前的热身，以及医疗过程中。潏，水涌出貌，今西安长安区有潏河。痔衕即痔瘘病。

此前诸山方位为从西至东，此处转变为从南向北，与汾水的河道地形相符。在《五藏山经》中，记述每一条山脉里的山与山的方位关系，采取的是线性连带方式，即只记述后一座山位于前一座山的什么方位及其距离里数。由于《五藏山经》曾经使用过竹简载体，而每一条山脉的内容又往往写在同一条竹简上，彼此

又北三十里，曰牛首之山。有草焉，名曰鬼草，其叶如葵而赤茎，其秀如禾，服之不忧。劳水出焉，而西流注于潏（jué）水。是多飞鱼，其状如鲋鱼，食之已痔衕（dòng）。

金星山

秦威山

橿谷山

吴林山

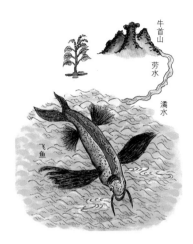

牛首山

劳水

澓水

飞鱼

霍山

胐胐

之间缺少上下文的联系和逻辑关系；因此，一旦发生记述某座山内容的竹简前后错位，势必导致整条山脉的地理方位难以解读和复原。

又北四十里，曰霍山，其木多榖。有兽焉，其状如狸，而白尾有鬣，名曰胐胐（fēi），养之可以已忧。

继续向北 40 里是霍山，有许多构树。有一种名叫胐胐的野兽，样子像狸，白尾，颈部有长毛，饲养它可以解除忧愁。

胐，新月始生，通常指阴历初三日，又指天刚亮；胐胐是当地人饲养的一种颈部毛很长、样子像狸的宠物，这可能是我国饲养家猫的最早文字记录。

霍山又称太岳山，位于山西省中南部，西南至东北走向，系汾水与沁水、浊漳水的分水岭，其中高峰牛角鞍海拔 2567 米、绵山海拔 2405 米、霍山老爷顶海拔 2347 米。绵山又称介山，春秋时介子推帮助重耳复位后隐居于此，重耳放火烧山欲迫使其出山辅佐自己，介子推宁死不出山，重耳将其葬于绵山，并更名为介山。

又北五十二里，曰

继续向北 52 里，是合谷山，山上有很多蓍棘。
继续向北 35 里，是阴山，山上有很多制磨刀石的石材、文石。

少水从这里发源，其中有很多彤棠，它的叶子像榆树的叶子，但是方形的，它的果实像赤小豆，吃了它可以治疗耳聋。

继续向东北 400 里，是鼓镫山，这里多产赤铜矿。有一种草，名叫荣草，它的叶子像柳树的叶子，它的根茎像鸡蛋，吃了它可以治疗风疾。

合谷山与前一座山距离 52 里，这是一种相当精确的数字，应当有实测依据。蒉棘未详，西域有一种名花，名叫蒉卜，树高七八尺，二三月开白花，甚芳香。此处阴山或作险山，原文未言少水流向，这种文字缺失非常可惜。鼓镫山与前一座山相距四百里，与其他诸山彼此相距数十里不符，而且又突然从南北向转变为东西向。凡此种种，表明鼓镫山原本不属于中次一经（实际上所指的是北次二经），而应属于北次三经；与此同时，北次三经的沁水发源地谒戾山，按方位则应属于北次二经，或许记述鼓镫山和谒戾山的竹简彼此位置在流传过程中颠倒了。

合谷之山，是多蒉棘。

又北三十五里，曰阴山，多砺石、文石。少水出焉，其中多彤棠，其叶如榆叶而方，其实如赤菽，食之已聋。

又东北四百里，曰鼓镫之山，多赤铜。有草焉，名曰荣草，其叶如柳，其本如鸡卵，食之已风。

中部山区第一条山脉薄山，自甘枣山到鼓镫山，一共15座山，行经6670里。历儿山是供奉先祖的墓地，祭祀的礼仪是：毛物，用一牛、一羊、一猪为牺牲，再悬挂上吉玉。祭祀其余13座山，毛物用一只羊，县婴用桑封，只埋祭品而不用精米。（桑封就是桑木做成的圭形的神主，下面是方形的，上面是尖锐的，中间有穿孔，用黄金装饰。）

现存版本中次一经15座山的距离之和为937里，与此处所言"六千六百七十里"相差甚多。但是，如果将此处937里与北次二经诸山距离之和的5690里相加，和数为6627里，与"六千六百七十里"的数字则基本一致，这也是现存版本中次一经原本属于北次二经的证据之一。"历儿，冢也"，表明历儿山乃该区域居民供奉先祖的墓地；县、县婴，均为祭祀礼仪。括弧内的字乃后人注释文字误入成经文，"桑封"或谓乃"藻桂"之误；其实，桑与伤、丧同音或近音，因此"桑封"可能是桑木制作的祭祀用物，而我国民间至今仍然不用桑木制作家具、木船。

中部山区第二条山脉是济山，第一座山是辉诸山，山上多桑树，野兽多是山驴和四不像，鸟以鹒为多。

继续向西南200里是发视山，山上多金属矿、玉石矿，山下多制磨刀石的石材。即鱼水从这里发源，向西流入伊水。

继续向西300里是豪山，山上多金属矿、玉石矿，没有草木。

中次二经这条山脉的总称是济山，它的第一座山是辉诸山；鹒，郝懿行注谓："《玉篇》云：'鹒，何葛切；鸟似雉而大，青色，有毛角，斗死而止。'"从发视山发源的即鱼水，向西流入伊水，即今日河南省境内的伊水。

凡薄山之首，自甘枣之山至于鼓镫之山，凡十五山，六千六百七十里。历儿，冢也，其祠礼：毛，太牢之具；县以吉玉。其余十三山者，毛用一羊，县婴用桑封，瘗而不糈。（桑封者，桑主也，方其下而锐其上，而中穿之加金。）

《中次二经》济山之首，曰辉（huī）诸之山，其上多桑，其兽多闾、麋，其鸟多鹒（hé）。

又西南二百里，曰发视之山，其上多金、玉，其下多砥砺；即鱼之水出焉，而西流注于伊水。

又西三百里，曰豪山，其上多金、玉而无草木。

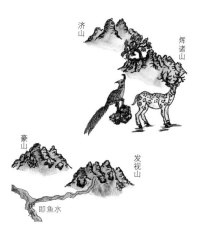

继续向西 300 里是鲜山，山上多金属矿、玉石矿，没有草木。鲜水从这里发源向北流入伊水。其中多鸣蛇，样子像蛇而有四翼，声音像敲击磬石，它的出现预兆当地有大旱。

鲜山位于伊水的南岸，这里有一种能够预报旱灾的鸣蛇，它发出像敲击磬石一样的声音。它出现时，就意味着当地将久旱无雨。

继续向西 300 里是阳山，多石，没有草木。阳水从这里发源向北流入伊水。其中多化蛇，样子是人面、豺身、鸟翼，像蛇一样爬行，发出"叱呼"的声音，它的出现预兆当地有大水。

阳山与鲜山相邻，这里有一种能够预报水灾的化蛇，当它发出"叱呼"的声音时，就意味着当地将暴雨成灾。有必要思考的是，预报旱灾的鸣蛇与预报水灾的化蛇成对出现，恐怕不是偶然的现象。事实上，我国古代农村有一种习俗，即每年春耕之前，要将耕牛打扮一番，其花纹色彩的图案则预示着当年雨水的多寡、收成的丰歉。或许春牛报年成的习俗可以追溯到《五藏山经》时代，不过当时更喜欢用蛇报年成。此外，《山海经》记述的鸣蛇、化蛇都是长着鸟翼、能够主宰降水量的神蛇，它们与美洲古代文明崇拜的主神羽毛蛇神非常相似。

又西三百里，曰鲜山，多金、玉，无草木。鲜水出焉，而北流注于伊水。其中多鸣蛇，其状如蛇而四翼，其音如磬，见则其邑大旱。

又西三百里，曰阳山，多石，无草木。阳水出焉，而北流注于伊水。其中多化蛇，其状如人面而豺身，鸟翼而蛇行，其音如叱呼，见则其邑大水。

又西二百里，曰昆吾之山，其上多赤铜。有兽焉，其状如彘而有角，其音如号，名曰蚕蚳，食之不眯。

又西百二十里，曰葌山，葌水出焉，而北流注于伊水，其上多金、玉，其下多青雄黄。有木焉，其状如棠而赤叶，名曰芒草，可以毒鱼。

又西一百五十里，曰独苏之山，无草木而多水。

又西二百里，曰蔓渠之山，其上多金、玉，其下多竹、箭。伊水出焉，而东流注于洛。有兽焉，其名曰马腹，其状如人面虎身，其音如婴儿，是食人。

继续向西 200 里是昆吾山，山上多赤铜矿。有一种名叫蚕蚳的野兽，样子像猪却长着角，声音如人哭号，吃了它的肉就不会做噩梦。

昆吾，一为人名（颛顼后裔，发明或改进了制陶技术），二为刀剑名（相传周穆王西游时，西胡献昆吾割玉刀及夜光常满杯），三为山名。《拾遗记》卷十："昆吾山，其下多赤金，色如火。昔黄帝伐蚩尤，陈兵于此。地掘深百尺，犹未见泉，惟见火光如星。地中多丹，炼石为铜，铜色青而利。"蚳，蚁卵；此处蚕蚳与东次二经㱊丽山的蚕蛭，名相似而形不同。

继续向西 120 里是葌山，葌水从这里发源向北流入伊水。山上多金属矿、玉石矿，山下多青雄黄。有一种名叫芒草的树，样子像海棠，赤叶，可以用来毒鱼。

继续向西 150 里是独苏山，没有草木，水很多。

继续向西 200 里是蔓渠山，山上多金属矿、玉石矿，山下多竹、箭。伊水从这里发源向东流入洛水。有一种名叫马腹的野兽，样子是人面虎身，声音像婴儿，吃人。

葌山的居民使用有毒的草来捕鱼。蔓渠山是伊水的发源地，今日伊水发源于熊耳山西端与伏牛山西端的交会处。熊耳山为秦岭东段支脉，是洛水和伊水的分水岭，主峰金宝山海拔 2094 米。

袁珂注谓马腹与《水经注·沔水》记述的水虎相类，水虎状如三四岁小儿，有鳞甲，藏于水边，小儿不知欲取戏玩弄，它便伺机食人。

中部山区第二条山脉济山，从𪇀诸山到蔓渠山，共有9座山，总里程1670里。当地居民供奉人面鸟身图腾神，祭祀时要献上带毛的动物，把一枚吉玉投掷到山林里，不用精米祭神。

《中山经》12条山脉，其中8条山脉自西向东记述，4条山脉自东向西记述。中次二经自东向西，沿着伊水南岸逆行依次记述了9座山的自然物产和人文习俗。从《中山经》12条山脉的分布方位来看，现存版本的中次二经排序编号可能有误。

中部山区第三条山脉是萯山，第一座山是敖岸山，向阳面有许多璚珸之玉，背阴面有许多赭石和黄金。神熏池居住在这里，经常制作出美玉。向北远望黄河岸边的树林，像茜草和榉树。有一种名叫夫诸的野兽，样子像白鹿，却长着四角，它的出现预兆当地有大水。

萯，黑黍。中次三经记述的山脉总称萯山，由5座山组成，是《五藏山经》26条山脉里山数最少的一条山脉，同时也是所述地理范围最小的区域之一，其地理方位在今日洛水与黄河交汇的洛阳、孟津、偃师一带，主要山脉即洛阳东北的邙山，邙山又称北山、芒山、郏山。茜，多年生蔓草，茎有刺毛，根红色，初秋开黄花，可作染料，亦可入药。举即榉树，树高可达25米，喜温湿，木材坚实耐水。"北望河林"，表明敖岸山位于黄河南岸，在此地向北望去，可见到黄河岸边有一大片树林。众所周知，黄河下游自三门峡至孟津段沿中条山南麓而行，到孟津县地势落差骤减，河道突然变宽，流速变缓，黄河下游泛滥的起始点即在此处，一般来说在这里的黄河岸边才有可能形成大面积树林。

孟津县的黄河渡口盟津，系周武王会盟八百诸侯渡河北伐商纣王的地方，其附近相传是龙马向伏羲献河图的地方（在民间故

凡济山之首，自𪇀诸之山至于蔓渠之山，凡九山，一千六百七十里。其神皆人面而鸟身。祠用毛，用一吉玉，投而不糈。

《中次三经》萯（bèi）山之首，曰敖岸之山，其阳多璚珸之玉，其阴多赭、黄金。神熏池居之，是常出美玉。北望河林，其状如茜（qiàn）如举。有兽焉，其状如白鹿而四角，名曰夫诸，见则其邑大水。

中次二经之神

河林

敖岸山

神熏池

夫诸

事中，伏羲从西方沿黄河漂流至此），其西则是黄河水利枢纽工程新建小浪底水库所在地。"神熏池居之，是常出美玉"，意思是熏池居住在这里，他的职责是管理制作精美的玉器（包括陶器、骨器、木器、青铜器等），这是一项技术含量很高的工作，理应有专人负责。上古时期，人的姓氏名称尚未形成规律，往往习惯用职务或工作性质来称呼人的名字，因此，"熏池"一名当与他的工作状况有关，"熏"涉及用火，"池"涉及取水。敖岸山又称献岸山，或有贡献之意。

继续向东10里是青要山，这里是帝禹的后宫，有许多驾鸟。向南远望有一处水中小洲，那里是帝禹的父亲鲧遇难的地方，有许多仆累、蒲卢。魃武罗管理着帝禹的后宫，她样子像人，却有豹的花纹，细腰，白齿，耳朵戴着金银耳环，声音像是敲击玉石

又东十里，曰青要之山，实惟帝之密都。是多驾鸟。南望埠渚（shàn zhǔ），禹父之

一样清脆。这座山非常有利于女性。畛水从这里发源向北流入黄河。有一种鴢鸟，样子像野鸭，青身、朱目、赤尾，吃了它的肉有利于怀孕生子。有一种荀草，样子像兰草，方茎、黄华、赤实，茎干像蒿草，吃了它可以美容。

《五藏山经》记述有两座帝都，一是西次三经昆仑丘的"帝之下都"，二即此处的"帝之密都"，前者为黄帝部落的大本营，后者为帝禹时代的后宫，它们在当初都应是庞大的建筑群，可惜早已荡然无存了。但是，位于偃师的二里头夏文化遗址，出土了大型宫殿基址（有人认为属于商代），面积达10000平方米，或即"密都"遗址。

此处"驾鸟"，实际上是管理后宫事务的官员及其下属服务员，类似昆仑丘的鹑鸟和西王母的三青鸟。由于密都是后宫，因此驾鸟有可能包括被净身的男人。墠，在古代祭祀中，封土曰坛，除地曰墠；渚，水中的小块陆地。据此，"墠渚"可能是一处人工建造的祭祀圣地，祭祀的对象即禹的父亲鲧（在《山海经》里，所谓父子并不一定就是父亲与儿子，而是指前代与后裔）。相传鲧治水失败被处死后化为黄熊（能）入羽渊，此处墠渚或即羽渊，或者象征着羽渊。仆累、蒲卢可能是与祭祀活动有关的什物，也有人说它们即蜗牛、蚌类。

武罗身穿豹皮裙，齿白腰细，戴着金光灿灿的耳环，说话好像鸣玉般清脆，显然她就是后宫娘娘，亦即东方美神。这里的环境对后宫娘娘的生活再适宜不过了，既种植着可以美容的荀草，又饲养着有助于怀孕生下健康婴儿的鴢鸟，还有众多的服务员。根据上述记载，帝禹时代的后宫，估计已经具有相当的规

所化，是多仆累、蒲卢。魋武罗司之，其状人面而豹文，小要而白齿，而穿耳以鐻（qú），其鸣如鸣玉。是山也，宜女子。畛（zhèn）冰出焉，而北流注于河。其中有鸟焉，名曰鴢（yǎo），其状如凫，青身而朱目赤尾，食之宜子。有草焉，其状如葌，而方茎黄华赤实，其本如藁本，名曰荀草，服之美人色。

河水

青要山

帝之密都

墠渚

模。《左传·襄公四年》记有："昔有夏之方衰也，后羿自钼迁于穷石，因夏民以代夏政。恃其射也，不修民事而淫于原兽。弃武罗、伯因、熊髡、龙圉而用寒浞。"据此可知，武罗在夏代仍然是著名的部落，中国武氏的姓氏可以追溯到武罗部落，而唐代女皇武则天的美貌基因看来也是渊源自有了。

又东十里，曰騩山，其上有美枣，其阴有琈珸之玉。正回之水出焉，而北流注于河。其中多飞鱼，其状如豚而赤文，服之不畏雷，可以御兵。

又东四十里，曰宜苏之山，其上多金、玉，其下多蔓居之木。潇潇（yōng）之水出焉，而北流注于河，是多黄贝。

继续向东10里是騩山，山上有美枣，背阴面有琈珸之玉。正回水从这里发源向北流入黄河。其中多飞鱼，样子像猪，却有着赤色纹理，吃了它的肉就不怕雷，还可以抵御敌兵。

继续向东40里是宜苏山，山上多金属矿、玉石矿，山下多藤类或荆类植物。潇潇水从这里发源向北流入黄河，有许多黄贝。

騩山出产美枣，可以采食。在近、现代人的观念中，总想当然地认为古代人的生活如何艰难；其实在先夏时期，地广人稀，植物繁茂，可供捕食的鸟兽亦多，再加上民风淳朴，只要年景正常，应当是衣食无忧。騩山属于多雷区，当地人相信吃飞鱼，具有避雷击和防身的功效。

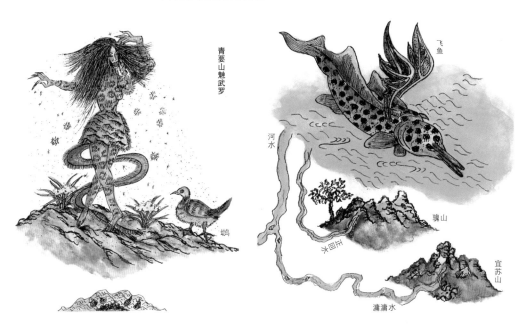

青要山魈武罗

鸧

飞鱼

河水

騩山

正回水

潇潇水

宜苏山

继续向东20里是和山，山上没有草木，有许多似玉的美石和青绿色的美石，这里是祭祀黄河之神的地方。这座山（祭坛）蜿蜒五曲，九条水从这里流出汇合后向北流入黄河，有许多苍玉。吉神泰逢主持祭祀黄河的仪式，他样子像人却有虎一样的尾巴，居住在贲山的向阳面，出入都伴随着火光。他虔诚地向天地祈祷，希望能够感动天地让黄河年年安流。

和山是黄河之神所在地，或者此处有祭祀黄河之神的圣坛。和山五曲、九水合流入黄河，可能是一种模拟景观，象征黄河下游九水归一，以祈求黄河下游众支脉河道不泛滥。此处吉神泰逢是黄河之神，他向天地祈祷，希望能够感动天地让黄河年年安流。

又东二十里，曰和山，其上无草木而多瑶、碧，实惟河之九都。是山也五曲，九水出焉，合而北流注于河，其中多苍玉。吉神泰逢司之，其状如人而虎尾，是好居于贲山之阳，出入有光。泰逢神动天地气也。

吉神泰逢

凡荤山之首，自敖
岸之山至于和山，凡五
山，四百四十里。其祠：
泰逢、熏池、武罗皆一
牡羊副，婴用吉玉。其
二神用一雄鸡瘗之，糈
用稌。

中部第三条山脉荤山，从敖岸山到和山，共有5座山，总里
程440里。祭祀泰逢、熏池、武罗都用半只公羊，祭器祭品要选
用吉玉。祭祀骄山和宜苏山的图腾神，要用一只雄鸡埋入地下，
并用精米糯稻祭神。

中次三经区域的居民要用劈成两半的公羊祭祀泰逢、熏池、
武罗，同时还要献上吉玉。祭祀其他二座山的山神，要埋下一只
雄鸡，并献上精稻米。据此，青要山的武罗，既是帝禹时代的后
宫娘娘，同时兼有后宫娘娘之神的身份（帝禹时代可能是一个历
史很长的朝代）。

《中次四经》厘山
之首，曰鹿蹄之山，其
上多玉，其下多金。甘
水出焉，而北流注于洛，
其中多泠石。

西五十里，曰扶猪
之山，其上多礝石，有
兽焉，其状如貉而人目，
其名麐（yín）。虢水出
焉，而北流注于洛，其
中多礝石。

中部山区第四条山脉是厘山，第一座山是鹿蹄山，山上多玉
石矿，山下多金属矿。甘水从这里发源向北流入洛水，其中有许
多泥石。

向西50里是扶猪山，山上有许多优质石材。有一种名叫麐
的野兽，样子像貉，却长着人的眼睛。虢水从这里发源向北流入
洛水，其中有许多优质石材。

中次四经记述的是今日的熊耳山山脉，鹿蹄山位于该山脉

中次三经之神

最东端，属于河南省伊川县境内，从这里发源的水名叫"甘水"，说明水质非常好，有趣的是著名的杜康酒就产自这里（一处在伊水之北的伊川县，另一处在伊水之南的汝阳县）。杜康是古代酿酒大师，或谓黄帝时人，或谓周时之人，相传他就是在伊水之滨酿造出美酒的。泠石或作汵石，即泥石。礝石、瑌石，质次于玉的美石。麈，麋类。

继续向西120里是厘山，向阳面多玉石矿，背阴面多茜草。有一种名叫犀渠的野兽，样子像牛，身体是苍色的，发出的声音像婴儿，吃人。滽滽水从这里发源向南流入伊水。有一种名叫獭的野兽，样子像凶猛的狼狗，却长着鳞，毛像猪颈部的长毛。

又西一百二十里，曰厘山，其阳多玉，其阴多蒐（sōu）。有兽焉，其状如牛，苍身，其音如婴儿，是食人，其名曰犀渠。滽滽之水出焉，而南流注于伊水。有兽焉，名曰獭（xié），其状如獳犬而有鳞，其毛如彘鬣。

蒐，茜草类。犀渠，郝懿行认为即犀牛，古人用其皮制盾牌；但是，问题是犀牛虽然能够伤害人，却并不食人。值得注意的是，在《五藏山经》里，凡记述食人之兽，差不多都有"其音如婴儿"的特征。一种可能是，食人野兽会模拟婴儿啼哭的声音，以吸引人前来；另一种可能是，所谓的食人兽，实际上是远古食人习俗的化装，那些化装成野兽的人要假惺惺地模仿婴儿的啼哭。滽滽水已见于中次三经的宜苏山，当是两条同名的水。《文选·江赋》李善注引此经，"獭"作"獥"，"獳犬而有鳞"作"鳞"；从其相貌来看，比较像是水獭类动物。

继续向西200里是箕尾山，多构树，多涂石，山上多璿珸之玉。

继续向西250里是柄山，山上多玉石矿，山下多铜矿。滔雕水从这里发源向北流入洛水。这里有许多羬羊，有一种名叫茇的树，样子像臭椿，叶子像桐树叶，荚实，可以毒鱼。

又西二百里，曰箕尾之山，多榖，多涂石，其上多璿珸之玉。

又西二百五十里，曰柄山，其上多玉，其下多铜。滔雕之水出焉，而北流注于洛。其中多羬羊；有木焉，其状如樗，其叶如桐而荚实，其名曰茇（bá），可以毒鱼。

继续向西200里是白边山，山上多金属矿、玉石矿，山下多青雄黄。

继续向西200里是熊耳山，山上多漆树，山下多棕树。浮濠水从这里发源向西流入洛水，其中多水晶，多娃娃鱼。有一种名叫葶苧的草，样子像紫苏，却开赤花，可以毒鱼。

又西二百里，曰白边之山，其上多金、玉，其下多青雄黄。

又西二百里，曰熊耳之山，其上多漆，其下多棕。浮濠之水出焉，而西流注于洛，其中多水玉，多人鱼。有草焉，其状如苏而赤华，名曰葶苧（tíng níng），可以毒鱼。

又西三百里，曰牡山，其上多文石，其下多竹箭、竹箭，其兽多炸牛、羬羊，鸟多赤鷩。

又西三百五十里，

此处的箕尾山，当另有箕首山。涂石又称泥石，或谓即泠石，可作涂料。芢可能指巴豆树，巴豆辛热有大毒，入药可解毒杀虫。苏即紫苏，葶苧俗称狗荠，二者均可入药。熊耳山因两峰状若熊耳而得名，据此当年这里应多熊。

继续向西 300 里是牡山，山上多文石，山下多竹箭、竹箭，野兽以炸牛、羬羊为多，鸟以赤鷩为多。

继续向西 350 里是灌举山，

洛水从这里发源向东北流入玄扈水，有许多样子像马肠的东西。洛水从讙举山和玄扈山两座山中间穿过。

雒即洛，特指今河南境内的洛水，它发源于陕西洛南县的华山山脉南麓，源头有两条支流。此处"雒水出焉，而东北流注于玄扈之水"可能有误，疑当为"玄扈山，玄扈之水出焉，而东北流注于雒水"，这才与洛水从讙举、玄扈二山之间穿行相符，而洛水发源地的记述已见《西山经》。马肠，或谓类似马腹、女娲之肠。

中部山区第四条山脉厘山，从鹿蹄山至于玄扈山，共有9座山，总里程1670里。当地居民供奉人面兽身的图腾神，祭祀时要献上一只纯白毛色的鸡，用彩色丝线缠在祭品上，不用精米祭神。

玄扈山位于中次四经最西端，其名称发音与讙举相近，而《水经注·洛水》亦称："玄扈之水，出于玄扈之山。"该区域的人喜欢用五彩装饰的白鸡作为祭神的供品。

曰讙举之山。雒水出焉，而东北流注于玄扈之水，其中多马肠之物。此二山者，洛间也。

凡厘山之首，自鹿蹄之山至于玄扈之山，凡九山，千六百七十里。其神状皆人面兽身。其祠之：毛用一白鸡，祈而不糈；以采衣之。

中部山区第五条山脉是薄山，第一座山是苟床山，没有草木，多怪石。

向东300里是首山，背阴面多构树、柞树，有许多苍茉、芫荽，向阳面多䃂琈之玉，有许多槐树。首山的背阴面有一处山谷，名叫机谷，有许多䳤鸟，样子像枭，却有三目，有耳，发出"录"的声音，吃了它的肉可以治疗下湿病。

中次五经所述山脉总称薄山，其中有葱聋山；而中次一经的总称亦为薄山，其中亦有山名葱聋。苟床山或作苟林山。首山多构树、柞树，栎树俗称柞树，落叶乔木，花黄褐色，果实叫橡子或橡斗，木质坚硬，树皮可用于鞣革和作颜料，树叶可喂养柞蚕，柞蚕丝略逊于桑蚕丝；茉即苍术、白术，可入药。䳤鸟"其音如录"，郝懿行注谓："盖鹿字假音，《玉篇》作音如豕。""食之已垫"，汪绂注谓："垫，下湿病。"相传黄帝采首山之铜铸鼎的地方，就在今日河南省的灵宝市境内。

继续向东300里是县𨵮山，没有草木，多文石。

继续向东300里是葱聋山，没有草木，多𥖅石。

向东北500里是条谷山，树多是槐、桐，草多是芍药、门冬。

继续向北10里是超山，背阴面多苍玉，向阳面有井，冬天有水而夏天竭。

继续向东500里是成侯山，山上有许多椿树，有许多秦芄。

继续向东500里是朝歌山，山谷里有许多美垩。

𨵮，大锄。𥖅，毕沅认为乃蚌之误，石质次于玉。芍药、门冬均可入药。在《五藏山经》产玉的诸山里，几乎都是向阳面有玉，唯独超山的背阴面出产玉。所谓"冬有水而夏竭"之井，属于气候地质现象，即气候的变化导致地质结构产生了相应的变化，例如岩体的热胀冷缩导致了水脉的通与断。成侯山之名不知是否涉及封侯行为；郝懿行认为芄乃芁之误，秦芁可入药。朝歌，商代都城，在今河南省淇县；此处朝歌山多美垩，当指有多种色彩的颜料，古人歌舞前通常要涂身绘身，其山名或得于此。

成侯山

朝歌山

超山

葱聋山

县斸山

条谷山

继续向东 500 里是槐山，山谷里有许多金属矿和锡矿。

继续向东 10 里是历山，有许多槐树，向阳面多玉石矿。

继续向东 10 里是尸山，有许多苍玉，野兽多大鹿。尸水从这里发源向南流入洛水，其中多美玉。

继续向东 10 里是良馀山，山上多构树、柞树，没有可用的石材。馀水发源于它的背阴面，向北流入黄河。乳水发源于它的向阳面，向东南流入洛水。

继续向东南 10 里是蛊尾山，有许多砺石和赤铜矿。龙馀水从这里发源向东南流入洛水。

继续向东北 20 里是升山，有许多构树、柞树、酸枣树，有许多山药和香草，还有许多寇脱树。黄酸水从这里发源向北流入黄河，其中多璇玉。

又东五百里，曰槐山，谷多金、锡。

又东十里，曰历山，其木多槐，其阳多玉。

又东十里，曰尸山，多苍玉，其兽多麖（jīng）。尸水出焉，南流注于洛水，其中多美玉。

又东十里，曰良馀之山，其上多榖、柞，无石。馀水出于其阴，而北流注于河；乳水出于其阳，而东南流注于洛。

又东南十里，曰蛊尾之山，多砺石、赤铜。龙馀之水出焉，而东南流注于洛。

又东北二十里，曰升山，其木多榖、柞、棘，其草多藷薁蕙，多寇脱。黄酸之水出焉，而北流注于河，其中多璇玉。

又东十二里，曰阳虚之山，多金，临于玄扈之水。

继续向东 12 里是阳虚山，有许多金属矿，此处临近玄扈水。

槐山出产锡，锡是制作青铜器的重要原料。历山，郝懿行认为即中次一经历儿山，似不确。尸山多大鹿。良馀山发源两条河，一北流入黄河，一南流入洛水。据此可知中次五经所述山脉位于黄河与洛水之间，亦即秦岭东段北支脉的崤山山脉，主峰千山海拔 1902 米，自古为兵家必争之地，渑池仰韶文化遗址亦出此山地中。升山的黄酸水，或与制作硫黄、硫酸有关。玄扈水，郭璞注谓："《河图》曰：'仓颉为帝，南巡狩，登阳虚之山，临于玄扈、洛纳，灵龟负书，丹甲青文以授之。'出此水中也。"

中部山区第五条山脉薄山，从苟林山（即苟床山）到阳虚山，共有 16 座山，总里程 2982 里。升山是当地居民先祖的陵墓，祭祀礼仪是最高规格的太牢（同时献上一牛、一羊、一猪），祭器祭品要用吉玉。首山是祭祀图腾神的地方，祭品有精美的稻米，黑色的一牛、一羊、一猪，用酒曲酿造的酒，祭祀者要持盾歌舞，击鼓，还要献上一枚玉璧。尸水是祭天的地方，要选用肥硕的牲畜为牺牲，把一只黑犬摆在祭坛上，把一只雌鸡摆在祭坛下，割破一只母羊取其血献上；祭器、祭品用吉玉，以五彩丝线缠绕；所有的牺牲在祭祀后再由祭祀者分食。

升山是当地人先祖墓地。祭祀首山之神，不仅用太牢，还要选黑牲，献美酒，击鼓，众人持盾以舞。在尸水祭天，祭品有黑犬、雌鸡，还要划破母羊取其血涂抹祭坛、祭物，类似血祭习俗亦见《旧约·摩西五经》。尸，主持祭祀者或代表受祭祀的人神。

中部山区第六条山脉是缟羝山，第一座山是平逢山，向南远望是伊水和洛水，向东远望是谷城山，那里没有草木，没有水，多沙石。平逢山供奉骄虫之神，样子像人，却有两个头；骄虫就是能蜇人的蜂，这里是蜜蜂居住和储藏蜂蜜的地方。祭祀骄虫之神，要献上一只雄鸡，祈祷祝愿后，放雄鸡于山林。

伊水出龙门转向东流 30 余公里在偃师附近与洛水汇流，此间伊水与洛水平行向东流，两者相距不到 10 公里，"南望伊、洛"，其地当在此段伊水、洛水的北侧。平逢山东面的谷城山，当指一处古代城池，约在今日洛阳附近；郭璞注谓："在济北谷城县西，黄公石在此山下，张良取以合葬尔。"该地远在山东省东阿县，其说不确。

骄虫之神即戴面具的养蜂人，或当地养蜂人供奉的行业保护神。所谓"禳而勿杀"，汪绂注谓："禳，祈祷以去灾恶，使勿蜇人，其鸡则放而勿杀也。"蜜蜂的驯化需要经历一个相当长的时期，在此期间蜜蜂的毒性可能还很强烈；因此，骄虫之神，一是保护养蜂人不被蜂蜇，二是保护蜜蜂不受天敌伤害，三是促使蜜蜂多产蜂蜜。

凡薄山之首，自苟林之山至于阳虚之山，凡十六山，二千九百八十二里。升山，冢也，其祠礼：太牢，婴用吉玉。首山神也，其祠用稌，黑牺太牢之具，蘖（niè）酿；干儛，置鼓；婴用一璧。尸水，合天也，肥牲祠之，用一黑犬于上，用一雌鸡于下，刉（jī）一牝羊，献血。婴用吉玉，采之，飨之。

《中次六经》缟羝山之首，曰平逢之山，南望伊、洛，东望谷城之山，无草木，无水，多沙、石。有神焉，其状如人而二首，名曰骄虫，是为螫虫，实惟蜂蜜之庐。其祠之：用一雄鸡，禳而勿杀。

在我国西南众多少数民族中，哈尼族拥有一项传自远古的生存技术——把野生蜂窝迁移到村落附近，以便就近获得蜂蜜、蜂蜡、蜂巢，掌握这项既复杂又危险技术的人被称为蜂王。迁移野生蜂巢是一件非常危险的工作，首先要把蜂巢外的巡逻放哨蜂全部捕捉到网里头，否则一旦让它们通风报信，就会招来整个蜂群的攻击，严重时会付出生命的代价。接下来，要把特制的烟吹送到蜂窝里，这能够让蜂群昏睡大约半个时辰（一小时），最好能够在这段时间内完成迁移蜂巢的工作，否则就要再一次用烟熏蜂群让它们继续昏睡下去（用量要恰到好处，多了会伤害蜂群的健康）。总之，把野生蜂迁移到村落附近适当的地方以获得蜂产品，需要掌握一系列精巧的技术，要经过漫长的技术积累和传授过程，这很可能是从野生蜂到家蜂的一个中间环节。

那么，哈尼族这种独特的迁移野生蜂巢技术可以追溯到什么时代、什么地方呢？笔者根据《山海经》的记载，做出一项重要的推测：哈尼族原本生活在中原黄河流域的谷水附近，属于仰韶

中次五经之神

缟羝山

平逢山

骄虫

谷城山

伊洛

文化的一支，后来才因故（可能与殷商王朝的兴起有关）远离故土迁徙到今日云南境内。对比之下，目前流行的说法是哈尼族早期与彝族、拉祜族等同源于古代的羌人（彝族也有养野生蜂的习俗）。

向西 10 里是缟羝山，没有草木，多金属矿、玉石矿。

继续向西 10 里是麂山，多璓琈之玉。它的两边有一处蘨谷，有许多柳树、楮树。有一种名叫鸰鵌的鸟，样子像山鸡，却有长尾，羽毛赤如丹火，青喙，人们用它的叫声来称呼它，吃了它的肉可以不做噩梦。交觞水从向阳面发源向南流入洛水，俞随水从背阴面发源向北流入谷水。

缟羝山之名或与制作丝帛、皮革有关。今洛阳西有麂山，俗称谷口山，或即此处蘨谷。眯，通常指异物入眼，亦可指眼疾睁不开目，或指噩梦。觞，古代饮酒用具，交觞即碰杯；此处谷水即洛水北面的一条主要支流，至今仍然叫谷水，而麂山所在之山脉（属于崤山东段）即谷水与洛水的分水岭。

继续向西 30 里是瞻诸山，向阳面多金属矿，背阴面多文石。谢水从这里发源向东南流入洛水。少水从背阴面发源向东流入谷水。

继续向西 30 里是娄涿山，没有草木，多金属矿、玉石矿。瞻水从向阳面发源向东流入洛水。陂水从背阴面发源向北流入谷水，其中多紫石、文石。

继续向西 40 里是白石山，惠水从向阳面发源向南流入洛水，其中多水晶。涧水从背阴面发源向西北流入谷水，其中多画眉石、黑丹。

继续向西 50 里是榖山，山上多构树，山下多桑树。爽水从这里发源向西北流入谷水，其中多碧绿。

继续向西 72 里是密山，向阳面多玉石矿，背阴面多铁矿石。豪水从这里发源向南流入洛水；其中多旋龟，样子是鸟首、鳖尾，声音好像是劈木头。没有草木。

西十里，曰缟羝之山，无草木，多金、玉。

又西十里，曰麂（guī）山，多璓琈之玉。其西有谷焉，名曰蘨（huān）谷。其木多柳、楮。其中有鸟焉，状如山鸡而长尾，赤如丹火而青喙，名曰鸰鵌（líng yào），其鸣自呼，服之不眯。交觞（shāng）之水出其阳，而南流注于洛；俞随之水出其阴，而北流注于谷水。

又西三十里，曰瞻诸之山，其阳多金，其阴多文石。谢（xiè）水出焉，而东南流注于洛；少水出其阴，而东流注于谷水。

又西三十里，曰娄涿之山，无草木，多金、玉。瞻水出其阳，而东流注于洛；陂水出其阴，而北流注于谷水，其中多茈石、文石。

又西四十里，曰白石之山。惠水出其阳，而南流注于洛，其中多水玉。涧水出其阴，西北流注于谷水，其中多麋石、栌丹。

又西五十里，曰榖山，其上多榖，其下多桑。爽水出焉，而西北流注于谷水，其中多碧绿。

又西七十二里，曰密山，其阳多玉，其阴多铁。豪水出焉，而南流注于洛，其中多旋龟，其状鸟首而鳖尾，其音如判木。无草木。

鸧鹍

谷水

谷水

俞随水

庵山

交觞水

洛水

缟羝山

榖山

爽水

白石山

涧水

谷水

娄涿山

陂水

密山

豪水

惠水

瞻水

瞻诸山

少水

洛水

郝懿行认为麋石即画眉石，栌丹即黑丹。谷水所出碧绿，系《五藏山经》直接使用绿色之处。旋龟已见南次一经杻阳山。

继续向西100里是长石山，没有草木，多金属矿、玉石矿。西面有一处山谷，名叫共谷，多竹。共水从这里发源向西南流入洛水，其中多鸣石。

继续向西140里是傅山，没有草木，多似玉的美石和青绿色的美石。厌染水从向阳面发源，向南流入洛水，其中多娃娃鱼。西面有一处树林，名叫墦冢。谷水从这里发源向东流入洛水，其中多姻玉。

继续向西50里是橐山，有许多臭椿、椭树。向阳面多金属矿、玉石矿，背阴面多铁矿，多硝石。橐水从这里发源向北流入黄河，其中多修辟鱼，样子像蛙，却有白喙，声音像鹨鹰，吃了可以治疗白癜风。

北次三经泰头山、中次一经甘枣山均发源共水，共水发源于共谷似乎更名正言顺，可能与先夏时期的望族共工氏有关。傅山的厌染水，或与织物染色漂洗活动有关。今日谷水发源于河南省渑池县西的观音堂，渑池仰韶文化遗址出土有五六千年前的纺轮、骨锥、骨针。椭，夏末吐穗，穗熟有粉，可做羹。萧即蒿，似亦可指硝石。

继续向西90里是常烝山，没有草木，多垩。潐水从这里发源向东北流入黄河，其中多苍玉。蕾水从这里发源向北流入黄河。

继续向西90里是夸父山，有许多棕树、楠树，多竹、箭，野兽以㸲牛、藏羊为多，鸟以鷩为多。向阳面多玉石矿，背阴面多铁矿。北面有桃林，方圆三百里，其中多马。湖水从这里发源向北流入黄河，其中多姻玉。

继续向西90里是阳华山，向阳面多金属矿、玉石矿，背阴面多青雄黄。草多山药，还有许多苦辛树，样子像楸树，果实像瓜，味道酸甜，吃了可以治疗疟疾。杨水从这里发源向西南流入洛水，其中多娃娃鱼。门水从这里发源向东北流入黄河，其中多黑色磨

又西百里，曰长石之山，无草木，多金、玉。其西有谷焉，名曰共谷，多竹。共水出焉，西南流注于洛，其中多鸣石。

又西一百四十里，曰傅山，无草木，多瑶、碧。厌染之水出于其阳，而南流注于洛，其中多人鱼。其西有林焉，名曰墦（fān）冢。谷水出焉，而东流注于洛，其中多姻（yān）玉。

又西五十里，曰橐山，其木多樗，多椭（bèi）木；其阳多金、玉，其阴多铁，多萧；橐水出焉，而北流注于河。其中多修辟之鱼，状如黾而白喙，其音如鸱，食之已白癣。

又西九十里，曰常烝之山，无草木，多垩。潐（qiáo）水出焉，而东北流注于河，其中多苍玉。蕾（zī）水出焉，而北流注于河。

又西九十里，曰夸父之山，其木多棕、楠，多竹、箭，其兽多㸲牛、藏羊，其鸟多鷩，其阳多玉，其阴多铁。其北有林焉，名曰

桃林，是广员三百里，其中多马。湖水出焉，而北流注于河，其中多珚玉。

又西九十里，曰阳华之山，其阳多金、玉，其阴多青雄黄，其草多藷藇，多苦辛。其状如楱（qiū），其实如瓜，其味酸甘，食之已疟。杨水出焉，而西南流注于洛，其中多人鱼。门水出焉，而东北流注于河，其中多玄䃶。缗（jí）姑之水出于其阴，而东流注于门水，其上多铜。门水出于河，七百九十里入雒水。

凡缟羝山之首，自平逢之山至于阳华之山，凡十四山，七百九十里。岳在其中，以六月祭之，如诸岳之祠法，则天下安宁。

刀石。缟姑水从背阴面发源向东流入门水，山上多铜矿。门水是黄河的支流，流经 790 里后注入雒水。

中部山区第六条山脉缟羝山，从平逢山到阳华山，共有 14 座山，总里程 790 里。每年六月祭祀这里的山神，祭祀的方法和规格与其他岳山相同，那么天下就会安宁。

夸父山之桃林又称邓林，相传乃夸父逐日所弃之杖化成，今河南灵宝市有夸父山、夸父峪、夸父营，当地人祭祀的山神即夸父。桃林"多马"，郭璞曾注称："造父于其中得骅骝骐耳之乘，以献穆王。"楉即楸树。玄碭即黑色磨刀石，似亦可指硝石。今崤山地域分属新安、义马、渑池、三门峡、陕县、灵宝，境内有众多水系分别流入黄河、洛水、谷水，此处门水可能系发源于崤山主峰千山向北流入黄河之水。黄河流至三门峡，被鬼门岛、神门岛、人门岛分流，相传三门为大禹治水时所开，而当地出土有先夏文化遗存，表明鬼门很可能系人工开凿，可惜三门峡水库建成之后三门及其历代漕运遗迹已不复见。"门水出于河"云云，或谓乃郭璞注文误入经文者。

"岳在其中"云云，从行文口气看，似亦是后人注释之文字误入经文者。不过，《尚书·尧典》已有四岳之称，当亦有祭祀四岳的活动，而尧典四星为七八千年前至四五千年前之天象（参阅新加坡《亚洲文化》杂志 1984 年 4 期《试论尧典四星》一文）。

中部山区第 7 条山脉是苦山，第一座山是休与山。山上有一种石子，名叫帝台之棋，五彩而有纹理，样子像鹌鹑卵。制作帝台之棋的石材即帝台之石，可以用于向百神祈祷，佩带它就不会患蛊病。有一种草，样子像蓍草，赤叶丛生，名叫凤条，可以制作箭杆。

棋类游戏起源甚早，种类也很多，至今仍然广泛流传的主要有围棋和象棋。围棋相传是帝尧为了教育其子丹朱而发明的，在民间故事里丹朱又名丹珠、单珠，还真有一点彩色棋子的意思。象棋起源说法较多，元代高僧念常《佛祖历代通载》称："神农以日月星辰为象，唐相国牛僧孺用车、马、士、卒加炮代之为机矣。"

《中次七经》苦山之首，曰休与之山。其上有石焉，名曰帝台之棋，五色而文，其状如鹑卵，帝台之石，所以祷百神者也，服之不蛊。有草焉，其状如蓍（shī），赤叶而本丛生，名曰凤条，可以为簳（gàn）。

帝台石

休与山

鼓钟山

姑媱山

东三百里，曰鼓钟
之山，帝台之所以觞百
神也。有草焉，方茎而
黄华，员叶而三成，其
名曰焉酸，可以为毒。
其上多砥，其下多砥。

又东二百里，曰姑
媱（yáo）之山。帝女
死焉，其名曰女尸，化
为䔄（yáo）草，其叶
胥成，其华黄，其实如
菟丘，服之媚于人。

宋晁补之《广象戏格·序》称："象戏兵戏也，黄帝之战驱猛兽
以为阵；象，兽之雄也，故戏兵以象名之。"其他尚有武王伐纣
时作、战国时作、北周武帝作等说。帝台之石还被用于祈祷百神，
并作为护身符。凤条可制作箭杆。菁草，古代用于占筮，《易经》
六十四卦即由 55 根菁草演绎而成（其中 6 根菁草用作记录卦符）；
又指锯齿草、蛐蜒草，多年生直立草本，夏秋开白花，可入药。

向东 300 里是鼓钟山，这里是帝台宴请百神的地方。有
一种名叫焉酸的草，方茎、黄花，圆叶三重，可以解毒。山上
多制磨刀石的粗石材，山下多制磨刀石的细石材。

继续向东 200 里是姑媱山，赤帝的女儿名叫女尸，不幸夭亡，
化成䔄草，䔄草的叶子相与生成，花是黄色的，果实像是菟丘子，
吃了它就能够光彩照人吸引异性。

鼓钟山是帝台宴请百神或四方贵宾的地方，届时钟鼓齐鸣，

主宾举杯畅饮。我国河南舞阳曾出土一批 8000 年前的骨笛，浙江余姚出土有 7000 年前的埙，其他出土先夏乐器尚有陶号角、骨哨、陶哨、陶号、陶哨铃、四孔器、陶响器、龟响器、陶钟、石磬、陶鼓、木皮鼓等等。或许帝台之石也是一种乐器（埙）。焉酸可制饮料，能够去毒火。姑媱山的帝女，袁珂认为即炎帝之女瑶姬，瑶姬未嫁而亡，葬于巫山；但与此地相距甚远，或许此处帝女乃帝台之女。菟丘即菟丝，有补肾、明目、安胎之效。

继续向东 20 里是苦山，有一种名叫山膏的野兽，样子像野猪，红艳艳的毛好像是着了火一样，擅长责骂。山上有一种名叫黄棘的树，花是黄色的，叶子是圆的，果实像兰草，吃了它就不会怀孕。有一种名叫无条的草，圆叶，没有茎，开红花却不结果实，吃了它就不会得大脖子病。

"逐"应为"豚"。山膏状如红毛猪，擅长骂人训斥人。"不字"即不怀孕，当时可能已经有了主动避孕的需要；不过，这种避孕药似应属于无条草，因为它"华而不实"，在古人看来即相当于人不怀孕。

近年来已经有越来越多的人开始认真研究《山海经》记载的远古文明信息，从西南到东北，从沿海到内陆，从中国到海外，都有《山海经》的研究者和爱好者，他们希望能够早日成立《山海经》研究会，早日破译《山海经》蕴藏的千古文化之谜，许多人都为此奉献出聪明才智和艰苦努力，并成功举办多次山海经学术交流活动，出版有《山海经新探》《山海经与中华文化》等论文集。

继续向东 27 里是堵山，这里是神天愚居住的地方，经常出现奇怪的风雨。山上有一种名叫天楄的树，样子像葵，方茎，吃了它吞咽食物就不会阻噎。

堵山多怪风雨，当系神天愚所为。对至高无上的天称之为"愚"，显然具有不敬或调侃的味道。事实上，古人对神有三种态度：一是敬畏歌颂之以祈求神为自己服务，二是训斥鞭笞之以强迫神为自己服务，三是嘲弄羞辱之以刺激神为自己服务。道理很

又东二十里，曰苦山。有兽焉，名曰山膏，其状如逐，赤若丹火，善詈。其上有木焉，名曰黄棘，黄华而员叶，其实如兰，服之不字。有草焉，员叶而无茎，赤华而不实，名曰无条，服之不瘿。

又东二十七里，曰堵山。神天愚居之，是多怪风雨。其上有木焉，名曰天楄（biān），方茎而葵状，服者不噎。

山膏

苦山

神天愚

堵山

简单，神是人创造出来的，当然要为人服务。更准确地说，神是人的大脑思维主体创造出来的，大脑思维从基因那里取得领导权之后，它既兴奋又恐惧，渴望着与外界对话，于是便创造出各式各样的神，同时也希望自己能拥有操纵大自然的神力。天楄的树干有棱角，喹即噎。

又东五十二里，曰放皋之山。明水出焉，南流注于伊水，其中多苍玉。有木焉，其叶如槐，黄华而不实，其名曰蒙木，服之不惑。有兽焉，其状如蜂，枝尾而反舌，善呼，其名曰文文。

继续向东52里是放皋山，明水从这里发源向南流入伊水，其中多苍玉。有一种名叫蒙木的树，叶子像槐树叶，黄花，不结果实，吃了它就不会被迷惑。有一种名叫文文的野兽，样子像蜂，尾巴分叉，舌却能反卷，善于呼叫。

放皋山或作效皋山、牧皋山；皋，水泽，水边的高地，长音，缓也，高也；皋月，阴历五月。皋陶，舜臣，造律立狱；青阳氏后裔，封于皋；工艺技术，《考工记》："皋陶，鼓木也。"我国河南陶寺龙山文化出土有木鼓，系用树干截断挖制而成，高100厘米，上口径43厘米，下口径57厘米，蒙皮（鳄鱼）已朽，鼓身外表在赭红底色上绘有白、黄、黑、宝石蓝等色图案，时代为公元前2500至公元前1900年间。蒙字有蒙昧、欺瞒之意，因此经文所谓蒙木"服之不惑"，如果不是以毒攻毒，原文似应为"服之乃惑"，亦即最早的蒙汗药了。文文可能属蜂鸟类，尾分叉，舌可卷伸。

继续向东57里是大苦山，多琈珸之玉，多画眉石。有一种名叫牛伤的草，叶子像榆树叶，方茎，苍色的刺，它的根有苍色的纹理，吃了它就不会昏厥，还可以用它构筑工事抵御敌兵。狂水从向阳面发源向西南流入伊水，其中多三足龟，吃了它的肉就不会得大病，还可以治疗肿胀病。

麋玉，或谓即画眉石。牛伤，它长着苍色的硬刺，可用于构筑防御工事，还可以治疗因气逆而昏厥的病。龟类、鳖类营养丰富，用鳖甲制成的鳖甲胶，有滋阴、补血、退热、消瘀的药效。狂水向西南流入伊水，据此大苦山当位于伊水之东，亦即今日的嵩山山脉上，而中次七经以苦山为总称，似乎表明当时苦山的名声更响亮一些。《墨子·尚贤中》称："禹平水土，主名山川。"表明帝禹时代曾有组织地对山川进行命名，有了名字就可以方便地指称某地的情况，积累信息，因此命名具有"信息集成"的功效。

又东五十七里，曰大苦之山，多琈珸之玉，多麋玉。有草焉，其状叶如榆，方茎而苍伤，其名曰牛伤，其根苍文，服者不厥，可以御兵。其阳狂水出焉，西南流注于伊水，其中多三足龟，食者无大疾，可以已肿。

文文

三足龟

放皋山

明水

大苦山

狂水

又东七十里，曰半石之山，其上有草焉，生而秀，其高丈余，赤叶赤华，华而不实，其名曰嘉荣，服之者不霆。来需之水出于其阳，而西流注于伊水，其中多鲐（lún）鱼，黑文，其状如鲋，食者不睡。合水出于其阴，而北流注于洛；多䲡（téng）鱼，状如鳜（guì），居逵，苍文赤尾，食者不痈，瘘。

继续向东70里是半石山，山上有一种名叫嘉荣的草，生长期不断开花，高达数米，叶子是红色的，花也是红色的，只开花不结果，吃了它就不会暴躁发脾气。来需水从向阳面发源，向西流入伊水，其中多鲐鱼，黑色的纹理，样子像鲫鱼，吃了它的肉就不犯困。合水从背阴面发源，向北流入洛水，这里多䲡鱼，样子像鳜鱼，栖息在水下的泥土里，苍色纹理，红色的尾巴，吃了它的肉就不会得痈疮，还可以治疗痔瘘病。

此处"服之者不霆"，其他版本为"服之者不畏霆"；前者是说吃了嘉荣草药，人不发脾气；后者是说，可以不怕雷鸣电闪。鲋，指鲫鱼；吃了它的肉可以兴奋少眠。䲡鱼，又名瞻星鱼，体粗壮，口大眼小，栖息浅海底层，喜半埋入沙中；鳜，即桂鱼，俗称妾鱼，其习性喜三条鱼同游，一鱼在前，二鱼在后如婢妾。逵，四通八达的大路，据此䲡鱼当是一种两栖类动物，可以治疗痔瘘，并预防皮肤炎症。不过，郭璞注谓此处"逵"指"水中之穴道交通者"，其说亦可成立。

伊水

鲐鱼

洛水

来需水

䲡鱼

合水　半石山

继续向东50里是少室山，这里有用百种草木建造的圆形粮仓。山上有一种名叫帝休的树，叶子像杨树叶，枝干向五个方向生长，黄花黑果，吃了它就不会发怒。山上多玉石矿，山下多铁矿石。休水从这里发源向北流入洛水，其中多䱂鱼，样子像长尾猴，但是腿上长着长附足骨，足是白色的，彼此成对，吃了它的肉就不会中蛊毒，还可以抵御敌兵。

困，圆形谷仓，可避雨水。帝休树枝杈指着五个方向，其果实有息怒之效，很像是古代的诽谤木。史载帝尧、帝舜时期设有一种民主制度，即在通衢大道路口树立一木，上有横木指示不同方向，凡民众有意见、要求，均可在此宣讲，官员或首领要耐着

又东五十里，曰少室之山，百草木成困（qūn）。其上有木焉，其名曰帝休，叶状如杨，其枝五衢，黄华黑实，服之不怒。其上多玉，其下多铁。休水出焉，而北流注于洛，其中多䱂鱼，状如盩蜼（zhōu wèi）而长距，足白而对，食者无蛊疾，可以御兵。

䱂鱼

休水

少室山

又东三十里，曰泰室之山。其上有木焉，叶状如梨而赤理，其名曰栯木，服者不妒。有草焉，其状如荓，白华黑实，泽如蔥薁（yīng yù），其名曰䔄草，服之不昧。上多美石。

又北三十里，曰讲山，其上多玉，多柘，多柏。有木焉，名曰帝屋，叶状如椒，反伤赤实，可以御凶。

又北三十里，曰婴梁之山，上多苍玉，锜于玄石。

又东三十里，曰浮戏之山。有木焉，叶状如樗而赤实，名曰亢木，食之不蛊。汜水出焉，而北流注于河；其东有谷，因名曰蛇谷，上多少辛。

又东四十里，曰少陉之山。有草焉，名曰莔（gāng）草，叶状如葵，而赤茎白华，实如蔥薁，食之不愚。器难之水出焉，而北流注于役水。

性子洗耳恭听，其木则称诽谤木，亦即后世华表雏形。鳒鱼即娃娃鱼，已见北次三经龙侯山；不过，此处鳒鱼形貌像猿猴类，而且又有"御兵"之功效，当另有所指。少室山系嵩山山脉主峰之一，山下有少姨庙，少姨指启母涂山氏之妹；在当地民间故事中，只说她如何帮助禹抚养启儿；其实，古代有同时娶姐妹的习俗，例如舜娶尧之二女，因此涂山氏姐妹均为禹妻。

继续向东 30 里是泰室山。山上有一种栯树，叶子像梨，却有着红色纹理，吃了它就不会妒忌。有一种䔄草，样子像白荓，开白花，结黑果，果实光泽像野葡萄，吃了它眼睛就不会昏暗不明，山上多美石。

继续向北 30 里是讲山，山上多玉石矿，多柘树、柏树。有一种名叫帝屋的树，叶子像花椒叶，倒刺，赤果，可以抵御凶犯。

继续向北 30 里是婴梁山，山上多苍玉，长在黑色的石头上。

继续向东 30 里是浮戏山，有一种名叫亢木的树，叶子像臭椿，结红色的果实，吃了它就不会患蛊病。汜水从这里发源向北流入黄河，它的东面有一处名叫蛇谷的峡谷，那里有许多细辛。

继续向东 40 里是少陉山，有一种莔草，叶子像葵，红色的茎，白色的花，果实像野葡萄，吃了它就不会愚昧。器难水从这里发源向北流入役水。

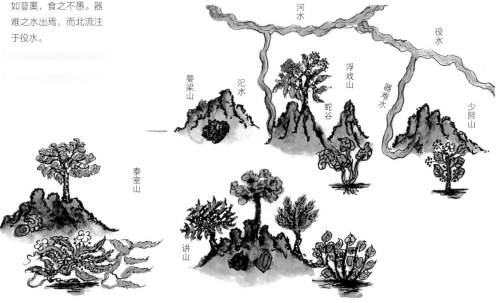

河水　役水　婴梁山　汜水　浮戏山　蛇谷　器难水　少陉山　泰室山　讲山

泰室山的蓄草与姑媱山的蓄草，两者药效不同；婴薁即野葡萄。泰室山又称太室山，系嵩山山脉主峰，因禹妻涂山氏在此化石而得名。今嵩山南麓万岁峰下有启母阙、启母石，石高10米。启从石头出生，表明其非禹之子，而是相隔多代的后裔。讲山的帝屋树有倒勾刺，可作篱笆墙。薗草即山葡萄，按其功效可称智慧果。

继续向东南10里是太山，有一种名叫梨的草，叶子像荻，赤色的花，可以治疗毒疮。太水从向阳面发源向东南流入役水，承水从背阴面发源向东北入役水。

继续向东20里是末山，山上多赤金矿。末水从这里发源向北流入役水。

继续向东25里是役山，山上多白金，多铁矿石。役水从这里发源向北流入黄河。

继续向东35里是敏山。山上有一种叫蓟柏的树，样子像荆树，白花红果，吃了它就不会寒冷，向阳面多璚珸之玉。

继续向东30里是大騩山，背阴面多铁矿石、美玉、青垩。

又东南十里，曰太山。有草焉，名曰梨，其叶状如荻而赤华，可以已疕。太水出于其阳，而东南流注于役水；承水出于其阴，而东北流注于役。

又东二十里，曰末山，上多赤金。末水出焉，北流注于役。

又东二十五里，曰役山，上多白金，多铁。役水出焉，北注于河。

又东三十五里，曰敏山。上有木焉，其状如荆，白华而赤实，名曰蓟（jì）柏，服者不寒。其阳多璚珸之玉。

又东三十里，曰大騩之山，其阴多铁、美玉、青垩。有草焉，其状如蓍而毛，青华而白实，其名曰莨（hěn），服之不夭，可以为腹病。

太山　承水　末水　末山　役山　太水　役水　敏山　大騩山

有一种名叫蒗的草，样子像蓍草，但是长着细毛，青色的花，白色的果实，吃了它小孩子就不会夭折，可以治疗腹部疾病。

获，多年生草本，茎直立有鳞片，秋开黄色扇形花，纤维可造纸编席。蓟柏可治伤寒病。蒗草可治腹部疾病，而这种病是当时儿童夭折的重要原因。

中部山区第 7 条山脉苦山，从休与山到大骢山，共有 19 座山，总里程 1184 里。其中 16 座山的居民供奉豕身人面图腾神，祭祀礼仪是：献上一只全毛的羊，把一枚藻玉埋入地下。苦山、少室山、太室山都有先祖的陵墓，祭祀礼仪是：按照最高级别的太牢之礼，献上一牛、一羊、一猪并陈列吉玉。先祖神像都是人面三首，其余山神都是豕身人面。

中次七经记述有十九座山，苦山、少室、太室这三座山上有祭祀先祖的墓地，祭祀人面三首的先祖之神（或许亦包括当地山神）时要供奉牛、羊、猪和吉玉。其余十六座山的山神都是豕身人面，祭祀时要献上一只全羊，并将藻玉埋入地下。

凡苦山之首，自休与之山至于大骢之山，凡十有九山，千一百八十四里。其十六神者，皆豕身而人面，其祠：毛牷用一羊羞，婴用一藻玉瘗。苦山、少室、太室皆豕也，其祠之：太牢之具，婴以吉玉。其神状皆人面而三首。其余属皆豕身人面也。

中次七经祠礼

中次七经所述诸山在今日河南境内的黄河以南、伊水以东、北汝河以北的区域里，其主要山脉即嵩山，嵩山山脉所发源的主要水系有颍河、双洎河、贾鲁河（涡河上游）。古代嵩山又称崇山，其地又叫崇地，相传帝尧时期崇地的首领名叫崇伯鲧，鲧治水失败被杀，禹从鲧的腹中出生（这种神异的出生方式，实际上表明禹是鲧的若干代后裔；类似的还有启从启母石中出生的说法，亦表明夏后启是禹的若干代后裔；在神话传说信息学里，这种现象被称之为时间压缩律），禹继续治水并获成功。

河南省新郑县（今新郑市）双洎河（古称洧水）北侧有8000年前的裴李岗文化遗址，面积20000平方米，出土的石器有磨盘、磨棒、铲、斧、凿、镰，镰与今日镰刀相似，而刃部有锯齿。据《禹县县志》《新郑县志》及当地民间传说，这一带是黄帝活动过的地方，黄帝曾在大鸿山（即大騩山）屯兵，山上有黄帝避暑洞、华盖童子授黄帝神芝图、轩辕庙等遗迹，而新郑相传即轩辕故里，双洎河的得名则与黄帝传位给玄嚣、昌意兄弟的故事有关。《水经注异闻录·洛异》称："黄帝东巡河过洛，修坛沉璧，受龙图于河，龟书于洛，赤文篆字。"

《山海经》多处记有帝台事迹，从帝台的身份和活动来看，他是先夏时期相当有影响的部落联盟首领或古国帝王，但是在《山海经》之外的其他古籍里却没有关于帝台的记载，这究竟是为什么呢？我们知道，帝俊又称帝舜，商又称殷，或许帝台也另有所指，笔者推测它很可能就是帝禹的别名，而其得名则与帝禹曾经建造众帝之台有关。值得注意的是，中山七经的核心是少室山和泰室山，休与山、鼓钟山位于少室山和泰室山的西面，少室山和泰室山即中岳嵩山，历史记载和民间传说都称这里是帝禹的故里、帝禹娶妻生子的地方，这就进一步表明帝台很可能就是帝禹的别号。

中次七经之神

《中次八经》荆山之首，曰景山，其上多金、玉，其木多杼（zhù）、檀；雎（jū）水出焉，东南流注于江，其中多丹粟，多文鱼。

东北百里，曰荆山，其阴多铁，其阳多赤金，其中多犛（lí）牛，多豹、虎，其木多松、柏，其草多竹，多橘、柚。漳水出焉，而东南流注于雎，其中多黄金，多鲛（jiāo）鱼。其兽多闾、麇。

中部山区第 8 条山脉是荆山，第一座山是景山，山上多金属矿、玉石矿，树木多杼树、檀树。雎水从这里发源向东南流入长江，其中多丹粟，还有许多文鱼。

向东北 100 里是荆山，背阴面多铁矿石，向阳面多赤金矿。有许多犛牛、豹、虎、山驴和四不像。植物以松树、柏树、竹和橘、柚为多。漳水从这里发源向东南流入雎水，其中多黄金，多鲨鱼。

杼，织布的梭子；杼树，又称柞树。此处景山所出雎水即今日湖北省西北部的沮水，荆山所出的漳水今日仍然名叫漳水，它们汇合后称为沮漳水，向南流入长江。荆山山脉的北面是武当山，

西面是大巴山，著名的神农架就位于荆山与大巴山之间。荆山山脉长约 150 千米，宽 20~30 千米，因盛产荆条而得名，其高峰望佛山海拔 1946 米，聚龙峰海拔 1852 米。犛牛即旄牛。郝懿行认为鲛鱼即今鲨鱼。

在《五藏山经》里，除了中次八经总称荆山之外，中次十一经亦总称荆山。在先夏传说里，黄帝和大禹都曾在荆山铸鼎，相传黄帝铸鼎的荆山在河南省灵宝市，而大禹铸鼎的荆山则在陕西省大荔县或富平县。春秋战国时期下和采玉处的荆山，一说在湖北省的荆山北麓南漳县，一说在安徽的怀远县。

继续向东北 150 里是骄山，山上多玉石矿，山下多青色彩石矿。树木以松树、柏树为多，还有许多桃枝竹、钩端竹。神䖟围在这里居住，他的样子是人面、羊角、虎爪，总是往来于睢漳之渊，他的出现与离去都伴随着光。

神䖟围是当地居民供奉的守护睢漳之渊的吉神。举行巫术活动时，由头戴羊角、装饰虎爪的巫师来装扮成神䖟围；在迎神和送神的过程中，民众都要燃起火把、打起灯笼、点燃篝火，以壮神威。

继续向东北 120 里是女几山，山上多玉石矿，山下多黄金。野兽以豹、虎为多，以山驴、四不像、大鹿、小鹿为多，鸟类以白长尾雉、长尾野鸡为多，还有许多专吃毒蛇的鸩鸟。

鷩，长尾雉，与环颈雉相近；翟，雉类，俗称野鸡，尾长而不擅远飞，古代乐舞所执的雉羽即其尾羽。鸩，长颈赤喙，羽毛紫绿色，有毒；据说以其羽在酒中一划，饮之立死；相传这种鸟喜食毒蛇，雄鸩名叫运日，雌鸩名叫阴谐。众所周知，虎豹属食肉类动物，麋鹿属食草类动物，鸟属飞禽类动物，而《五藏山经》的考察者也是这样分类的。

继续向东北 200 里是宜诸山，山上多金属矿、玉石矿，山下多青色彩石矿。滍水从这里发源向南流入漳水，其中多

又东北百五十里，曰骄山，其上多玉，其下多青䨼，其木多松、柏，多桃枝、钩端。神䖟（tuó）围处之，其状如人面，羊角虎爪，恒游于睢漳之渊，出入有光。

又东北百二十里，曰女几之山，其上多玉，其下多黄金，其兽多豹、虎，多闾、麋、麖、麂（jǐ）；其鸟多白鷮（jiāo），多翟，多鸩（zhèn）。

又东北二百里，曰宜诸之山，其上多金、

玉，其下多青雘。洈
（guī）水出焉，而南
流注于漳，其中多白玉。

又东北二百里，曰
纶山，其木多梓、楠，
多桃枝，多柤、栗、橘、
柚，其兽多闾、麈、麢、
臭（chuò）。

又东二百里，曰陆
郎（guì）之山，其上
多㻬琈之玉，其下多垩，
其木多杻、橿。

白玉。

继续向东北 200 里是
纶山，有许多梓树、楠树，
有许多桃枝竹，还有许多
山楂树、栗子树、橘树、
柚树。野兽以山驴、麈、
羚羊、狡兔为多。

继续向东 200 里是
陆郎山，山上多㻬琈之玉，
山下多垩，有许多杻树、
橿树。

麈，似鹿而大，相传其尾能够辟尘，因此用麈尾制作的清扫
尘土的用具又称拂尘，道士手中常持此物。臭，似兔而鹿足。

继续向东130里是光山，山上多青绿色的美石，山下多树。神计蒙居住在这里，他的样子是人身龙首，总是来往于漳渊，每次出入漳渊都会有疾风暴雨。

此处经文"其下多木"或作"其下多水"，因字形相近而抄写有误，这种错误在印刷术发明和普及之前是经常发生的。

光山的漳渊与骄山的雎漳渊在当时应当是著名的湖泊，人们依湖而居，乘船来往或打鱼，为了平安，需要祭祀湖神。对比之下，神蟲围似乎要温和一些，而神计蒙则显得脾气暴躁或威力更强，这可能与两处湖泊的风浪高低有关。今日这里属于江汉平原，境内的大湖泊已经很少了。

继续向东150里是岐山，向阳面多赤金矿，背阴面多白珉。山上多金属矿、玉石矿，山下多青色彩石矿，树以臭椿为多。神涉蟲居住在这里，他的样子是人身、方面、三足。

珉，石质似玉者。岐山的向阳面和山的上半部同时出产金，这在《五藏山经》记述的447座山中不多见。此处未言神涉蟲的职能，当系缺文。神涉蟲"方面"，当指戴着方形面具；"三足"，如果不是畸形，则可能是某种特殊的装饰，例如假腿、拐杖或尾饰。

又东百三十里，曰光山，其上多碧，其下多木。神计蒙处之，其状人身而龙首，恒游于漳渊，出入必有飘风暴雨。

又东百五十里，曰岐山，其阳多赤金，其阴多白珉（mín）；其上多金、玉，其下多青膜，其木多樗。神涉蟲处之，其状人身而方面三足。

尾饰曾在史前人类社会广泛流行过一个时期，在世界许多地方的远古岩画中，都有绘着系尾饰的人物画。我国甘肃省马家窑文化出土的一件彩陶盆上绘画的舞蹈纹，舞者均绘有尾饰；而阴山岩画上的人物画，无论是舞者还是猎人几乎都绘有尾饰，多数学者认为尾饰起源于捕猎，猎人伪装成动物的样子以吸引要捕猎的动物。与此同时，西王母豹尾以及九尾狐等有尾人神和多尾动物的传说，也都是有关尾饰的描述。且饰，是远古人在生殖崇拜的巫术舞蹈活动中，对男性性器官的夸张装饰物或模拟替代物，类似的情景在今日民间舞蹈和戏曲中仍然可以见到蛛丝马迹。

又东百三十里，曰铜山，其上多金、银、铁，其木多榖、柞、柤、栗、橘、柚，其兽多犳（zhuó）。

又东北一百里，曰美山，其兽多兕、牛，多闾、麈，多豕、鹿，其上多金，其下多青雘。

继续向东 130 里是铜山，山上多金、银、铁矿藏，树木以构树、柞树、山楂树、栗子树、橘树、柚树为多，野兽以犳为多。

继续向东北 100 里是美山，山上多金属矿，山下多青色彩石矿。有许多兕和牛，还有许多山驴、麈、野猪、鹿。

铜山其上多金、银、铁而无铜，与其名不符，疑原文应为"其

美山

铜山

上多金、银、铜、铁"；或者，由于已经将山命名为铜山，故而考察者省略了记述产铜的文字。

继续向东北 100 里是大尧山，树木以松树、柏树、梓树、桑树、机树为多，草以竹为多，野兽以豹、虎、羚羊、狻兔为多。

继续向东北 300 里是灵山，山上多金属矿、玉石矿，山下多青色彩石矿，树木以桃树、李树、梅树、杏树为多。

尧，字形为三土堆成金字塔形，意为高。灵，楚人称跳舞降神的巫者以及所降之神为灵；其字形（灵的繁体字为靈）为雨、口口口、巫叠加而成，意为巫者向天高呼以祈雨。

继续向东北 70 里是龙山，山上多木耳，多青绿色的美石，山下多赤锡矿，草类以桃枝竹、钩端竹为多。

继续向东南 50 里是衡山，山上多木耳，多构树、柞树，多黄垩、白垩。

继续向东南 70 里是石山，山上多金属矿，山下多青色彩石矿，多木耳。

又东北百里，曰大尧之山，其木多松、柏，多梓、桑，多机，其草多竹，其兽多豹虎、麠、臭。

又东北三百里，曰灵山，其上多金、玉，其下多青雘，其木多桃、李、梅、杏。

又东北七十里，曰龙山，上多寓木，其上多碧，其下多赤锡，其草多桃枝、钩端。

又东南五十里，曰衡山，上多寓木、穀、柞，

灵山

龙山

衡山

大尧山

石山

若山

多黄垩、白垩。

又东南七十里，曰石山，其上多金，其下多青雘，多寓木。

又南百二十里，曰若山，其上多璠琈之玉，多赭，多邽石，多寓木，多柘。

继续向南120里是若山，山上多璠琈之玉，多赭，多邽石，多木耳，多柘树。

寓木，郭璞注谓："寄生也，一名宛童，见《尔雅》。"据此寓木属于木耳、灵芝等真菌。郭璞为晋代学者（公元266—324年），字景纯，河东（今山西省）闻喜人，曾注释《山海经》《尔雅》等书，撰有《山海经图赞》，留有《郭弘农集》。《晋书》《隋书·经籍志》等书均称郭注《山海经》为二十三篇，与西汉学者刘秀校订十八篇《山海经》版本不同，或许郭注本原有附图五卷。《尔雅》为汉代词典类图书，郭璞的《尔雅注》内容有释诂、释言、释训、释亲、释宫、释器、释乐、释天、释地、释丘、释山、释水、释草、释木、释虫、释鱼、释鸟、释兽、释畜。郭璞善诗擅卜而直言，因以卜筮不吉劝阻王敦叛乱而被杀，王敦亦于同年病困交加而死。

又东南一百二十里，曰彘山，多美石，多柘。

又东南一百五十里，曰玉山，其上多金、玉，其下多碧铁，其木多柏。

又东南七十里，曰灌山，其木多檀，多邽石，多白锡。郁水出于其上，潜于其下，其中多砥砺。

又东北百五十里，曰仁举之山，其木多榖、柞，其阳多赤金，其阴多赭。

继续向东南120里是彘山，多美石，多柘树。

继续向东南150里是玉山，山上多金属矿、玉石矿，山下多碧铁，树木以柏树为多。

继续向东南70里是灌山，以檀香树为多，多邽石，多白锡矿。郁水从山上流出后，潜行山下，其中多制磨刀石的石材。

继续向东北150里是仁举山，树木以构树、柞树为多，向阳面多赤金矿，背阴面多赭。

彘山　玉山　仁举山　灌山　郁水

豲山应当是以野猪多而得名。玉山所产碧铁，当指有光泽的铁矿石。灌山出产的白锡，可能指锡、铅、锌等共生矿石。邽石，或作若石。仁举山之名，或亦有所指。

继续向东 50 里是师每山，向阳面多制磨刀石的石材，背阴面多青色彩石矿。树木以柏树、檀香树、柘树为多，草类以竹为多。

继续向东南 200 里是琴鼓山，树木以构树、柞树、花椒树、柘树为多。山上多白珉，山下多洗石。野兽以豕鹿、白犀牛为多，鸟类以鸠为多。

师每山出产的树被记述为"其木多柏，多檀，多柘"，我们可以清楚地知道分别是三种树。对比之下，琴鼓山的树却被记述为"其木多榖、柞、椒、柘"，尽管我们知道它们分别是构树、柞树、花椒树和柘树，但是这种表述方式仍然容易使我们产生误解。例如，琴鼓山"多豕鹿"，我们就难以确定这里有豕和鹿两种动物，还是有一种既像豕又像鹿名叫"豕鹿"的动物。显然，这对我们今天统计《山海经》记述的动物、植物种类造成了困难，同时也对我们为《山海经》原文加注标点符号增加了难度。

琴鼓山之名，或许表明当地音乐活动频繁，并已经使用"琴"这种乐器。

中部山区第 8 条山脉荆山，从景山到琴鼓山，共有 23 座山，总里程 2890 里。当地居民供奉鸟身人面图腾神，祭祀的礼仪是：把一只雄鸡埋入地下，献上藻圭，供上精米糯稻。骄山是先祖的陵墓，祭祀的礼仪是：献上美酒，牺牲少牢（一只羊、一头猪），并埋入地下，供奉一枚玉璧。

中次八经所述区域大体在今日湖北省的荆山、大洪山一带，这里的居民供奉鸟身人面之神，祭祀时要用雄鸡、藻圭、精米祭神；其中骄山是先祖陵墓所在地，因此骄山多松柏树（墓地用树），多桃树（桃木有辟邪之效力）。

值得注意的是，中次八经所述区域 23 座山却有 11 座山出产金（包括银铜），此外还有龙山产赤锡、灌山产白锡，表明这一

又东五十里，曰师每之山，其阳多砥砺，其阴多青雘，其木多柏，多檀，多柘，其草多竹。

又东南二百里，曰琴鼓之山，其木多榖、柞、椒、柘，其上多白珉，其下多洗石，其兽多豕鹿，多白犀，其鸟多鸩。

凡荆山之首，自景山至琴鼓之山，凡二十三山，二千八百九十里。其神状皆鸟身而人面。其祠：用一雄鸡祈瘗，用一藻圭，糈用稌。骄山，冢也，其祠：用羞酒少牢祈瘗，婴毛一璧。

师每山

琴鼓山

中次八经之神

骄山

中次八经祠礼

带有着发达的采矿活动（目的主要是制作颜料和冶炼青铜器，或许也包括贸易）。今日湖北省大冶市境内的铜绿山是一处古老的矿山，赤铁矿、孔雀石、自然铜至今仍然遍布满山；每逢雨后，铜绿如豆点缀于土石之上，故而得名。经考古发掘，这里已清理出西周、春秋至汉代的采矿井巷数百条，矿井深度 50 余米，附近还有殷商、西周以及宋代炼铜遗迹和遗物。

中部山区第 9 条山脉是岷山，第一座山是女几山，山上多石涅，树木以杻树、檀树为多，草类以菊、白茶为多。洛水从这里发源向东流入江水，其中多雄黄。野兽以虎、豹为多。

继续向东北 300 里是岷山，江水从这里发源向东北流入海，其中多大龟，多鳄鱼。山上多金属矿、玉石矿，山下多白珉。树木以梅树、海棠为多，野兽以犀牛、大象为多，还有许多大野牛，鸟类以山鸡、锦鸡为多。

继续向东北 140 里是崃山，江水从这里发源向东流入长江。向阳面多黄金，背阴面多麋鹿、麈。树木以檀香树、柘树为多，

《中次九经》岷山之首，曰女几之山，其上多石涅，其木多杻、檀，其草多菊、茉。洛水出焉，东注于江，其中多雄黄，其兽多虎、豹。

又东北三百里，曰岷山，江水出焉，东北流注于海，其中多良

中 山 经 | 217

草类以蓲、韭为多，还有许多白芷、寇脱。

此处女几山与中次八经的女几山当是异地同名，类似的情况在《五藏山经》里多处出现。几字的意思很多，矮小的桌子，时间或物件的数量，形容鞋端部装饰美，表示若干人在一起等等。今日四川省西部邛崃山山脉南段的四姑娘山，在 3500 米的距离内有四座雪峰南北排列，宛若四少女头披白纱，其海拔 6250 米，为青藏高原东部最高峰，或即此处所述的女几山，而所谓洛水东注入之江当指岷江。

此处岷山当即今日岷山山脉，其所出水系流入之海，可能指若尔盖沼泽湿地。夔牛，体重数千斤的大牛。鼍即扬子鳄，俗称猪龙婆，皮可蒙鼓；《吕氏春秋·古乐》："帝颛顼乃令鱓先为乐倡，鱓乃偃寝，以其尾鼓其腹，其音英英。"袁珂认为鱓音驮，与鼍可互用。此处嵨山当即今日邛崃山山脉，所出水系东流入之大江当

龟，多鼍（tuó）。其上多金、玉，其下多白珉，其木多梅、棠，其兽多犀、象，多夔牛，其鸟多翰、鷩。

又东北一百四十里，曰嵨山，江水出焉，东流注大江。其阳多黄金，其阴多麋、麈，其木多檀、柘，其草多薤、韭，多药、空夺。

指长江。薤，多年生草本，叶细长，开紫色小花。药，芍药或白芷。空夺，即寇脱。

又东一百五十里，曰崌山，江水出焉，东流注于大江，其中多怪蛇，多鷙（zhì）鱼；其木多楢（qiū）杻，多梅、梓，其兽多夔牛、麢、㚟、犀、兕。有鸟焉，状如鸮而赤身白首，其名曰窃脂，可以御火。

继续向东150里是崌山，江水从这里发源向东流入长江。其中多怪蛇，多鷙鱼。有许多楸树、杻树、梅树、梓树。野兽以大野牛、羚羊、狡兔、犀牛、兕为多。有一种名叫窃脂的鸟，样子像猫头鹰，却是赤身白首，可以防御火灾。

怪蛇，郭璞注："今永昌郡有钩蛇，长数丈，尾岐，在水中钩取岸上人、牛、马啖之，又呼马绊蛇，谓此类也。"窃脂鸟"可以御火"，疑指该鸟食取树木分泌的油脂，因而可减少山林失火。郭璞注："今呼小青雀曲嘴肉食者为窃脂，疑非此也。"

又东三百里，曰高梁之山，其上多垩，其下多砥砺，其木多桃枝、钩端。有草焉，状如葵而赤华，荚实、白柎，可以走马。

又东四百里，曰蛇山，其上多黄金，其下多垩，其木多栒，多豫章，其草多嘉荣、少辛。有兽焉，其状如狐，而白尾长耳，名㹢（yǐ）狼，见则国内有兵。

继续向东300里是高梁山，山上多垩，山下多制磨刀石的石材，还有许多桃枝竹、钩端竹。有一种草，样子像葵，却开红色的花，荚形果实、白色花萼，可以让马跑得更快。

继续向东400里是蛇山，山上多黄金，山下多垩。树木以栒树、豫章树为多，草类以嘉荣、少辛为多。有一种名叫㹢狼的野兽，样子像狐狸，却是白尾长耳，它的出现预兆着当地将发生战争。

高梁山的无名草"可以走马"，当系马类喜食的营养丰富的草。居住在巴蜀地区的古人称大蛇为巴，大巴山又名巴山，应即得名于当地有大蛇，此处蛇山按方位当属于今日大巴山山脉。

继续向东 500 里是鬲山，向阳面多金属矿，背阴面多白珉。蒲鹬水从这里发源向东流入江水，其中多白玉。这里的野兽以犀牛、大象、熊、罴、猿类、长尾猴为多。

鬲，鼎类器物。蜼，汪绂注谓："猿属，仰鼻岐尾，天雨则自悬树，而以尾塞鼻。"

继续向东北 300 里是隅阳山，山上多金属矿、玉石矿，山下多青色彩石矿。树木以梓树、桑树为多，草类以茈草为多。徐水从这里发源向东流入江水，其中多丹粟。

继续向东 250 里是岐山，山上多白金，山下多铁矿石。树木以梅树、梓树和杻树、楢树为多。减水从这里发源向东南流入江水。

继续向东 300 里是勾㭚山，山上多玉石矿，山下多黄金。树木以栎树、柘树为多，草类以芍药为多。

楢，或谓柔木，可用于钻木取火；或谓刚木，可制车轮。减水，郝懿行认为可能是碱水之误；若郝说成立，那么当地应当有盐业活动。温少峰先生认为此处减水即今日重庆市巫溪县的大宁河（又称巫溪），古代这里有盐泉（参阅《山海经新探》一书，四川省社会科学院出版社出版，该书系 1983 年底在成都召开的全国第一次山海经学术讨论会的论文集）。

又东五百里，曰鬲（lì）山，其阳多金，其阴多白珉；蒲鹬（hōng）之水出焉，而东流注于江，其中多白玉。其兽多犀、象、熊、罴，多猿、蜼。

又东北三百里，曰隅阳之山，其上多金、玉，其下多青雘，其木多梓、桑，其草多茈。徐之水出焉，东流注于江，其中多丹粟。

又东二百五十里，曰岐山，其上多白金，其下多铁，其木多梅、梓，多杻、楢。减水出焉，东南注于江。

又东三百里，曰勾㭚（mǐ）之山，其上多玉，其下多黄金，其木多栎、柘，其草多芍药。

高山

江水

蒲鹬水

又东一百五十里，
日风雨之山，其上多白
金，其下多石涅，其
木多椒（zōu）、檀
（shàn），多杨。宣余
之水出焉，东流注于江，
其中多蛇。其兽多闾、
麋，多麈、豹、虎，其
鸟多白鷩。

继续向东 150 里是风雨山，山上多白金，山下多石涅。树木
以椒树、檀树、杨树为多。宣余水从这里发源向东流入江水，其
中多蛇。野兽以山驴、麋鹿、麈、豹、虎为多，鸟类以白色长尾
雉为多。

椒树，不详；椒通常指麻干、木柴或泽边草丛。檀木可制勺，
又称白理木。此处"其兽多闾、麋，多麈、豹、虎"，袁珂注谓"经
文疑当作其兽多闾、麋、麈，多豹、虎；多麈二字适倒"。事实上，
麈属鹿类，不应与虎豹相提并论，古人早有此分类常识。

风雨山，顾名思义其地形地势应多风雨。今日大巴山高峰之
一的光雾山，海拔 2507 米，这里发源多条水系，分别流入嘉陵
江和汉水。俗话说，风有风口，水有水道；实际上，飞云亦有路，
而云下不下雨则往往与地形有关。对于我国来说，南方来的风通
常都携带着大量水汽，它们在向北移动的过程中，每遇到高山大
脉，部分水汽就会转变成降水。具体来说，四川盆地之所以降水
充沛，境内岷江、沱江、涪江、嘉陵江、渠江等水网密布，就是
因为邛崃山、岷山、大巴山以及秦岭起到了把南来水汽（主要来

自南太平洋和印度洋）转变成降水的作用。

继续向东200里是玉山，向阳面多铜矿，背阴面多赤金矿。树木以豫章树、楸树、杻树为多，野兽以猪、鹿和羚羊、狡兔为多，鸟类以鸩为多。

《五藏山经》共记述有三座玉山，一是西次三经西王母所居的玉山，二是中次八经的玉山，三即此处玉山；此外，中次十一经亦提及玉山之名。

马来西亚学者丁振宗先生出版有《破解〈山海经〉古中国的X档案》（中州古籍出版社）一书，他认为《山海经》有许多被称为人、蛇、鸟、兽、鱼、龟、草木、日、月、神的东西，这些名称是用来代表一些机械，而夸父追日则是"黄帝一项太空实验失败的记录"，黄帝的核电站设在青藏高原的山中。事实上，从各种角度研究《山海经》，都有助于开拓思路。

又东二百里，曰玉山，其阳多铜，其阴多赤金，其木多豫章、楷杻，其兽多豕、鹿、麢、臭，其鸟多鸩。

玉山

又东一百五十里，曰熊山。有穴焉，熊之穴，恒出入神人，夏启而冬闭；是穴也，冬启乃必有兵。其上多白玉，其下多白金，其木多樗、柳，其草多寇脱。

继续向东 150 里是熊山，山里有一个熊穴，经常有神人出入。熊穴在夏季开启，在冬季关闭；如果熊穴在冬季开启，那么一定是爆发了战争。山上多白玉，山下多白金。树木以臭椿、柳树为多，草类以寇脱为多。

熊山理应多熊，熊有冬眠习性，熊冬季出来活动属于异常现象；熊有多种，可惜此处经文未言这里熊的模样。众所周知，大熊猫是我国特产，其毛色黑白相间非常有特色，主要分布在秦岭、大巴山一带。由于此处熊山位于大巴山山脉，因此这里的熊有可能是指大熊猫。

值得注意的是，《史记·楚本纪》称"楚之先祖出自帝颛顼高阳"。此后，高阳生称，称生卷章（老童），卷章生重黎。重黎之弟为吴回（祝融），吴回生陆终；陆终生子六人，六曰季连，芈姓，楚其后也。季连生附沮，附沮生穴熊。其后中微，或在中国，或在蛮夷，弗能纪其世。周文王时，季连之苗裔曰鬻熊，其后世姓名多用"熊"字。据此，中次九经的熊山、熊穴、熊神，有可能

熊山

就是楚国先祖"穴熊"。

继续向东 140 里是騩山，向阳面多美玉、赤金矿，背阴面多铁矿，树木以桃枝竹、荆树和枸杞为多。

继续向东 200 里是葛山，山上多赤金矿，山下多瑊石。树木以山楂树、栗子树、橘树、柚树、楸树、杻树为多，野兽以羚羊、狡兔为多，草类以嘉荣为多。

继续向东 170 里是贾超山，向阳面多黄垩，背阴面多美赭。树木以山楂树、栗子树、橘树、柚树为多，还有许多龙修草。

葛山所出瑊石，或谓石之次玉者；但是"石之次玉者"用途有限，似乎不值得与赤金并提。或许，瑊乃碱之误，碱石属于岩盐，有着重要的开采和使用价值。

脩，干肉或腊肉，修的繁体字。龙脩，郭璞注谓："龙须也，似莞而细，生山石穴中，茎倒垂，可以为席。"袁珂认为这是关于黄帝与龙须的神话，《古今注》："世称皇帝（黄帝）炼丹于凿砚山，乃得仙，乘龙上天。群臣援龙须，须坠而生草，曰龙须。"

此处数山按方位在大巴山山脉的东段，亦即神农架一带。神农架主峰神农顶海拔 3105 米，相传神农在此尝百草，因山势陡峭需搭架才能攀上高峰，故而得名。目前神农架地区有野生植物 2000 多种，野生动物 570 余种，还有白熊、白蛇、白金丝猴等多种白色动物，并盛传有野人出没。

中部山区第 9 条山脉岷山，从女几山到贾超山，共有 16 座山，总里程 3500 里。当地居民供奉马身龙首图腾神，祭祀礼仪是：把一只全毛的雄鸡埋入地下，献上精米糯稻。文山、勾檷山、风雨山、騩山，都是先祖的陵墓，祭祀礼仪是：献上美酒，牺牲用少牢规格的一羊、一猪，陈列一枚吉玉。熊山，是熊王所在的地方，祭祀礼仪是：献上美酒，牺牲用太牢规格的一牛、一羊、一猪，陈列一枚玉璧；持盾起舞，展示兵威，用以祭祷消灾；持玉冕服而舞，用以祈福。

中次九经所述区域的居民供奉马身龙首之神（奇怪的是中次

又东一百四十里，曰騩山，其阳多美玉赤金，其阴多铁，其木多桃枝、荆、芑。

又东二百里，曰葛山，其上多赤金，其下多瑊石，其木多相、栗、橘、柚、楮、杻，其兽多羚、羠，其草多嘉荣。

又东一百七十里，曰贾超之山，其阳多黄垩，其阴多美赭，其木多相、栗、橘、柚，其中多龙脩。

凡岷山之首，自女几山至于贾超之山，凡十六山，三千五百里。其神状皆马身而龙首。其祠：毛用一雄鸡瘗，糈用稌。文山、勾檷、风雨、騩之山，是皆冢也，其祠之：羞酒，少牢具，婴毛一吉玉。熊山，席也，其祠：羞酒，太牢具，婴毛一璧。干儛，用兵以禳；祈，璆（qiú）冕舞。

贾超山

九经诸山没有一处直接提到马），祭品有雄鸡和精米。其中文山、勾欂山、风雨山、騩山是先祖的墓地，祭祖扫墓时要献上美酒、吉玉和羊猪少牢之牲；文山即岷山，又称汶山。

此处"熊山，席也"，郝懿行指出原文应为"熊山，帝也"。熊山是祭祀熊神（帝）的地方，祭祀时要献上美酒、美璧，以及牛羊猪太牢三牲。如果举行盛大的万舞，舞者身穿战服手持盾而舞，那是为了预祝战争获胜，或者通过炫耀武力来驱逐灾祸；如果是为了祈求福祥，舞者则身穿礼服手持矛而舞。

中次九经所述区域即今日四川盆地的西部和北部诸山，古称巴山蜀水，是古代巴人和蜀人居住的地方。在这一区域出土有200万年前巫山人的生存遗迹，以及大量旧石器和新石器时代的文化遗存；其中，广汉三星堆出土的大型青铜器，至今未在中原见到同类造型器物，显示出其独特的文化魅力。相传颛顼、鲧禹都曾居住在四川西部，蜀人先王有蚕丛、柏灌、鱼凫、杜宇（开明、鳖灵），巴人先祖有廪君。

騩山

中次九经之神

文山

勾欂山

风雨山

騩山

中次九经祠礼

熊山

众所周知，汉水是长江最重要的支流之一，也是中原与秦川交界的地区，其水源主要来自秦岭南麓和大巴山北麓，大巴山是汉水与四川南部诸水系的分水岭，但是中次九经却没有提及汉水。这是因为，描述汉水流域地理情况的原本中次一经早已失传，其方位可参阅《中山经巴山图》，位于大巴山的北面，没有标出山名者即是。

中部山区第 10 条山脉的第一座山是首阳山，山上多金属矿、玉石矿，没有草木。

继续向西 50 里是虎尾山，树木以花椒树、灵寿木为多，还有许多封石。向阳面多赤金矿，背阴面多铁矿石。

继续向西南 50 里是繁缋山，树木以楸树、杻树为多，草类以桃枝竹、勾端竹为多。

继续向西南 20 里是勇石山，没有草木，多白金，多水。

首阳山又称首山，中次五经亦有首山，其地望众说不一。山西永济市境内中条山西南端有首阳山，海拔 400 米，又称雷首山。此外，河北卢龙县东南、河南偃师市西北、甘肃陇西县西南亦有首阳山。不过，此处首阳山所在地则与上述诸地均不符。

在中国古代，首山为名山之一。《史记·孝武本纪》："黄帝时万诸侯，而神灵之封居七千。天下名山八，而三在蛮夷，五在中国。中国华山、首山、太室、泰山、东莱，此五山黄帝之所常游，与神会。……黄帝采首山铜，铸鼎于荆山下。鼎既成，有龙垂胡须下迎黄帝，黄帝上骑，群臣后宫从上者七十余人，龙乃上去。余小臣不得上，乃悉持龙须，龙须拔，堕黄帝之弓。"首阳山名声远播又与伯夷、叔齐的故事有关。殷汤时封有孤竹君，姓墨胎氏。传至伯夷、叔齐之父，名初，字子朝。孤竹君王子朝死后，伯夷、叔齐投奔周。周武王兴兵伐纣，伯夷、叔齐认为这是以暴易暴，于是兄弟二人叩马阻谏。武王灭殷后，他们以食周粟为耻辱，隐居首阳山，采薇而食，直至饿死在首阳山。

封石，郝懿行注引《本草别录》云："封石味甘，无毒，生

《中次十经》之首，曰首阳之山，其上多金、玉，无草木。

又西五十里，曰虎尾之山，其木多椒、椐，多封石，其阳多赤金，其阴多铁。

又西南五十里，曰繁缋（kuì）之山，其木多楢、杻，其草多枝勾。

又西南二十里，曰勇石之山，无草木，多白金，多水。

虎尾山

繁缋山

勇石山

常山及少室。"缋，指成匹布帛的头尾，又通绘，亦为绣；此山以繁缋为名，或可表明当地染织业发达。

继续向西20里是复州山，树木以檀香树为多，向阳面多黄金。有一种名叫跂踵的鸟，样子像猫头鹰，但是只有一足，长着猪的尾巴，它的出现预兆着当地会发生大瘟疫。

跂踵鸟的出现是当地爆发瘟疫的标志，这是一种积极有效的卫生防疫措施。

继续向西30里是楮山，有许多木耳，有许多花椒树、灵寿木、柘树，还有许多垩。

继续向西20里是又原山，向阳面多青色彩石矿，背阴面多铁矿石，鸟类以八哥为多。

继续向西50里是涿山，树木以构树、柞树、杻树为多，向阳面多㻚珸之玉。

继续向西70里是丙山，树木以梓树、檀香树为多，还有许多高大的杻树。

楮山或作渚州之山。鸐鹆即八哥。涿，水流下滴貌，击也，

又西二十里，曰复州之山，其木多檀，其阳多黄金。有鸟焉，其状如鸮，而一足彘尾，其名曰跂踵，见则其国大疫。

又西三十里，曰楮山，多寓木，多椒、椐，多柘，多垩。

又西二十里，曰又原之山，其阳多青䵝，其阴多铁，其鸟多鸐鹆（qú yù）。

又西五十里，曰涿山，其木多榖、柞、杻，其阳多㻚珸之玉。

又西七十里，曰丙山，其木多梓、檀，多弞（shěn）杻。

首阳山

丙山

涿山

跂踵

又原山

复州山

楮山

亦用于地名和姓氏，例如涿鹿、壶涿氏。欼，即刿，长而多曲。除此处丙山之外，中次十二经亦有丙山。丙，十天干之第三，因而常用于代称第三。在金木水火土五行里，将十天干的丙丁划归属火，因此丙又成为火的代称。《五藏山经》中以丙字命名山，或许表明当时已有天干的概念。事实上，我们今天能够见到的远古文字符号非常少，尽管由于年代久远它们几乎变成了密码天书，但是它们记录的信息仍然极其珍贵，为了解读这些来自远古的信息，非常有必要开拓思路。

中部山区第10条山脉首阳山，从首山到丙山，共有9座山，总里程267里。当地居民供奉龙身人面图腾神，祭祀礼仪是：把一只全毛的雄鸡埋入地下，陈列五种精米。堵山是先祖的陵墓，祭祀礼仪是：牺牲一只羊、一头猪的少牢，献上美酒，把一枚玉璧埋入地下。骢山，是祭祀帝王的地方，祭祀礼仪是：献上美酒，牺牲太牢（一头牛、一只羊、一头猪），巫者和祝者相互起舞，陈列一枚玉璧。

堵山即楮山。中次十经的九座山里没有骢山。此处"太牢其"乃"太牢具"之误。巫与祝都是祭祀和巫术活动的策划者或主持者，巫者传达神意，祝者代表祭祀人。

在《五藏山经》26条山脉里，唯独中次十经没有记录水系，而且它也是距离最短的山脉，因此长期以来无人知晓其地望所指。在《山海经艺术地理复原图》里，中次十经诸山被画在今日河南省的南阳地区，王子朝携周室典籍奔楚后即定居此地，记录着中国上古文明信息的周室典籍从此神秘失踪，只有很少的图书外传，并被孔子整理成《尚书》《诗经》等著作。

中部山区第11条山脉是荆山，第一座山是翼望山。湍水从这里发源向东流入济水。贶水从这里发源向东南流入汉水，其中有许多体型长的水生动物。山上多松树、柏树，山下多漆树、梓树。向阳面多赤金矿，背阴面有许多接近玉的石材。

继续向东北150里是朝歌山，潕水从这里发源向东南流入荥

凡首阳山之首，自首山至于丙山，凡九山，二百六十七里。其神状皆龙身而人面。其祠之：毛用一雄鸡瘗，糈用五种之糈。堵山，冢也，其祠之：少牢具，羞酒祠，婴毛一璧瘗。骢山，帝也，其祠羞酒，太牢具；合巫祝二人儛，婴一璧。

《中次一十一山经》荆山之首，曰翼望之山。湍水出焉，东流注于济；贶（kuàng）水出焉，东南流注于汉，其中多蛟。其上多松、柏，其下多漆、梓；其阳多赤金，其阴多珉。

又东北一百五十里，曰朝歌之山；潕水出焉，东南流注于荥

（xíng），其中多人鱼。其上多梓、楠，其兽多麈、麋。有草焉，名曰莽草，可以毒鱼。

又东南二百里，曰帝困之山，其阳多璇珩之玉，其阴多铁。帝困之水出于其上，潜于其下，多鸣蛇。

又东南五十里，曰视山，其上多韭。有井焉，名曰天井，夏有水，冬竭。其上多桑，多美垩、金、玉。

又东南二百里，曰前山，其木多橿（zhū），多柏，其阳多金，其阴多赭。

水，其中多娃娃鱼。山上多梓树、楠树，野兽以羚羊、麋鹿为多。有一种莽草，可以用来毒鱼。

继续向东南200里是帝困山，向阳面多璇珩之玉，背阴面多铁矿石。帝困水从山上流出后，潜行于山下，有许多能够鸣叫发声的蛇。

堵山祠礼

騩山祠礼

继续向东南50里是视山，山上多韭。有一座天井，夏季有水，冬季干涸。山上多桑，多美垩、金属矿、玉石矿。

继续向东南200里是前山，树木以楮树、柏树为多。向阳面多金属矿，背阴面多赭石。

荆山已见于中次八经，翼望山已见于西次三经，朝歌山已见中次五经。此处湍水所流入之济水，应为淯水，下文支离山的济水亦应为淯水，亦即今日河南省的白河。湍水今称湍河，发源于伏牛山玉皇顶南麓，向东南流入白河；白河发源于玉皇顶北麓，向南流入汉水。伏牛山山脉发源的水系还有汝河、澧河、舞河、唐河、泌阳河、桐河、潦河、赵河、老灌河（淅川）等。潕水即舞河，出方城县，经舞阳县流入汝水。

又东南三百里，日丰山。有兽焉，其状如猿，赤目、赤喙、黄身，名曰雍和，见则国有大恐。神耕父处之，常游清泠之渊，出入有光，见则其国为败。有九钟焉，是知霜鸣。其上多金，其下多榖、柞、杻、橿。

又东北八百里，日兔床之山，其阳多铁，其木多藷藇。其草多鸡谷，其本如鸡卵，其味酸甘，食者利于人。

又东六十里，日皮

继续向东南300里是丰山。有一种野兽名叫雍和，样子像猿，赤目、赤喙、黄身，它的出现预兆着该国将发生恐怖的事情。神耕父居住在这里，经常游走在清泠渊，出入时伴随着光，它的出现预兆着该国将衰败。这里有九座钟，在下霜的时候会自动鸣响。山上多金属矿，山下多构树、柞树、杻树、橿树。

雍和有吉祥安宁之意，经文却称"见则国有大恐"；耕父有辛勤务实之意，经文却称"见则其国为败"。郭璞注谓："清泠水在西鄂县山上，神来时水赤有光耀，今有屋祠也。"值得注意的是，公元前516年秋冬降霜之际，晋国出兵支持周敬王复位，王子朝携周室典籍以及王室青铜礼器奔楚，并定居在南阳西鄂，随行的原周王室图书馆的学者及其后裔在此进行过图书整理和抄录活动，莫非此处文字在影射上述事件？

继续向东北800里是兔床山。向阳面多铁矿石，多山药。有许多鸡谷草，它的根茎像鸡蛋，味道又酸又甜，对人的身体很有益。

继续向东60里是皮山，有许多垩、赭，树木以松树、柏树为多。

继续向东 60 里是瑶碧山，树木以梓树、楠树为多。背阴面多青色彩石矿，向阳面多白金。有一种名叫鸩的鸟，样子像雉，专吃蜚。

兔床山的藷藇，汪绂注谓："藷藇非木也，此疑当是楮芋；芋，小栗也。"其说仍有可商榷之处。事实上，所谓鸡谷草"其本如鸡卵"似不通，疑当是"其实如鸡卵"。据此，原文当为"其草多藷藇，其木多鸡谷，其实如鸡卵"云云。鸡谷的营养丰富，对人有滋补作用；从其状如鸡卵、味道酸甘来看，有一点像是猕猴桃。瑶碧山的鸩鸟是一种吃害虫的益鸟，蜚指稻田的害虫、臭虫、蟑螂（蜚蠊）之类。

继续向东 40 里是支离山，济水从这里发源向南流入汉水。有一种名叫婴勺的鸟，样子像喜鹊，赤目、赤喙、白身，尾羽像勺，人们用它的叫声称呼它。多牦牛、羬羊。

继续向东北 50 里是秩𥳑山，山上有许多松树、柏树和无患子。

支离山或作攻离山。袁珂注谓："经文济水，王念孙、郝懿行并校作湆水。"济水应为湆水。湆水又称育水，今称白河，源头有二，其一发源于伏牛山玉皇顶（海拔 2212 米）北麓，其二发源于伏牛山余脉外方山主峰石人山（海拔 2153 米）西麓。婴勺，郝懿行注谓："鹊尾似勺，故后世作鹊尾勺，本此。"牦牛、羬羊多见于《西山经》。

秩𥳑山的机柏，袁珂注谓："经文机柏，宋本作机桓，王念孙、郝懿行亦并校作机桓，云即无患子，可以浣衣去垢。"

继续向西北 100 里是堇理山，山上多松树、柏树，多美梓，背阴面多红色彩石矿，多金属矿，野兽以豹、虎为多。有一种名叫青耕的鸟，样子像喜鹊，青身白喙，白目白尾，人们用它的叫声来称呼它，可以防御瘟疫发生。

堇菜，又称紫花地丁、犁头草，多年生草本，开紫花，可入药。梓树为落叶乔木，高二丈，生长速度快，夏季开淡黄色花，嫩叶可食，皮可入药（梓白皮），木质轻软耐朽，供

山，多垩，多赭，其木多松、柏。

又东六十里，曰瑶碧之山，其木多梓、楠，其阴多青䨼，其阳多白金。有鸟焉，其状如雉，恒食蜚，名曰鸩。

又东四十里，曰支离之山。济水出焉，南流注于汉。有鸟焉，其名曰婴勺，其状如鹊，赤目、赤喙、白身，其尾若勺，其鸣自呼。多牦牛，多羬羊。

又东北五十里，曰秩𥳑（diāo）之山，其上多松、柏、机柏。

又西北一百里，曰堇理之山，其上多松柏，多美梓，其阴多丹䨼，多金，其兽多豹、虎。有鸟焉，其状如鹊，青身白喙，白目白尾，名曰青耕，可以御疫，其鸣自叫。

建筑及制作家具、乐器、棺木（天子之棺称梓宫）用,《埤雅》
称其"梓为百木长，故呼为木王"，美梓当指木质好的梓树。
由于古代乡村多有梓树和桑树，因而人们习惯将故乡称为梓
里或桑梓；由于木匠经常加工使用梓木，因此又称木匠为梓
人、梓匠；由于梓木是制作雕版的优质材料，因此人们又用
付梓代指印刷。

　　此处青耕鸟，疑是巫师在进行对抗瘟疫的巫术活动时的化装。
众所周知，在古代瘟疫是对人类生存的最大威胁之一，因此有关
的巫术活动也特别多。《搜神记》："昔颛顼氏有三子,死而为疫鬼。"
《管子·轻重甲》："昔尧之五吏五官，无所食，君请立五厉之祭，
祭尧之五吏。"到隋文帝时，五厉又被称为五瘟使者、五瘟神，
即春瘟张元伯、夏瘟刘元达、秋瘟赵公明、冬瘟钟仕贵，总管中
瘟史文业。

继续向东南30里是依轱山，山上多枏树、檀树，多山楂树。有一种名叫獜的野兽，样子像犬，虎的爪子，身上有鳞甲，跳跃善扑，吃了它的肉就不会感染风邪。

獜，疑即古代传说麒麟之原型动物。传说中的麒麟是吉祥的象征，它的样子像鹿，独角，全身生鳞甲，尾像牛，常用来比喻杰出的人才，麟与凤、龟、龙并称四灵。或谓獜是穿山甲。

轱，车轮。所谓"駚牵"，疑是当地土语，意为跳跃善扑。所谓"食者不风"，郭璞注谓："不畏天风。"汪绂注谓："或云无风疾也。"风在汉字符号体系里是一个信息承载量非常大的字，除了指空气流动本身之外，还泛指与空气流动有关的事物，并引申到社会风气、风俗、作风、风度、教化以及民歌、修辞等诸多方面。中医称风、寒、暑、湿、燥、火为致病六淫。风又指性诱惑，风马牛不相及，即马与牛没有性吸引。

又东南三十里，曰依轱（kū）之山，其上多枏、檀，多苴。有兽焉，其状如犬，虎爪有甲，其名曰獜（lìn），善駚牵（yāng fèn），食者不风。

即谷山

依轱山

游戏山

獜

又东南三十五里，曰即谷之山，多美玉，多玄豹，多闾、麐，多麢、臭。其阳多珉，其阴多青臒。

又东南四十里，曰鸡山，其上多美梓，多桑，其草多韭。

又东南五十里，曰高前之山，其上有水焉，甚寒而清，帝台之浆也，饮之者不心痛。其上有金，其下有赭。

又东南三十里，曰游戏之山，多枏、櫄、榖，多玉，多封石。

又东南三十五里，曰从山，其上多松、柏，其下多竹。从水出于其上，潜于其下，其中多三足鳖，枝尾，食之无蛊疫。

继续向东南35里是即谷山。这里多美玉，多玄豹，多山驴、麈鹿，多羚羊、狡兔。向阳面多石材，背阴面多青色彩石矿。

继续向东南40里是鸡山。山上多美梓，多桑树，草类以韭为多。

继续向东南50里是高前山。山上有帝台之浆，这种饮料冰凉清爽，喝了就不会心口痛。山上有金属矿，山下有赭石。

继续向东南30里是游戏山。这里多枏树、櫄树、构树，多玉石，多封石。

即谷山的玄豹，郭璞注谓："黑豹也，今荆州山中出（之）黑虎也。"可见我国晋代尚有黑豹出没。鸡山之得名当与其山形似鸡有关，按其方位当即今日大别山支脉鸡公山，又称鸡头山或鸡翅山；鸡公山的主峰名叫鸡公头，又名报晓峰，山形颇似雄鸡报晓。鸡公山海拔仅784米，但却雄踞江淮两大平原的分水岭上，又处于河南与湖北的交通咽喉位置上，为历史上著名的义阳三关之一的武阳（胜）关，义阳即今信阳。

高前山的帝台之浆，用人名来命名，表明它很可能是一种具有防暑保健功效的人造饮料。中次七经、中次十一经多次记述帝台事迹，袁珂先生认为："则帝台者，盖治理一方之小天帝，犹人间徐偃王之类是也。《晋书·束皙传》云：'《穆天子传》五篇，言周穆王游行四海，见帝台、西王母。'今本《穆传》已无帝台事，盖阙佚也。"不过，如《晋书》将帝台与西王母并列，似乎表明帝台在古代曾经显赫一时。

继续向东南35里是从山。山上多松树、柏树，山下多竹。从水发源于山上，潜行于山下。其中多三足鳖，尾巴分叉，吃了它的肉就不会得寄生虫病和传染病。

足，脚部，也指整条腿；趾，脚趾，亦可指足；三足动物，可能是指有三个脚趾的动物，有一种史前马就称为三趾马。王念孙注："疫字因下文其国大疫而误，当为疾，上文云，鲭鱼食之无蛊疾。"王念孙所说下文指乐马山，上文指中次七经少室山；

不过他的观点依据并不充分，因为不能排除存在着"蛊疫"这种病。

　　继续向东南30里是婴硬山。山上多松树、柏树，山下多梓树、櫄树。

　　继续向东南30里是毕山。帝苑水从这里发源向东北流入视水。其中多水晶，多蛟。山上多璂珸之玉。

　　继续向东南20里是乐马山。有一种野兽名叫猂，样子像彙鼠，浑身火红的毛，它的出现预兆着该国将发生大瘟疫。

　　櫄，又称杶，状似臭椿。帝苑水的"帝苑"，可指某位帝的花园，也可指一个名叫"苑"的帝；由于中次七经和中次十一经频频出现帝台，因此这里的帝苑可能指帝台在毕山营造的花园别墅。

　　彙即刺猬，自然界很少有赤如丹火的刺猬状动物，因为这种鲜艳的皮毛颜色很容易引来天敌。因此乐马山的猂与菫理山的青耕一样，也是在瘟疫流行时人们进行巫术活动中巫师的扮相或疫情的标志。

　　继续向东南25里是葴山，视水从这里发源向东南流入汝水，这里有许多娃娃鱼和蛟，还有许多样子像青狗的野兽。

　　继续向东40里是婴山，山下多青色彩石矿，山上多金属矿、玉石矿。

　　继续向东30里是虎首山，有许多山楂树、椆树、灵寿木。

　　继续向东20里是婴侯山，山上多封石，山下多赤锡矿。

　　继续向东50里是大孰山，杀水从这里发源向东北流入视水，其中多白垩。

　　继续向东40里是卑山，山上有许多桃树、李树、山楂树、梓树，还有许多豆类。

　　葴，酸浆草或马兰草。北汝水发源于伏牛山北麓，南汝水发源于驻马店市西部的伏牛山余脉东麓，它们都是淮河的重要支流（按长度淮河正源应当是北汝河）。颉，郭璞注："如青狗。"蛟的样子好像史前的恐龙，郭璞注谓："似蛇而四脚，小头细颈，（颈）有白瘿，大者十数围，卵如一二石瓮，能吞人。"此处虎首山应

又东南三十里，曰婴硬之山，其上多松、柏，其下多梓、櫄。

又东南三十里，曰毕山。帝苑之水出焉，东北流注于视，其中多水玉，多蛟。其上多璂珸之玉。

又东南二十里，曰乐马之山。有兽焉，其状如彙，赤如丹火，其名曰猂（lì），见则其国大疫。

又东南二十五里，曰葴（jiān）山，视水出焉，东南流注于汝水，其中多人鱼，多蛟，多颉（jié）。

又东四十里，曰婴山，其下多青膔，其上多金玉。

又东三十里，曰虎首之山，多苴、椆（diāo）、椐。

又东二十里，曰婴侯之山，其上多封石，其下多赤锡。

又东五十里，曰大孰之山。杀水出焉，东北流注于视水，其中多白垩。

又东四十里，曰卑山，其上多桃李、苴、梓，多累。

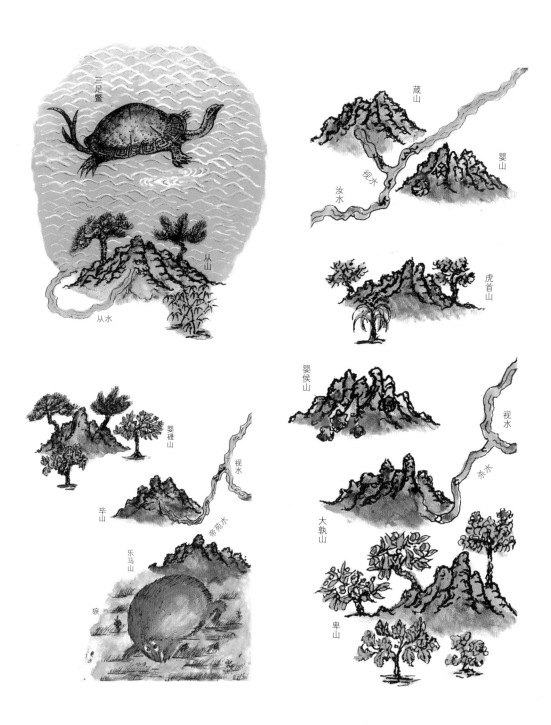

三足鳖

蔵山

婴山

视水

汝水

从山

从水

虎首山

婴侯山

婴磲山

视水

视水

毕山

奈水

帝苑水

大孰山

乐马山

卑山

猴

与中次十经的虎尾山连麓，据此可推知中次十经诸山当位于伏牛山、大别山一带。累，指虎豆狸豆。

继续向东30里是倚帝山，山上多玉石矿，山下多金属矿。有一种名叫狙如的野兽，样子像鱿鼠，白色耳朵，白色嘴唇，它的出现预兆着该国将发生战争。

继续向东30里是鲵山，鲵水从山上流出，潜行于山下，其中多美垩。山上多金属矿，山下多青色彩石矿。

继续向东30里是雅山，澧水从这里发源向东流入视水，其中多大鱼。山上多美桑，山下多山楂树，多赤金矿。

倚帝山之名，或亦有所指。鱿鼠，郭璞注："《尔雅》说鼠有十三种，中有此鼠，形所未详也。"鲵山当以多娃娃鱼著称。澧水发源于伏牛山余脉东麓，今河南省鲁山县与方城县之间。当年楚国依伏牛山及其余脉修建的长城，称为方城。

继续向东55里是宣山，沦水从这里发源向东南流入视水，其中多蛟。山上有桑树，树围50尺，它的枝干向四方伸展，叶子有一尺多大，红色的纹理、黄色的花、青色的花萼，名叫帝女之桑。

《广异记》："南方赤帝女学道得仙，居南阳崿山桑树上。正月一日衔柴作巢，至十五日成。或作白鹤，或女人。赤帝见之悲恸，诱之不得，以火焚之，女即升天。因名帝女桑。今人至十五日焚鹊巢作灰汁，浴蚕子招丝，象此也。"袁珂认为此处帝女即赤帝之女，宣山即崿山，在今河南省泌阳县境内。其实，剥掉上述传说的神话外衣，其真实的信息是有关养蚕的活动，帝女桑是一棵品质优良的桑树，也是一棵神圣的桑树，在祭祀桑树之神和蚕神的巫术仪式中，古人曾经以少女为牺牲（活祭或模拟）。

在古史以及神话传说里，通常认为赤帝即神农炎帝，《列仙传》："赤松子者，神农时雨师也，服水玉以教神农，能入火自烧。往往至昆仑山上，常止西王母石室中，随风雨上下。

又东三十里，曰倚帝之山，其上多玉，其下多金。有兽焉，状如鱿（fèi）鼠，白耳白喙，名曰狙（jū）如，见则其国有大兵。

又东三十里，曰鲵山，鲵水出于其上，潜于其下，其中多美垩。其上多金，其下多青膳。

又东三十里，曰雅山。澧（lǐ）水出焉，东流注于视水，其中多大鱼。其上多美桑，其下多苴，多赤金。

又东五十五里，曰宣山。沦水出焉，东南流注于视水，其中多蛟。其上有桑焉，大五十尺，其枝四衢，其叶大尺余，赤理黄华青柎，名曰帝女之桑。

炎帝少女追之，亦得仙俱去。"不过，在《中山经》里并没有明确提及炎帝，却多次提到帝台；因此这里的帝女，也可能指帝台之女，因为养蚕及其类似的祭祀活动并不是炎帝部落的专利。

又东四十五里，曰衡山，其上多青雘，多桑，其鸟多鸲鹆。

又东四十里，曰丰山，其上多封石，其木多桑，多羊桃，状如桃而方茎，可以为皮张。

又东七十里，曰妪山，其上多美玉，其下多金，其草多鸡谷。

继续向东 45 里是衡山，山上多青色彩石矿，多桑树，鸟类以八哥为多。

继续向东 40 里是丰山，山上多封石，多桑树。有许多羊桃，样子像桃，有着棱角，可以治疗皮肤肿胀。

继续向东 70 里是妪山，山上多美玉，山下多金属矿，草类以鸡谷为多。

此处衡山，郭璞注谓："今衡山在衡阳湘南县，南岳也。"袁珂认为此衡山非南岳衡山，《海内经》"南海之内有衡山"指的才是南岳衡山。中次十一经有两座丰山，或文字有误，或异地同名。羊桃又称鬼桃，具有治疗皮肤肿胀的药效，它可能就

狙如
倚帝山
帝女之桑
鲵山
雅山

是今日所说的杨桃。杨桃又名五敛子，酢浆草科，常绿灌木，高丈余，果实为浆果，长椭圆形，大如鸡卵，可食。《南方草木状》："五敛子大如木瓜，黄色，上有五棱；南人呼棱为敛，故以为名；以蜜渍之，甘酢而美，出南海。"据此，经文"状如桃而方茎"，实际上是指羊桃果实上有棱，而不是说树干横截面是方形的。妪，妇人，多指老妇，妪山之名可能与当地多长寿妇女有关。

继续向东 30 里是鲜山，树木以楸树、杻树、山楂树为多，草类以蘴冬为多。向阳面多金属矿，背阴面多铁矿。有一种名叫狑即的野兽，样子像多毛的大犬，赤喙、赤目、白尾，它的出现预兆着当地有火灾发生。

蘴冬，又称蔷蘼，亦即蔷薇，因其名与天门冬相近而常被误以为即天门冬；天门冬为多年生攀援草本，长约 2 米，俗称千条蜈蚣、赶条蛇，可入药，养阴清热，润燥生津。膜大，郝懿行注谓："大当为犬字之伪，《广韵》作犬，可证。膜犬者，即西膜之犬，今其犬高大浓毛，猛悍多力也。"又注：《广韵》说狑即出则大兵。"《广韵》一书原为隋朝学者陆法言撰，本名《切韵》，分 206 韵，凡 12158 字；唐代重刊时更名为《唐韵》，宋代重修增补内容后更名为《大宋重修广韵》。

继续向东 30 里是章山，向阳面多金属矿，背阴面多美石。皋水从这里发源向东流入澧水，其中多脆石。

继续向东 25 里是大支山，向阳面多金属矿，树木以构树、柞树为多，没有草木。

继续向东 50 里是区吴山，树木以山楂为多。

继续向东 50 里是声匈山，树木以构树为多，多玉石矿，山上多封石。

继续向东 50 里是大騩山，向阳面多赤金矿，背阴面多制磨刀石的石材。

继续向东 10 里是踵白山，没有草木。

又东三十里，曰鲜山，其木多楢、杻、苴，其草多䔷（mén）冬，其阳多金，其阴多铁。有兽焉，其状如膜大，赤喙、赤目、白尾，见则其邑有火，名曰狑（yí）即。

衡山

丰山

妪山

又东三十里，曰章山，其阳多金，其阴多美石。皋水出焉，东流注于澧水，其中多脆石。

又东二十五里，曰大支之山，其阳多金，其木多穀、柞，无草木。

又东五十里，曰区吴之山，其木多苴。

又东五十里，曰声匈之山，其木多穀，多玉，上多封石。

又东五十里，曰大騩之山，其阳多赤金，其阴多砥石。

又东十里，曰踵臼之山，无草木。

章山，郝懿行认为应是皋山。脆石，郝懿行注：《说文解字》（下文简称《说文》）云：'脆，小臿易断也。'此石臿薄易碎，故以名焉。"大支山，其名与今之大别山的意思完全相同。大别山山脉属淮阳丘陵，西与桐柏山相邻，南隔长江与幕阜山、庐山（其地望在《五藏山经》里属中次十二经）和九华山、黄山相望（属南次二经），东跨巢湖与张八陵、宁镇丘陵相望（属东次一经和东次二经）。经文既称大支山"其木多穀、柞"，又称

其"无草木"，疑文字有误。南次二经亦有区吴山，与此处区吴山当属异地同名。

　　继续向东北70里是历石山，树木以荆树、枸杞为多，向阳面多黄金，背阴面多制磨刀石的石材。有一种名叫梁渠的野兽，样子像狐狸，却是白首、虎爪，它的出现预兆着该国将发生大战争。

　　继续向东南100里是求山，求水从山上流出，潜行于山下，其中有美赭。多山楂，多箭。向阳面多金属矿，背阴面多铁矿。

　　历石山或作磨石山，从其出产砥石来看，称磨石山更贴切一些。事实上，历与历法有关，在我国的古史传说中，尚没有见到"石头历法"的说法，倒是有"历荚"（植物历法）的记载。历荚又称蓂荚，《太平御览》卷四引《帝王世纪》云："尧时有草夹阶而生，每月朔日生一荚，至月半则生十五荚；至十六日后落一荚，至月晦而尽。若月小，余一荚，王者以是占历。……名曰蓂荚，一名历荚，一名瑞草。"《驿史》引《田俅子》："尧为天子，蓂荚生于庭，为帝成历。"其实，历荚是一种模型日历，其功能就像我们今天使用的日历或月份牌一样。

　　继续向东200里是丑阳山，山上多椆树、灵寿木。有一种名叫䴍鵌的鸟，样子像乌鸦，却长着赤足，可以防御火灾。

　　继续向东300里是奥山，山上多柏树、杻树、橿树，向阳面多琈瑀之玉。奥水从这里发源向东流入视水。

　　继续向东35里是服山，树木以山楂树为多，山上有许多封石，山下多赤锡。

　　继续向东100里是杳山，山上有许多嘉荣草，还有许多金属矿、玉石矿。

　　丑阳山的䴍鵌鸟，样子像红足乌鸦，当地人用它作火灾的报警标志。从公元前6500年至公元前2000年的新石器时代大量建筑遗迹和聚落遗址可知，我国自古以来，绝大多数建筑都属于土

又东北七十里，曰历石之山，其木多荆芑，其阳多黄金，其阴多砥石。有兽焉，其状如狸，而白首虎爪，名曰梁渠，见则其国有大兵。

又东南一百里，曰求山。求水出于其上，潜于其下，中有美赭。其木多苴，多箭。其阳多金，其阴多铁。

又东二百里，曰丑阳之山，其上多椆、椐。有鸟焉，其状如乌而赤足，名曰䴍鵌（zhī tú），可以御火。

又东三百里，曰奥山，其上多柏、杻、橿，其阳多琈瑀之玉。奥水出焉，东流注于视水。

又东三十五里，曰服山，其木多苴，其上多封石，其下多赤锡。

又东百十里，曰杳山，其上多嘉荣草，多金玉。

木结构，而古人又习惯在居室内烧火做饭和取暖，因此极易发生火灾，这就需要建立一套火灾报警和救火的快速反应机制。与此同时，如何预防煤气中毒，同样是古人必须解决的问题，尽管古人不知道什么是煤气；为此，古人可能会在居室内养一种对煤气特别敏感的鸟，并根据鸟的反应来及时采取通风措施，或许这就是"可以御火"所要传达的信息吧。

继续向东 350 里是几山，树木以楸树、檀树、杻树为多，草类以香草为多。有一种名叫闻獜的野兽，样子像野猪，黄身、白头、白尾，它的出现预兆着天下有大风。

几山的"几"字，非桌几之几，而是与风有关的几；据《康熙字典》"几"指鸟的短羽，又指驱使象车前行的旗状物（殳）。事实上，几字的原义就是指风或空气，由于空气看不见，只能借助鸟的飞翔来表现它。从这个角度来说，闻獜"见则天下大风"也就顺理成章了，而几山则是位于大别山山脉上的一处风口。此外，《海内北经》所谓"西王母梯几而戴胜"之"几"既可指风，亦可指桌几，后者表明西王母并没有什么神异之处，她本来就是一位女酋长而已。

中部山区第 11 条山脉荆山，从翼望山到几山，共有 48 座山，总里程 3732 里。当地居民供奉彘身人首图腾神，祭祀礼仪是：献上一只全毛的雄鸡，埋入地下一枚玉圭，选用五种精米祭神。禾山是祭祀帝王的地方，祭祀礼仪是：采用最高规格的太牢（一牛、一羊、一猪）为牺牲，祭品捣毁后埋入地下；祭品有一枚玉璧，牛肉若干。堵山、玉山，这里是先祖的陵墓，祭祀礼仪是：采用少牢（一羊、一猪）为牺牲，祭品有吉玉，祭祀结束时要捣毁祭品。

五种之精，郭璞注："备五谷之美者。"袁珂注："谓用五种精米以祀神。"中次十一经里没有禾山、堵山、玉山，或谓禾山乃求山之误。倒毛，郭璞注："荐羞反倒牲埋之也。"郝懿行注："倒祠，亦谓倒毛也。"牛无常，汪绂注："不必牺牷具也。"

中次十一经是《五藏山经》26 条山脉里记述山数最多的一条山脉，地望大体在今日的伏牛山及其余脉桐柏山、大别山一带；其南麓发源的水系流入汉水和长江，其东麓和北麓发源的所有河流均属于淮河水系（淮河发源于桐柏山主峰海拔 1140 米的太白顶）。奇怪的是，中次十一经（包括全部《五藏山经》并没有提及淮河，而是多次提到视水。一种可能是，当时淮河用的是其他名称，或者有关内容缺佚；另一种可能是，当时淮河流域沼泽甚多，淮河尚未形成稳定河道。

又东三百五十里，曰几山，其木多楮、檀、杻，其草多香。有兽焉，其状如彘，黄身、白头、白尾，名曰闻獜（lín），见则天下大风。

凡荆山之首，自翼望之山至于几山，凡四十八山，三千七百三十二里。其神状皆彘身人首。其祠：毛用一雄鸡祈瘗，用一珪，糈用五种之精。禾山，帝也，其祠：太牢之具，羞瘗，倒毛；用一璧，牛无常。堵山、玉山，冢也，皆倒祠，羞毛少牢，婴毛吉玉。

《太平广记》467卷"李汤"条，称唐代李公佐等人游洞庭、登包山，从石穴中得古本《岳渎经》第八卷，内容记述大禹治水三至桐柏山，均遇惊风迅雷，功不能兴；禹怒，囚禁当地鸿蒙氏、商章氏、兜卢氏、犁娄氏的君长；方知乃淮涡水神无支祁作怪，禹派多员战将均不敌无支祁（貌若猿猴，神通广大，即《西游记》孙悟空之原形），最后才由庚辰将其制服，从此淮河安流入海。所谓"岳渎"，可指五岳四渎，亦可泛指所有山川，因此《岳渎经》的性质类似《山海经》，可惜失传了。此外《隋书·经籍志》记有《周地图记》109卷，亦失传了。

中部山区第 12 条山脉洞庭山的第一座山是篇遇山，没有草木，多黄金。

继续向东南 50 里是云山，没有草木。有一种桂竹，有剧毒，伤人必死。山上多黄金，山下多璎珸之玉。

继续向东南 130 里是龟山，树木以构树、柞树、椆树、灵寿木为多。山上多黄金，山下多青雄黄，多扶竹。

继续向东 70 里是丙山，多筀竹，多黄金，多铜、铁，无木。

继续向东南 50 里是风伯山。山上多金属矿、玉石矿，山下多酸石、文石，多铁，树木以柳树、枏树、檀树、灵寿木为多。它的东面有一片树林，名叫菶浮林。那里有许多美木、鸟兽。

篇，原指一种名叫篇竹的竹类，因竹可制竹简，后引申为内容相对集中完整的文章；有必要指出的是，加工竹材制成文字载体的竹简并编连成篇成卷，这是中国古代的一项伟大发明，其意义完全可与造纸术的发明相媲美。桂竹，《文选》引左思《吴都赋》注谓："大者围二尺，长四五丈。"筀竹，郝懿行注："筀亦当为桂，桂阳所生竹，因以为名也。"扶竹，郭璞注："邛竹也。高节实中，中杖也，名之扶老竹。"中国是竹的故乡，与竹有关的汉字达三百字之多，竹制品与丝绸一样很早就成为中国的出口商品。我国竹类品种很多，常见的有毛竹、刚竹、慈竹、箬竹、淡竹、紫竹、湘妃竹，其中以毒性著称的是筹竹，《广群芳谱》引戴凯之《竹谱》云："筹竹有毒，夷人以刺虎豹，中之辄死。"此外，我国西双版纳有箭毒木，号称见血封喉，高 45 米，枝叶含剧毒白汁。

风伯山之名，或与风伯的故事有关。风伯乃古代著名的部落或风神，曾助蚩尤战黄帝，后又归附黄帝（或即风后，发明指南车）；此后在尧时又为害人间而被羿降服于青邱之泽。据此风伯是一个以风为图腾的部落，他们对风的运动流向特别关注，经常举行与风有关的巫术活动。其石未详；菶浮林可能是浅水林。

《中次十二经》洞庭山之首，曰篇遇之山，无草木，多黄金。

又东南五十里，曰云山，无草木。有桂竹，甚毒，伤人必死。其上多黄金，其下多璎珸之玉。

又东南一百三十里，曰龟山，其木多榖、柞、椆、椐，其上多黄金，其下多青雄黄，多扶竹。

又东七十里，曰丙山，多筀竹，多黄金铜铁，无木。

又东南五十里，曰风伯之山，其上多金玉，其下多酸石、文石，多铁，其木多柳、枏、檀、楮。其东有林焉，名曰菶浮之林，多美木鸟兽。

丙山

又东一百五十里，曰夫夫之山，其上多黄金，其下多青雄黄，其木多桑、楮，其草多竹、鸡鼓。神于儿居之，其状人身而身操两蛇，常游于江渊，出入有光。

继续向东 150 里是夫夫山，山上多黄金，山下多青雄黄。树木以桑树、楮树为多，草类以竹、鸡谷草为多。神于儿居住在这里，他的样子是人的身体而手操两蛇，经常游走于江渊，出入伴随着光芒。

鸡鼓或谓即鸡谷。此处江渊当属于古云梦泽。所谓"身操"当为"手操"之误。

又东南一百二十里，曰洞庭之山，其上多黄金，其下多银、铁，其木多柤、梨、橘、柚，其草多葌、蘪芜、芍药、芎䓖。帝之二女居之，是常游于江渊。澧沅之风，交潇湘之渊，是在九江之间，出入必以飘

继续向东南 120 里是洞庭山，山上多黄金，山下多银、铁。树木以山楂、梨树、橘树、柚树为多，草类以兰草、蘪芜、芍药、川芎为多。尧帝的两个女儿居住在这里，她们经常游走于江渊。澧水、沅水上游吹来的风，交汇在潇水、湘水聚集的江渊之上，处于九江之间，她们的出入必定伴随着疾风暴雨。这里有许多怪神，样子像人而佩戴着蛇，左右手各操一蛇。还有许多怪鸟。

中次十二经虽然没有提及某山出某水流向某地，但洞庭却是一个非常古老的地名，据此可知中次十二经诸山位于长江中游以南。澧水发源于武陵山东段北麓，主峰天门山海拔 1518 米，张家界风景区就在这里。沅水发源于贵州苗岭的雷公山（海拔 2178 米）和广西南岭的猫儿山（海拔 2141 米）。湘水发源于南岭海洋山（主峰 1935 米），潇水是湘水的主要支流，发源于两广丘陵的萌渚岭（主峰 1787 米）。此处九江指流入洞庭湖的所

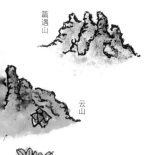

篇遇山

云山

龟山

神于儿

夫夫山

洞庭山

帝二女

有主要水系（九为最大的单数），亦代指洞庭湖；洞庭湖古称云梦泽，其地域非常宽广，雨水充沛时或可囊括今日的洞庭湖平原和江汉平原的低洼地。

此处帝之二女，郭璞认为指天帝之女，汪绂认为是"尧之二女以妻舜者娥皇女英也。相传谓舜南巡狩，崩于苍梧，二妃奔赴哭之，陨于湘江，遂为湘水之神，屈原《九歌》所称湘君湘夫人是也。"袁珂认为尧之二女即天帝之二女。从帝之二女的活动范围来看，她们已经成为云梦泽的主神，而众多怪神则是其随从。

继续向东南180里是暴山，树木以棕树、楠树、荆树、枸杞为多，还有许多竹箭、䈽箘。山上多黄金、玉石矿，山下多文石、铁矿石，野兽以麋鹿、麖、就为多。

暴山或作景山。《禹贡》："惟菌各苦。"孔传："菌、各，善竹；苦中矢干，三物均出云梦之泽。"《吕氏春秋·本味》："越骆之菌。"高诱注"越骆，国名；菌，竹笋也。"麖，袁珂认为即麃。就，郭璞认为即雕。

继续向东南200里是即公山，山上多黄金，山下多璎珞之玉，树木以柳树、杻树、檀树、桑树为多。有一种名叫蚖的野兽，样子像龟，却是白身、赤首，可以防御火灾。

蚖，状若红头白乌龟，它被当地人用作火灾的报警标志。《五藏山经》使用的颜色多为单色，常见的有赤、白、黄、赭、青、黑、玄，以及苍文、虎文、丹火、碧绿、五色、五采等。

继续向东南159里是尧山，背阴面多黄垩，向阳面多黄金。树木以荆树、枸杞、柳树、檀树为多，草类以山药、白茉为多。

继续向东南100里是江浮山，山上多银，多制磨刀石的石材，没有草木，野兽以猪、鹿为多。

继续向东200里是真陵山，山上多黄金，山下多玉石矿。树木以构树、柞树、柳树、杻树为多，草类以荣草为多。

南次二经有尧光山，中次八经有大尧山，此处有尧山，从经

风暴雨。是多怪神，状如人而载蛇，左右手操蛇。多怪鸟。

又东南一百八十里，曰暴山，其木多棕、楠、荆、芑、竹箭、䈽箘（jūn），其上多黄金、玉，其下多文石、铁，其兽多麋、麖、就。

又东南二百里，曰即公之山，其上多黄金，其下多璎珞之玉，其木多柳、杻、檀、桑。有兽焉，其状如龟，而白身赤首，名曰蚖（guǐ），是可以御火。

又东南一百五十九里，有尧山，其阴多黄垩，其阳多黄金，其木多荆、芑、柳、檀，其草多薯蓣、茉。

又东南一百里，曰江浮之山，其上多银、砥砺，无草木，其兽多豕、鹿。

又东二百里，曰真陵之山，其上多黄金，其下多玉，其木多榖、柞、柳、杻，其草多荣草。

暴山

即公山

蚑

尧山

江浮山

真陵山

文记述来看它们与帝尧及其后裔的活动似乎并无关系；事实上在
《五藏山经》里，也没有文字直接提及帝尧。真陵山"其下多玉"
是一种特殊的情况，因为其他诸山产玉的位置都在"其上"或"其
阳"，或许古人已经有玉为阳性的观念。

又东南一百二十里，曰阳帝之山，多美铜，其木多櫄、杻、檿（yǎn）、楮，其兽多麖、麝。

又南九十里，曰柴桑之山，其上多银，其下多碧，多泠石、赭，其木多柳、芑、楮、桑，其兽多麋鹿，多白蛇、飞蛇。

又东二百三十里，曰荣余之山，其上多铜，其下多银，其木多柳、芑，其虫多怪蛇、怪虫。

继续向东南120里是阳帝山，多优质铜矿石。树木以櫄树、杻树、山桑、楮树为多，野兽以羚羊、麝鹿为多。

继续向南90里是柴桑山，山上多银，山下多青绿色的美石，多泥石、赭。树木以柳树、枸杞、楮树、桑树为多，野兽以麋鹿为多，还有许多白蛇、飞蛇。

继续向东230里是荣余山，山上多铜，山下多银。树木以柳树、枸杞为多，爬虫以怪蛇、怪虫为多。

徐旭生认为此处柴桑山即今日庐山，三国时吴国在鄱阳湖建水师，周瑜在庐山建立水军帅府，扼守着长江与鄱阳湖的通道。根据洞庭山和柴桑山的位置，可推知中次十二经诸山，大体在今日长江中段的南岸地区，即重庆市的东部、湖北省的南部以及湖南省和江西省的北部一带，其主要山脉有齐岳山、巫山、武陵山、幕阜山、庐山等。

阳帝山

柴桑山

荣余山

中次十二经之神

中部山区第12条山脉洞庭山，从篇遇山到荣余山，共有15座山，总里程2800里。当地居民供奉鸟身龙首图腾神，祭祀礼仪是：祭神的供品有雄鸡、母猪和精米，届时要割取母猪的血涂抹祭坛和祭品。其中夫夫山、即公山、尧山和阳帝山有先祖的陵墓，祭祀先祖时要将供品陈列在陵墓前，然后埋入地下，供品包括美酒，少牢规格的一羊、一猪和吉玉。洞庭山和荣余山是祭祀山神的地方，供品陈列后埋入地下，供品是美酒，太牢规格的一牛、一羊、一猪和十五枚圭璧，而且要用五彩颜料或五彩丝帛将供品装饰起来。

中次十二经所述区域的居民生活在长江中段的南岸地区，他们供奉鸟身龙首之神（与南次一经相同），祭神的供品有雄鸡、母猪和精米，届时要割取母猪的血涂抹祭坛和祭品。其中夫夫山、

凡洞庭山之首，自篇遇之山至于荣余之山，凡十五山，二千八百里。其神状皆鸟身而龙首。其祠：毛用一雄鸡、一牝豚刉，糈用稌。凡夫夫之山、即公之山、尧山、阳帝之山皆冢也，其祠：皆肆瘞，祈用酒，毛用少牢，婴毛一吉玉。洞庭、荣余山，神也，其祠：皆肆瘞，祈酒太牢祠，婴用圭璧十五，五采惠之。

即公山、尧山和阳帝山有先祖的陵墓，祭祀先祖时要将供品陈列在陵墓前，然后埋入地下，供品包括美酒、猪羊少牢和吉玉。洞庭山和荣余山是祭祀山神的地方，供品陈列后埋入地下，供品是美酒、牛猪羊太牢和十五枚圭璧，而且要用五彩颜料或五彩丝帛将供品装饰起来。

经文"洞庭、荣余山神也"，疑是"洞庭、夫夫神也"之误，即夫夫山与荣余山的祭祀对象错位了；理由是中次十二经记述的15座山里，只有洞庭山和夫夫山记述

有神人活动，而且神于儿与帝二女的职责亦存在着吉凶互补的关系（类似的情况也存在于其他地区）。刉，划破祭牲取血，《周礼·秋官·士师》："凡刉珥，则奉犬牲。"郑玄注："珥读为衈。刉衈，衅礼之事；用牲，毛者曰刉，羽者曰衈。"

以上是《中山经》的记录，总计 197 座山，21371 里。

总计天下名山共有 5370 座，占地一共 64056 里。

上述数字可能是《五藏山经》的原文，也可能是校定《五藏山经》的人所进行的统计。此处"名山五千三百七十"，袁珂注："《后汉书·郡国志》刘昭引此经作名山五千三百五十。"

帝禹颁布的告示：天下有名的山，考察了 5370 座，总里程 64056 里，都是可以居住的地方。《五藏山经》只记述了一部分大山，其他小山太多了，无法一一记述。地球东西方向 28000 里，南北方向 26000 里。有河流发源的山总里程 8000 里，下游河流的总里程 8000 里。出产铜矿石的山 467 座，出产铁矿石的山 3690 座。这种自然资源分布的差异，让不同地方分别适合耕种不同的农作物。能干的人生活富裕，不能干的人生活匮乏，这又导致了战争和贸易活动。先后有 72 位帝王在泰山举行祭天礼仪，在梁父山举行祭地礼仪。他们在感天谢地的同时，反思执政举措的利弊得失，这是确保国家兴盛的关键所在。

关于五藏山经之名，郝懿行认为"经言禹所经过也""藏，古臧字，才浪切；《汉书》云，山海天地之臧，故此经称五臧"。臧有多意，善、奴仆，通赃，通藏，在五藏山经里用的是储藏之意；因此"五藏山经"意为五个区域的山川里蕴藏的自然资源，而《五藏山经》一书用今天的话来说即国土资源考察白皮书，其准确的书名应当是《山藏五经》。此外，经文所说天地东西、南北的距离，与今日地球的赤道和极地的直径长度相近。

右中经之山志，大凡百九十七山，二万一千三百七十一里。

大凡天下名山五千三百七十，居地，大凡六万四千五十六里。

禹曰：天下名山，经五千三百七十山，六万四千五十六里，居地也。言其五藏，盖其余小山甚众，不足记云。天地之东西二万八千里，南北二万六千里；出水之山者八千里，受水者八千里；出铜之山四百六十七，出铁之山三千六百九十。此天地之所分壤树谷也，戈矛之所发也，刀币之所起也。能者有余，拙者不足。封于太山，禅于梁父，七十二家，得失之数，皆在此内，是谓国用。

右《五藏山经》
五篇，大凡一万五千
五百三字。

右边是五篇《五藏山经》，一共 15503 字。

郝懿行注："今二万一千二百六十五字。"字数增加当与注释文字误入正文有关。

《五藏山经方位图》系《山海经艺术地理复原图》组画之十三，其内容包括《五藏山经》所记述的东西南北中五个区域里的 26 条山脉 447 座山及其水系，其涉及的地理方位与华夏文明圈大体相当，唯缺少东北和西南地域的山川情况（可能是当时考察者足迹未到，也可能是原文缺失，或者其他我们今天尚未认识到的原因）。

西汉学者刘秀（歆）在《上山海经表》中指出：尧时洪水泛滥，禹在领导治水的过程中"乘四载，随山刊木，定高山大川。益与伯翳主驱禽兽，命山川，类草木，别水土。四岳佐之，以周四方，逮人迹之所希至，及舟舆之所罕到。内别五方之山，外分八方之海，纪其珍宝奇物，异方之所生，水土草木禽兽昆虫麟凤之所止，祯祥之所隐，及四海之外，绝域之国，殊类之人。禹别九州，任土作贡；而益等类物善恶，著《山海经》。"

根据《山海经地理复原图注》一书，帝禹时代进行的国土资源普查工作的成果是绘制《山海图》、撰写《五藏山经》；不幸的是《山海图》早已失传，幸运的是《五藏山经》流传至今。公元前 516 年，王子朝携周室典籍奔楚后，原周王室图书馆的学者或其后裔将帝禹时代的《五藏山经》与夏代《海外四经》、商代《大荒四经》、周代《海内五经》合辑成《山海经》一书。

从五藏山经 26 条山脉方位图中可以清楚地看到，《南山经》3 条山脉位于今日长江以南的广东、福建、浙江诸省，以及湖南西部、江西中部和南部、安徽南部、江苏南部；《西山经》4 条山脉位于今日秦岭以北、托克托至潼关段黄河以西；《北山经》3 条山脉位于山西和河北全省、辽宁西部，以及内蒙古中东部至蒙古草原；《东山经》位于山东省、江苏北部、安徽北部，以及东海诸岛；《中山经》12 条山脉位于上

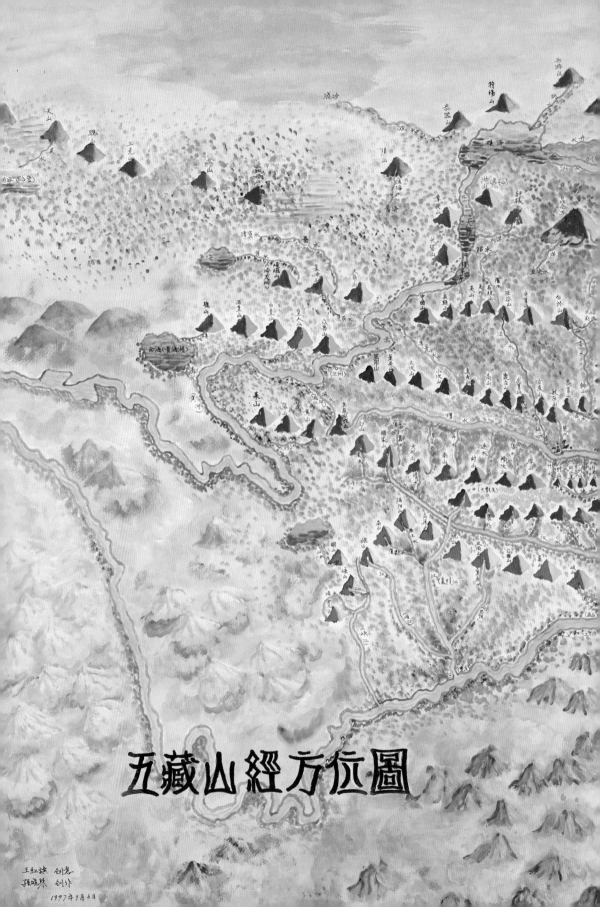

五藏山經方位圖